高等职业教育高水平专业群创新系列教材·汽车类

汽车车身电控系统检修

主　编　闵思鹏　徐济宣　阳冬梅
副主编　吴纪生　周羽皓　刘星星　乔明星
参　编　官海兵　张光磊　潘开广
　　　　刘堂胜　肖　雨

北京理工大学出版社
BEIJING INSTITUTE OF TECHNOLOGY PRESS

内 容 提 要

本书系统讲述了现代汽车车身电控系统的结构原理、控制电路和故障诊断等知识。全书共分为4个项目17个学习任务，主要内容包括车身电控系统综述，汽车车身安全系统检修，汽车车身舒适系统检修，汽车信息、通信与娱乐系统检修。本书以学习任务为引领，重点突出对各电控系统的工作过程、电路原理和故障诊断与检修进行讲解，通过丰富的实车电路介绍了各种车身电控系统。其中，每个学习任务又包括任务目标和学习重点、任务描述、知识准备、任务实施、案例分析、任务小结和课后练习等内容。

本书可作为高等院校汽车检测与维修、汽车电子技术及汽车运用技术等专业的教材，也可作为汽车维修企业车身电控系统培训教材，还可供汽车行业的工程技术人员阅读参考。

版权专有　侵权必究

图书在版编目（CIP）数据

汽车车身电控系统检修 / 闵思鹏，徐济宣，阳冬梅主编.—北京：北京理工大学出版社，2020.10（2020.11重印）
ISBN 978-7-5682-9098-2

Ⅰ．①汽⋯　Ⅱ.①闵⋯　②徐⋯　③阳⋯　Ⅲ.①汽车—车体—电子系统—控制系统—检修—教材　Ⅳ.①U472.41

中国版本图书馆CIP数据核字（2020）第185834号

出版发行 / 北京理工大学出版社有限责任公司
社　　址 / 北京市海淀区中关村南大街5号
邮　　编 / 100081
电　　话 /（010）68914775（总编室）
　　　　　（010）82562903（教材售后服务热线）
　　　　　（010）68948351（其他图书服务热线）
网　　址 / http://www.bitpress.com.cn
经　　销 / 全国各地新华书店
印　　刷 / 河北鸿祥信彩印刷有限公司
开　　本 / 787毫米×1092毫米　1/16
印　　张 / 20　　　　　　　　　　　　　　　　　　　责任编辑 / 高雪梅
字　　数 / 460千字　　　　　　　　　　　　　　　　文案编辑 / 高雪梅
版　　次 / 2020年10月第1版　2020年11月第2次印刷　责任校对 / 周瑞红
定　　价 / 45.00元　　　　　　　　　　　　　　　　责任印制 / 李志强

图书出现印装质量问题，请拨打售后服务热线，本社负责调换

前言

随着汽车工业及电子技术的发展,汽车尤其是汽车车身的控制技术已成为汽车不断更新换代的主要技术,汽车电子化已成为当今世界汽车工业发展的必然趋势。这些电子设备大量采用智能化控制,使得汽车的维修理念、维修内容、维修方法,都发生了根本性的变化,维修越来越难,对汽车维修岗位人员的素质及技能要求也越来越高。

为使高等院校汽车相关专业的学生能够系统地掌握汽车车身电控系统的基本原理、故障诊断与检修方面的基本知识,适应当今汽车维修行业的需求,我们特编写了本书。本书在内容上,能够反映当前汽车车身电控系统新技术,摒弃了深奥的理论讲解,注重理论联系实际,与职业岗位工作标准接轨,具有较强的针对性与适用性。在编写组织形式上,打破章节概念,采用学习任务的形式,重点突出各电控系统的工作过程、电路原理的讲解,通过丰富的实车电路来介绍各种车身电控系统,突出对知识点的掌握和技能的培养,利用真实的故障案例培养学生的实际应用能力。

本书以目前国内比较流行的车型为例,重点讲述了汽车车身电控系统的基本原理、基本结构、控制电路和故障诊断与检修等知识。全书共分为四个项目,项目一为车身电控系统综述,介绍了车身电控系统的主要内容、分类和发展趋势;项目二为汽车车身安全系统检修,分六个学习任务介绍了安全气囊及安全带系统、中控门锁与防盗报警系统、汽车倒车防碰撞系统、汽车巡航控制系统、前照灯控制系统和轮胎压力监测系统检修;项目三为汽车车身舒适系统检修,分六个学习任务介绍了电动车窗、电动天窗、电动座椅、电动雨刮器、电动后视镜和电控除雾器的检修;项目四为汽车信息、通信与娱乐系统检修,分五个学习任务介绍了汽车车载网络系统、汽车电子仪表与信息显示系统、汽车音响系统、车载免提电话系统和汽车车载导航系统的检修。其中,每个学习任务又包括任务目标和学习重点、任务描述、知识准备、任务实施、案例分析、任务小结和课后练习等内容。

本书由江西交通职业技术学院闵思鹏、徐济宣，南昌汽车机电学校的阳冬梅担任担主编，其中闵思鹏编写了项目一、项目二中学习任务三～学习任务六和项目四中学习任务一；徐济宣编写了项目四中学习任务二～学习任务五；阳冬梅编写了项目三中学习任务五和学习任务六。另外，江西交通职业技术学院的吴纪生编写了项目二中学习任务一和学习任务二，周羽皓编写了项目三中学习任务一和学习任务二；刘星星编写了项目三中学习任务三和学习任务四。其他参加编写和绘图工作的还有官海兵、张光磊、潘开广、刘堂胜、肖雨等。

为使读者阅读方便，本书中的电路图保留了原厂的特色，未按国家标准重新进行绘制；部分术语也与原厂一致，但都做了说明。如有不便，请读者见谅。

本书在编写过程中，参考了大量的科技论文、技术书籍和原厂维修手册，在此对相关作者表示衷心的感谢！

由于编者水平有限，书中难免出现不妥和谬误之处，恳请读者批评指正。

编　者

目 录

项目一　汽车车身电控系统综述 ··· 1

项目二　汽车车身安全系统检修 ··· 8
　学习任务一　安全气囊和安全带系统检修 ··· 9
　学习任务二　中控门锁与防盗报警系统检修 ··· 40
　学习任务三　汽车倒车防碰撞系统检修 ··· 77
　学习任务四　汽车巡航控制系统检修 ··· 94
　学习任务五　前照灯控制系统检修 ··· 114
　学习任务六　轮胎压力监测系统检修 ··· 131

项目三　汽车车身舒适系统检修 ··· 147
　学习任务一　电动车窗检修 ··· 148
　学习任务二　电动天窗检修 ··· 159
　学习任务三　电动座椅检修 ··· 171
　学习任务四　电动雨刮器检修 ··· 190
　学习任务五　电动后视镜检修 ··· 201
　学习任务六　电控除雾器检修 ··· 213

项目四　汽车信息、通信与娱乐系统检修 ··· 220
　学习任务一　汽车车载网络系统检修 ··· 221

学习任务二　汽车电子仪表与信息显示系统检修 ………………………………… 252
学习任务三　汽车音响系统检修 ……………………………………………………… 270
学习任务四　车载免提电话系统检修 ………………………………………………… 285
学习任务五　汽车车载导航系统检修 ………………………………………………… 296

参考文献 …………………………………………………………………………………… 314

项目一 汽车车身电控系统综述

- 能正确讲述汽车电控技术的发展历程；
- 能正确讲述汽车车身电控系统的主要内容；
- 能正确讲述汽车车身电控系统的分类。

- 汽车车身电控系统的主要内容；
- 汽车车身电控系统的分类。

知识准备

一、汽车电控技术的发展历程

社会的需求、法规的推动，是导致汽车电子控制技术（简称汽车电控技术）蓬勃发展的根本原因。安全法规是汽车最早的法规，随后，各相关部门陆续制定了排气污染与噪声控制、燃油经济性等一系列日益严格的法规。这些法规强制性地推动了电控技术在汽车上的广泛应用，并形成了汽车电控技术发展的四个阶段。

第一阶段：从 20 世纪 50 年代初到 70 年代初，是汽车电控技术发展的启蒙阶段，主要是开发由分立元件和集成电路组成的汽车电子产品，应用电子装置代替传统的机械部件，如交流发电动机、集成电路电压调节器、电子点火器、电子式间歇雨刮器等。

第二阶段：从 20 世纪 70 年代中期到 80 年代中期，是汽车电控技术发展的初级阶段，主要是发展专用的独立系统。某些机械装置无法解决的复杂控制功能开始采用电子控制装置，如电子控制汽油喷射系统、防抱死制动系统等。控制系统的结构更加紧凑，可靠性进一步提高，从而使汽车电控技术真正得以应用。

第三阶段：从 20 世纪 80 年代中期到 90 年代中期，是汽车电控技术的发展阶段，主要是开发可完成各种功能的综合系统及各种车辆整体系统的微机控制。汽车电控技术已从单一项目的控制，发展到多项内容的集中控制，如集发动机控制、自动变速器控制为一体的动力传动系统控制、防抱死制动系统和驱动防滑系统（ABS/ASR）等。

第四阶段：从20世纪90年代中期开始到现在，是汽车电控技术的智能控制阶段，主要是研究发展车辆的智能控制系统，开发包括电子技术（含计算机技术）、优化控制技术、传感器技术、网络技术、机电一体化技术等综合技术系统。智能化集成传感器和智能执行机构付诸实用，数字式信号处理方式应用于声音识别、安全防碰撞、实时诊断和导航系统等，如汽车自动驾驶系统、汽车自动导航系统等。

二、汽车车身电控系统的主要内容

当前，汽车电控系统大体可分为发动机电控系统、底盘电控系统和车身电控系统三大部分。发动机电控系统主要用于实现低油耗、低污染，提高汽车的动力性和经济性，主要包括汽油发动机集中控制系统和柴油发动机集中控制系统。底盘电控系统用于提高汽车的动力性、安全性和舒适性等，主要有电控自动变速器、无级变速器、ABS/ASR控制系统、电控动力转向系统、电控悬架系统等。车身电控系统包括汽车车身安全系统、汽车车身舒适系统和汽车信息、通信与娱乐系统等。

1. 汽车车身安全系统

（1）安全气囊及安全带。安全气囊与安全带是现代汽车的两大被动安全装置。安全气囊系统可在汽车发生碰撞时保护乘员，减轻伤害程度，现已作为标准配置在汽车上安装，并向侧面碰撞防护安全气囊及顶部碰撞防护安全气囊的多气囊系统发展。

座椅安全带是车辆上保护乘员安全的最重要、最有效、最经济、最普及的安全防护装置。预紧式安全带是在汽车发生碰撞事故的一瞬间，驾乘人员尚未向前移动时，收紧器内的点火器点火，从而驱动安全带卷筒转动来将安全带往回拉一段距离，以消除安全带与身体之间的间隙，减少驾乘人员的位移。

（2）中控门锁与防盗报警系统。中控门锁系统、遥控门锁系统及无钥匙进入和启动系统的使用，既方便了驾驶员和乘客的开门和锁门，又能起到防盗的作用。为了防止车辆被盗，现代汽车已将防盗报警系统作为汽车的标准配置，防盗报警系统通常与汽车中控门锁系统配合工作。

（3）汽车防碰撞系统。汽车防碰撞系统可以直观地显示周围障碍物的情况，帮助驾驶员前进、倒车或泊车，从而提高驾驶的安全性。汽车防碰撞系统主要包括防追尾碰撞、侧面防撞、倒车防碰撞三个方面，其中，倒车防碰撞系统是在汽车倒车时，显示车后障碍物的距离或图像，能够有效地防止倒车事故的发生。汽车防碰撞系统因技术比较成熟，成本也比较低，已得到广泛的应用。

（4）汽车巡航控制系统。汽车巡航控制系统是通过自动调节节气门的开度，控制汽车在驾驶员设定的车速下稳定行驶，甚至上下坡时，汽车也可以按照设定的速度行驶。汽车在巡航控制状态下，驾驶员无须一直踩加速踏板，从而减轻了驾驶员的劳动强度，提高了行驶舒适性和燃油经济性。

主动巡航控制系统除可以控制汽车匀速行驶外，还可以控制车距。如果两车距离大于设定的距离，那么车辆就会加速到驾驶员事先设定的车速；当两车距离小于设定的车距时，车辆就会降低车速以保证设定的车距。

（5）前照灯控制系统。为了提高汽车行驶的安全性，减轻驾驶员的劳动强度，很多汽车对前照灯增加了自动控制功能。当外界光线强度较低时，系统自动接通前照灯近光，实现自动控制照明。发动机熄火后，前照灯近光会延迟关闭一段时间，以提供外部照明。还有的近光灯光束在水平方向上与转向盘转角联动进行左右转动，在垂直方向上与车身高度联动进行上下摆动的灯光随动系统。这种前照灯控制系统可以对光束进行上下、左右照明角度的调整，为驾驶员提供最佳道路照明效果。

（6）轮胎压力监测系统。汽车轮胎内充气压力的高低，直接影响整车行驶的舒适性和安全性。而保持适宜的轮胎压力，则可以减小轮胎的磨损、降低油耗、防止因轮胎压力不足而引起的轮胎损坏，并能保证汽车的行驶稳定性和安全性。轮胎压力监测系统通过连续地监测轮胎的压力和温度，当出现异常时及时发出警告，防止事故发生。

2. 汽车车身舒适系统

（1）电动车窗。汽车电动车窗是现代汽车的标准配置之一。当操纵电动车窗开关时，车窗升降调节器自动将车窗玻璃打开或关闭。在玻璃上升时，只要玻璃夹住异物，车窗玻璃就会自动停止关闭并自动下降一定距离。

（2）电动天窗。为提高乘坐的舒适性和操作的方便性，现代很多汽车安装了电动天窗。电动天窗能够有效地使车内空气流通，新鲜的空气从天窗进入车内，没有打开车窗时产生的风噪声，同时，天窗可以开阔视野、快速除去车内雾气、辅助调节温度及减少空调使用时间，节能减排，亲近自然。

（3）电动座椅。现代汽车普遍采用电动座椅。驾驶员通过操纵电动座椅开关，可以将座椅调整到最佳的位置上，使驾驶员获得最佳视野，便于操纵转向盘、踏板、变速杆等，还可以获得最舒适和最习惯的乘坐角度。汽车乘客也能通过操纵电动座椅开关，调整乘坐姿势，使乘坐更加舒适。有些电动座椅还可以将每次调整后的数据存储下来，以备下次恢复座椅位置时使用，还有些电动座椅具有加热或通风功能。

（4）电动雨刮器。雨刮器用于清扫风窗玻璃上的雨水、雪或尘土，保证汽车在雨天或雪天行驶时，驾驶员有良好的视线，确保行驶安全。目前，汽车上广泛采用的电动雨刮器一般有高速、低速及间歇三个工作挡位。现代很多轿车的雨刮器具有雨量自动感应功能，能够根据雨量的大小来自动控制雨刮器的速度。

（5）电动后视镜。汽车后视镜是汽车必备的安全装置之一。驾驶员通过电动功能调整后视镜的位置，可方便地获得理想的后视镜角度。有些汽车还采用防眩目内后视镜，以防止后面汽车的前照灯光线过强时照射在车内后视镜上影响驾驶者的注意力。

（6）自动空调控制系统。自动空调控制系统能自动检测车内温度、车外环境温度、日照温度、空调蒸发器温度和发动机冷却水水温等，并根据驾驶员所设定的温度，自动调节鼓风机所送出的空气温度和鼓风机转速，从而将车内温度保持在设定的温度范围内。除温度控制和鼓风机转速控制外，还能进行进气控制、气流方式控制和压缩机控制等。

（7）电控除雾器。在寒冷的季节，风窗玻璃上会凝结一层霜、雾、雪或冰，从而影响驾驶员的视线，严重时会无法驾驶运行。为了避免水蒸汽凝结，汽车上必须装有风窗玻璃除雾装置。对于后车窗玻璃的除雾，一般是在风窗玻璃里面或外面嵌有电热丝，通过电热丝通电后产生热量而除雾。

3. 汽车信息、通信与娱乐系统

（1）汽车车载网络系统。现代汽车中所使用的电子控制系统越来越多，这些系统之间均需要进行数据交换，如此巨大的数据交换量，如仍然采用传统的点对点连接传输方式将是难以想象的。同时，现代汽车控制技术已发展到多变量、全局的最优控制，这就要求对汽车上每一系统的状态进行综合分析、推理、判断，从而做出最优控制决策，于是，汽车车载网络系统（局域网）应运而生。通过现场总线技术可以实现多路控制和各模块之间的数据共享等功能，使控制变得更加方便，并可节省大量的导线，降低成本、便于维护和提高总体可靠性。

（2）汽车电子仪表与信息显示系统。现代汽车广泛采用计算机控制的电子仪表，这种仪表能准确、迅速地处理各种复杂的信息，并以数字、文字或图形的形式显示出来，向驾驶员发出汽车各种工作状态的信号和故障报警信号。电子仪表显示的信息除冷却液温度、机油压力、车速、发动机转速等常见的内容外，还有瞬时耗油量、平均耗油量、平均车速、行驶里程、车外温度等信息。除电子仪表显示信息外，驾驶员信息中心和中控台显示屏也可以显示各种信息。

（3）汽车音响系统。汽车音响系统作为评价汽车舒适性的依据之一，越来越受到重视。汽车音响系统里面传来的优美音乐，可使驾驶员感到放松，也可以听到驾驶所必要的交通信息和新闻，或者通过显示屏观看视频。

（4）车载免提电话系统。车载免提电话系统的功能就是自动辨识移动电话，车主可以不接触手机，甚至是双手保持在转向盘上也可以控制手机。车主可以用语音指令控制接听或拨打电话，并可以通过车上的音响系统进行通话。若选择蓝牙无线耳机进行通话，只要耳机处于开机状态，当有来电时按下接听按钮就可以实现通话。

（5）汽车车载导航系统。随着经济水平的提高，人们自行驾驶车辆出行的机会越来越多，但因为对道路不熟悉，走弯路、走错路时常发生，而汽车车载导航系统的出现就能很大程度上避免这种情况发生。驾驶员只要将目的地输入导航系统，系统会自动选择最佳行驶路线，并能在屏幕上显示地图，表示汽车行驶中的位置，以及到达目的地的方向和距离。

除以上介绍的系统外，汽车还具有很多其他的电控系统，如汽车夜视辅助系统、平视显示系统、车道偏离报警系统、自动泊车系统等。这些电控系统应用在汽车上，进一步了提高汽车的安全性、舒适性和方便性。

三、汽车车身电控系统的分类

根据车身电控系统的总体架构，汽车车身电控系统可分为分散式、集中式、分布式、以集中式为基础的混合式四种方式，这四种方式各有其应用范围。当前，分散式偏重于经济型轿车的应用，分布式偏重于中高档车型的应用，集中式及混合式偏重于经济型轿车与中高档车型之间的应用。

1. 分散式车身电控系统

分散式车身电控系统就是各个车身电器子系统分别独立控制，且相互之间没有逻辑及通信关系。以往的经济型轿车多采用这种方式。如羚羊、嘉年华、千里马、捷达、伊兰特等，典型的控制器件有中控门锁控制器、电动车窗控制器、雨刮器控制器等。分散式车身电控系统成本低，开发相对容易，配置灵活，不影响其他车身电器，成本也随配置变化而变化。

2. 集中式车身电控系统

集中式车身电控系统就是多个车身电器子系统通过一个控制器集中进行控制，这样各个车身电器子系统之间可以发生一定的逻辑关系，同时，通过总线连接，车身系统与动力系统，甚至娱乐系统、空调系统、仪表系统之间可以发生一定的逻辑关系，如遥控电动车窗、防盗报警等。集中式车身电控系统典型的控制器件为车身控制模块（Body Control Module，简称 BCM），它是集中式车身电控系统的核心。

优点：车身控制功能得到大大加强，整车用电器的故障诊断变得容易。由于集中控制，从而使硬件资源得到更充分的利用，在同等技术状态的前提下，可以使车身电控系统总体成本得到降低。

缺点：相比分散式系统，其车身控制模块开发难度大大提高。由于所有车身电器由一个控制器控制，当车辆电器配置变化较多时，这种方式的车身控制系统需要较多的状态，会产生较多的重复开发和试验。由于硬件资源所限，其扩展性会受到一定的影响。

3. 分布式车身电控系统

从形式上看，分布式车身电控系统与分散式车身电控系统类似，都是车身电器各子系统使用单独的控制器进行控制，但实质上有很大的区别。分散式车身电控系统各用电器之间并不存在关联，而分布式车身电控系统延承了集中式车身电控系统在功能控制上的优势，各个分布的控制模块除对本身所控制的电器系统进行逻辑控制外，还通过CAN或LIN总线进行通信，实现各区域、各子系统车身用电器，以及动力系统、娱乐系统、仪表系统等的功能交互。

典型的分布式车身电控系统结构如图1.1-1所示。图中左前门及左后视镜控制模块和右前门及右后视镜控制模块所完成的后视镜控制功能，由于座椅记忆和后视镜记忆功能相关联，也可被放入座椅控制模块。

在分布式车身电控系统中，所有控制模块的通信变得非常关键，几乎所有控制功能的实现都离不开通信的存在。如在集中式车身电控系统中，所有门锁电动机由车身控制模块直接驱动控制，而在分布式车身电控系统中，首先要各个车门模块通过CAN或LIN总线获得锁止和解锁信号，然后由各个车门模块单独驱动控制各个门锁电动机。

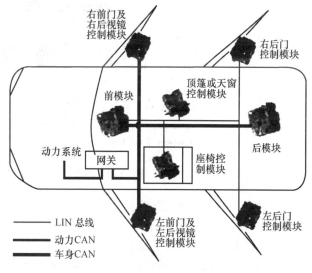

图1.1-1 分布式车身电控系统结构图

优点：由于各模块通过总线通信，大大简化了线束结构，降低了线束成本。同时，配置的灵活性及扩展性大大提高，如同一款车的高配车型与低配车型使用与不使用座椅控制模块，对系统整体基本没有影响，如果增加新的系统，只需将其接入总线，对软件稍微修改，而不需系统性重新开发。

缺点：对系统整体可靠性要求较高，总线开发难度较大。由于各子系统单独使用控制器进行控制，控制器资源共享的程度降低，如门锁电动机控制，以4门计算，如使用集中式控制，所有门锁电动机控制所使用的单线圈继电器数量为3个，但如果使用分布式控制系统，使用的单线圈继电器数量将上升到8个。

4. 以集中式为基础的混合式车身电控系统

以集中式为基础的混合式车身电控系统的基本特征有两个：①具备集中式系统的车身控制模块；②部分子系统的控制方式与分布式或者分散式车身电控系统相同。如座椅控制模块、天窗控制模块可采用分布式系统,电子防盗模块可采用分散式系统。

典型的混合式车身电控系统的结构如图 1.1-2 所示,图中车身控制模块具备了门锁、油箱锁、行李厢锁、前后照明系统、前后雨刮器控制、防盗系统等功能。很多车型的车身控制模块还具备驾驶舱熔丝盒及各个分线束转接功能。防夹模块与车门模块相比功能有所减弱,仅完成玻璃升降的防夹功能。四门混合式控制系统同样可以实现分布式系统的所有功能,通信方面的要求相对有所减弱,但仍扮演着重要角色,是各控制模块执行交互功能的通道。

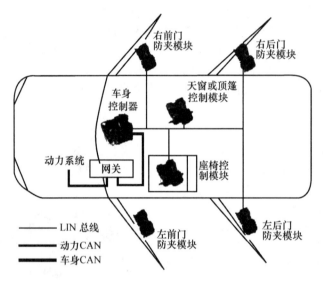

图 1.1-2 混合式车身电控系统结构图

混合式车身电控系统的优势在于:可以实现所有分布式车身电控系统的功能;从目前情况来看,成本低于分布式系统;在一定意义上可以作为从分散式系统到分布式系统的过渡;提高防夹系统配置的灵活性。

通过比较分析以上四种形式的车身电控系统,目前分散式车身电控系统仍将大量存在于低端车型,但被淘汰的趋势已成必然;集中式车身电控系统将大量应用于中低端车型,但也会逐步让位于混合式车身电控系统;分布式车身电控系统在中高端车型由于成本压力相对较小,同时,由于半导体成本的逐步降低,该系统将会继续应用;以集中式为基础的混合式车身电控系统将会在中档、中高档甚至中低档轿车市场总体上占据最大份额。

四、汽车电控系统的发展趋势

随着集成控制技术、计算机技术和网络技术的发展,汽车电控系统已明显向集成化、智能化和网络化三个主要方向发展。

1. 集成化

近年来,嵌入式系统、局域网控制和数据总线技术的成熟,使汽车电控系统的集成化成为汽车技术发展的必然趋势。将发动机管理系统和自动变速器控制系统,集成为动力系统的综合控制;将防抱死制动控制系统、牵引力控制系统和驱动防滑控制系统综合在一起进行制动控制;通过中央底盘控制器,将制动、悬架、转向、动力传动等控制系统通过总线进行连接，控制器通过复杂的控制运算，对各子系统进行协调，将车辆行驶性能控制到最佳水平，形成一体化底盘控制系统。

2. 智能化

智能化传感技术和计算机技术的发展，加快了汽车的智能化进程。汽车智能化相关的技术问题已受到汽车制造商的高度重视。其主要技术中"自动驾驶仪"的构想必将依赖电子技术来实现。智能交通系统（ITS）的开发将与电子、卫星定位等多个交叉学科相结合，它能根据驾驶员提供的目标资料，向驾驶员提供距离最短且能绕开车辆密度相对集中处的最佳行驶路线。其安装有电子地图，可以显示出前方道路，并采用卫星导航，从全球定位卫星获取沿途天气、车流量、交通事故、交通堵塞等各种情况，自动筛选出最佳行车路线。

3. 网络化

随着电控器件在汽车上越来越多的应用，车载电子设备间的数据通信变得越来越重要。以分布式车身电控系统为基础构造汽车车载网络系统是十分必要的。大量数据的快速交换、高可靠性及低成本是对汽车车载网络系统的要求。在该系统中，各子处理器独立运行，控制改善汽车某一方面的性能，同时，在其他处理器需要时提供数据服务，由主处理器收集整理各子处理器的数据，并生成车况显示。

未来汽车电子控制领域的重要发展方向是汽车安全领域，例如，利用红外线技术开发各种能监测驾驶员行为的安全系统；自适应自动驾驶系统；驾驶员身份识别系统；更加完善的安全气囊和 ABS/ASR 以及车身动态控制系统。因此，随着汽车电控技术的发展，随着先进的微型传感器、迅速响应的执行器、高能 ECU、计算机网络技术、先进的控制理论、移动通信技术等在汽车上的应用，现代汽车将朝着更加智能化、自动化和信息化方向发展。

课后练习

1. 汽车车身电控系统的主要内容有哪些？
2. 汽车车身电控系统有哪些分类？

项目二 汽车车身安全系统检修

【项目导入】

汽车经过 100 多年的发展，已成为人类必不可少、最主要的交通工具。汽车在给人类带来极大方便的同时，也给道路交通带来了很大的安全问题。随着汽车保有量的日益增加，车辆事故和因车祸伤亡的人数也在不断增加，这已成为一个不容忽视的社会问题，从而使人们对汽车安全性能的要求越来越高。为满足人们对汽车安全性能日益增加的需求，越来越多的先进技术被应用到汽车安全装置上。

汽车安全技术一般分为主动安全技术和被动安全技术。主动安全技术就是在汽车设计和制造时，对汽车的内、外部结构进行合理有效的设计，采用更先进的技术和装备，主动预防、避免或减少汽车在行驶过程中发生事故，从而提高汽车的主动安全性能，做到防患于未然。汽车被动安全技术是指在车辆发生交通事故后，通过车内的保护系统来尽量减少驾乘人员损伤。主动安全技术主要有防抱死制动系统、驱动防滑系统、车身稳定控制系统、汽车倒车防碰撞系统、汽车巡航控制系统、前照灯控制系统、轮胎压力监测系统等。被动安全技术主要有安全气囊及安全带系统、防撞式车身、中控门锁与防盗报警系统等。

本项目主要讲述安全气囊及安全带系统、中控门锁与防盗报警系统、汽车倒车防碰撞系统、汽车巡航控制系统、前照灯控制系统和轮胎压力监测系统的组成及工作原理，通过实践操作，使学生认知到这些汽车车身安全系统的工作原理及相应的检修方法。

【学习目标】

素养目标：
1. 了解安全操作要求，养成安全文明操作的习惯；
2. 养成组员之间互相协作的习惯；
3. 实施操作结束后，清洁工具，并将工具设备归位，清洁场地。

知识目标：
1. 能够认知汽车车身安全系统的结构和工作原理；
2. 熟悉汽车车身安全系统的常见故障现象和原因。

技能目标：
1. 按照标准工艺流程，完成相应的汽车车身安全系统的检修作业项目；
2. 能够熟练使用万用表、故障诊断仪等常用检测设备。

【学习任务】

学习任务一 安全气囊及安全带系统检修
学习任务二 中控门锁与防盗报警系统检修
学习任务三 汽车倒车防碰撞系统检修
学习任务四 汽车巡航控制系统检修
学习任务五 前照灯控制系统检修
学习任务六 轮胎压力监测系统检修

学习任务一　安全气囊和安全带系统检修

- 能正确描述汽车安全气囊系统的功用、分类、组成和各部件工作原理；
- 能正确描述汽车安全气囊系统的动作过程和有效作用范围；
- 能正确描述双级安全气囊系统的工作原理；
- 能正确描述预紧式安全带系统的类型和工作原理；
- 能正确识读和分析汽车安全气囊和预紧式安全带系统电路图；
- 会使用万用表和故障诊断仪对汽车安全气囊和预紧式安全带系统进行检测；
- 会分析诊断和排除汽车安全气囊和安全带系统的常见故障。

- 汽车安全气囊和预紧式安全带系统的组成和工作原理；
- 识读和分析汽车安全气囊和预紧式安全带系统电路图；
- 分析诊断和排除汽车安全气囊与预紧式安全带系统的常见故障。

任务描述

一位客户反映他所驾驶的一汽宝来1.8 L轿车，发生交通事故后，车内正、副驾驶安全气囊引爆，更换两个安全气囊及安全气囊控制单元后，仪表板上的安全气囊警告灯常亮且无故障代码输出。现在请你对客户轿车的安全气囊系统进行检修。

知识准备

汽车安全、节能、环保已成为当今汽车工业乃至整个人类社会面临的三大焦点问题，汽车安全问题更是首当其冲。汽车安全有主动安全与被动安全之分，主动安全是指事故发生前的预防；被动安全是指在碰撞的时候保护车辆内的乘员。

当汽车发生事故时，对乘员的伤害是在瞬间发生的。例如，以车速50 km/h进行正面撞车时，其发生时间只有十分之一秒左右。为了将碰撞时车内的损坏降到最小，以及使在车内由乘员的惯性所引起的二次碰撞所造成的损伤最小化，车身内一般设有撞击吸收结构（防撞式车身）、安全气囊系统（确切名称为辅助约束系统，Supplemental Restraint System，简称SRS）和安全带，如图2.1-1所示。

对防撞式车身来说，通过车身前面或后面部分的变形来吸收并分散碰撞的撞击力，从而减少传递到乘员的作用力。而座椅安全带是约束乘员的主要措施，系好座椅安全带将防止在撞车期间乘员被抛出车外，也同时使车内发生二次碰撞造成的损伤最小化。除座椅安全带提供的保护外，SRS可对乘员进行防护，当发生严重的正面或侧面撞击时，SRS气囊膨胀，与座椅安全带一起防止或减少对乘员造成的伤害。

安全带和安全气囊系统作为被动安全性的主要组成部分，由于使用方便，效果显著，造价不高，得到迅速的发展和普及。实验和实践证明，汽车装用安全气囊后，汽车发生碰撞事故对驾乘人员的伤害程度大大减小。据统计，在汽车发生碰撞时，安全气囊可使乘员头部受伤率减少25%，面部受伤率减少80%左右。

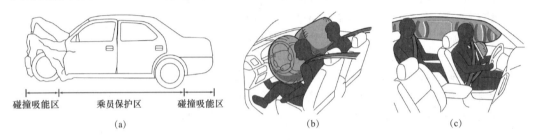

图 2.1-1 安全装备
（a）防撞式车身；（b）安全气囊；（c）安全带

一、安全气囊系统

（一）安全气囊系统的功用与分类

1. 安全气囊系统的功用

当汽车遭受碰撞导致车速急速下降时，安全气囊迅速膨胀，在驾乘人员与车内构件之间迅速形成一个气垫，利用气囊排气节流的阻尼作用来吸收人体惯性产生的动能，从而减小人体遭受伤害的程度，如图2.1-1（b）所示。正面气囊的主要功用是保护驾乘人员的面部与胸部，侧面气囊的主要功用是保护驾乘人员的头部与腰部。

2. 分类

（1）按照引爆控制方式分类。按照安全气囊引爆控制方式的不同，可分为机械式和电子式两种。机械式安全气囊采用机械方式检测和引爆气囊，目前已很少采用；电子式安全气囊采用传感器和电控单元检测、控制气囊的引爆，是目前普遍采用的控制方式。

（2）按照安全气囊安装数量分类。按照安全气囊安装数量分为单气囊系统（只装在驾驶员侧）、双气囊系统（驾驶员侧和前排乘客侧各有一个）和多气囊系统（前排、后排、侧面等）。

（3）按照安装位置不同分类。根据安装位置不同，安全气囊分为正面安全气囊、侧面安全气囊、侧边窗帘式安全气囊和膝部安全气囊等，常见安全气囊的安装位置如图2.1-2所示。

正面安全气囊包括驾驶员侧安全气囊和前排乘客侧安全气囊。驾驶员侧安全气囊安装在转向盘上，在车辆发生正面碰撞时，保护驾驶员不被转向盘撞击而造成伤亡。前排乘客侧气囊安装在前排乘客座椅正前方、杂物箱和仪表板之间，撞车时可保护前排乘客不会撞击前风窗玻璃而造成伤亡。

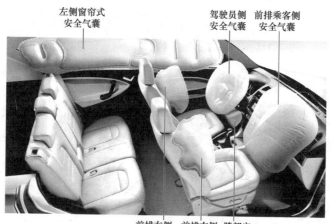

图 2.1-2 安全气囊的安装位置

侧面安全气囊包括前排左侧和右侧安全气囊，分别安装在驾驶员座椅靠背的左侧和前排乘客座椅靠背的右侧，以防翻车时驾驶员和前排乘客与左、右侧车窗玻璃相撞而造成伤亡。发生剧烈的侧面碰撞时，在汽车发生事故的那一侧会触发侧面安全气囊。目前，很多车型会配置前排两个座椅的侧面气囊，而装配后排侧面气囊的车型很少。

侧边窗帘式安全气囊包括左侧和右侧窗帘式安全气囊，安装在车顶弧形钢梁内，通常贯穿前后。窗帘式安全气囊展开时，由上向下伸展到整个乘客舱的两侧，来保护前排和后排乘客的头部和身体上部，侧边窗帘式气囊和同侧侧面气囊通常一起展开。

膝部安全气囊通常位于驾驶员侧转向盘下方和前排乘客侧仪表台下方。在车辆发生正面碰撞时，缓冲前排乘客膝部向前移动产生的惯性力。

（二）安全气囊系统的基本组成与工作原理

安全气囊系统分布在汽车的不同位置，不同汽车所采用部件的结构和数量有所不同，但其基本组成和工作原理大致相同。汽车安全气囊系统主要由传感器、电控单元（ECU）、安全气囊警告灯、安全气囊组件等组成。典型汽车安全气囊系统的基本组成如图 2.1-3 所示。

1. 安全气囊传感器

安全气囊传感器的功用是检测、判断汽车发生事故后的碰撞程度，以便及时启动安全气囊，并提供足够的电能或机械能点燃气体发生器。

安全气囊传感器包括前碰撞传感器、中央碰撞传感器和安全传感器。

（1）前碰撞传感器。前碰撞传感器用来检测汽车遭受碰撞的激烈程度，大多设置 2～4 个，一般安装在车身前部翼子板内侧、前照灯支架下面或散热器支架侧等处。对装有侧向安全气囊系统的汽车，在左、右侧也装有碰撞传感器。

前碰撞传感器相当于一个控制开关，按结构可分为机械式和电子式两种，机械式又有滚球式、偏心锤式和滚轴式等类型。

图 2.1-4 所示为偏心锤式传感器的外形，图 2.1-5 所示为其结构，主要由外壳、偏心转子、偏心重块、固定触点和旋转触点等部分组成。在传感器本体外侧有一个电阻 R，其作用是对系统进行自检时，检测安全气囊 ECU 与碰撞传感器之间的线路是否有断路或短路。

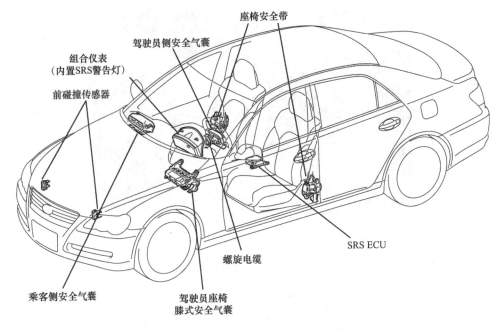

图 2.1-3 安全气囊系统的基本组成

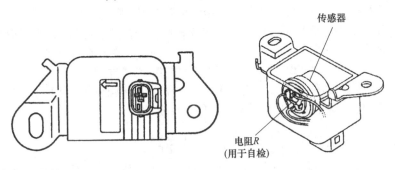

图 2.1-4 偏心锤式传感器外形

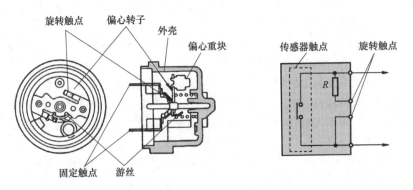

图 2.1-5 偏心锤式传感器的结构

偏心锤式传感器的工作原理如图 2.1-6 所示。在正常情况下，偏心转子和偏心重块在螺旋弹簧力的作用下，紧靠在与外壳相连的止动器上。此时，固定触点和旋转触点并未接合。当发生正面碰撞时，如果碰撞的减速度超过预定值，由于偏心重块惯性的作用，使偏心重块连同偏心转子和旋转触点作为整体一起转动，使固定触点和旋转触点接触，碰撞传感器输出电信号。

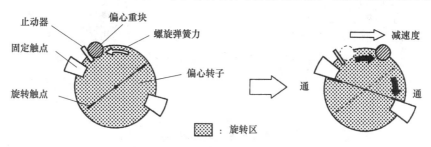

图 2.1-6　偏心锤式传感器的工作过程

（2）中央碰撞传感器。中央碰撞传感器安装在车身前部中央位置，还有部分车型安装在安全气囊 ECU 内部。

中央碰撞传感器一般采用电子式，电子式中央碰撞传感器是一个半导体压力传感器，它将传感元件、信号适配器和滤波器等集成在一块集成电路（IC）上，具有可靠性高、功能强等优点。如图 2.1-7 所示，传感器有一悬臂梁，悬臂梁的质量就

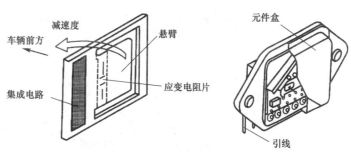

图 2.1-7　中央碰撞传感器

是惯性质量，当传感器承受冲击时，悬臂梁会发生弯曲。这一弯曲变形可由其上的应变电阻片测出，并转换成电信号，经集成电路整理放大后输出，这个输出信号随减速率线性变化。

（3）安全传感器。安全传感器也称为触发传感器或保护传感器。安全传感器用来防止在非碰撞的情况下引起气囊的误动作，信号供给安全气囊电控单元以判断是否真发生碰撞。安全传感器一般安装在安全气囊 ECU 内部，通常有两个。

图 2.1-8 所示是以配重动能为基础而闭合触点的机械式和以水银为导体的水银开关式传感器。在水银开关式传感器中，当汽车发生碰撞时，减速度将使水银产生惯性力。惯性力在水银运动方向的分力将水银抛向传感器电极，从而将电路接通。

一般情况下，安全传感器动作所需要的惯性力或减速度要小些。

2. 乘客检测传感器

乘客检测传感器又称为座椅占用传感器、座椅传感器等。为了避免前排乘客气囊不必要爆炸造成浪费（如座椅上没有乘客时），可以通过开关或仪器将前排乘客气囊关闭。有些汽车设计了乘客检测传感器来识别座椅是否被使用，如果座椅为空，则对应的气囊不会引爆。

乘客检测传感器安装在座椅的座垫上，其原理如图 2.1-9 所示，它用两片电极板夹一块隔圈。当乘客坐在座椅上时，电极板通过隔圈的孔彼此接触，于是电路导通，就表明座椅上有乘客。

3. 安全气囊组件

安全气囊组件主要由气囊、气体发生器和点火器组成。

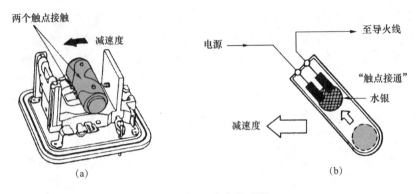

图 2.1-8 安全传感器

（a）机械式；（b）水银开关式

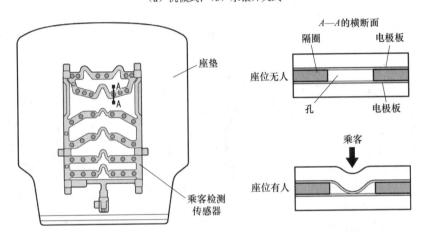

图 2.1-9 乘客检测传感器

（1）气囊。气囊一般由尼龙布制成，上面有一些排气孔，采用机器缝制和黏结。充气结束后，排气孔立即排气使气囊变软，这样起到缓冲作用以减轻对驾乘人员的伤害。气囊在静止状态时，像降落伞未打开时一样折叠成包，安放在气体发生器上部与气囊饰盖之间。

正面安全气囊的结构如图 2.1-10 所示。

（2）气体发生器。气体发生器又称为充气器，其功用是在点火器引爆气体发生剂时，产生气体向气囊充气，使气囊张开。根据驾驶员侧或乘客侧的使用情况不同，气体发生器有罐状或筒状等结构。

驾驶员侧罐状气体发生器结构如图 2.1-11 所示，由上盖、下盖、气体发生剂（充气剂）、过滤器等组成。在车辆正面发生严重碰撞时，碰撞力使碰撞传感器导通，安全气囊 ECU 控制点火器通电使其产生高热，从而点燃点火器内的点火物质。火焰随即扩散到点火药粉和气体发生剂。气体发生剂是由氮化钠为原料制成的片状颗粒，气体发生剂受热后产生大量氮气，这些氮气经过滤器降温后进入气囊，如图 2.1-12 所示。气囊迅速充气并急剧膨胀，从饰盖撕印处冲破转向盘衬垫，垫在驾驶员胸部和转向盘之间，从而缓冲了驾驶员的碰撞冲击。气囊在充气完成后，氮气由释放孔迅速排泄，这不但可减少驾驶员对气囊的冲击力量，而且可确保驾驶员有良好的视野。

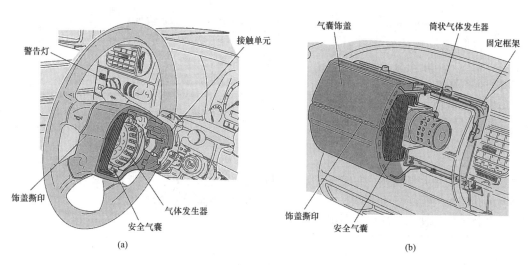

图 2.1-10 正面安全气囊组件的结构

（a）驾驶员侧；（b）前排乘客侧

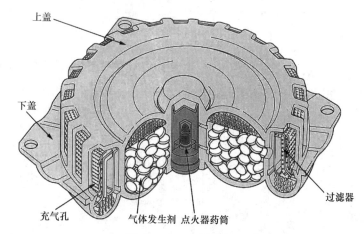

图 2.1-11 气体发生器

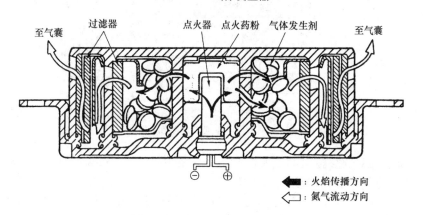

图 2.1-12 驾驶员侧罐状气体发生器

前排乘客侧筒状气体发生器如图 2.1-13 所示，气体发生器由点火器、抛射体、封闭盘、起爆剂、气体发生剂颗粒等组成。点火器点燃后引燃抛射体，随后，突破封闭盘并撞向动作活塞，引起起爆剂点火。起爆剂的火焰瞬间传播到增强剂和气体发生剂颗粒。气体发生剂颗粒受热后产生大量气体，并经气体释放孔流入气囊，使气囊膨胀。

气体发生器使用专用螺栓固定在气囊支架上，只有使用专用工具才能进行装配。气体发生器自安装之日起，应 10 年更换 1 次。

4. 电控单元

安全气囊电控单元（SRS-ECU）又称中央气囊传感器总成，它是 SRS 的控制中心，一般安装在仪表板下的中央地板上。它由诊断电路、点火控制和驱动电路、中央碰撞传感器电路、安全传感器电路等组成，如图 2.1-14 所示。

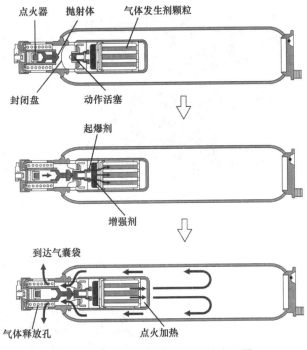

图 2.1-13　前排乘客侧筒状气体发生器

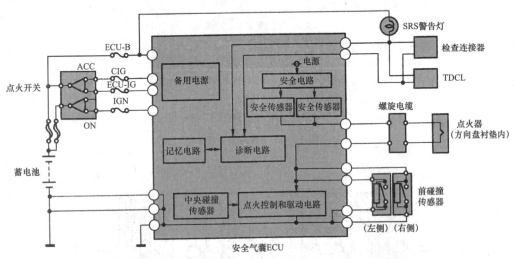

图 2.1-14　SRS-ECU 电路原理图

（1）诊断电路。此线路不断地诊断 SRS 系统是否有故障。当检测到故障时，SRS 警告灯将会点亮或闪烁，对驾驶员进行警告。

（2）点火控制和驱动电路。点火控制与驱动电路对中央碰撞传感器来的信号进行计算，如果计算值比预定值大，它就会触发点火，使气囊充气。

(3)备用电源。备用电源由备用电容器和直流－直流变压器组成。在碰撞期间，一旦电源系统发生故障，备用电容器放电并向系统提供电力。当蓄电池电压下降到一定值时，直流－直流变压器就会被用于提高电压。

(4)存储电路。当诊断电路检测到故障时，故障被编成代码并储存在存储电路中。故障代码可随时读出，以确定故障部位并进行故障检修。

5. SRS 警告灯（安全气囊警告灯）

SRS 警告灯位于组合仪表总成上，如图 2.1-15 所示。当气囊电控单元检测到有故障时，SRS 警告灯亮起以告知驾驶员系统产生故障。在正常工作条件下，点火开关置于 ON（IG）位置时，SRS 警告灯亮起约 6 s 后熄灭。

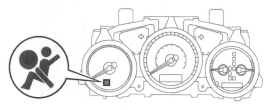

图 2.1-15　SRS 警告灯

6. 线束与保险机构

安全气囊系统工作可靠与否，直接关系到人身安全。为了便于检查排除故障隐患，SRS 线束和连接器与其他电器系统都有区别。安全气囊系统中的所有连接器大多为黄色，以便与其他系统的连接器相区别。

为了保证气囊系统可靠工作，SRS 连接器采用了导电性能和耐久性能良好的镀金端子，并设计有防止安全气囊误爆机构、端子双重锁定机构、连接器双重锁定机构和电路连接诊断机构。安全气囊采用的各种特殊连接器如图 2.1-16 所示，系统中不同的连接器有不同的特殊机构，一个连接器可以有多种不同的机构，参见表 2.1-1。

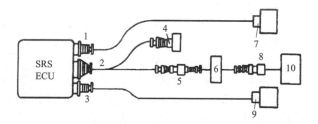

图 2.1-16　安全气囊采用的各种特殊连接器

1、2、3—ECU 连接器；4—SRS 电源连接器；5—中间线束连接器；6—螺旋电缆；7—右碰撞传感器连接器；8—安全气囊组件连接器；9—左碰撞传感器连接器；10—点火器

表 2.1-1　连接器采用的保险机构

编号	名称	连接器代号	编号	名称	连接器代号
1	防止安全气囊误爆机构	2、5、8	3	连接器双重锁定机构	5、8
2	端子双重锁定机构	1、2、3、4、5、7、8、9	4	电路连接诊断机构	1、3、7、9

(1) 防止 SRS 误爆机构。从 SRS-ECU 至 SRS 气囊点火器之间的连接器，均采用防止 SRS 误爆机构。防止 SRS 误爆机构为一块短路簧片，当连接器插头与插座接在一起时，插头的绝缘体将短路簧片顶起，如图 2.1-17（a）所示，短路簧片与点火器的两个端子分开，点火器中的电热丝电路处于正常连接状态。当连接器拔开或插座未完全结合时，短路簧片自动将靠近点火器一侧插座上的两个引线端子短接，如图 2.1-17（b）所示，防止静电或误通电将点火器电路接通而造成气囊误爆开。

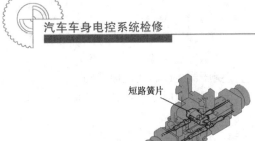
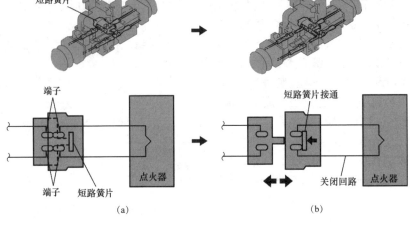

图 2.1-17 安全气囊防误爆机构

(a) 连接器正常插接时;(b) 连接器拔下时

(2) 端子双重锁定机构。在安全气囊系统的任一个连接器中，接线端子都设有双重锁定机构，用于防止接线端子产生滑动，如图 2.1-18 所示。连接器的插头和插座都由壳体上的锁柄与分隔片两部分组成，锁柄为一次性锁定机构，防止端子沿导线轴线方向滑动；分隔片为二次锁定机构，防止端子沿导线径向移动。

(3) 连接器双重锁定机构。安全气囊系统在线束的重要连接部位，连接器采用了双重锁定机构，用于锁定连接器，防止连接器脱开。连接器双重锁定机构如图 2.1-19 所示。在连接器插头上，设有主锁和两个凸缘。在连接器插座上，设有锁柄能够转动的副锁。当主锁未锁定时，插头上的两个凸台就会阻止副锁锁定，如图 2.1-19（a）所示；当主锁完全锁定时，副锁锁柄方能转动并锁定，如图 2.1-19（b）所示；当主锁与副锁双重锁定后，连接器插头与插座的连接状态如图 2.1-19（c）所示，从而防止连接器脱开。

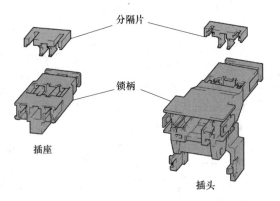

图 2.1-18 接线端子双重锁定机构

图 2.1-19 连接器双重锁定机构

(a) 主锁打开，副锁被挡住；(b) 主锁锁定，副锁可以锁定；(c) 双重锁定

（4）电路连接诊断机构。电路连接诊断机构用于检测连接器插头与插座是否可靠连接。前碰撞传感器连接器及其与 SRS-ECU 连接的连接器采用了电路连接诊断机构，其结构如图 2.1-20 所示。连接器上有一个诊断销和两个诊断端子，前碰撞传感器触点为常开触点。

当传感器连接器处于半连接（未可靠连接）状态时，诊断端子与诊断销未接触，如图 2.1-20（a）所示。此时，电阻尚未与传感器触点构成并联电路，连接器引线"+"与"-"之间的电阻为无穷大。当 SRS-ECU 监测到碰撞传感器的电阻无穷大时，即判定连接器连接不可靠，诊断检测电路就会控制 SRS 故障警告灯闪亮报警，同时，将故障编成代码存储在存储器中。当传感器连接器可靠连接时，诊断端子与诊断销可靠接触，如图 2.1-20（b）所示，此时，电阻与碰撞传感器触点构成并联电路。因为碰撞传感器触点为常开触点，所以，当 SRS-ECU 检测到阻值为并联电阻的阻值时，即判定连接器可靠连接，传感器电路连接正常。

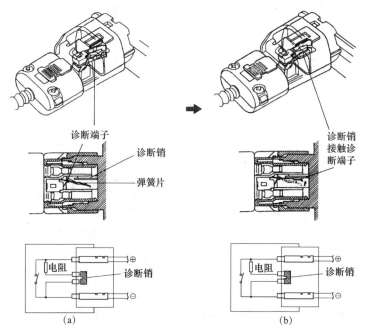

图 2.1-20　电路连接诊断机构

（a）半连接；（b）可靠连接

7. 螺旋电缆

安全气囊系统的所有线束都套装在黄色波纹管内，以便于区别。为了保证转向盘具有足够的转动角度而又不致损伤驾驶员侧气囊组件的连接线束，在转向盘与转向柱管之间采用了螺旋线束，即将线束安装在螺旋形弹簧内，再安放到弹簧壳体内，成为螺旋电缆，如图 2.1-21 所示。通常电喇叭线束也安装在螺旋电缆内。螺旋电缆安装在转向盘与转向柱管之间，安装时应注意其

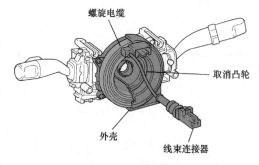

图 2.1-21　螺旋电缆

安装位置与方向，否则将会导致转向盘转动角度不足或转向沉重。

（三）安全气囊系统的控制过程

安全气囊系统的工作原理如图 2.1-22 所示，当汽车前进受到前方一定角度范围内的碰撞时，车体会受到强烈的撞击，车速急剧下降。安装在汽车前端的前碰撞传感器和安装在 SRS-ECU 内部的安全传感器都会检测到汽车突然减速的信号，并将此信号输送给 SRS-ECU，以便判断是否发生碰撞。当汽车遭受碰撞且减速度达到设定值时，SRS-ECU 就会发出控制指令由驱动电路将气囊组件中的点火器的电路接通，点火器内的点火物质点燃并引燃气体发生剂（充气剂），气体发生剂受热后放出大量气体并经过滤后进入安全气囊，气囊便会冲开气囊组件上的饰盖撕印后迅速展开，在驾驶员和乘客面部和胸部前形成弹性气垫。然后，及时泄漏和收缩，将人体与车内构件之间的碰撞变为弹性碰撞，通过气囊产生变形和排气节流来吸收人体碰撞产生的动能，从而有效地保护人体。

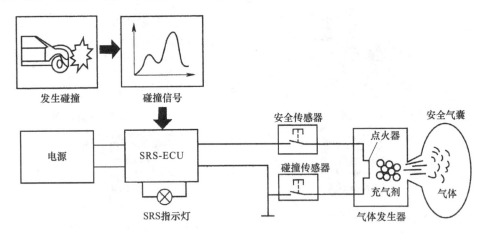

图 2.1-22　安全气囊系统的工作原理

1. 安全气囊系统的动作过程

当汽车以 50 km/h 车速与前面障碍物碰撞时，安全气囊系统的动作过程如图 2.1-23 所示。

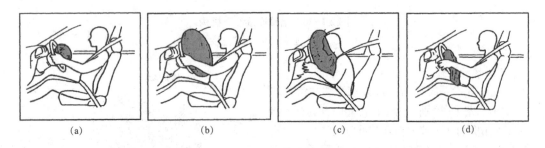

图 2.1-23　安全气囊系统的工作过程
(a) 气囊引爆；(b) 气囊充满；(c) 能量吸收；(d) 气体溢出

（1）碰撞约 10 ms 后，安全气囊系统达到引爆极限，点火器引爆气体发生剂并产生大量热量，使气体发生剂受热分解，驾驶员此时尚未动作，如图 2.1-23（a）所示。

(2) 碰撞约 20 ms 后驾驶员开始移动，但还没有到达气囊。

(3) 碰撞约 40 ms 后，气囊完全充满涨起，体积达到最大，安全带被拉长，人的部分冲击能量已被吸收，如图 2.1-23（b）所示。

(4) 碰撞约 60 ms 后，驾驶员的头部已经开始沉向气囊。

(5) 碰撞约 80 ms 后，驾驶员的头部及身体上部都沉向气囊。气囊背后的排气孔打开，在气囊内部的气体压力和人体压力作用下排气，利用排气孔的节流作用吸收能量，如图 2.1-23（c）所示。

(6) 碰撞约 100 ms 后，车速已接近为 0。这时，对车内乘客来说，危险期已接近结束。

(7) 碰撞约 110 ms 后，驾驶员已经前移到最大距离，随后身体开始后移回到座椅靠背上。这时候，大部分气体已经从排气孔中逸出，汽车前方视野恢复，如图 2.1-23（d）所示。

(8) 碰撞约 120 ms 后，碰撞危害全部解除，车速降至 0。

2. 安全气囊的有效作用范围

安全气囊系统并非在所有碰撞情况下都能起作用。正面碰撞安全气囊系统在汽车正前方或斜前方 ±30°（图 2.1-24）范围内发生碰撞且其纵向减速度达到某一值时，气囊才能被引爆。在下列条件之一的情况下，安全气囊系统不会动作。

(1) 汽车遭受侧面碰撞超过斜前方 ±30° 时；

(2) 汽车遭受横向碰撞时；

(3) 汽车遭受后方碰撞时；

(4) 汽车发生绕纵向轴线侧翻时；

(5) 纵向减速值未达到设定阈值；

(6) 汽车正常行驶、正常制动和在路面不平的道路上行驶时。

侧面气囊只有在汽车遭受侧面 ±30° 撞击且横向加速度达到设定值时，才能引爆充气，且不会引爆正面气囊。

侧面安全气囊系统在下列情况下不会工作：①正面碰撞；②轻微的侧面碰撞；③尾部碰撞；④侧翻。

3. 安全气囊的触发条件

为了保证 SRS 系统工作可靠，防止误引爆，系统随时检测前碰撞传感器、中央碰撞传感器和安全传感器。三者相互间的连接关系如图 2.1-25 所示。其中，中央碰撞传感器与前碰撞传感器并联，安全传感器与前碰撞传感器串联。因此，安全气囊的触发条件是：只有当 SRS 安全传感器、前碰撞传感器（或中央碰撞传感器）同时被接通时，安全气囊控制系统才能使安全气囊充气。

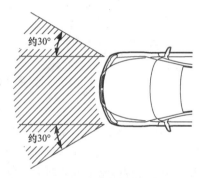

图 2.1-24 正面碰撞安全气囊的有效作用范围

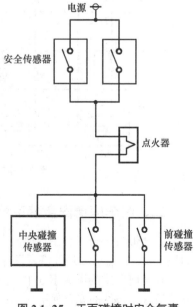

图 2.1-25 正面碰撞时安全气囊点火的条件

（四）双级安全气囊

目前，多数车辆常规配备的气囊都是单级型，一旦发生碰撞，气囊就会全部充气，爆发力大，对于驾驶员或前排乘客，尤其是小个子女性或儿童易被气囊弹伤，而双级安全气囊可以避免这个问题。

双级安全气囊的气体发生器如图 2.1-26 所示，它有两套点火器和气体发生剂，按碰撞的强度采用最佳的展开速度展开。当撞击强度大时，点火器 1 和 2 同时点火；当撞击强度小时，点火器 1 先点火，5～10 ms 后点火器 2 点火，气囊以比单级型更柔和的速度展开，从而避免了气囊对人体的伤害。

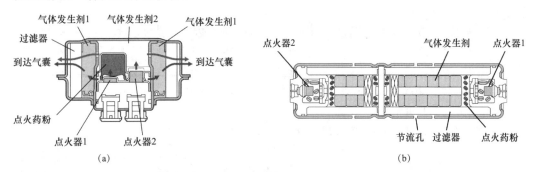

图 2.1-26 双级气囊气体发生器
（a）驾驶员侧；（b）前排乘客侧

别克君越轿车带有双级安全气囊的控制电路如图 2.1-27 所示。在中等程度的正面碰撞时，安全气囊只展开 1 级安全气囊。当车辆发生较严重的正面碰撞时，安全气囊将完全展开，整个过程由安全气囊的 1 级和 2 级展开回路共同完成。

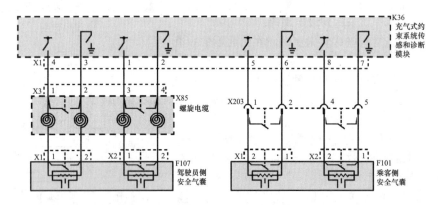

图 2.1-27 别克君越双级安全气囊控制电路

二、汽车座椅安全带系统

安全带与安全气囊是现代汽车的两大被动安全装置，但安全带是车辆上保护乘员安全的最重要、最有效、最经济、最普及的安全防护装置。

在任何形式的碰撞事故中，安全带都能将乘员身体可靠地"固定"在座位上，起着全方位的、无条件的安全保护作用；在碰撞事故的适应性方面，安全带远胜于安全气囊，主要表现在以下四个方面：

（1）由于绝大多数汽车安全气囊是针对前碰撞设计的，所以，当车辆发生其他形式的碰撞（如侧向碰撞、追尾碰撞、复合碰撞，小车头部钻入大车底部、车辆翻转等）时，安全气囊不起作用，而无论何时安全带均起作用。

（2）安全气囊是一次性的，在车辆发生连续多次大型前碰撞时，安全气囊只能保护一次，其余碰撞的保护只能由安全带来代劳。

（3）根据国外统计数据表明，仅有10%的前碰撞事故才能使安全气囊充气。但大部分前碰撞事故是在驾驶员采取了制动措施而又来不及停车的情况下发生的，因此，车辆的速度不高，安全气囊起作用的机会远低于安全带。

（4）重大道路交通事故，往往造成乘员从车内甩出或车辆严重翻转。此时，安全气囊不起作用，但如果乘员事先系好安全带，就有可能避免重大伤亡的发生。

（一）普通座椅安全带

安全带又称为紧急自动锁紧装置（Emergency Locking Retractor，ELR）。安全带可分为二点式安全带和三点式安全带，其中，使用最多的是三点式安全带，安全带在车上的安装位置如图2.1-28所示。

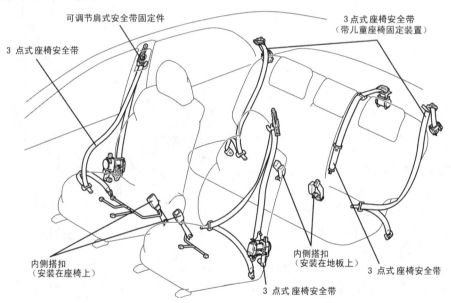

图2.1-28　安全带在车辆上的安装位置

普通座椅三点式安全带一般由高强度织带、锁扣、锁舌、收紧器和限力器等组成，如图2.1-29所示。当驾乘人员使用安全带时，可缓缓地将安全带从收紧器内抽出，然后将安全带端头的快速锁扣与安全带固定锁扣卡接在一起，于是，驾乘人员的身体便被安全带以适当的宽松度套住。

1. 织带及锁扣、锁舌

织带多用尼龙、聚酯等合成纤维编织而成，宽约为50 mm、厚约为1.5 mm，具有足够的强度、延伸性和吸收能量的性能。三点式座椅安全带包括斜挎前胸的肩带和绕过人体胯部的腰带。三个固定点分别位于座椅外侧车身支柱上、座椅内侧和外侧地板上。织带伸入车身支柱内腔并卷在支柱下端的收紧器内。织带上安装有锁舌、锁扣，可使驾乘人员方便佩戴和解脱安全带。

2. 收紧器

收紧器既有收卷、储存部分或全部织带的功能，又有紧急锁止织带的功能。在正常情况下，安全带对人体上部并不起约束作用。当驾乘人员向前弯腰时，织带可从收紧器经上方固定点的导向板拉出；而当驾乘人员恢复正常坐姿时，收紧器又会自动将织带收起，使织带随时保持与人体贴合。当汽车的速度变化较大或车身姿态变化较大，织带的拉出速度达到一定程度时，收紧器会锁紧安全带，从而将驾乘人员束缚在汽车座椅上。

普通安全带一般采用机械式收紧器，主要由卷筒、卷筒轴、棘轮棘爪机构和离合器等组成，如图 2.1-30 所示。

3. 安全带限力器

安全带限力器的结构如图 2.1-31 所示，它主要由限力板、卷筒和固定轴等组成。当车辆发生严重的正面碰撞时，由于驾乘人员进一步向前移动而使安全带所受的力超过预定值时，限力板开始变形，卷筒立即旋转，使得绕在其上的安全带得以向外拉出，如图 2.1-31（b）所示。与此同时，限力板继续随卷筒的旋转而绕固定轴变形，成为安全带继续拉出的阻力。当卷筒转过 1.3 圈左右时，随着限力板两端接触，限力板完成绕固定轴的转动，卷筒也不能再进一步转动，安全带限力器完成其工作，如图 2.1-31（c）所示。

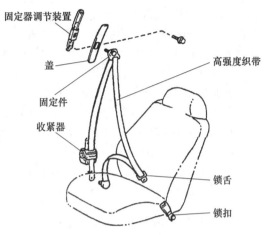

图 2.1-29 三点式安全带

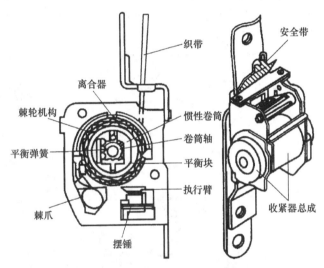

图 2.1-30 机械式收紧器的结构

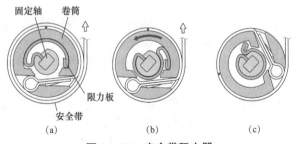

图 2.1-31 安全带限力器

（a）未动作；（b）动作；（c）动作结束

（二）预紧式安全带系统

1. 预紧式安全带的特点

普通座椅安全带由于存在织带缠绕间隙和织带与人体之间的佩戴间隙，会造成安全带约束的空行程，当碰撞发生时，这个约束空行程可达 90 mm，这大大增加了驾乘人员二次碰撞的危险。而预紧式安全带的特点是当汽车发生碰撞事故的一瞬间，驾乘人员尚未向前移动时，收紧器会自动将安全带往回拉一段距离（图 2.1-32），以消除安全带与身体之间的间隙，减小驾乘人员的位移，然后锁止织带，防止驾乘人员身体前倾，有效保护驾乘人员的安全。

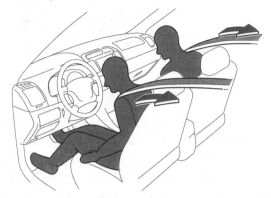

图 2.1-32 预紧式安全带

预紧式安全带中的收紧器除具有普通收紧器的收放织带功能外，当车速发生急剧变化时，还能够在 0.1 s 左右加强对驾乘人员的约束力，原因就在于它还有控制装置和预拉紧装置。

预紧式安全带与普通座椅安全带的主要区别是装备了火药式收紧器，它是预紧式安全带的核心部件。预紧式安全带收紧器设计成只能工作一次。当火药式收紧器工作时，可能会听到动作噪声并放出烟雾状气体，这些气体是无害的。

2. 火药式收紧器的类型

预紧式安全带火药式收紧器的具体构造有多种，但其工作原理均相同。火药式收紧器主要有以下两种类型：一种是火药爆炸时通过驱动安全带卷筒转动来卷紧安全带，其中，常见的有拉索式、齿条式和滚珠式；另一种是火药爆炸时，通过拉动安全带锁扣使安全带收紧。

（1）拉索式火药收紧器。丰田车系普遍采用这种拉索式火药收紧器，其结构如图 2.1-33 所示。一旦发生碰撞事故，SRS-ECU 指令安全带收紧器中的点火器电路接通，点火器点火（图 2.1-34），点火器点燃并在极短的时间内将热量传递到气体发生器颗粒上并放出高压气体。高压气体推动气缸中的活塞，钢索收缩，使卷筒向中心方向收缩，并压在收紧器轴上与它变成一体。固定驱动板的共用销被剪切掉，使卷筒、驱动板和收紧器轴成为一体，并向盘绕方向旋转，然后收缩安全带来约束乘员。

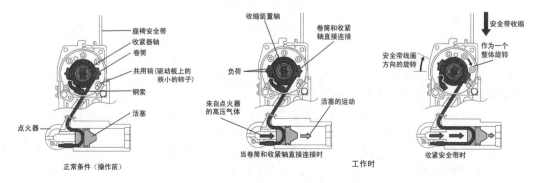

图 2.1-33 火药式安全带收紧器工作过程

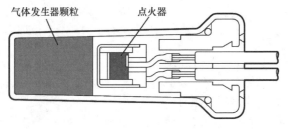

图 2.1-34 气体发生器

（2）齿条式火药收紧器。大众车系常采用该类型的收紧器，其结构如图 2.1-35（a）所示，收紧器主要由气体发生器、带齿条的活塞、小齿轮、齿轮1、齿轮2、滚子、扭力轴等组成。平时带齿条的活塞位于缸筒的下方，一旦发生碰撞事故，SRS-ECU 指令接通安全带收紧器点火器的电路，气体发生器产生大量的爆炸气体，其推力推动与齿条相连的活塞向上移动。齿条通过小齿轮带动齿轮1转动，齿轮1又带动齿轮2转动。齿轮2与单向离合器外环刚性连接，外环旋转时，会将滚子卡紧在外环和扭力轴之间，于是，齿轮2的转动就可经过外环、滚子传递到扭力轴上，安全带就开始收紧，如图 2.1-35（b）所示。

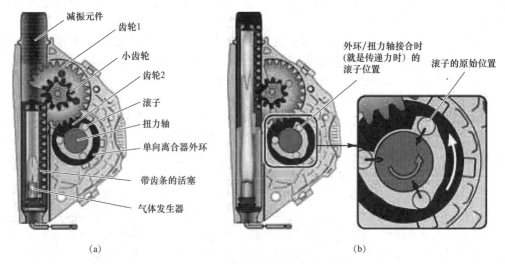

图 2.1-35 齿条式火药收紧器的结构与工作原理示意

（a）结构；（b）引爆

（3）滚珠式火药收紧器。这种安全带收紧器是由滚珠来驱动的，如图 2.1-36 所示。平时滚珠放在滚珠轨道内。当发生碰撞时，SRS-ECU 点燃点火器，产生的高压气体使滚珠移动，滚珠再推动大齿轮转动。由于安全带卷轴与大齿轮是刚性连接的，因此，这些滚珠的运动就带动卷轴也运动，于是安全带就收紧了。

（4）拉动安全带锁扣的火药收紧器。安全带收紧器缸筒内有一个点火器，拉索两端分别连接活塞和锁扣，如图 2.1-37（a）所示。一旦发生碰撞事故，SRS-ECU 指令接通安全带收紧器的点火器电路时，气体发生器产生大量的爆炸气体，推动活塞急速右移，活塞通过拉索带动锁扣急速下移时，将安全带收紧，从而防止驾乘人员发生二次碰撞，如图 2.1-37（b）所示。雪铁龙轿车和通用别克轿车常用该类型的收紧器。

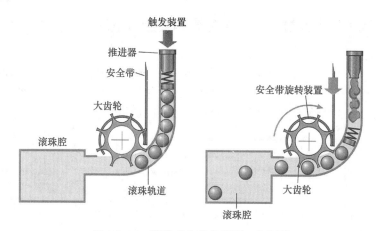

图 2.1-36 滚珠式火药收紧器工作原理

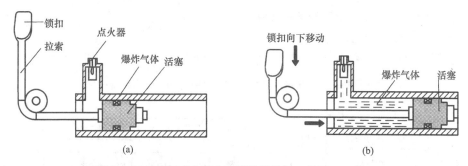

图 2.1-37 锁扣式火药收紧器的结构与工作原理示意图
（a）结构；（b）引爆

3. 座椅安全带指示灯

座椅安全带指示灯用于指示安全带是否系上，安全带是否系上由座椅安全带开关进行检测。一般汽车组合仪表上有一个座椅安全带指示灯，如图2.1-38所示。还有的汽车组合仪表上有两个座椅安全带指示灯，分别指示驾驶员侧安全带和前排乘客侧安全带是否系上。

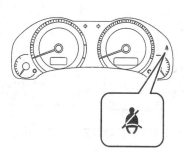

图 2.1-38 安全带指示灯

将点火开关置于ON（IG）位置，当安全带未系紧时，组合仪表上的安全带指示灯闪烁或点亮，有些车型会有相应的提示音。当安全带系紧时，安全带指示灯熄灭。

三、一汽丰田卡罗拉轿车安全气囊和安全带系统

1. 系统组成

一汽丰田卡罗拉轿车高配置版安全气囊和安全带系统由传感器、中央气囊传感器总成（SRS电控单元）、气囊总成和安全带预紧器（收紧器）等组成。各个零部件在汽车上的安装位置如图2.1-39所示，系统组成框图如图2.1-40所示。

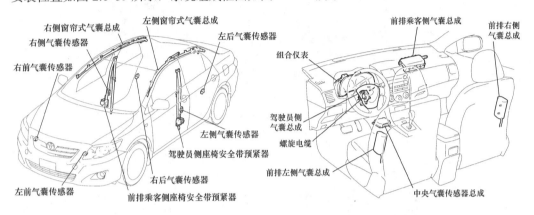

图2.1-39　一汽丰田卡罗拉轿车安全气囊和安全带系统布置

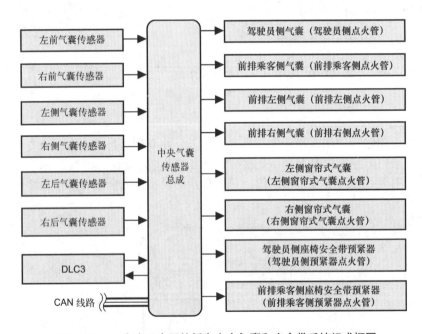

图2.1-40　一汽丰田卡罗拉轿车安全气囊和安全带系统组成框图

传感器包括左前气囊传感器、右前气囊传感器、左侧气囊传感器、右侧气囊传感器、左后气囊传感器和右后气囊传感器共6个。

气囊总成包括驾驶员侧气囊、前排乘客侧气囊、前排左侧气囊、前排右侧气囊、左侧窗帘式气囊、右侧窗帘式气囊共6个气囊总成。

安全带预紧器包括驾驶员侧安全带预紧器（收紧器）和前排乘客侧安全带预紧器（收紧器）2个。

（1）传感器。2个前气囊传感器分别安装在左、右两侧散热器支架上，采用电子式碰撞传感器。它们用于将车辆正面碰撞过程中减速度而在传感器中产生的变形转换为电信号。

2个侧气囊传感器分别安装在左、右两侧中柱的底部，采用电子式碰撞传感器。它们用于将车辆前侧碰撞过程中减速度而在传感器中产生的变形转换为电信号。

2个后气囊传感器分别安装在左、右两侧后柱上，采用电子式碰撞传感器。它们用于将车辆后侧碰撞过程中减速度而在传感器中产生的变形转换为电信号。

（2）中央气囊传感器总成。中央气囊传感器总成安装在仪表板下的中央地板上，由减速度传感器（中央碰撞传感器）、安全传感器、点火控制电路和诊断电路等组成。

①减速度传感器。减速度传感器内置于中央气囊传感器总成内，采用电子式碰撞传感器，其用于将正面碰撞和前后侧面碰撞减速而导致的变形转换成电子信号。

②点火控制电路。点火控制电路根据来自中央气囊传感器总成、前气囊传感器、侧气囊传感器和后气囊传感器中的减速度传感器输出的信号进行计算。如果计算值大于规定值，它将激活点火操作。

③安全传感器。安全传感器内置于中央气囊传感器总成中。在正面碰撞、前侧碰撞和后侧碰撞过程中，如果发送给安全传感器的减速度高于规定值，传感器将打开，并向中央气囊传感器总成输出接通信号。

④备用电源。备用电源由电源电容器和DC-DC转换器组成。碰撞过程中，当电源系统不工作时，电源电容器将放电并向系统供电。当蓄电池电压降到低于预定水平时，DC-DC转换器将作为一个增压变压器进行工作。

⑤诊断电路。该电路持续诊断系统故障。检测到故障时，将点亮组合仪表总成上的SRS警告灯，以告知驾驶员。

⑥存储器电路。在诊断电路中检测到故障时，将在存储器电路中进行编码和存储。

（3）SRS警告灯。SRS警告灯位于组合仪表上。当中央气囊传感器总成自诊断中检测到故障时，SRS警告灯亮起以告知驾驶员系统出现故障。在正常工作条件下，点火开关置于ON（IG）位置时，SRS警告灯亮起约6 s后熄灭。

2. 系统工作原理

（1）正面碰撞。中央气囊传感器总成接收来自内置于中央气囊传感器总成中的减速度传感器和安全传感器以及前气囊传感器的信号，确定是否应该激活驾驶员侧气囊、前排乘客侧气囊、前排座椅安全带预紧器。

当传感器检测到的减速度高于规定值时，传感器接通，并向中央气囊传感器总成输出接通信号。

前排气囊和前排座椅安全带预紧器的展开条件如图2.1-41所示，只有当安全传感器、前气囊传感器（或减速度传感器）同时接通时，驾驶员侧气囊、前排乘客侧气囊和安全带预紧器才会激活工作，以减小对驾驶员和前排乘客头部和胸腔的冲击。

（2）侧面碰撞。通过安装在中柱底部的侧气囊传感器和安装在后柱底部的后气囊传感器检测侧面碰撞。

侧气囊传感器检测前部侧面撞击，同时展开前排侧气囊和窗帘式气囊，其展开条件如图2.1-42所示。

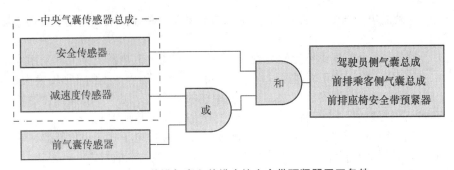

图 2.1-41　前排气囊和前排座椅安全带预紧器展开条件

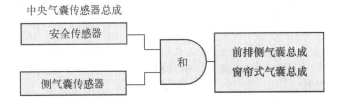

图 2.1-42　前排座椅侧气囊总成和窗帘式安全气囊总成展开条件

后气囊传感器检测后部侧面碰撞，仅展开窗帘式气囊，其展开条件如图 2.1-43 所示。如果前排侧气囊展开，则窗帘式气囊总成也会展开。

前排侧气囊和窗帘式气囊用来在侧面碰撞情况下减少对驾驶员、前排乘客和后排外侧乘客的冲击。

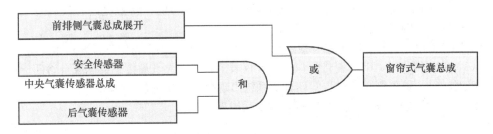

图 2.1-43　窗帘式安全气囊总成展开条件

3. 系统电路图

一汽丰田卡罗拉轿车安全气囊和安全带系统电路图如图 2.1-44 所示。

一汽丰田卡罗拉轿车座椅安全带指示灯电路如图 2.1-45 所示。驾驶员侧安全带开关检测驾驶员安全带是否系上，并将信号发送至主车身 ECU，再通过 CAN 网络发送至组合仪表。

乘员检测传感器检测乘客座椅上是否有人，前排乘客侧安全带开关检测前排乘客侧安全带是否系上，两信号串联后发送至组合仪表总成。组合仪表总成再发送信号至指示灯模块，以请求乘客座椅安全带指示灯闪烁或熄灭。

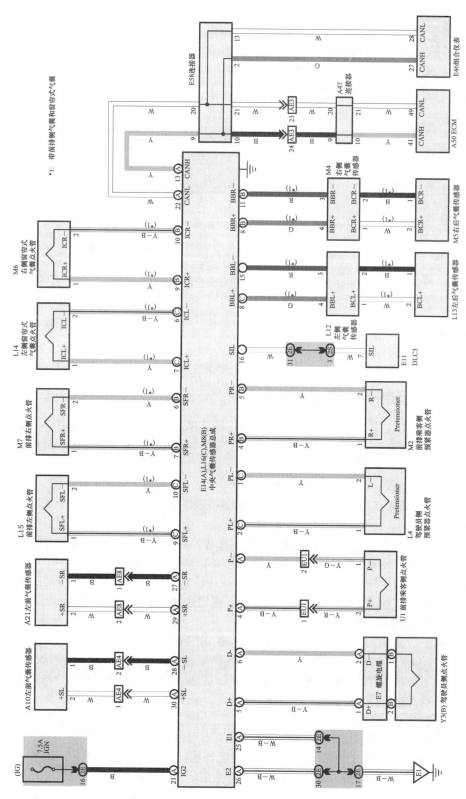

图 2.1-44 一汽丰田卡罗拉轿车安全气囊系统电路图

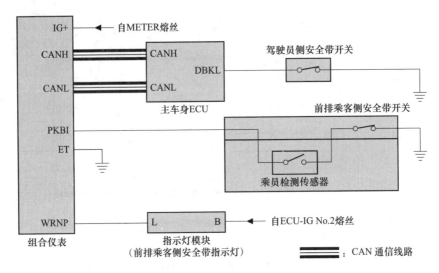

图 2.1-45　一汽丰田卡罗拉轿车安全带指示灯电路图

任务实施

下面以一汽丰田卡罗拉轿车安全气囊和安全带系统为例，讲述其故障诊断与检修过程。

一、系统故障诊断时的注意事项

在维修、检测安全气囊系统时，要严格按正确顺序进行操作，否则会使安全气囊系统在检修过程中意外展开而造成严重事故，或致使安全气囊系统不能正常运作。因此，在排除故障之前，一定要注意以下几点：

（1）开始维修前，将点火开关置于 OFF 位置，将负极电缆从蓄电池上断开至少 90 s。这是因为 SRS 系统配有备用电源，如果在拆下蓄电池搭铁线后 90 s 之内进行检修，就有可能使气囊爆开。

（2）由于 SRS 的故障症状难以确认，因此在故障排除时，故障码是最重要的信息来源。在对 SRS 进行故障排除时，必须在断开蓄电池之前检查故障码。

（3）即使只发生轻微碰撞而气囊未爆开，也应检查 SRS 零件，绝对不可使用其他车辆上的 SRS 零件。如需更换，务必使用新零件。在检修过程中，如有可能对传感器产生冲击，那么在修理之前应将传感器拆下。

（4）安全传感器总成含有水银。更换安全传感器之后，不要将换下的旧零件随意毁掉，当报废车辆或只更换 SRS-ECU 本身时，应拆下气囊安全传感器并作为有害废弃物处置。

（5）决不要试图拆卸和修理 SRS 的任何零件以供重新使用。如果这些零件跌落过，或在壳体、托架或连接器上有裂纹、凹陷或其他缺陷，应更换新件。不要将 SRS 的任一零件直接受热或暴露在火焰面前。

（6）诊断电路系统的故障时，必须使用高阻抗万用表。

（7）拆卸或搬运 SRS 气囊组件时，安全气囊饰盖一面应朝上，如图 2.1-46 所示。不得将 SRS 气囊组件重叠堆放，以防安全气囊误爆造成严重事故。

（8）汽车已发生过碰撞，或安全气囊引爆后，SRS-ECU 就不能继续使用。

（9）在 SRS 系统零部件的外表面上有说明标牌，必须遵照这些注意事项。

（10）完成 SRS 系统的检查之后，必须对 SRS 警告灯进行检查。正常情况下，当点火开关转到 ON 或 ACC 位置时，SRS 警告灯亮约 6 s 后自动熄灭。

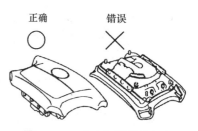

图 2.1-46　安全气囊饰盖朝上

二、故障码的读取

将故障诊断仪连接到故障诊断插座，将点火开关置于 ON（IG）位置，打开故障诊断仪，进入安全气囊系统，根据显示屏上的提示进行操作即可读取系统故障码。

三、常见故障检修

1. 右前气囊传感器电路的检修

前气囊传感器、侧气囊传感器、后气囊传感器的电路故障检修类似。下面以右前气囊传感器电路故障检修为例说明。

右前气囊传感器与中央气囊传感器总成的连接如图 2.1-47 所示，故障检修步骤如下：

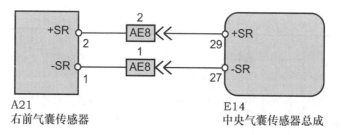

图 2.1-47　右前气囊传感器的线路连接

（1）检查连接器。关闭点火开关，断开蓄电池负极电缆，等待至少 90 s。按图 2.1-48 所示检查并确认 3 个连接器已正确连接，连接器端子没有损坏。

（2）检查传感器电路是否断路。拔下 A21 和 E14 连接器，用万用表测量线束侧端子 A21-1 与 E14-27 之间、A21-2 与 E14-29 之间的电阻，应小于 1 Ω。若不满足要求，则断开中间连接器 AE8，按同样方法检查左、右两线束是否断路。

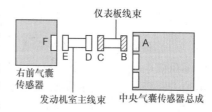

图 2.1-48　右前气囊传感器连接器

（3）检查传感器电路是否短路。用万用表测量线束侧 A21-2 与 A21-1 之间的电阻，应为无穷大。若不满足要求，则断开中间连接器 AE8，按同样方法检查左、右两线束是否短路。

（4）检查传感器电路是否对电源 B+ 短路。将负极电缆连接至蓄电池，将点火开关置于 ON（IG）位置。用万用表测量线束侧 A21-1 与车身搭铁之间、A21-2 与车身搭铁之间的电压，应小于 1 V。若不满足要求，则断开中间连接器 AE8，按同样方法检查左、右两线束是否对电源 B+ 短路。

（5）检查传感器电路是否对搭铁短路。关闭点火开关，断开蓄电池负极电缆，等待至少 90 s。用万用表测量线束侧 A21-1 与车身搭铁之间、A21-2 与车身搭铁之间的电阻，应为无穷大。若不满足要求，则断开中间连接器 AE8，按同样方法检查左、右两线束是否对搭铁短路。

（6）检查右前气囊传感器。

①将右前、左前气囊传感器交换，连接好各连接器和蓄电池电缆。

②将点火开关置于 ON（IG）位置，等待至少 90 s 后，清除故障码，然后关闭点火开关。

③将点火开关置于 ON（IG）位置，等待至少 90 s 后，读取故障码。

④如果输出 DTC B1615（左前气囊传感器故障）、DTC B1617（与左前气囊传感器失去通信）和 DTC B1618（左前气囊传感器初始化未完成），则更换右前气囊传感器。

⑤如果输出 DTC B1610（右前气囊传感器故障）、DTC B1612（与右前气囊传感器失去通信）和 DTC B1613（右前气囊传感器初始化未完成），则更换中央气囊传感器总成。

2. 驾驶员侧点火管电路的检修

驾驶员侧点火管电路如图 2.1-49 所示。驾驶员侧点火管电路出现故障时，将会出现故障码 DTC B1800（驾驶员侧点火管电路短路）、DTC B1801（驾驶员侧点火管电路断路）、DTC B1802（驾驶员侧点火管电路对搭铁短路）、DTC B1803（驾驶员侧点火管电路对 B+ 短路），其检修流程如下：

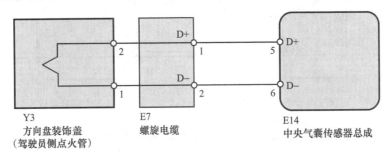

图 2.1-49 驾驶员侧点火管电路图

（1）检查连接器。关闭点火开关，断开蓄电池负极电缆，等待至少 90 s。按图 2.1-50 所示检查并确认 3 个连接器已正确连接，连接器端子没有损坏。

（2）检查驾驶员侧点火管。

①断开驾驶员侧点火管连接器，将专用工具 SST 09843-18061（SST 电阻为 2.1 Ω）连接至连接器 E 上（图 2.1-51）。连接好仪表板线束和蓄电池电缆。

②将点火开关置于 ON（IG）位置，等待至少 90 s 后，清除故障码，然后关闭点火开关。

③将点火开关置于 ON（IG）位置，等待至少 90 s 后，

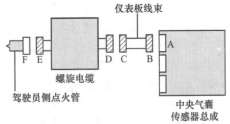

图 2.1-50 驾驶员侧点火管连接器

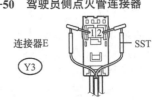

图 2.1-51 连接 SST 至连接器 E 上

读取故障码。如果没有故障码,说明驾驶员侧点火管故障,应更换。如果仍有故障码 DTC B1800、DTC B1801、DTC B1802 或 B1803,则应检查驾驶员侧点火管电路。

(3)检查驾驶员侧点火管电路。

①取下专用工具 SST,将仪表板线束从中央气囊传感器总成上断开。

②检查电路是否对电源 B+ 短路。将负极电缆连接至蓄电池,将点火开关置于 ON(IG)位置。测量线束端 Y3-1 与车身搭铁、Y3-2 与车身搭铁之间的电压,应小于 1 V。若不符合要求,按同样方法检查排除螺旋电缆和仪表板线束电路对电源 B+ 短路故障。

③检查电路是否断路。关闭点火开关,断开蓄电池负极电缆,等待至少 90 s。测量线束端 Y3-1 与 Y3-2 之间的电阻,应小于 1 Ω。若不符合要求,按同样方法检查排除螺旋电缆和仪表板线束电路断路故障。

注意:连接器 B、D、F 带有防误爆机构,当拔下此连接器时,短路片自动将两端子短接。

④检查电路是否对搭铁短路。测量线束端 Y3-1 与车身搭铁、Y3-2 与车身搭铁之间的电阻,应为无穷大。若不符合要求,按同样方法检查排除螺旋电缆和仪表板线束电路对搭铁短路故障。

⑤检查电路是否短路。解除内置于连接器 B 内的防误爆机构,测量线束端 Y3-1 与 Y3-2 之间的电阻,应为无穷大。若不符合要求,按同样方法检查排除螺旋电缆和仪表板线束电路短路故障。

(4)若以上检查正常,则更换检查中央气囊传感器总成。

3. 前排乘客侧座椅安全带指示灯电路的检修

前排乘客侧安全带指示灯电路(图 2.1-45)故障的检修流程如下:

(1)检查 ECU-IG NO.2 保险丝是否正常。

(2)检查指示灯模块电源电路。断开指示灯模块连接器,点火开关置于 ON(IG)位置,测量线束侧端子 B 与车身搭铁之间的电压,应为 11 ~ 14 V。否则,维修或更换线束或连接器。

(3)检查前排乘客安全带指示灯。将蓄电池正极连接至指示灯模块端子 B,蓄电池负极连接至端子 L,安全带指示灯应亮起。否则,应更换乘客座椅安全带指示灯。

(4)将连接器从组合仪表总成上断开,检查组合仪表与指示灯模块之间的线路是否短路或断路。若不正常,则修理或更换线束或连接器。

(5)检查乘员检测传感器。如图 2.1-52 所示,断开乘员检测传感器连接器,测量传感器两端子之间的电阻。当向传感器施加大于 29 N 的力时,电阻应小于 100 Ω;乘客座椅空着,电阻应为无穷大。如不符合要求,更换乘员检测传感器。

(6)将连接器从组合仪表总成上断开,检查组合仪表与乘员检测传感器之间的线路是否短路或断路。若不正常,则修理或更换线束或连接器。

(7)检查前排座椅安全带开关。断开前排座椅安全带连接器,如图 2.1-53 所示,向乘员检测传感器施加大于 29 N 的力,再测量端子 1 与 2 之间的电阻。安全带未系紧时,应小于 100 Ω;安全带已系紧时,应为无穷大。如不符合要求,则更换安全带总成。

(8)若以上检查正常,故障仍未排除,则更换组合仪表总成。

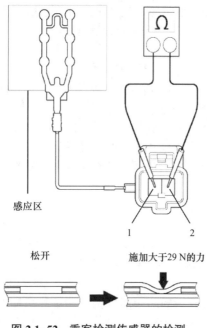

图 2.1-52　乘客检测传感器的检测　　　　图 2.1-53　前排座椅内安全带检查

案例分析

一、奥迪 A6 轿车安全气囊警告灯有时亮

故障现象：奥迪 A6 轿车安全气囊警告灯有时亮。

故障诊断与排除：用故障检测仪进行检测，故障代码为 00588，故障内容为驾驶员侧安全气囊点火器 N-95 电阻过大或过小，偶发性故障。检查其连接器正常，清除故障码后安全气囊警告灯熄灭，但几天后，安全气囊警告灯再次出现点亮。拆下安全气囊，检测螺旋电缆的电阻值为 3 Ω，超过了其标准值 1 Ω。更换螺旋电缆，故障排除，安全气囊警告灯熄灭。

二、现代索纳塔轿车 SRS 警告灯点亮故障

故障现象：北京现代索纳塔轿车安全气囊警告灯亮。

故障诊断与排除：用专用诊断仪读取故障码为 B1406，含义为乘客检测传感器（PPD）不良。

该车前排乘客座位乘客检测传感器参数：传感器电阻随质量的变化而变化，当质量 $\geqslant$ 15 kg 时，$R \leqslant$ 50 kΩ；当质量 $\leqslant$ 0.6 kg 时，$R \geqslant$ 50 kΩ。检查乘客检测传感器电阻，当乘客座位无人时电阻 $R \geqslant$ 50 kΩ 为正常，当乘客座位有人时电阻为无穷大。说明乘客检测传感器损坏。更换乘客检测传感器后，故障排除。

维修小结：该车座位原来是布质面料，当加装真皮座套后安全气囊警告灯点亮，是由于加装真皮座套人员不小心将前排乘客座位上乘客检测传感器撞坏，从而出现上述故障，SRS 警告灯点亮。

三、捷达轿车安全气囊警告灯不熄灭

故障现象：一辆捷达 GIX 轿车，行驶至 4 000 km 时，发生交通事故，导致安全气囊引爆。更换了安全气囊控制单元、安全气囊及螺旋电缆后，打开点火开关，系统自检，安全气囊警告灯不熄灭，说明安全气囊系统存在故障。

故障诊断与排除：用诊断仪 VAS5051 查故障码，显示 00588 故障码，"Air bagigniter-N95 resistance too high"即安全气囊点火器电阻太大。怀疑线束阻值大，检查安全气囊控制单元连接器插座，查看针脚有无变形或脏污，没有发现情况。更换线束后，VAS5051 显示"Vehicle system not available"，即不能进入车辆诊断系统。换回旧线束后，仍然不能进入安全气囊系统。经过测量安全气囊控制单元针脚、安全气囊线束、K 线及电源线均正常，且安全气囊控制单元搭铁良好。重新连接安全气囊线束及安全气囊控制单元后，该故障重复出现。最后断定还是连接器插座问题，拆下控制单元连接器插座，经过仔细检查后，发现安全气囊线束上有少量胶质附着，控制单元针脚上也有少量透明胶质附着。将两者彻底清洁干净后，重新插上安全气囊控制单元连接器插头，安全气囊警告灯熄灭，故障彻底排除。

维修小结：汽车电路故障检修应从最简单处入手，即首先检查连接器插头与插座连接是否牢靠，搭铁是否良好，以及线束有无破损造成短路或断路，以免将问题复杂化，从而延长故障诊断时间，甚至陷入无所适从的境地。

四、大众途安轿车安全带指示灯报警

故障现象：一辆上海大众途安轿车，搭载 1.8T 涡轮增压发动机，匹配 6 挡手自一体变速器，行驶里程 300 km，安全带指示灯出现报警。

故障诊断与排除：安全带报警系统的控制过程是：驾驶员侧或前排乘客侧座椅安全带没有系好，打开点火开关时，仪表板上的安全带报警指示灯 K19 亮起；当乘客系好安全带时，仪表板上的安全带指示灯熄灭。同时，前排乘客侧座椅还有一个乘客检测传感器，当前排乘客不系安全带时指示灯 K19 亮起，车辆在行驶过程中会出现"滴滴"的报警声，提示乘客系上安全带，防止车辆在行驶过程中出现交通事故时，乘客因不系安全带而带来伤害。

分析该故障可能是安全带开关造成的，但考虑到客户购车时间不是很长，安全带开关损坏的可能性不大。经过与客户沟通得知买车时故障未出现，只是在汽车美容店加装完地胶以后才出现的此故障。

在不系安全带的情况下打开点火开关，仪表板上的安全带指示灯 K19 正常亮起；系上驾驶员侧安全带，安全带指示灯 K19 熄灭。当前排乘客侧座椅有人时，安全带指示灯 K19 没有亮起，无人时安全带指示灯 K19 反而亮起，亮起时系上安全带，指示灯也没有熄灭。查电路图得知，安全带指示灯受安全气囊控制单元控制。

用诊断仪 VAS5051 对安全气囊控制单元进行故障查询，未发现故障码，进入读取测量数据块功能，检查乘客检测传感器和安全带开关的功能是否正常，其数据在第三显示组。第三显示组四区含义由上到下依次：第一区，前排乘客侧乘客检测传感器显示正常状态；第二区，驾驶员侧乘客检测传感器显示未安装；第三区、第四区，分别是驾驶员侧和前排乘客侧安全带开关的状态。驾驶员侧和前排乘客侧安全带系上或解开，屏幕上分别显示"是"或"否"；驾驶员侧安全带系上或解开，第三区安全带开关的状态将分别变为"是"或"否",通过观察第三区含义,可以判断驾驶员侧安全带开关没有故障。前排乘客侧安全带系上或解开时,第四区都是显示"否"。

考虑导致安全气囊控制单元认为没有系安全带的原因,怀疑安全带开关可能损坏,或线路有短路。检查乘客检测传感器的功能是否正常,当前排乘客座椅有人时,乘客检测传感器的数据没有变化,前排乘客侧座椅上没人时,第四区的"否"竟然变为"是"。考虑到途安汽车线束布置的规范性,排除安全带开关的线束被座椅挤压的可能。这时,想到故障是在该车加装完地胶后才出现的,有可能在加装地胶拆装座椅时安全带开关的线束插头和乘客检测传感器的线束插头插错。将座椅调节到最高位置检查线束的插头,查看电路图得知,安全带开关和乘客检测传感器的插头都是连接安全气囊控制单元和接地连接线的,两个插头插错不会给安全气囊控制单元造成故障,但会影响对安全带的控制。将两个插头调换,检查安全带指示灯和读取车辆数据块中的功能,均正常。至此故障完全排除。

任务小结

1. 为了将碰撞时车舱的损坏降到最小,以及保护驾乘人员,车身内一般设有撞击吸收结构(防撞式车身)、安全气囊系统和安全带。

2. 根据安装位置不同,安全气囊分为正面安全气囊、侧面安全气囊、侧边窗帘式安全气囊和膝部安全气囊等。

3. 正面安全气囊包括驾驶员侧安全气囊和前排乘客侧安全气囊。驾驶员侧安全气囊安装在转向盘上,前排乘客侧安全气囊安装在前排乘客座椅正前方。

4. 侧面安全气囊包括前排左侧和右侧安全气囊,分别安装在驾驶员座椅靠背的左侧和前排乘客座椅靠背的右侧,以防翻车时驾驶员和前排乘客与左右侧车窗玻璃相撞而造成伤亡。

5. 侧边窗帘式安全气囊包括左侧和右侧窗帘式安全气囊,安装在车顶弧形钢梁内,通常贯穿前后。窗帘式安全气囊展开时,由上向下伸展到整个乘客舱的两侧,来保护前排和后排乘客的头部和身体上部,侧边窗帘式气囊和同侧侧面气囊通常一起展开。

6. 膝部安全气囊通常位于驾驶员侧转向盘下方和前排乘客侧仪表台下方。在车辆正面发生正面碰撞时,缓冲前排乘客膝部向前移动产生的惯性力。

7. 安全气囊传感器的功用是检测、判断汽车发生事故后的碰撞程度,以便及时启动安全气囊,并提供足够的电能或机械能点燃气体发生器。安全气囊传感器包括前碰撞传感器、中央碰撞传感器和安全传感器。

8. 前碰撞传感器用来检测汽车遭受碰撞的激烈程度,一般安装在车身前部翼子板内侧、前照灯支架下面及散热器支架侧等处。对装有侧向安全气囊系统的汽车,在左右侧也装有碰撞传感器。

9. 中央碰撞传感器安装在车身前部中央位置,还有部分车型安装在安全气囊ECU内部。

10. 安全传感器用来防止在非碰撞的情况下引起气囊的误动作,信号供给安全气囊电控单元以判断是否真发生碰撞。安全传感器一般安装在安全气囊ECU内部。

11. 为了避免前排乘客气囊不必要爆炸造成浪费(如座椅上没有乘客时),可以通过开关或仪器将前排乘客气囊关闭。有些汽车设计了乘客检测传感器来识别座椅是否被使用，如果座椅为空，则对应的气囊不会引爆。

12. 气体发生器又称为充气器，其功用是在点火器引爆气体发生剂时，产生气体向气囊充气，使气囊张开。

13. 当气囊电控单元检测到有故障时，SRS警告灯亮起以告知驾驶员系统产生故障。在正常工作条件下，点火开关置于ON（IG）位置时，SRS警告灯亮起约6 s后熄灭。

14. 安全气囊系统中的所有连接器大多为黄色，以便与其他系统的连接器相区别。

15. SRS连接器采用了导电性能和耐久性能良好的镀金端子，并设计有防止安全气囊误爆机构、端子双重锁定机构、连接器双重锁定机构和电路连接诊断机构。

16. 正面碰撞安全气囊系统在汽车正前方或斜前方±30°范围内发生碰撞且其纵向减速度达到某一值时，气囊才能被引爆。侧面气囊只有在汽车遭受侧面±30°撞击且横向加速度达到设定值时，才能引爆充气，且不会引爆正面气囊。

17. 安全气囊的触发条件：只有当SRS安全传感器、碰撞传感器（或中央碰撞传感器）同时被接通时，安全气囊控制系统才能使安全气囊充气。

18. 双级安全气囊的气体发生器有两套点火器和气体发生剂。当撞击强度大时，点火器1和2同时点火；当撞击强度小时，点火器1先点火，5～10 ms后点火器2点火；有些车型为点火器1点火。

19. 预紧式安全带的特点是当汽车发生碰撞事故的一瞬间，驾乘人员尚未向前移动时，收紧器会自动将安全带往回拉一段距离，以消除安全带与身体之间的间隙，有效保护驾乘人员的安全。

20. 预紧式安全带与普通座椅安全带的主要区别是装备了火药式收紧器，它是预紧式安全带的核心部件。

21. 预紧式安全带的火药式收紧器主要有两种类型：一种是火药爆炸时通过驱动安全带卷筒转动来卷紧安全带，其中，常见的有拉索式、齿条式和滚珠式；另一种是火药爆炸时通过拉动安全带锁扣使安全带收紧。

22. 座椅安全带指示灯用于指示安全带是否系上。

课后练习

1. 简述汽车安全气囊的组成及工作原理。
2. 简述安全气囊的有效作用范围。
3. 为什么要设置双级安全气囊？简述其工作原理。
4. 为什么要采用预紧式安全带？预紧式安全带有哪几种类型？
5. 如何检修气囊传感器电路故障？
6. 如何检修安全带指示灯电路故障？

学习任务二　中控门锁与防盗报警系统检修

- 能正确描述中控门锁系统的功能、组成、各部件作用及工作原理；
- 能正确描述无线遥控门锁系统的功能、组成及工作原理；
- 能正确描述防盗报警系统的类型、组成及工作原理；
- 能正确描述防盗报警系统的设定与解除方法；
- 能正确描述无钥匙进入和启动系统的组成及工作原理；
- 能正确识读和分析中控门锁与防盗报警系统电路图；
- 会使用万用表和故障诊断仪对中控门锁与防盗报警系统进行检测；
- 会分析诊断和排除中控门锁与防盗报警系统的常见故障。

- 中控门锁系统与防盗报警系统的工作原理；
- 识读和分析中控门锁与防盗报警系统电路图；
- 分析诊断和排除中控门锁与防盗报警系统的常见故障。

任务描述

　　一辆 2011 年产的一汽大众迈腾 B7L 轿车的用户不慎丢失了 1 把钥匙，要求重新配 1 把。维修站按照该车钥匙零件号向厂家订货，1 周后新钥匙发来，用户将车做了新钥匙的匹配工作。利用诊断仪依照配钥匙的程序按步执行，并用输完密码后的新钥匙启动发动机，结果该车防盗系统警告灯快速闪烁，新钥匙不能确认，发动机不能启动。现在，请对客户轿车的防盗系统进行检修。

知识准备

一、中控门锁系统

　　为方便驾驶员和乘客开关车门，目前，汽车大多采用了电动门锁系统。现代汽车的电动门锁大都采用中央控制门锁（简称中控门锁），可以由驾驶员控制所有车门的动作，同时，还可以与启动、点火系统相连接进行防盗控制。

（一）中控门锁系统的功能

根据不同车型和档次，汽车中控门锁系统具有不同的功能。一般汽车中控门锁系统功能如下：

（1）中央控制。如图 2.2-1 所示，驾驶员通过车内的门锁控制开关来锁止或开锁驾驶员侧车门时，其他车门及行李厢能同时锁止或开锁。所有车门可以通过左前或右前侧车门上的钥匙来同时锁止或开锁。

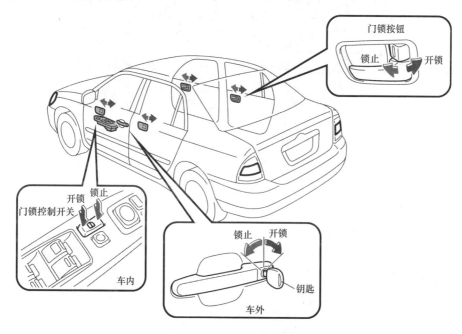

图 2.2-1　门锁控制功能

（2）单独控制。为了方便，除中央控制方式外，乘员仍可以利用各自车门上的门锁按钮（图 2.2-1）来锁止或开锁车门。

（3）速度控制。当车速达到一定数值时，有些汽车能自动将所有车门锁止。

（4）两步开锁功能。此功能为用钥匙开锁的功能。当用钥匙打开一个门锁时，开锁的第一步操作只能用机械的方法打开钥匙所插入的车门，其他车门要用第二步操作才能开启，如图 2.2-2 所示。

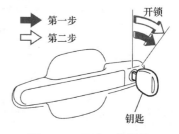

图 2.2-2　两步开锁操作

（5）钥匙遗忘保护功能。此功能是为了防止钥匙已插入点火开关，在车外没有钥匙的情况下而将车门锁住。若已经执行锁门操作，而钥匙仍然插在点火开关内，则所有的车门都会自动开锁，以防止钥匙遗忘在汽车内。

（6）电动车窗不用钥匙的动作功能。驾驶员和乘客的车门都关上，点火开关断开后，电动车窗仍可以进行升降操作 60 s。

（7）自动功能。当用钥匙或遥控器将车门打开或锁上时，电动车窗玻璃会自动升降。

（8）儿童安全锁功能。儿童安全锁是专门针对儿童安全设置的一项配置，当上锁时，乘坐在后排的儿童无法从里面打开车门,家长可以从外面打开车门,防止儿童乘车时自己打开车门掉落车外。

目前,儿童安全锁最常见的是旋转式和拨杆式,如图2.2-3所示。由于旋转式儿童安全锁需要使用钥匙或钥匙状物体插到相应的孔中才能转动旋钮开关进行锁止及开锁操作,对比起来,拨杆式儿童安全锁使用起来更加方便。

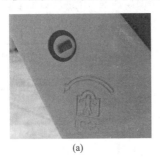 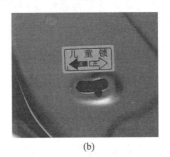

(a) (b)

图 2.2-3 儿童安全锁

(a) 旋转式;(b) 拨杆式

(二)中控门锁系统的组成

中控门锁系统一般包括门锁控制开关、门锁按钮、钥匙控制开关、门锁总成、门锁控制器(或门锁控制ECU)、钥匙未锁警告开关、门控开关等。典型中控门锁系统各部件的安装位置如图2.2-4所示。

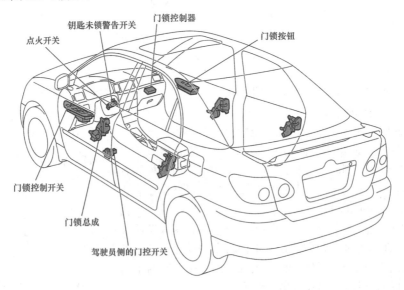

图 2.2-4 中控门锁系统各部件的安装位置

1. 门锁控制开关和门锁按钮

门锁控制开关一般安装在左前门的内侧扶手上,如图2.2-5所示,有些汽车右前门上也有安装。驾驶员通过操作门锁控制开关可以同时锁止和开锁所有的车门。

  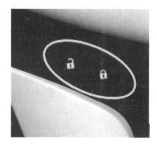

图 2.2-5　各种门锁控制开关

门锁控制开关实际上是一个电路开关，用于控制接通或断开门锁执行机构的电路。驾驶员按下门锁控制开关中的锁止按钮（或开锁按钮），锁止（或开锁）电路接通，信号送至门锁控制器或门锁控制 ECU，于是，控制门锁电动机锁门（或开锁）。

门锁按钮分别安装在其他各个车门上，一般通过机械方式（图 2.2-6）或电子方式（图 2.2-10）单独控制相应的车门。

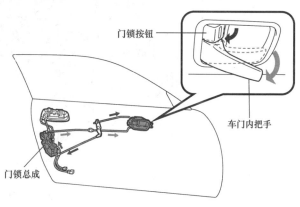

图 2.2-6　门锁按钮

2. 门锁总成

门锁总成主要由门锁传动机构、门锁电动机总成、门锁位置开关、钥匙控制开关、外壳等组成，其结构如图 2.2-7 所示。门锁电动机可以正反转，从而将车门锁止或开锁。

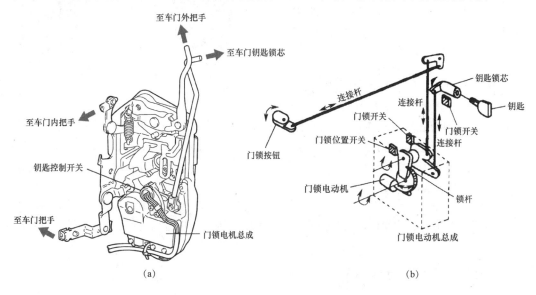

图 2.2-7　门锁结构和门锁传动机构示意

（a）门锁结构；（b）门锁传动机构

钥匙控制开关一般安装在左前门（或每个前门）的门锁总成内，当从外面用钥匙开锁（或锁门）时，钥匙控制开关开锁（或锁门）电路接通，从而发出锁止或开锁的信号给门锁控制器（或门锁控制 ECU）。

门锁电动机结构如图 2.2-8 所示。门锁电动机是门锁的执行器，当门锁电动机转动时，蜗杆带动齿轮转动，齿轮推动锁杆，使车门锁止或开锁，然后齿轮在回位弹簧的作用下回到中间位置。

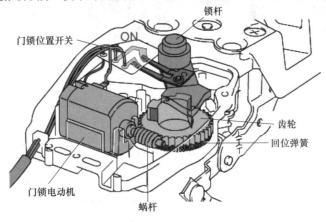

图 2.2-8　门锁电动机总成

门锁位置开关位于门锁总成内，用来检测车门的锁止状态，信号送至门锁控制 ECU，用于反馈此时车门的锁止情况。它由一个触点板和一个开关座组成。当锁杆推向锁止位置时，门锁位置开关断开；推向开锁位置时，门锁位置开关接通，即当车门锁止时，此开关断开，当车门开锁时，此开关接通。图 2.2-9 所示为门锁位置开关在车门锁止和开锁时的状态。

3. 钥匙未锁警告开关

钥匙未锁警告开关用来检测钥匙是否插入点火开关锁芯。当钥匙插入时，开关接通；当钥匙拔出时，开关断开。

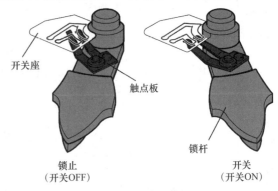

图 2.2-9　门锁位置开关的工作情况

4. 门锁控制器（或门锁控制 ECU）

门锁控制器（或门锁控制 ECU）接收来自各开关的信号并向各门锁总成传送锁止或开锁信号，以便驱动各车门的门锁电动机。

5. 门控开关

门控开关用来检测车门的开闭情况。当车门打开时，门控开关接通；当车门关闭时，门控开关断开。

（三）中控门锁系统的工作过程

1. 继电器控制的中控门锁控制系统

使用门锁继电器的中控门锁控制电路如图 2.2-10 所示。

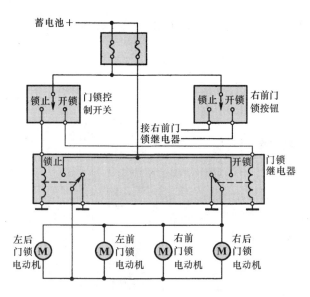

图 2.2-10　门锁继电器控制的中控门锁电路

按下门锁控制开关中的"开锁"按钮,"开锁"触点闭合,电源给开锁继电器线圈供电,开锁继电器常开触点闭合。于是,电流便从蓄电池正极→熔丝→开锁继电器常开触点→四个门锁电动机→锁止继电器常闭触点搭铁,4 个车门同时打开。按下门锁控制开关中的"锁止"按钮,"锁止"触点闭合,锁止继电器线圈通电即可使常开触点闭合,4 个车门同时锁住。

2. ECU 控制的中控门锁系统

ECU 控制的中控门锁系统电路如图 2.2-11 所示。ECU 控制的中控门锁系统可以根据各种开关发出的信号来控制两个继电器的工作情况。电路中的 D、P、RR、RL 分别代表驾驶员侧、乘客侧、右后侧和左后侧。

(1) 手动锁门和开锁功能。

①锁门:驾驶员将门锁控制开关置于锁止时,车门锁止信号传送到门锁控制 ECU 中的 CPU。CPU 收到信号后,使 Tr1 导通约 0.2 s,于是,锁止继电器线圈通电,常开触点闭合,电流从蓄电池正极→锁止继电器常开触点→四个门锁电动机→开锁继电器常闭触点→接地,所有门锁电动机沿锁止方向转动,所有车门均被锁住。

②开锁:驾驶员将门锁控制开关置于开锁时,车门开锁信号传送到门锁控制 ECU 中的 CPU。CPU 收到信号后,使 Tr2 导通约 0.2 s,于是开锁继电器线圈通电,常开触点闭合,电流从蓄电池正极→开锁继电器常开触点→四个门锁电动机→锁止继电器常闭触点→接地,所有门锁电动机沿开锁方向转动,所有车门均被开锁。

(2) 用车门钥匙锁门和开锁。将钥匙插入车门钥匙孔并转动进行锁门或开锁时,钥匙控制开关被置于锁止或开锁位置,车门锁止或开锁信号传送到 CPU。同样,CPU 收到信号后,使 Tr1 或 Tr2 导通约 0.2 s,相应的锁止或开锁继电器线圈通电。于是,接通相关电路,控制所有门锁电动机沿锁止或开锁方向转动(此处与手动锁门和开锁功能的线路相同)。

(3) 两步开锁功能(驾驶员侧车门有此功能时)。当钥匙向开锁方向转动一次,只有本侧车门以机械方式被开锁。在此状态下,门锁控制 ECU 的 UL3 端子被钥匙控制开关接地一次,但是 Tr2 没有接通。如果钥匙在 3 s 内向开锁方向旋转两次,UL3 端子被接地两次,

CPU 使 Tr2 导通。于是，开锁继电器线圈通电，所有车门被开锁。

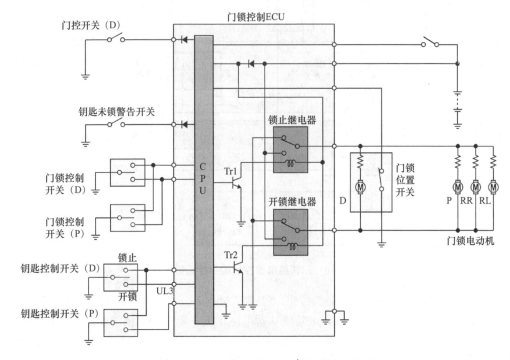

图 2.2-11　ECU 控制的中控门锁系统控制电路

（4）钥匙遗忘保护功能。当驾驶员侧车门打开，钥匙在点火开关锁芯中时，如果门锁按钮置于锁止位置，CPU 将 Tr2 导通约 0.2 s。于是，开锁继电器线圈通电，所有车门开锁。如果在此状态下操作门锁控制开关锁住车门，所有的车门会先锁止，然后再次打开。

3. 车速感应式中控门锁系统

有些汽车的中控门锁系统加装了车速（10 km/h）感应开关，当车速在 10 km/h 以上时，若车门未锁止，驾驶员不需动手，门锁控制器会自动地将门锁锁上，其电路如图 2.2-12 所示。另外，每个车门可单独进行锁止和开锁的操作。

若按下锁止开关，定时器使三极管 VT_2 导通，锁止继电器线圈 L_1 通电，锁止继电器常开触点闭合，门锁电动机通正向电流，车门锁止。

若按下开锁开关，则开锁继电器线圈 L_2 通电，开锁继电器常开触点闭合，门锁电动机通入反向电流，车门开锁。

汽车行驶时，若车门未锁止，且车速低于 10 km/h 时，置于车速表内的 10 km/h 开关闭合，此时，稳态电路不向三极管 VT_1 提供基极电流；当行车速度高于 10 km/h 以上时，10 km/h 开关断开，此时，稳态电路给 VT_1 提供基极电流，VT_1 导通，定时器触发端经 VT_1 和车门报警开关搭铁，如同按下锁止开关一样，使车门锁止，从而保证了行车安全。

二、无线遥控门锁系统

无线遥控门锁系统就是从遥控器发送信号进行锁止和开锁的系统，即使遥控器离开汽车一段距离，也能用来锁止或开锁车门。

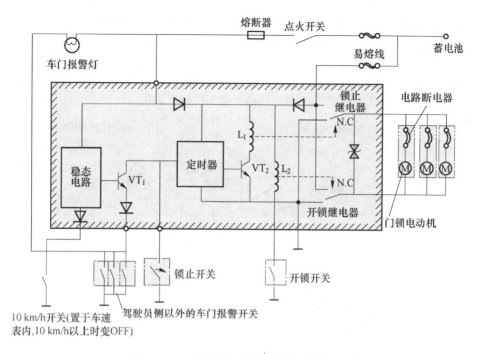

图 2.2-12 车速感应式中控门锁系统电路

（一）无线遥控门锁系统的组成

无线遥控门锁系统一般是在中控门锁系统的基础上加上遥控器、车门控制接收器、门锁控制器（或门锁控制 ECU）等组成。

1. 遥控器

遥控器又称遥控发射器、发射器。其功用是利用发射电路发送规定代码的遥控信号，控制驾驶员侧车门、其他车门、行李厢门等的开锁和锁止，且具有寻车功能。为了携带方便，目前，大部分遥控器和点火钥匙制成一个整体，如图 2.2-13 所示。对于折叠式，按下遥控器上的按钮，可将机械钥匙折回到遥控器。

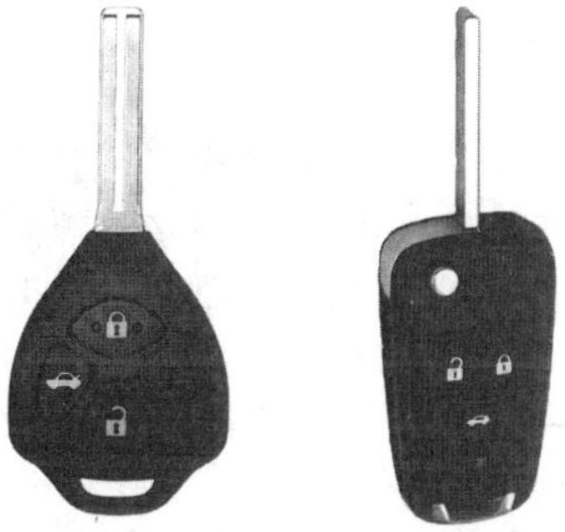

遥控器由编码电路、发射电路、开关键及电池等组成，一般有 2～4 个按键，是一种小型的发射装置，可随身携带。遥控器的开关按键每按动一次，就会向外发送一次信号。

遥控器按照遥控信号的载体可分为红外线式、无线电波式及超声波式遥控器。其中，前两者应用较为广泛。

图 2.2-13 汽车遥控器的类型
（a）直板式；（b）折叠式

2. 车门控制接收器

车门控制接收器又称遥控接收器，它是一个智能控制单元，安装在车内较隐蔽的位置，用于接收遥控器发出的信号。车门控制接收器对接收的信号进行解调和放大，并检查身份鉴定代码是否相符，若相符，则将信号发送至门锁控制 ECU。

车门控制接收器可独立设置,也可跟门锁控制器以及防盗 ECU 集成一体。

图 2.2-14 所示为丰田轿车无线遥控门锁系统。当按下遥控器上的开锁或锁止按钮时,它就会将信号变成无线电波信号发送出去。接收天线接收到无线电信号,并送至车门控制接收器。车门控制接收器再将信号送到门锁控制器(或门锁控制 ECU)。门锁控制器(或门锁控制 ECU)收到信号时控制门锁电动机,使车门锁止或开锁。

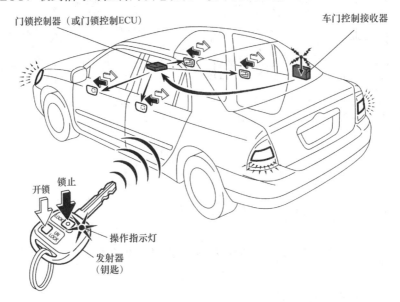

图 2.2-14 无线遥控门锁系统的控制

3. 接收天线

接收天线一般印镶在风窗玻璃内,其作用是接收遥控器输出的信号,同时,可用作收音机天线。接收天线接收到信号后,由分配器将信号分检出遥控信号和收音机信号。

(二)无线遥控门锁系统的功能

无线遥控门锁系统的功能根据车型和档次有所不同,一般有以下功能:

(1)所有车门的锁止/开锁功能。按下遥控器的锁止(LOCK)开关或开锁(UNLOCK)开关,对所有车门锁止或开锁。

(2)两步开锁功能。在驾驶员车门开锁后,在 3 s 之内按开锁开关两次,打开所有车门。

(3)应答功能。当锁止时,危险警告灯闪亮一次,开锁时闪亮两次,通知操作已经完成。

(4)遥控器操作校验功能。按遥控器的车门锁止/开锁或行李厢门打开器的开关时,操作指示灯点亮,通知系统正在发射信号,如果电池用完,此灯不亮。

(5)行李厢门打开功能。按住遥控器的行李箱门打开开关按钮约 1 s,打开行李箱门。

(6)电动车窗开/关的功能。钥匙插入点火开关锁芯时,如果按下车门开锁/锁止开关 2.5 s 以上,所有的车窗可以打开或关闭。当开关按住时,电动车窗的开/关操作继续进行,当开关不按时,操作停止。

（7）紧急警报功能。按住遥控器的门锁或紧急开关 2～3 s 及以上，将触发防盗报警系统（喇叭发出声音、大灯、尾灯和危险灯闪光）。

（8）内部照明功能。在遥控器对车门开锁的同时，内部灯光打开约 15 s。

（9）自动锁止功能。如果用遥控器开锁后 30 s 之内没有车门打开，所有车门将锁止。

（10）重复功能。当遥控器进行锁止操作时，如果某一车门没有锁上，门锁控制 ECU 1 s 后将输出一锁止信号。

（11）车门虚掩报警功能。如果有一车门未关或虚掩着，按遥控器的门锁开关将会使无线门锁蜂鸣器发声约 10 s。

（三）无线遥控门锁系统的工作原理

无线遥控门锁系统电路如图 2.2-15 所示。

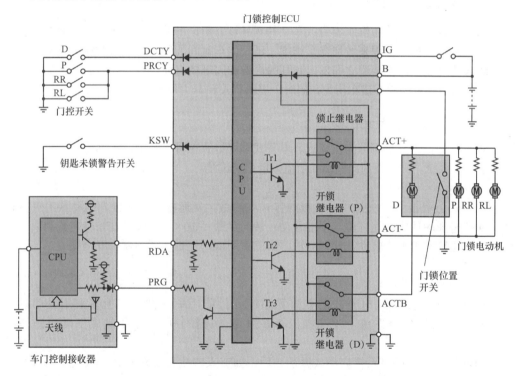

图 2.2-15 无线遥控门锁系统的控制电路

1. 所有车门的锁止 / 开锁操作

（1）传送和判断操作。当钥匙没有插入点火开关锁芯，并且所有车门都关闭，若按下遥控器的锁止 / 开锁开关时，识别密码和功能码便被发送出去。车门控制接收器收到这些代码时，控制接收器中的 CPU 开始核对和判断。如果识别密码相符，则根据功能码识别出是车门锁止 / 开锁，并将车门锁止 / 开锁信号输出到门锁控制 ECU。

识别密码为 60 位数字组成的滚动码，可进行改变。功能码为 4 位数字码，表示进行何种操作。

（2）门锁控制 ECU 的操作。车门锁止或开锁信号传送到 CPU。CPU 收到信号后，使

Tr1 或 Tr2 导通约 0.2 s，相应的锁止或开锁继电器线圈通电，于是，接通相关电路，所有门锁电动机沿锁止或开锁方向转动。

2. 两步开锁操作

门锁控制 ECU 中包括专用于驾驶员侧车门的开锁继电器（D）和控制开锁继电器（D）的 Tr3，以执行两步遥控开锁操作。

（1）遥控器的开锁开关只按一次时，门锁控制 ECU 将 Tr3 导通，于是，驾驶员侧车门开锁继电器（D）线圈通电，驾驶员侧门锁电动机向开锁方向转动。

（2）如果在 3 s 之内连续按下遥控器的开锁开关两次，门锁控制 ECU 将 Tr3 和 Tr2 导通，驾驶员侧和乘客侧车门开锁继电器（D）和（P）线圈均通电，于是，所有的门锁电动机均向开锁方向转动。

三、防盗报警系统

防盗报警系统是防止汽车本身或车上的物品被盗所设的系统。汽车防盗报警系统实质上是一种安装在车上，用来增加盗车难度、延长盗车时间的装置。当盗贼触碰车辆时，防盗系统会被触发，报警装置立即发出刺耳的声响和闪烁的灯光，以恐吓盗贼，增加盗贼的心理压力，使其主动放弃盗车行为，同时，提示行人和车主采取相应的措施。

（一）防盗报警系统的类型

汽车防盗报警系统可分为机械式、电子式和网络式三种。目前，大部分轿车采用电子式防盗报警系统，并正逐渐向网络式防盗报警系统过渡。

1. 机械式

机械式防盗报警系统是用纯机械的方式对油路、变速杆、转向盘、制动器等进行控制，如变速杆锁锁住变速杆使其不能移动；转向盘锁（也叫拐杖锁）挂在转向盘和离合器踏板之间使转向盘不能转动。这些方法，虽然费用低，但是使用不便，安全性差，已经逐渐被淘汰。

2. 电子式

当前汽车主要采用电子式防盗报警系统。目前，中低档汽车上多采用振动触发的普通电子防盗报警系统，中高档汽车多采用微机控制的电子钥匙式发动机防盗报警系统。

当电子式防盗报警系统启动（激活）后，如有人非法移动车辆、划破玻璃、破坏点火开关锁芯、拆卸轮胎和音响、打开车门、打开燃油箱加注盖、打开行李厢门、接通点火开关等，防盗报警系统将会立刻报警。报警的方式有灯光闪烁、警笛长鸣、发射电波等。有些车型在报警的同时会切断启动电路、燃油油路、点火电路，甚至切断变速器控制电路，从而使汽车发动机不能启动和运转，变速器不能换挡，使汽车处于完全瘫痪的状态。

电子式防盗报警系统种类很多，常见的分类方式如下：

（1）按控制方式分类。电子式防盗报警系统可分为遥控式和非遥控式两种类型。目前使用最为广泛的是遥控式防盗报警系统，它可靠方便，可带有振动侦测、门控保护及微波或红外探头等功能。另外，可遥控中控门锁、遥控电动门窗及遥控开启行李厢盖。

（2）按防盗报警系统的技术原理分类。汽车防盗报警系统按技术原理可分为断油断电装置、油路防盗系统、蓄电池断电防盗装置、无线电跟踪装置、遥控中控门锁等类型。

（3）按汽车的结构分类。汽车防盗报警系统按汽车的结构可分为发动机防盗系统、遥控中控门锁系统和车身防盗系统三种类型。

①发动机防盗是指通过对点火钥匙的确认，以阻止有人用非法钥匙或其他非法手段启动发动机。发动机防盗报警系统主要由收发器、发动机控制单元、防盗器控制单元、防盗指示灯、点火锁芯上的读出线圈和点火钥匙（带脉冲转发器）等组成。

②遥控中控门锁系统主要由遥控器、中控门锁控制器、遥控接收器、车门开关、门锁开关、门锁电动机等组成。

③车身防盗是指有人通过非法手段进入车内（如开启车门、发动机舱盖、行李厢盖等），车辆会发出声音和灯光报警，以起到吓阻的作用。

（4）按功能分类。

①防止非法进入车辆的防盗报警系统。防盗报警系统启用后，通过监视是否有移动物体进入车内达到防盗。主要为红外线监视系统，布置在车辆内部周围的一组红外传感器构成一道无形帘幕，以监视防盗报警系统启用后是否有移动物体进入车内。该系统安全性高，可靠性强，但由于需要布置多个红外线发射接收装置，成本较高。

②防止破坏或非法搬运车辆的防盗报警系统。系统启用后，通过超声波传感器、振动传感器或倾斜传感器监测是否有人破坏或搬动车辆。该系统需增加相应的遥控系统和报警系统，因此，成本高，使用不便，而且由于传感器灵敏度难以准确设定，易误报警和漏报警，安全性差，报警信号对环境也构成污染。

③防止车辆被非法开走的防盗报警系统。此类防盗报警系统多采用带密码锁的遥控系统，通过校验密码，确定是否容许接通启动机、点火电路等，从而防止车辆被非法开走。

现代防盗报警系统多采用电子应答的方法来判断使用的钥匙是否合法，并以此确定是否容许发动机 ECU 工作。水平较高的防盗报警系统还具备遥控器报警、遥控启动等功能。

3. 网络式

网络式汽车防盗系统大多采用卫星定位系统（如 GPS），除靠锁定汽车的启动或发动机控制系统达到防盗的目的外，同时可通过 GPS 系统（或其他网络系统），将报警信息和报警车辆所在位置传送到报警中心。利用这个系统，还可以增加交通事故、防盗系统意外失效、抢劫等自动报警功能。

（二）防盗报警系统的组成

汽车防盗报警系统一般由开关、感应传感器、防盗 ECU 和报警装置等组成，图 2.2-16 所示为普通汽车采用的防盗报警系统。

1. 防盗 ECU

一般汽车防盗报警系统与中控门锁系统共同使用一个电子控制器，称为防盗和门锁 ECU。防盗和门锁 ECU 接收各种传感器（防盗传感器、车速传感器、各种门的开关等）发出的信号，通过逻辑分析与计算，确定车门是否锁止、车辆是否被非法移动或被盗，以便控制各个执行器（门锁电动机、发动机 ECU、启动继电器、灯光和喇叭等），从而使汽车处于报警状态。防盗报警系统控制框图如图 2.2-17 所示。

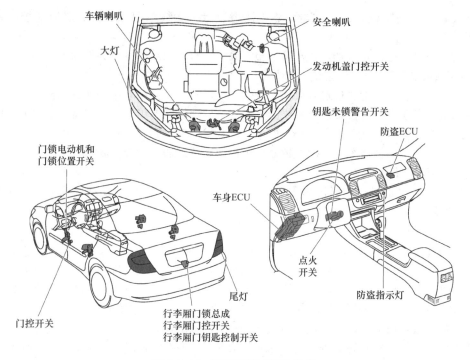

图 2.2-16 防盗报警系统的组成

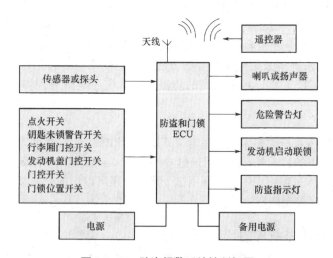

图 2.2-17 防盗报警系统控制框图

2．报警装置

报警装置包括安全喇叭、车辆喇叭、大灯和尾灯、防盗指示灯等。其中，防盗指示灯用来指示系统是否处于警戒状态。当系统处于警戒状态时，指示灯闪烁，通知汽车周围的人，此车装有防盗报警系统。

3．各种开关

各种开关包括各车门门控开关、发动机盖门控开关、行李厢门控开关、点火开关、钥匙未锁警告开关、门锁位置开关、行李厢门钥匙控制开关等。其中，门控开关、发动机盖门控开关和行李厢门控开关用于检测各车门、发动机盖、行李厢门的开/闭状态；钥匙未锁警告开关用来检测钥匙是否插进点火锁芯；门锁位置开关用来检测各门的锁止/开锁状态。

4. 感应传感器

感应传感器的功用是检测汽车是否被盗，主要有红外线传感器、超声波传感器、振动传感器（检测汽车的冲击）和玻璃破碎传感器等几种。

（1）红外线传感器。红外线传感器也称红外探头，通常安装在汽车内部驾驶员附近，它通过红外辐射的变化来探测是否有人侵入车内。

红外线传感器的外形及内部电路如图 2.2-18 所示。红外线传感器主要由高热电系数的红外热释电体晶片和配合滤光镜片窗口组成，当车内的红外线无变化或变化较小时，无电信号输出或输出电信号较低；当红外线能量变化较大时，它就会输出较高的电信号，从而感知有人侵入车内。

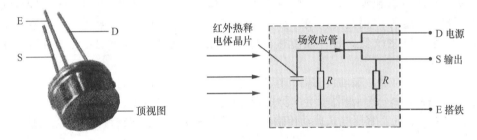

图 2.2-18　红外线传感器的外形和内部电路

（2）超声波传感器。超声波是频率在人耳可听音频范围以上（20 kHz 以上）的声波。超声波传感器就是对汽车门窗和车身的破损及车内的状态改变进行监控的装置，一般由超声波发射器和超声波接收器组成。

超声波防盗原理如图 2.2-19 所示，一般汽车在左、右前立柱上各安装一个超声波传感器，每个传感器监控一个车窗。超声波传感器以 40 Hz 的频率发射声波（人耳无法听见），同时，传感器接收反射回来的声音信号，超声波传感器控制单元分析反射回来的信号，如有必要则触发报警。

① 超声波传感器的发射功能。当振动线圈接通交流电压时，其内部将产生交变磁场。在永久磁铁磁场的作用下，振动线圈将产生振动，且振动频率与交流电压频率相同。振动线圈与膜片相连，从而膜片也以相同的频率振动。膜片振动引起空气运动，产生超声波，如图 2.2-20 所示。

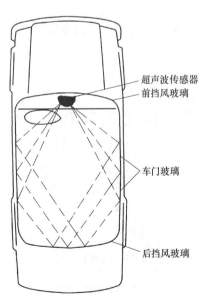

图 2.2-19　超声波防盗原理图

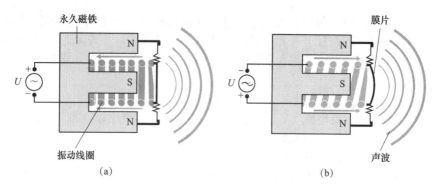

图 2.2-20 超声波传感器的发射功能

（a）线圈振动；（b）膜片振动

②超声波传感器的接收功能。如图 2.2-21 所示，声波发射到车内壁并被反射回来，反射的声波引起膜片以一定的频率振动。这样，在振动线圈上感应产生同样频率的交流电压，这种作用是反向的。如果某个车窗破损，则声波频率改变，于是，交流电压的频率也随之改变。超声波传感器控制单元将识别交流电压的变化，并触发报警器发出警报。

（3）振动传感器。振动传感器的作用是检测汽车受到的冲击。当汽车受到冲击，其振动达到一定强度时，该传感器就会向防盗 ECU 输入检测信号，控制报警装置报警。

振动传感器主要有压电式振动传感器、压阻式振动传感器和磁致伸缩式振动传感器三种类型。

（4）玻璃破碎传感器。玻璃破碎传感器是在汽车车窗玻璃上加装导电环线，如图 2.2-22 所示。当防盗系统工作时，小电流将流过导电环线的电阻丝。如果车窗被打碎，则导电环线的电阻丝被破坏，电流中断。防盗 ECU 能够识别这种电流中断，并触发报警器发出警报。

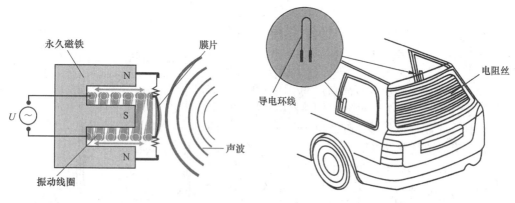

图 2.2-21 超声波传感器的接收功能

图 2.2-22 玻璃破碎传感器

5. 车主身份识别系统

车主身份识别系统（电阻晶片）也称为电子禁启动系统，如图 2.2-23 所示。它利用电子钥匙解码器解读点火开关钥匙上的密码电阻，具有防盗功能。点火钥匙上装有一个晶片，每把钥匙所用的晶片有一个特定的阻值，其范围为 380 Ω ~ 12.3 kΩ。点火钥匙除像普通钥匙那样必须与锁体匹配外，其晶片电阻值还要与启动电路相匹配。

当点火钥匙插入锁体时，晶片与电阻检测触头接触。当锁体转到启动挡时，钥匙晶片的电阻值输送到电子钥匙解码器。若钥匙晶片的电阻值与电子钥匙解码器中存储的电阻值一致，则启动机和发动机电控系统工作。

当防盗报警系统启动后，所有车门被锁住，此时，若用齿形相同但阻值不同的钥匙开启车门或启动发动机，则防盗报警系统判定为非法进入，并进行防盗报警，同时，切断启动继电器控制线圈的搭铁回路，使启动机不能工作或向发动机 ECU 通信，控制喷油器不喷油。

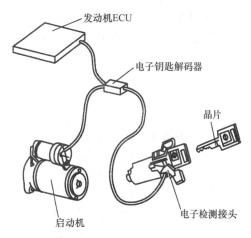

图 2.2-23　车主身份识别系统

6. 遥控器

遥控器不仅能替代车门钥匙，而且用于防盗系统、行李厢盖开锁、车窗或天窗的开闭功能。以红外线式遥控器为例，它主要由发光二极管、控制电路、身份代码存储器、开关按钮和电池等组成，如图 2.2-24 所示。

当遥控器开关接通时，读出存储在存储器中的功能代码和身份代码（固定代码＋可变代码），经信号调制处理后，转换为红外线或无线电波的遥控信号，并向外输出（红外线方式中，脉冲调制后驱动发光二极管，而在无线电波方式中，高频调制后向发射天线供电）。其中，身份鉴定固定代码有 100 多万种（需要 20 位二进制码）；可变代码 1 000 多种（需要 10 位二进制码），功能代码 4 种（2 位二进制码），共计 32 位的数据位。这些代码按照需要存储在只读存储器 ROM 或随机存储器中。

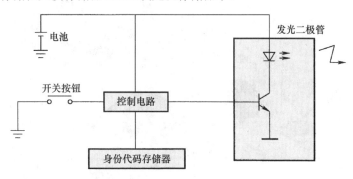

图 2.2-24　遥控器的内部电路

（三）防盗报警系统的设定与解除

1. 防盗报警系统的设定

（1）关闭所有车门，关闭发动机罩盖和行李厢门，从点火开关锁芯中拔出点火钥匙。

（2）当下述任一项操作完成时，防盗指示灯亮，30 s 后防盗指示灯闪烁，防盗报警系统进入工作状态。

①用钥匙锁住左侧或右侧前门;
②用门锁遥控器锁住所有车门;
③保持所有后门锁住及一扇前门锁住,不用钥匙锁住另一扇前门。

2. 解除防盗报警功能

检查防盗指示灯是否闪烁,完成下述任一操作时,防盗报警系统即被解除,指示灯熄灭。

(1) 用钥匙打开左侧或右侧前门;

(2) 用无线遥控器打开所有车门;

(3) 将点火钥匙插入点火锁芯,并将其转至 ACC 或 ON 位置时(只有在防盗报警系统从未动作过时,该项操作才可执行);

(4) 用钥匙打开行李厢门(防盗报警系统仅在行李厢门打开时临时解除。在行李厢门关闭约 20 s 后,防盗报警系统重新设定)。

(四)上海桑塔纳 2000GSi 轿车防盗报警系统

上海大众桑塔纳 2000GSi 轿车防盗报警系统如图 2.2-25 所示,系统由带脉冲转发器的钥匙、识读线圈(在点火开关上)、防盗 ECU(又称防盗控制单元,装在转向管柱左边支架上)和防盗指示灯组成。另外,发动机 ECU 也有防盗的作用。

1. 带脉冲转发器的钥匙

每把钥匙都有棒状转发器,内含有运算芯片和一个细小电磁线圈。该系统工作期间,其线圈与点火锁芯中的识读线圈以感应方式进行通信,以便在转发器运算芯片与防盗报警控制单元(ECU)之间传输各种信息。

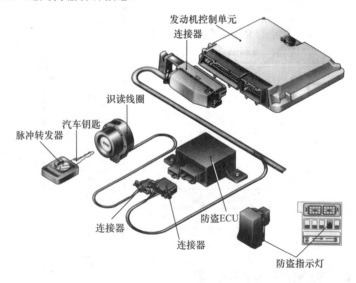

图 2.2-25 桑塔纳 2000GSi 轿车防盗报警系统的组成

2. 识读线圈

识读线圈也叫收发线圈,安装在点火锁芯上,通过导线与防盗 ECU 相连,作为防盗 ECU 的负载,担负着防盗 ECU 与脉冲转发器之间信号及能量的传输任务。

3. 防盗 ECU

防盗 ECU（或防盗控制单元）是一个包括微处理器的电子控制器，在点火开关接通时，防盗 ECU 用于系统密码运算、比较，并控制整个系统的通信，包括与脉冲转发器、发动机 ECU 的通信，同时，可以与诊断仪进行通信。

4. 基本工作原理

汽车防盗报警系统安装匹配后，防盗 ECU 便存储了该车发动机 ECU 的识别密码及 3 把钥匙中脉冲转发器的识别密码，同时，每个脉冲转发器存储了相应的防盗 ECU 的有关信息。将钥匙插入点火锁芯并接通点火开关时，防盗 ECU 首先通过锁芯上的识读线圈将一随机数据传输给钥匙中的脉冲转发器，经特定运算后，脉冲转发器将结果反馈给防盗 ECU，防盗 ECU 将其与 ECU 中存储的识别密码相比较，若密码吻合，系统即认定该钥匙为合法钥匙。防盗 ECU 还要对发动机 ECU 进行识别。只有钥匙（脉冲转发器）、发动机 ECU 的密码都吻合时，防盗 ECU 才容许发动机 ECU 工作。

防盗 ECU 通过一根串行通信线将经过编码的工作指令传到发动机 ECU，发动机 ECU 根据防盗 ECU 的数据来决定是否启动汽车。同时，诊断仪可通过串行通信接口（K 线）对系统进行故障诊断、编码等操作。在识别密码的过程（2 s）中，防盗指示灯会保持点亮状态。如果有任何错误发生，发动机 ECU 将停止工作，同时，指示灯会以一定频率闪亮。

上海桑塔纳 2000GSi 轿车防盗报警系统控制电路如图 2.2-26 所示。

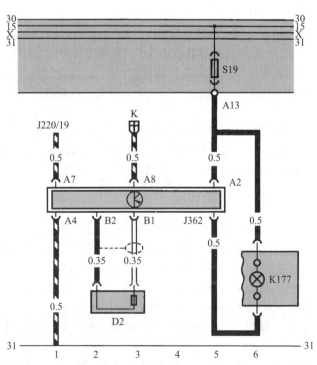

图 2.2-26 桑塔纳 2000GSi 轿车防盗报警系统控制电路

J220—发动机控制单元；J362—防盗 ECU（防盗控制单元）；

D2—识读线圈；K117—防盗器警告灯；K—诊断线

（五）奥迪 A6 轿车内部监控系统

奥迪 A6 轿车内部监控系统由超声波传感器和控制单元组成，如图 2.2-27 所示。

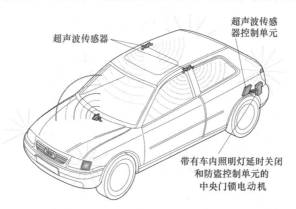

图 2.2-27　奥迪 A6 轿车内部监控系统示意

超声波传感器控制单元和防盗控制单元是通过一条警报线和开关线相连，超声波传感器装在 B 柱上，若有人企图非法进入车内，超声波传感器控制单元将向防盗控制单元发送信号，系统立即发出警报。

1. 超声波传感器

每个传感器组件包括 2 个超声波传感器和 1 个电子放大电路，分别装在左右 B 柱内，每个传感器监控一个车窗。超声波传感器以 40 Hz 的频率发射声波（人耳无法听见），同时，传感器接收反射回来的声音信号，超声波传感器控制单元分析反射回来的信号，如有必要则触发报警。如果传感器中的某一个信号传递失败，则将中断对该车窗的监控。

2. 控制单元

超声波传感器控制单元装在行李厢内左侧，防盗控制单元装在超声波传感器控制单元的前面。若有人企图非法进入车内，超声波传感器发出信号给超声波传感器控制单元，该控制单元再向防盗控制单元发送信号，系统立即控制喇叭发出声音警报，转向灯发出闪光警报。

3. 执行元件

（1）内部监控开关。内部监控开关装在驾驶员侧 B 柱上，只需按一下该开关，就能中断内部监控功能，防止意外触发报警。当驾驶员侧车门打开后，内部监控功能中断，超声波传感器控制单元通过左前车门触发开关收到"驾驶员侧车门打开"的信号。

（2）防盗报警喇叭。防盗报警喇叭位于流水槽内。当报警时，防盗控制单元接通喇叭电路，使喇叭发出声音警报，声音警报与闪烁转向信号交替发出。

（3）转向信号灯。当报警时，防盗控制单元接通转向信号灯电路，转向信号灯发出闪光信号（闪烁）。

（4）警报灯。警报灯是发光二极管，由超声波传感器控制单元触发。闪烁频率表示内部监控系统的状态，并可作自诊断辅助指示灯。

（5）新鲜空气鼓风机。新鲜空气鼓风机运行时，空气在车内流动，从而可能导致内部监控系统触发错误警报。为防止这种情况，对内部监控系统的触发灵敏度应做相应修正。

4. 电路图

奥迪 A6 汽车内部监控系统电路如图 2.2-28 所示。

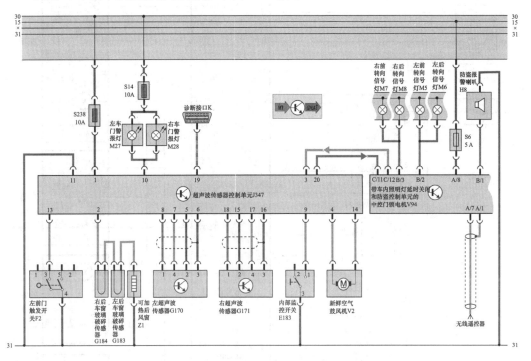

图 2.2-28　奥迪 A6 轿车内部监控系统电路

四、一汽丰田卡罗拉轿车遥控门锁和防盗控制系统

一汽丰田卡罗拉轿车遥控门锁和防盗控制系统电路如图 2.2-29 所示。

1. 系统作用

（1）电动门锁控制系统。驾驶员按下车内的门锁控制开关时，门锁控制开关发送锁止或开锁车门的请求信号至主车身 ECU。

在汽车外面使用机械钥匙锁门或开锁时，钥匙控制开关也可向主车身 ECU 发送锁止或开锁车门的请求信号。

主车身 ECU 对输入的信号进行响应，向每个门锁电动机发送信号，锁止或开锁所有车门。

（2）遥控门锁控制系统。遥控门锁控制系统由手持式遥控发射器控制，带有锁止、开锁和行李厢开启开关，可从远处锁止和开锁所有车门和行李厢门。

（3）防盗系统。通过使用遥控发射器锁止车门同时启用防盗系统。系统处于警戒状态时，如果有人试图强行解锁任一车门或打开任一车门、发动机盖或行李厢门，警报功能就会激活。

在警报鸣响状态下，系统会点亮车内照明灯并闪烁危险警告灯，鸣响车辆喇叭（低音喇叭和高音喇叭）和警报喇叭以阻止非法闯入和盗窃，同时，向车辆周围的人们报警。

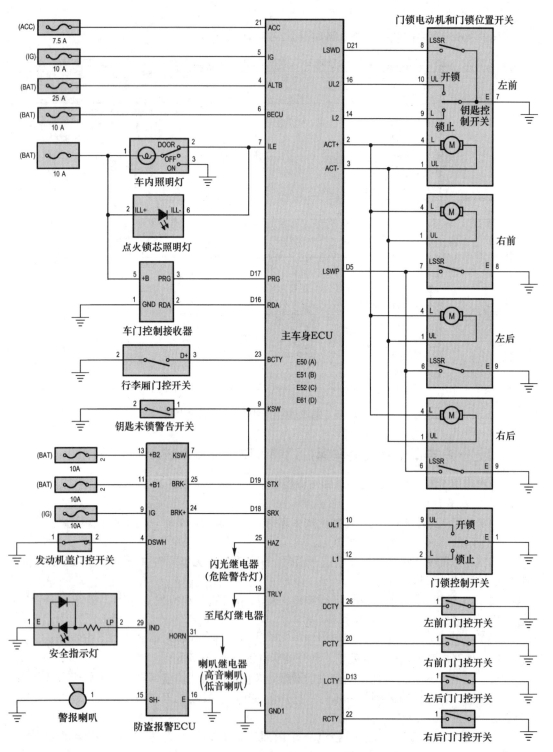

图 2.2-29 一汽丰田卡罗拉轿车遥控门锁和防盗系统电路图

2. 主要零部件的功能

一汽丰田卡罗拉轿车遥控门锁和防盗控制系统主要零部件的功能见表2.2-1。

表 2.2-1 零部件的功能

零部件	功能
门锁控制开关	位于电动车窗主开关上。按下门锁控制开关，可锁止或开锁所有车门
门锁位置开关	用于检测车门状态（锁止或开锁）。信号输入给主车身ECU（仪表板接线盒），车门锁止时开关断开，车门开锁时开关接通
门控开关	位于各车门上。检测车门打开或关闭状态，信号输入给主车身ECU。车门打开时接通，车门关闭时断开
发动机盖门控开关 行李厢门控开关	检测发动机盖或行李厢门状态（打开或关闭），信号输入至主车身ECU
钥匙未锁警告开关	检测钥匙是否插入点火锁芯。钥匙插入时，开关接通；钥匙拔出时，开关断开
遥控发射器	①有锁止和开锁开关； ②向车门控制接收器发送弱无线电波（识别码和功能代码）； ③在发送过程中点亮指示灯（LED）
车门控制接收器	接收弱无线电波（识别码和功能代码），并将其作为代码数据输出到主车身ECU
主车身ECU	响应来自车门控制接收器的代码数据和来自各个开关的信号，发送遥控门锁控制信号
驾驶员侧门锁	①内置电动机，可锁止或开锁车门； ②内置钥匙控制开关，用于检测车门钥匙操作的车门状态（锁止或开锁），信号输入给主车身ECU（仪表板接线盒）； ③内置门锁位置开关，用于检测车门状态（锁止或开锁）
前排乘客侧门锁	①内置电动机，可锁止或开锁车门； ②内置门锁位置开关，用于检测车门状态（锁止或开锁）
左后和右后门锁	①内置电动机，可锁止或开锁车门； ②内置门锁位置开关，用于检测车门状态（锁止或开锁）
安全指示灯（防盗指示灯）	告知驾驶员防盗系统的状态
危险警告灯	当检测到有人试图闯入或盗窃时闪烁
车内照明灯	当检测到有人试图闯入或盗窃时亮起
警报喇叭	当检测到有人试图闯入或盗窃时鸣响
车辆喇叭（低音喇叭和高音喇叭）	当检测到有人试图闯入或盗窃时鸣响

五、无钥匙进入和启动系统

无钥匙进入和启动系统，大众车系称之为 KESSY（Keyless Entry Start/Exit Security System）。无钥匙进入和启动系统又称为智能钥匙系统、无钥匙系统。KESSY 系统采用了最先进的 RFID（无线射频识别）技术，通过驾驶员随身携带的智能钥匙内的芯片感应自动开关门锁。

2011 款大众夏朗（Sharan）汽车配备了 KESSY 系统，无须使用钥匙，就可以开启、锁止车门和启动发动机。KESSY 系统受进入许可系统及发动机启动功能（汽车防盗锁）的控制。安装了 KESSY 系统后，取消了传统的点火开关，并在该位置上安装了电动转向柱锁（ELV）。

（一）系统组成

大众夏朗汽车配备的 KESSY 系统，在前车门把手中安装有接近传感器，以识别车门开启请求。通过把手中的微型开关，检测每个车门和后行李厢盖的打开请求。KESSY 系统组成如图 2.2-30 所示。

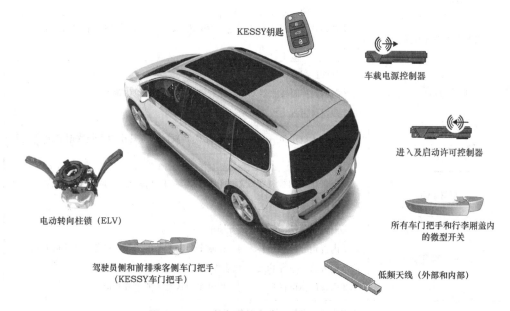

图 2.2-30 大众夏朗汽车 KESSY 系统组成

1. KESSY 钥匙

KESSY 钥匙如图 2.2-31 所示，除了常规的按键之外，还包括用于无线遥控的电子设备和一个附加的 KESSY 芯片（ID 传感器）。

无线遥控器通过低频（LF，125 kHz）发送和接收数据。KESSY 钥匙接收低频 KESSY 信号，然后通过高频（HF，433 kHz）信号进行响应。

2. KESSY 车门把手

驾驶员侧和前排乘客侧的车门把手内安装了传感器和天线电子装置，如图 2.2-32 所示。车门把手内部结构如图 2.2-33 所示，它集成有开锁接近传感器、锁

图 2.2-31 KESSY 钥匙

止接近传感器、带有电子装置的电路板和一个低频发送天线。

开锁接近传感器和锁止接近传感器均为电容式传感器,当接近或触摸传感器表面时,传感器内的电容增大,电子装置就会发送一个接近信息。当握住车门把手时,系统将判定其为开门请求;而手接近或触摸锁止接近传感器时,系统将判定为锁门请求。

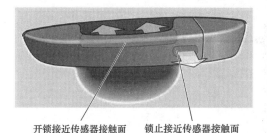

图 2.2-32 带传感器的车门把手

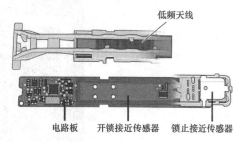

图 2.2-33 车门把手的内部结构

3. 微型开关

在每个车门把手和后行李厢盖按钮内都安装有微型开关,如图 2.2-34 所示。在拉动把手或按下后行李厢盖按钮时,该微型开关将发出信号。

4. 低频天线(KESSY 发送天线)

KESSY 发送天线采用铁芯线圈,如图 2.2-35 所示,天线形状完全适合车辆的各个安装位置,天线的接收半径范围为 1.5 m。

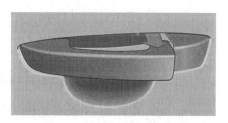

图 2.2-34 车门把手上的微型开关

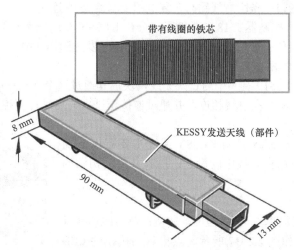

图 2.2-35 KESSY 发送天线

KESSY 系统将通过钥匙对汽车的内部区域和外部区域进行探测,如图 2.2-36 所示。通过 3 个外部天线监控外部区域,而通过 3 个内部天线监控内部区域。

钥匙必须至少位于一个低频天线的接收范围内,因此,钥匙与汽车侧面或尾部天线的距离最多不得超过 1.5 m。

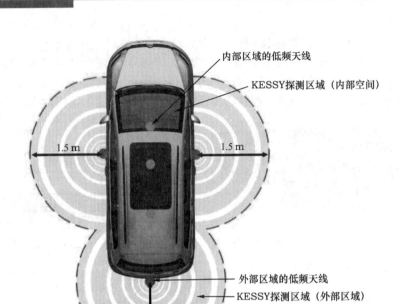

图 2.2-36 KESSY 系统天线位置和接收范围

5. 进入及启动许可控制器 J518

进入与启动许可控制器 J518 上连接有接近传感器和所有的低频天线，且与舒适 CAN 数据总线相连，并通过一条唤醒线路与车载电源控制器 J519 连接。

进入及启动许可控制器 J518 的功能是：分析 KESSY 车门把手和低频天线的信号；与汽车防盗系统进行通信；通过低频天线将 KESSY 信号发送到钥匙中。

6. 车载电源控制器 J519

车载电源控制器 J519 有一个内置式无线模块，其通过这个模块接收 KESSY 的高频信号。J519 与舒适 CAN 数据总线相连，并通过连接至进入与启动许可控制器 J518 的唤醒线路接收数据。

车载电源控制器 J519 针对 KESSY 系统主要有以下功能：唤醒舒适 CAN 数据总线中的设备；接收并传输钥匙的 KESSY 信号至 J518。

7. 点火启动按钮

点火启动按钮具有一个转换挡位，转换挡位为四芯并具有接通冗余功能，如图 2.2-37 所示。点火启动按钮的 LED 照明灯由进入及启动许可控制器 J518 控制。

只能通过点火启动按钮进行点火和启动发动机。点火启动按钮的两个输出端引脚传输同一信号，并连接至电动转向柱锁 ELV 控制器 J764。

点火启动按钮未按下时，输入端断开；点火启动按钮按下时，输入端接地。

图 2.2-37 点火启动按钮

8. 电动转向柱锁（ELV）

电动转向柱锁（ELV）安装在原先点火启动锁的位置，用膨胀螺栓固定在转向柱上，用于锁止转向柱。安装了 ELV 后，就不能再通过机械钥匙启动汽车。带有机械式转向盘锁的传统锁和电动转向柱锁（ELV）的外形区别如图 2.2-38 所示。

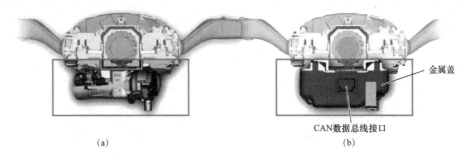

图 2.2-38　传统锁和电动转向柱锁（ELV）的外形区别
（a）带有机械式转向盘锁的传统锁；（b）电动转向柱锁（ELV）

（1）结构。电动转向柱锁内有一个电动机、一个带有操纵杆的齿轮机构和用于锁住转向柱的止动销，如图 2.2-39 所示。带有两个终端开关的 ELV 控制器 J764 固定在印刷电路板上，电路板以 90°固定在机械装置上。

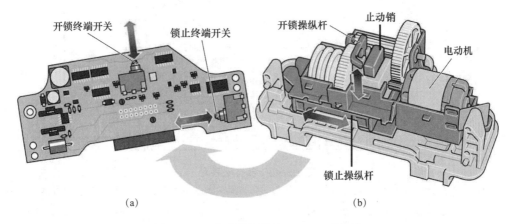

图 2.2-39　电动转向柱锁（ELV）的结构
（b）ELV 控制器（电路板）；（b）机械装置

电动机通过齿轮机构同时带动止动销、开锁操纵杆和锁止操纵杆运动。止动销以机械方式锁住转向柱。操纵杆在止动销的最大拔出和插入位置控制印刷电路板上的终端开关。

（2）电气功能原理。ELV 控制器 J764 通过 CAN 总线接收所有的许可和状态信息。只有点火启动按钮与 ELV 直接连接，ELV 接收发动机的启动命令，并将该命令传送到车载电源控制器或发动机控制器中。

当防盗锁止系统控制器 J362 发出开锁信号时，ELV 系统才会驱动止动销。必须关闭点火系统后打开驾驶员侧车门将汽车锁止后，才能锁止 ELV。

（二）部件网络连接

各系统部件通过CAN数据总线相互连接，如图2.2-40所示。KESSY系统通过低频（LF）向钥匙发送信号，该信号通过进入与启动许可控制器J518上的低频天线发出。而钥匙则通过高频（HF）向KESSY发出应答信号。车载电源控制器J519接收钥匙的应答信号并将其传送给CAN数据总线上的各部件。

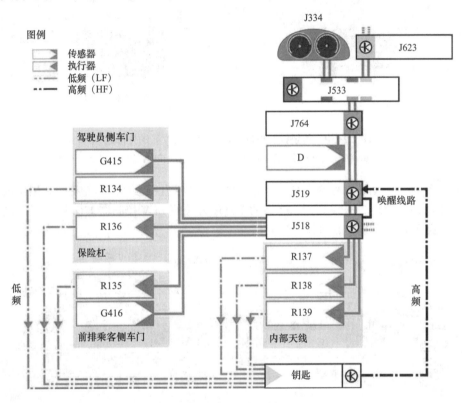

图2.2-40 部件的联网

D—点火启动按钮；G415—驾驶员侧车门外把手接近传感器；G416—前排乘客侧车门外把手接近传感器；J334—汽车防盗控制器；J518—进入与启动许可控制器；J519—车载电源控制器；J533—网关；J623—发动机控制器；J764—ELV控制器；R134—驾驶员侧低频天线；R135—前排乘客侧低频天线；R136—后部保险杠内低频天线；R137—行李厢内低频天线；R138—车内空间内低频天线1；R139—车内空间内低频天线2

（三）KESSY系统原理

KESSY系统包括三个功能：KESSY进入（唤醒汽车、检测钥匙许可权限、开锁车门）；KESSY启动（开锁电动转向柱锁并启动发动机）；KESSY退出（锁止汽车、防止钥匙被锁在车内）。

1. KESSY进入

当汽车停止并锁上车辆时，KESSY系统进入休眠模式。只有驾驶员侧车门和前排乘客侧车门的车门把手上的接近感应器处于监控状态。接线端子S和15断电同时锁住转向柱。

（1）唤醒汽车。握住 KESSY 车门把手，如图 2.2-41 所示，则相应的接近传感器将发送一个信号。这时，进入与启动许可控制器 J518 通过低频天线搜索 KESSY 钥匙，寻找范围为汽车内部和外部区域的 360°范围。同时，KESSY 控制器将向钥匙发送一个请求信号，以对钥匙进行识别。

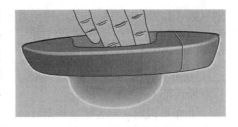

图 2.2-41 唤醒汽车

为了接收钥匙发出的应答信号，进入与启动许可控制器 J518 通过唤醒线路唤醒车载电源控制器 J519。该控制器将把无线远程操作的标准频率（LF）转换为 KESSY 的接收频率（HF）。

如果识别到 KESSY 钥匙位于低频天线的作用范围时，则车载电源控制器 J519 将唤醒舒适 CAN 数据总线上的所有设备，并将接收的钥匙 ID 发送到进入与启动许可控制器 J518。在钥匙与车辆通信期间，钥匙上的 LED 指示灯闪烁。

（2）检测钥匙许可权限。进入与启动许可控制器 J518 搜索位于接触车门把手的人员附近的 KESSY 钥匙，如图 2.2-42 所示，并做出以下反应：

①车内的钥匙为禁用状态，不对此询问进行回答。

②车外的钥匙将确认开启请求。

③系统向钥匙发送一条安全询问。

④钥匙对安全询问做出应答，并向中控门锁发送一个正确的开启请求。

⑤如果安全询问的答复正确，则进入与启动许可控制器 J518 授予钥匙访问权限。

（3）开锁车门。车载电源控制器 J519 与汽车防盗锁控制器 J334 检查钥匙开启请求询问的正确性，如果钥匙的询问答复正确，则车载电源控制器 J519 向车门控制器发送一个开锁信号。当手拉动车门把手时，车门把手内的微型开关将发送把手被拉动的信号，此时，系统才会进行机械开锁。

图 2.2-42 检测钥匙许可权限

系统始终首先开锁接收到开启命令的车门，系统还将开锁哪些车门取决于个人的设置。

2. KESSY 启动

在按下点火启动按钮时，系统将检测车辆内部是否有 ELV 所许可的钥匙。如果在车辆内部找到经过许可的钥匙，则 ELV 将开锁并启动发动机，如图 2.2-43 所示。

3. KESSY 退出

（1）锁止汽车。必须在关闭发动机的情况下才能锁止汽车。触摸 KESSY 车门把手的锁止区域时，如图 2.2-44 所示，车门外把手锁止接近传感器发出一个接近信号。进入与启动许可控制器 J518 对钥匙许可权限及其位置进行检测，并发出锁止车门的信号。

（2）防止钥匙锁在车内。此安全功能仅对最后使用的钥

图 2.2-43 开锁并启动发动机

匙有效。如果钥匙在系统发出锁止询问时位于车内，则 KESSY 系统识别到此状态，并根据钥匙的位置提供以下两种安全功能：

①如果钥匙在行李厢内，则可以通过拉动行李厢盖把手开锁行李厢盖。

②如果钥匙在乘客区，则车灯会闪烁 4 次，并在锁止请求后的 30 s 内保持车门开启状态。30 s 过后，KESSY 系统将彻底锁止车辆，以确保车辆安全，此时，钥匙被锁在车内。

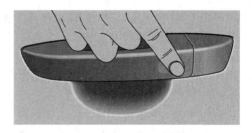

图 2.2-44　锁止汽车

当钥匙被锁在车内时，将无法使用该钥匙对发动机进行下一次的启动。

（四）启动和关闭发动机

1. 启动发动机

发动机启动（端子 50）的前提是端子 S 和 15 通电。当 ELV 被开锁时，系统将立即为该端子通电。根据各车型配置不同，发动机启动必须满足以下前提条件：

（1）对于手动挡汽车，必须踩下离合器踏板。

（2）对于 DSG 和自动挡汽车，选挡杆必须被置于 P/N 挡位。另外，对于自动挡汽车还必须踩下制动踏板。

（3）启动发动机时，汽车内部必须有一个有效的钥匙。

发动机启动模式有两种：手动启动模式（无启动/停止系统）和自动启动模式（有启动/停止系统）。

（1）手动启动模式。在手动启动时，接线端子 50 的请求由 ELV 发送到车载电源控制器 J519，该控制器将对启动机继电器进行控制。

启动机在按下点火启动按钮时激活，必须按下该按钮直至发动机启动为止（对于柴油发动机还需考虑预热时间）。

（2）自动启动模式。在自动启动模式下，只需短按点火启动按钮，因为此时启动机已由发动机控制器 J623 激活，并自动地对发动机的启动过程进行监控。

2. 关闭发动机

关闭发动机的前提条件是发动机处于运转状态，且车速低于 2 km/h。按下点火启动按钮后，ELV 控制器 J764 向端子 15 返回一个信号，发动机控制器 J623 将停止发动机的运转。

如果需要在时速高于 2 km/h 的情况下关闭发动机，则必须在 1 s 内按下点火启动按钮两次，或者按住该按钮超过 1 s。

（任务实施）

一、汽车遥控器的设定与匹配

为了防盗，现在汽车的遥控器里都有芯片，可以发射无线信号。若遥控器接触到强磁场、剧烈震动、使用时间过长等情况时，可能会造成遥控器失灵。这时，需要对遥控器重新进行设定。另外，若需要增加或者删除遥控器、遥控器全部丢失、更换全车门锁时，需要重新对遥控器进行设定或匹配。不同车型的遥控器有不同的设定与匹配方法。

（一）一汽丰田卡罗拉轿车遥控器设定

遥控器设定步骤如下：
（1）关闭所有车门，然后打开驾驶员侧车门。
（2）将钥匙插入并拔出点火开关两次。
（3）关闭并打开驾驶员侧车门两次。
（4）将钥匙插入并拔出点火开关一次。
（5）关闭并打开驾驶员侧车门两次。
（6）插入钥匙，关闭所有车门。
（7）将点火开关从"LOCK"位置转到"ON"位置，再根据设定模式选择开关次数。
①点火开关开关1次：增加模式。
②点火开关开关2次：重新编程模式。
③点火开关开关3次：确认模式。
④点火开关开关5次：保护模式。
（8）取出点火钥匙。
（9）可通过中控门锁锁止和开锁的循环反应次数来确认选择的设定模式，中控门锁锁止和开锁的循环反应次数与第（7）步的次数是一一对应的。
注意：若选择确认模式和保护模式，则打开车门将退出程序。
（10）在40 s内确认进入增加模式和重新编程模式。
①同时按下遥控器"LOCK"和"UNLOCK"按钮，1 s后松开按钮。
②在2 s内同时按下遥控器"LOCK"和"UNLOCK"按钮1 s以上，然后松开按钮。
③若中控门锁会锁止和开锁一次，则表示遥控器设定成功。若中控门锁锁止和开锁两次，则表示遥控器设定未成功。重复步骤①和②。
（11）若有多个遥控器要设定，则重复步骤（10）。
（12）打开驾驶员侧车门，完成设定。

（二）上汽通用别克君威汽车遥控器匹配

1. 更换钥匙

"更换钥匙"程序首先会删除所有已知的钥匙，然后就可以对现有的钥匙或新钥匙进行编程。这样，可以确保编程后无法用旧的钥匙进入或启动车辆。注意每辆车总共可编程8把钥匙。
（1）将故障诊断仪连接至车辆，确保车辆上所有用电装置都已关闭。
（2）进入维修编程系统应用程序，并按屏幕上的说明进行操作。
（3）选择"Reprogram ECU（重新编程电子控制单元）"。
（4）选择"IMMO Immobilizer Learn-Setup（IMMO安全防盗系统读入-设置）"。
（5）选择"Program Transponder or Remote Key（Delete）[编程"收发器"或"遥控钥匙"（删减）]"功能。
（6）按照屏幕上的说明进行操作。

（7）对所有钥匙编程后，会显示"Programming Complete（编程完成）"。
（8）按下每个已编程钥匙的锁止和开锁按钮，确认每个钥匙工作正常。
（9）清除所有故障诊断码。

2. 添加钥匙

"添加钥匙"程序不会删除任何钥匙，仅在要给车辆添加另一把钥匙时使用。

注意：该程序需要有2把已读入的主钥匙。

（1）使用先前已读入的钥匙，将点火开关置于"ON（打开）"位置。
（2）将点火开关置于"OFF（关闭）"位置，拔出钥匙。
（3）用第二把先前已读入的钥匙，将点火开关置于"ON（打开）"位置。
（4）将点火开关置于"OFF（关闭）"位置，拔出钥匙。
（5）在将点火开关置于"OFF（关闭）"位置后的10 s内，插入要读入的钥匙并将点火开关置于"ON（打开）"位置，车辆现在已经读入该新钥匙。

（三）一汽大众迈腾轿车遥控器手动匹配

2007—2011年款一汽大众迈腾轿车配置了大众第四代防盗系统，防盗控制单元集成在舒适系统控制单元J393中，当更换J393或J393重新编程后，需要在线对遥控钥匙进行匹配，当已匹配的遥控钥匙在强磁场干扰或更换完遥控钥匙的电池后，可以手动进行匹配。

（1）拆下左前门锁芯装饰盖。
（2）将遥控器里的机械小钥匙拔出。
（3）将机械小钥匙插到左前门锁芯内。
（4）顺时针旋转钥匙，当听到中控门锁锁止的声音时，按下遥控钥匙上的锁止按钮。
（5）此时，转向指示灯闪烁或车辆发出"滴"的一声，说明遥控钥匙匹配成功。

二、一汽丰田卡罗拉轿车遥控门锁及防盗控制系统的检修

一汽丰田卡罗拉轿车遥控门锁及防盗控制系统电路如图2.2-29所示。

（一）电动门锁控制系统的检修

1. 前门锁电动机总成的检修

（1）门锁电动机的检修。断开前门锁电动机执行器线束连接器，按表2.2-2所示向电动机端子施加蓄电池电压，并检查门锁电动机的工作情况，如图2.2-45所示。如果不符合规定，则更换门锁总成。

表2.2-2 门锁电动机和门锁位置开关检查表

测量条件	门锁状态	门锁位置开关	
		前门：7—8	后门：6—9
蓄电池正极（+）接端子4（L）、蓄电池负极（-）接端子1（UL）	锁止	不通	不通
蓄电池正极（+）接端子1（UL）、蓄电池负极（-）接端子4（L）	开锁	导通	导通

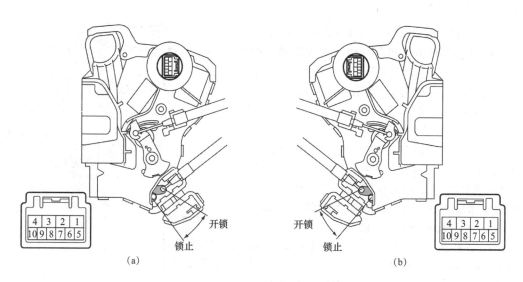

图 2.2-45 前门锁电动机的检修

（a）驾驶员侧；（b）前排乘客侧

（2）门锁位置开关的检修。按表 2.2-2 所示检查门锁位置开关端子 7 和 8 之间的导通情况，若不符合要求，则更换门锁总成。

（3）左前门钥匙控制开关的检修。按表 2.2-3 所示检查左前门钥匙控制开关之间的电阻，若不符合要求，则更换门锁总成。

表 2.2-3 左前门锁位置开关各端子的导通情况

万用表连接	检查条件（图 2.2-46）	规定状态
7—9	ON（门锁设置为锁止）	导通
7—9、7—10	OFF（松开）	不通
7—10	ON（门锁设置为开锁）	导通

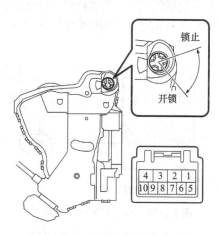

图 2.2-46 钥匙控制开关的检修

2. 后门锁电动机及门锁位置开关的检修

断开后门锁电动机执行器线束连接器，按表2.2-2所示向电动机端子施加蓄电池电压，并检查门锁电动机的工作情况，如图2.2-47所示。如果不符合规定，则更换门锁总成。

3. 钥匙未锁警告开关的检修

拆下钥匙未锁警告开关，断开连接器，如图2.2-48所示，当未按下开关（钥匙拔出）时，端子1与端子2之间的电阻为无穷大；当按下开关（钥匙插入）时，端子1与端子2之间的电阻小于1Ω。

4. 车门门控开关的检修

拆下各车门门控开关，断开连接器，如图2.2-49所示，当按下开关时，端子1与开关搭铁之间的电阻为无穷大；当松开开关时，端子1与开关搭铁之间的电阻小于1Ω。

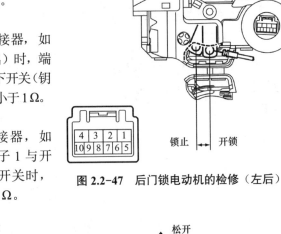

图2.2-47 后门锁电动机的检修（左后）

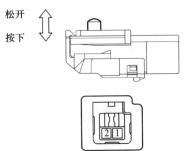

图2.2-48 钥匙未锁警告开关的检修

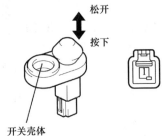

图2.2-49 车门门控开关的检修

（二）遥控门锁控制系统的检修

车门控制接收器接收来自发射器的信号，并将这些信号发送给主车身ECU，如图2.2-50所示。如果车门控制接收器及电路出现故障，将出现故障码B1242。

检修步骤如下：

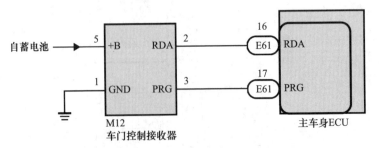

图2.2-50 车门控制接收器电路

（1）断开主车身ECU连接器E61和车门控制接收器连接器M12。

（2）分别测量 E61 与 M12 相连的 2 条线路是否短路或断路。若不正常，应维修或更换线束或连接器。

（3）测量 M12-1 与车身搭铁之间的电阻，应小于 1 Ω；打开点火开关，测量 M12-5 与车身搭铁之间的电压，应为 11～14 V。若不满足要求，应维修或更换线束或连接器。

（4）更换新的车门控制接收器，连接好所有的连接器，按规定程序进行注册，检查遥控门锁功能是否正常。如果仍不正常，则更换主车身 ECU。

（三）防盗系统的检修

1. 发动机盖门控开关的检查

发动机盖门控开关与发动机盖锁安装在一起。发动机盖打开时开关断开，发动机盖关闭时开关接通。

2. 警报喇叭的检查

拆下警报喇叭总成，检查喇叭的工作情况。用蓄电池正极接端子 1，蓄电池负极接喇叭壳体，如图 2.2-51 所示，喇叭应鸣响。

3. 安全指示灯（防盗指示灯）电路的检修

安全指示灯电路如图 2.2-52 所示。在警戒准备状态和警报鸣响状态下，防盗报警 ECU 会使安全指示灯亮起或闪烁。

图 2.2-51 警报喇叭的检查

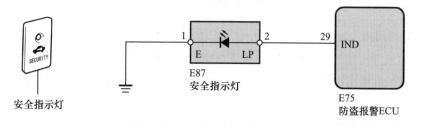

图 2.2-52 安全指示灯及其电路

将故障诊断仪连接到 DLC3，将点火开关置于 ON（IG）位置。打开故障诊断仪，选择主动测试中的"Security Indicator（安全指示灯）"项目，然后选择"ON"或"OFF"，检查安全指示灯，应闪烁或熄灭。如有异常，应按下述步骤进行检查：

（1）断开防盗报警 ECU 连接器 E75 和安全指示灯连接器 E87。

（2）测量端子 E75-29 与 E87-2 之间的电阻，应小于 1 Ω；测量端子 E75-29 与车身搭铁之间的电阻，应为无穷大。若不满足要求，应维修或更换线束或连接器。

（3）测量端子 E87-1 与车身搭铁之间的电阻，应小于 1 Ω，若不满足要求，应维修或更换线束或连接器。

（4）拆下安全指示灯，从线束背面将蓄电池电压施加到指示灯端子之间，如图 2.2-53 所示，安全指示灯应亮起。如有异常，应更换安全指示灯。

（5）上述检查均正常，则更换防盗警报 ECU 总成。

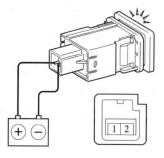

图 2.2-53 防盗指示灯的检查

案例分析

一、东风日产蓝鸟轿车遥控器的开锁功能失效

故障现象：一辆东风日产蓝鸟轿车事故修复后，原车的遥控器无法正常使用，遥控器的开锁功能失效。

故障诊断与排除：首先检查车身前部线路的连接情况和熔丝情况，一切正常，所有供电均正常，门控开关的状态也正常。怀疑遥控器不匹配，于是，对遥控器进行了学习操作，学习过程结束后，遥控器可以正常使用了，遥控器恢复了正常的功能。

遥控器匹配学习方法如下：

（1）在4个车门关闭的条件下，10 s内将车门打开两次（室内灯：灭—亮—灭—亮），车门最后一次保持在打开状态。

（2）10 s内，将点火开关来回开关3次，最后一次保持在关闭状态。

（3）执行完上述操作后，转向灯亮一次，喇叭鸣叫一声，表示已经进入学习模式。紧接着30 s内按遥控器按键，让接收器学习遥控器，应按顺序逐一学习。

（4）第一遥控器学习成功后，喇叭鸣响一声；第二遥控器学习成功后，喇叭鸣响两声；第三遥控器学习成功后，喇叭鸣响三声；第四遥控器学习成功后，喇叭鸣响四声。

（5）当4组遥控器载入成功后，主机立即跳离密码学习模式，转向灯闪一下，喇叭鸣响一声。跳离密码学习模式的条件是密码载满4组，点火开关打开，车门关闭，30 s内无遥控器参与学习。当满足了上面的任何一个条件时，主机就会立即跳离密码学习模式，转向灯闪一下，喇叭鸣响一声。

（6）如果进入密码学习模式后，未成功载入新遥控器密码，则主机密码维持原密码设定。即对钥匙重新进行学习后，只有当前经过学习的钥匙遥控器有效，未经学习的钥匙遥控器无效。

二、桑塔纳2000时代骄子轿车防盗指示灯闪烁，发动机无法启动

故障现象：一辆上海大众桑塔纳2000时代骄子轿车，偶尔出现发动机熄火现象。再打开点火开关或启动车辆时，防盗指示灯闪烁，发动机无法启动。

故障诊断与排除：用故障诊断仪查询故障，有"钥匙信号电压太低"故障代码，清除故障码后系统恢复正常，发动机可以正常启动，认为是使用了非法钥匙后存储的临时故障所致。第二天故障重现，用故障诊断仪查询防盗报警系统故障存储，还是"钥匙信号电压太低"。仔细检查钥匙，发现有拆卸过的痕迹。于是，解体点火钥匙，未发现异常，又认为是钥匙里面的芯片接触不良所致。将芯片拆卸并重装一遍，防盗指示灯熄灭了；再查故障，原来的永久故障已变为临时故障了。发动机启动、熄火反复几次后，故障依旧存在。

该车防盗报警系统由防盗控制单元（位于转向柱管左边支架上）、识读线圈（位于点火锁上）、脉冲转发器（上面所说的芯片，位于点火钥匙里面）、发动机控制单元和防盗指示灯等组成。根据"钥匙信号电压太低"的故障分析，怀疑故障在钥匙芯片上，或者在识读线圈上。于是检查钥匙脉冲转发器，测量其电阻为30 Ω，正常。相关连接器连接良好。再仔细检查钥匙脉冲转发器的位置、钥匙脉冲转发器安装在点火开关的外圈，由于安装不到位，使得它反映给控制单元的信号不稳定。重新进行正确装配后试车，未发现异常，故障排除。

三、别克君越 2.4 L 轿车用遥控器不能上锁。

故障现象：一辆上海通用别克君越 2.4 L 轿车，用遥控器开锁时，所有门锁均能打开，而用遥控器锁止时，除左前门能锁止外，其他车门的门锁都不能锁止。

故障诊断与排除：该车中控门锁的电路图如图 2.2-54 所示。从电路图可知，所有门锁在锁止和开锁的过程中，电流所流经的外围线路（车身控制模块之外的线路）是一样的。既然遥控开锁的过程是正常的，说明车身控制模块外围的线路良好，从而说明故障在车身控制模块内部。由于在锁止时左前门锁和其他 3 个门锁共用一个电源和一条搭铁线，说明车身控制模块内部共用的电源线和搭铁线是正常的。除左前车门之外的其他 3 个车门，在锁止和开锁过程中，只有在电流流经与车身控制模块端子 J2-51 相连的继电器时有所不同，从而说明故障在继电器内部，或者在与搭铁相连的接点上。

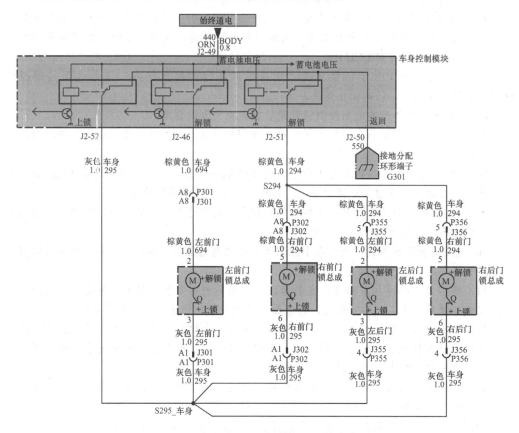

图 2.2-54　别克君越 2.4 L 轿车中控门锁系统电路图

将位于左侧车窗 A 柱下部内侧的车身控制模块更换后，再进行编程操作，然后用故障诊断仪清除发动机控制单元和车身控制模块内的故障码后，发动机顺利启动，故障排除。

编程操作的具体方法如下。

（1）接通点火开关，将点火钥匙转至启动位置后松开（由于新控制单元使发动机处于防盗状态，发动机不会启动），此时，仪表中央的驾驶员信息中心会显示"禁止启动"的信息。

（2）等待 10 min（可适当延长 1 min）后，将点火钥匙转至关闭状态，再等待 5～7 s。

（3）重复执行两次步骤①和步骤②。

上述操作完成后，打开点火开关，仪表中央的驾驶员信息中心的"禁止启动"信息消失。

任务小结

1. 一般汽车中控门锁系统的功能有中央控制、单独控制、速度控制、两步开锁功能、钥匙遗忘保护功能、电动车窗不用钥匙的动作功能、自动功能和儿童安全锁功能等。

2. 中控门锁系统一般包括门锁控制开关、门锁按钮、钥匙控制开关、门锁总成、门锁控制器（或门锁控制ECU）、钥匙未锁警告开关、门控开关等。

3. 门锁控制开关一般安装在左前门的内侧扶手上，有些汽车右前门上也有安装。驾驶员通过操作门锁控制开关可以同时锁止和开锁所有的车门。

4. 钥匙控制开关一般安装在左前门（或每个前门）的门锁总成内，当从外面用钥匙开锁（或锁门）时，钥匙控制开关开锁（或锁门）电路接通，从而发出锁止或开锁的信号给门锁控制器（或门锁控制ECU）。

5. 门锁位置开关位于门锁总成，用来检测车门的锁止状态，信号送至门锁控制ECU，用于反馈此时车门的锁止情况。

6. 钥匙未锁警告开关用来检测钥匙是否插入点火开关锁芯。

7. 门控开关用来检测车门的开闭情况。车门打开时，门控开关接通；车门关闭时，门控开关断开。

8. 有些汽车的中控门锁系统加装了车速（10 km/h）感应开关，当车速在10 km/h以上时，若车门未锁止，驾驶员不需动手，门锁控制器会自动地将门锁锁止。

9. 无线遥控门锁系统就是从遥控器发送信号进行锁止和开锁的系统，即使遥控器离开汽车一段距离，也能用来锁止或开锁车门。

10. 无线遥控门锁系统一般是在中控门锁系统的基础上加上遥控器、车门控制接收器、门锁控制器（或门锁控制ECU）等组成。

11. 遥控器又称遥控发射器、发射器。其功用是利用发射电路发送规定代码的遥控信号，控制驾驶员侧车门、其他车门、行李厢门等的开锁和锁止，且具有寻车功能。

12. 汽车防盗报警系统是为了防止汽车本身或车上的物品被盗所设的系统。汽车防盗报警系统可分为机械式、电子式和网络式3种。目前，大部分轿车采用电子式防盗报警系统，并正逐渐向网络式防盗报警系统过渡。

13. 汽车防盗报警系统按汽车的结构可分为发动机防盗系统、遥控中控门锁系统和车身防盗系统3种类型。

14. 汽车防盗报警系统一般由开关、感应传感器、防盗ECU和报警装置等组成。

15. 车主身份识别系统（电阻晶片）也称为电子禁启动系统，它利用电子钥匙解码器解读点火开关钥匙上的密码电阻，具有防盗功能。点火钥匙除像普通钥匙那样必须与锁体匹配外，其晶片电阻值还要与启动电路相匹配。

16. 上海大众桑塔纳2000轿车防盗报警系统由带脉冲转发器的钥匙、识读线圈、防盗ECU和防盗指示灯组成。

17. 无钥匙进入和启动系统又称为智能钥匙系统、无钥匙系统。系统通过驾驶员随身携带的智能钥匙内的芯片感应自动开关门锁。

18. 大众夏朗汽车配备的 KESSY 系统，在前车门把手中安装有接近传感器，以识别车门开启请求。通过把手中的微型开关，检测每个车门和后行李厢盖的打开请求。

19. 驾驶员侧车门和前排乘客侧车门的车门把手内安装了传感器和天线电子装置，它集成有开锁接近传感器、锁止接近传感器、带有电子装置的电路板和一个低频发送天线。

20. KESSY 系统将通过钥匙对汽车的内部区域和外部区域进行探测，通过三个外部天线监控外部区域，并通过三个内部天线监控内部区域。

21. KESSY 系统包括三个功能：KESSY 进入（唤醒汽车、检测钥匙许可权限、开锁车门）；KESSY 启动（开锁电动转向柱锁并启动发动机）；KESSY 退出（锁止汽车、防止钥匙被锁在车内）。

课后练习

1. 简述中控门锁系统的功能和基本组成。
2. 按图 2.2-29 叙述一汽丰田卡罗拉轿车中控门锁系统的工作过程。
3. 按图 2.2-29 叙述一汽丰田卡罗拉轿车无线遥控门锁系统的工作过程。
4. 简述防盗报警系统的类型和特点。
5. 如何设定和解除汽车防盗报警系统？
6. 如何匹配汽车钥匙？

学习任务三　汽车倒车防碰撞系统检修

- 能正确描述汽车防碰撞系统的基本组成；
- 能正确描述测定汽车行驶安全距离的方法和测距工作原理；
- 能正确描述汽车超声波倒车防碰撞系统的组成、各部件功用及工作原理；
- 能正确描述汽车倒车监视系统的组成、各部件功用及工作原理；
- 能正确识读和分析汽车倒车防碰撞系统的电路图；
- 会使用万用表和故障诊断仪对汽车倒车防碰撞系统进行检测；
- 会分析诊断和排除汽车倒车防碰撞系统的常见故障。

- 汽车超声波倒车防碰撞系统和倒车监视系统的工作原理；
- 识读和分析汽车倒车防碰撞系统的电路图；
- 分析诊断和排除汽车倒车防碰撞系统的常见故障。

任务描述

一位客户反映他所驾驶的一辆奥迪 A6 轿车，倒车雷达有时正常有时不正常。不正常时，挂入倒挡后不管有没有障碍物蜂鸣器都会一直响个不停。现在，请对客户汽车的倒车防碰撞系统进行检修。

知识准备

目前，汽车的行驶速度越来越快，车流量也越来越大，驾驶员的反应稍有不及时，就会造成交通事故。汽车防碰撞系统（图 2.3-1）是一种主动安全系统，是一种可向驾驶员预先发出视听报警信号的探测装置。汽车防碰撞系统可以直观地显示周围障碍物的情况，帮助驾驶员前进、倒车或泊车，从而提高驾驶的安全性。

图 2.3-1　汽车防碰撞系统

汽车防碰撞系统主要包括防追尾碰撞、侧面防撞、倒车防碰撞三个方面，其中倒车防碰撞系统比较成熟，成本也比较低，已得到广泛的应用。

一、汽车防碰撞系统概述

1. 汽车防碰撞系统工作原理

汽车防碰撞系统的工作原理：在汽车正常行驶时，该系统处于非工作状态；当行人、车辆、障碍物非常接近于本车时，该系统将发出警告；在发出警告后，如果驾驶员没有采取减速制动措施，该系统便会自动启动紧急制动装置，以避免发生碰撞事故。

汽车防碰撞控制系统如图 2.3-2 所示，主要由环境监测、防碰撞判断、车辆控制三大部分组成。

（1）环境监测。位于车辆前部的激光雷达能够分辨车辆前方物体的距离和方位，与路面情况传感器一起进行环境监测。

（2）防碰撞判断。系统对前后障碍物的距离和方位及路面情况进行分析，提取有用数据，进行危险性判断，输出必要的警告信号或应急车辆控制信号。

（3）车辆控制。系统根据危险性判断结果，自动对制动系统（ABS）或转向系统进行控制。

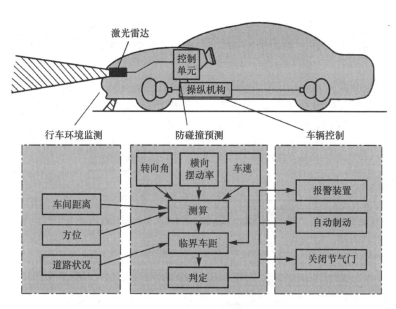

图 2.3-2 汽车防碰撞系统的组成

2. 测距方式

汽车防碰撞系统首先需要解决的问题是测定汽车与障碍物之间的距离,因此,需要安装测距传感器,利用光线、激光或超声波来测得汽车与障碍物之间的距离。一般有以下几种测距方式。

(1)超声波测距。超声波一般是指频率在 20 kHz 以上的机械波,具有声波反射、折射、干涉等基本物理特性。超声波测距基本原理如图 2.3-3 所示。工作时,超声波发射器不断地发射出某一频率超声波,遇到障碍物后反射回波,超声波接收器接收到反射回波信号,并将其转换为电信号。测出发射与接收到的反射波的时间差,即可求出距离。

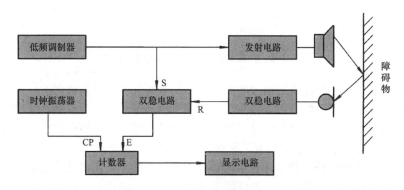

图 2.3-3 超声波测距基本原理

超声波测距方法简单、成本低,具有较强的穿透性及反射能力。但是,探测距离较短,最佳距离为 4~5 m,对于远距离目标,不够灵敏,影响测量精度,而且传输速度容易受天气状态的影响,这使得超声波在高速公路测距的应用具有一定的局限性。另一方面，超声波散射角大，方向性较差，在测量较远距离的目标时，其回波信号会比较弱，影响测量精度。因此，超声波测距一般用于短距离的车辆倒车防撞雷达及侧面防撞雷达。

（2）电磁波测距。汽车电磁波测距是利用电磁波发射后遇到障碍物反射的回波，计算与前方或后方障碍目标的相对速度和距离。经分析判断，对构成危险的目标按程度不同进行报警，控制车辆自动减速，直到自动制动。其工作原理如图 2.3-4 所示。

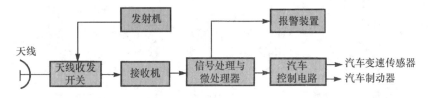

图 2.3-4　汽车电磁波测距工作原理

（3）激光雷达测距。扫描式激光雷达安装在车辆前端的中央位置，用于测量前面车辆的距离和方位，其扫描角和视域如图 2.3-5 所示，激光束的视域窄并呈肩形，即水平面上较薄，垂直面上呈肩形；激光束可在较宽的范围内快速扫描，并通过激光束的能量密度消除因车辆颠簸而引起的误差。

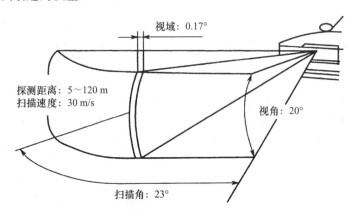

图 2.3-5　扫描式激光雷达的扫描角和视域

扫描式激光雷达不但能确定前方障碍物的距离，而且能确定其横向的位置。在进行追尾危险程度的判定时，系统会根据路面干湿情况、后车车速及相对车速计算出临界车距。当实测车距接近计算出的临界车距时，就会产生报警信号；当实测车距小于或等于计算出的临界车距时，防碰撞系统便启动紧急制动系统。

（4）红外线测距。任何物体无论何时都会发出红外线，利用红外线传播不扩散原理来测量目标距离叫作红外线测距。红外线测距和激光测距的原理大体相同，都是依据测量光往返目标所需要的时间来计算判断目标距离。

（5）摄像头测距。通过摄像头对行驶的车辆进行成像采集，将采集到的连续视频图像进行预处理及特征提取，进而可以从图像系列中检测到车辆的速度。摄像头安装方便，受路面状况的影响很小，在实现车辆测速的同时还可以对汽车进行跟踪监控。

摄像头不能精确计算与物体的相对距离，而且非常容易受到天气的影响。一般将摄像头和雷达结合起来，用摄像头识别目标类型，利用雷达较好的角分辨率和感知距离性，来判断与障碍物的距离，然后互相确认信号，可以大大降低误判断。

摄像头如图 2.3-6 所示。前视摄像头常用于前部监控，倒车入位，也可用于识别车道，可为汽车辅助驾驶使用；后视摄像头常用于倒车影像。

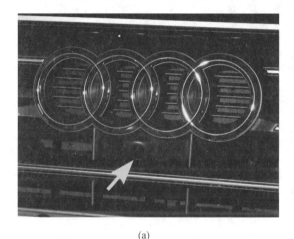

(a)　　　　　　　　　　　　　　(b)

图 2.3-6　摄像头

（a）前视摄像头；（b）后视摄像头

二、奥迪 A6 轿车超声波倒车防碰撞系统

超声波倒车防碰撞系统，也称为倒车声呐报警系统，采用超声波传感器，通常称为倒车雷达。倒车雷达可以计算出车体与障碍物之间的实际距离，提示给驾驶者，使停车和倒车更容易、更安全。倒车雷达的提示方式可分为液晶显示、语言和声音三种；接收方式有无线传输和有线传输等。

1. 系统组成

汽车倒车防碰撞系统由控制单元、超声波传感器、蜂鸣器等组成。

奥迪 A6 轿车超声波防碰撞系统有两种类型：四通道式和八通道式。四通道式倒车防碰撞系统装有四个超声波传感器（奥迪称之为倒车警报传感器），均匀安装在汽车后保险杠上未喷漆的部位内，如图 2.3-7 所示，其系统控制原理如图 2.3-8 所示。八通道式倒车防碰撞系统，在前、后保险杠上各装有四个传感器，其系统控制原理如图 2.3-9 所示。

图 2.3-7　奥迪 A6 轿车超声波倒车防碰撞系统布置图

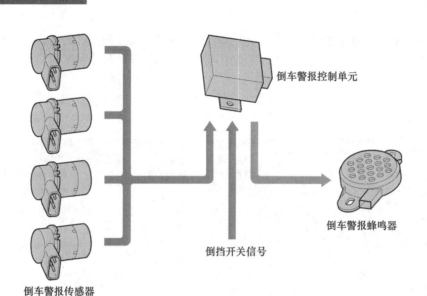

图 2.3-8 奥迪 A6 轿车四通道倒车防碰撞系统控制原理

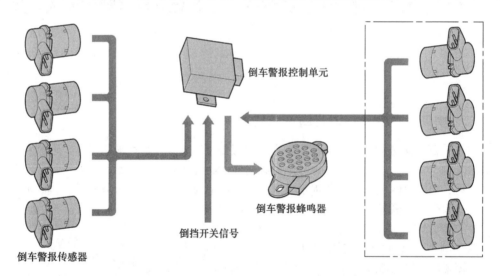

图 2.3-9 奥迪 A6 轿车八通道倒车防碰撞系统控制原理

超声波传感器的结构如图 2.3-10 所示,主要由一个无线电收发机和一个整理器构成。超声波传感器既是执行元件又是传感器,既发射信号,也接收信号。控制单元向四个超声波传感器中的一个发出命令,该传感器即发出超声波,四个传感器都接收超声波的回波。在传感器内,整理器将回波信号转换成数字信号,并将其传递到控制单元,控制单元根据回波的传播时间计算出与障碍物的距离。

2. 系统工作过程

当挂上倒挡时,超声波倒车防碰撞系统即开始工作,并发出"嘟嘟"的声音,表明该系统状态良好。当车与障碍物相距 1.6 m 时,可听见间歇报警声。离障碍物越近,声音越急促。当距离小于 0.2 m 时,发出连续报警声。报警声间隔及音量可用故障检测仪 V.A.G1551

设定。报警区域如图 2.3-11 所示。其控制电路如图 2.3-12 所示。

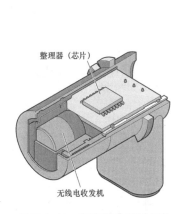

图 2.3-10 超声波传感器结构

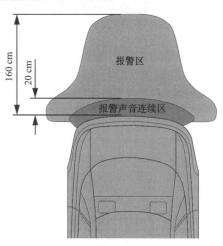

图 2.3-11 报警区域图

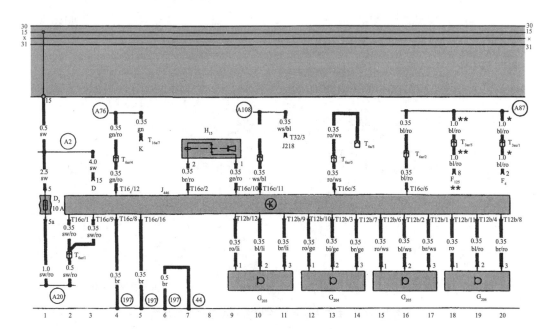

图 2.3-12 奥迪 A6 轿车四通道倒车防碰撞系统电路图

ws= 白色；sw= 黑色；ro= 红色；br= 棕色；gn= 绿色；bl= 蓝色；gr= 灰色；

li= 淡紫色；ge= 黄色；or= 桔黄色

D—点火开关；F125—多功能开关；F4—倒车灯开关；G203—左后超声波传感器；

G204—左后中部超声波传感器；G205—右后中部超声波传感器；

G206—右后超声波传感器；H15—倒车警报蜂鸣器；J218—仪表板内组合处理器；

J446—倒车警报控制单元；K—自诊断线；S5—熔丝支架上熔丝

*—带手动变速器的车；**—带自动变速器的车

三、丰田卡罗拉轿车倒车监视系统

1. 系统组成

倒车监视系统通过倒车电视摄像机拍摄到的车辆后方图像信号传入倒车电视摄像机ECU，然后在多功能显示屏上显示出倒车的监视图像。

丰田卡罗拉倒车监视系统主要由电视摄像机ECU、电视摄像机、导航接收器总成（带多功能显示屏）、倒车灯开关、组合仪表和转向角传感器等组成，各部件位置如图2.3-13所示。

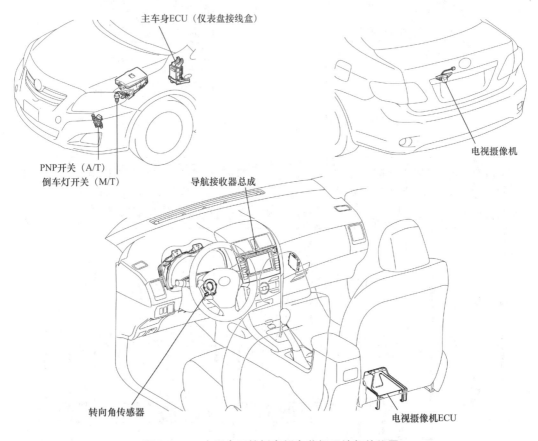

图2.3-13　丰田卡罗拉轿车倒车监视系统部件位置

（1）电视摄像机。倒车电视摄像机安装在行李厢门外侧装饰物上，将拍摄到的车辆后方图像信息传入电视摄像机ECU。倒车电视摄像机使用广角镜头，采用彩色CCD（电荷耦合器件）摄像头。通过CCD将镜头捕捉到的画面转换为电子信号，输出至电视摄像机ECU。

为保持与后视镜中看到的后方景象一致，倒车电视摄像机输出画面图像时已将图像方向翻转。因此要注意：实际后方情况（摄像机所拍摄的图像）与画面上的图像是左右相反的（车辆左侧的物体反映在画面左侧，车辆右侧的物体反映在画面右侧）。

（2）倒车电视摄像机ECU。倒车电视摄像机ECU接收其他ECU通过CAN数据总线传来的车辆信息、点火开关和多功能显示屏反馈的信号，并据此自动打开或关闭倒车电视摄像机。倒车电视摄像机ECU获得倒车电视摄像机拍摄的图像后，连同各导向标线的视频信号通过AVC-LAN网络（音响视听局域网络）传给多功能显示屏进行显示。

（3）多功能显示屏（导航接收器总成）。根据倒车电视摄像机ECU发出的图像信息，在画面上显示出车辆后方图像及各导向标线图。

（4）转向角传感器。检测转向盘的转向角度，并通过CAN数据总线将信号发送至电视摄像机ECU。

（5）PNP开关或倒车灯开关。当换挡杆移至倒挡位置时，倒挡位置信号由PNP开关（A/T）或倒车灯开关（M/T）检测到。接收倒挡位置信号后，电视摄像机ECU将多功能显示屏的当前画面切换为倒车监视画面。

2. 系统控制原理

倒车电视摄像机ECU根据安装在车辆后部的倒车电视摄像机拍摄的图像，以及通过CAN数据总线输入的转向角度传感器等车辆状态参数进行计算，得出各导向路线信息，并将该信息输入多功能显示屏上。丰田卡罗拉倒车监视系统控制框图如图2.3-14所示。

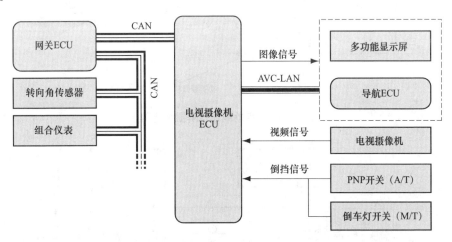

图2.3-14　丰田卡罗拉倒车监视系统控制原理框图

（1）多功能显示屏的显示内容。打开点火开关，将挡位换至倒挡，即可切换到倒车监视器画面。这时，多功能显示屏上会显示倒车电视摄像机拍摄的车辆后方图像，以及经合成的引导车辆必需的各条路线，如图2.3-15所示。

（2）多功能显示屏显示范围。由于倒车电视摄像机条件所限，画面显示有其一定范围限制。保险杠两角附近、保险杠下方等处的物体无法显示，如图2.3-16所示。

3. 系统控制电路

一汽丰田卡罗拉轿车倒车监视系统控制电路如图2.3-17所示。

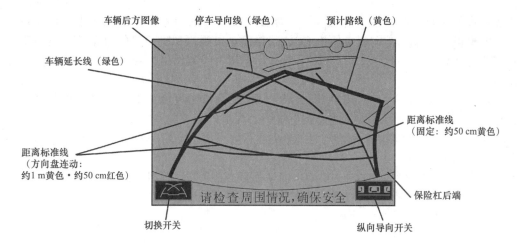

图 2.3-15 多功能显示屏的显示内容

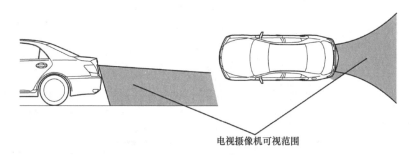

图 2.3-16 多功能显示屏显示范围

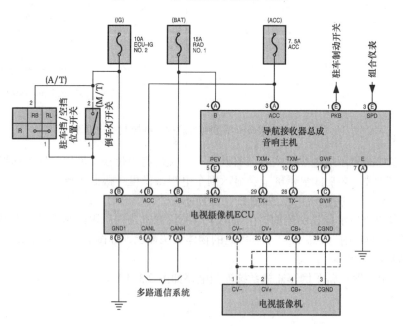

图 2.3-17 一汽丰田卡罗拉轿车倒车监视系统控制电路

任务实施

一、倒车雷达的使用维护

（1）倒车雷达可以自行购买后安装，也可以直接在装饰店内"买、装一体"。

（2）检验质量。首先，按照产品的说明书进行距离测试，即看一看当障碍物处于说明书中所说的各个区域时，倒车雷达的反应是否与说明相符合，系统是否敏感，有无误报等问题；其次，要对传感器进行防水测试，这关系到较潮湿的天气里系统能否正常工作，传感器有可能在暴雨过后，因遭受破坏而影响准确度。

（3）选购时要注意传感器的质地和颜色应该与原车相统一，这样才不会影响整体效果。如今传感器的安装方法多采用"嵌入式"（在保险杠上打几个孔），这样做不但容易固定，而且看上去更加美观。需要注意的是，不同的传感器具有不同的尺寸和探测角度，而打孔的尺寸（每种产品中都有其专用的金属打孔器）和安装角度会直接影响到探测的准确度，所以，安装时一定要到专业的汽车美容装饰店。

（4）注意清洁和保养。传感器要经常清洁，有附着物存在肯定会影响探测精度，有些人希望通过给传感器"刷漆"的方式来保持全车色调的统一是错误的，道理不言自明。如果在传感器清洁的情况下仍有误报或不报发生，那就可能是传感器损坏或线路出了问题，需要及时修理或更换。

二、倒车雷达的使用注意事项

（1）倒车时保持 5 km/h 以下的速度行驶。

（2）由于物理特性，物体的位置、角度、大小、材料或背景复杂的场所等关系，可能会造成检测的范围变窄，不产生动作或误动作，这并非系统故障。

（3）上坡或下坡进行倒车时，可能引起错误报警，提醒驾驶者在该情况下更要谨慎。

（4）当听到长鸣声或数字闪烁为"STOP"时应立即停车，系统设计为最短检测的内容显示为"STOP"，可以根据不同的应用场所，选择更长的停车距离。

（5）遇到下列不佳的场所或障碍物，易造成无检测及检测不良的情况：

①铁丝网、绳索类细小物体；

②在草丛中行车或在崎岖不平的路面行车；

③棉质物品或表面易吸收声波的材料；

④检测器表面附着异物、污物；

⑤同频率（40 kHz）的超声波杂声、金属声、高压气体排放声等的声信干扰；

⑥障碍物为锐角反射体、锥状物等。

（6）车上装有非标准的无线电通信设备，使用中将影响此系统功能（不含手机、音响系统等）。

三、奥迪 A6 轿车超声波倒车防碰撞系统的检修

打开点火开关后，倒车防碰撞系统开始进行约 1 s 的自检。如果在自检过程中倒车警报控制单元没有发现故障，则系统会发出一种短的信号音。如果在自检过程中倒车警报控制单元识别出故障，则装置会发出一个 5 s 的连续音。挂上倒挡后，当车辆距离障碍物约 1.6 m

时，倒车警报装置开始工作，其警报音为 75 ms 音频脉冲，车辆与障碍物之间的距离越短，音频脉冲间隔越小（声音越急）；当车辆与障碍物之间的距离在 0.2 m 以下时，警报音变成连续音（在特殊情况下，如沿着墙壁倒车就会出现这种情况）。

1. 读取和清除故障码

（1）大众车系故障码读取和清除可用 V.A.S5051 或 V.A.G1551 进行操作。连接故障检测仪 V.A.S5051 或 V.A.G1551 后，读取故障码用 02 功能，清除故障码用 05 功能，结束输出用 06 功能。相关的故障代码见表 2.3-1。完成修理及功能检查后，必须查询故障存储器，并清除故障存储器。

表 2.3-1 故障代码表

V.A.G1551 打印信息	可能的故障原因	故障排除
01543　倒车警报蜂鸣器 H15 ·对正极短路 ·断路/对地短路	·H15 与控制单元间导线断路或短路 ·蜂鸣器损坏	－按电路图查寻短路或断路故障 －更换 H15
01545　左后倒车警报传感器 G203 ·对正极短路 ·断路/对地短路 ·部件损坏 ·不可靠信号	·G203 和控制单元间导线断路或短路 ·G203 损坏	－按电路图查寻短路或断路故障 －更换 G203
01547　右后中部倒车警报传感器 G205 ·对正极短路 ·断路/对地短路 ·不可靠信号	·G205 和控制单元间导线断路或短路 ·G205 损坏	－按电路图查寻短路或断路故障 －更换 G205
01549　右后倒车警报传感器 G206 ·对正极短路 ·断路/对地短路 ·部件损坏 ·不可靠信号	·G206 和控制单元间导线断路或短路 ·G206 损坏	－按电路图查寻短路或断路故障 －更换 G206
01546　左后中部倒车警报传感器 G204 ·对正极短路 ·断路/对地短路 ·不可靠信号	·G204 和控制单元间导线断路或短路 ·G204 损坏	－按电路图查寻短路或断路故障 －更换 G204
01549　倒车警报传感器供电 ·对正极短路	·倒车警报传感器与控制单元间对地短路	－按电路图查寻短路故障
01550　倒挡信号 ·对正极短路	·倒车灯开关与控制单元间对正极短路	－按电路图查寻短路故障
65535　控制单元损坏	·倒车警报控制单元 –J446	－更换控制单元

（2）故障存储器记录静态和偶然故障，如果一个故障出现并持续至少 2 s，就被认为是一个静态故障。如果该故障以后不再出现，即被认为是偶然故障，显示屏右侧将出现 "SP" 字样。

（3）打开点火开关后，所有故障自动被重新确定为偶然故障，当检测后故障又出现时，才将其认定为静态故障。

（4）经 50 次运行循环（点火开关至少打开 50 min，车速超过 30 km/h）后，如偶然故障不再出现，就将被自动清除。

（5）更换有故障的部件前，应按电路图检查部件的导线和连接器连接及接地状况。

2. 控制单元编码

控制单元编码功能用于给倒车警报控制单元编制代码。通过编制代码，可使倒车警报控制单元 J446 适应相应车型或配置的需要。控制单元编码步骤如下：

编码可用诊断仪的 07 功能进行。编码共五位数字，其含义见表 2.3-2。

表 2.3-2 倒车警报系统控制单元代码表

X	X	X	X	X	编码
0					当前未使用
	0				手动变速器
	1				自动变速器
		0			无功能确认
		1			有功能确认（离厂）
			0		普通轿车
			1		旅行车
				8	奥迪 A8
				6	奥迪 A6
				4	奥迪 A4
				3	奥迪 A3

3. 测量数据块

测量数据块显示组见表 2.3-3。

表 2.3-3 测量数据块显示组

显示组号	显示区	屏幕显示	显示组号	显示区	屏幕显示
001	1	左后传感器距离（cm）	003	1	供电电压（V）
	2	左后中部传感器距离（cm）		2	倒挡
	3	右后中部传感器距离（cm）		3	挂车
	4	右后传感器距离（cm）		4	未使用
002	1	最小距离（cm）	004	1	左后传感器衰减时间（ms）
	2	车速（km/h）		2	左后中部传感器衰减时间（ms）
	3	蜂鸣器		3	右后中部传感器衰减时间（ms）
	4	未使用		4	右后传感器衰减时间（ms）

4. 自适应

自适应通道 01：可在 2 和 7 之间调整音量。

自适应通道 02：可在 0 和 4（500 Hz～2 kHz）之间调整音频。

四、丰田卡罗拉轿车倒车监视系统的检修

1. 倒车监视系统使用的注意事项

（1）如被硬物重击，则倒车监视系统可能无法正常工作。

（2）请勿擦洗摄像机镜头。擦洗摄像机镜头可能会将其划伤，影响图像效果。不要让有机溶液、蜡、除粘剂或玻璃底剂粘到摄像机镜头上。若粘到，应立即清除并用清水冲洗。

（3）摄像机所处环境的温度若急剧变化，会使摄像机的正常功能受到影响。

（4）如果摄像机受雪、泥等污染，图像将不清晰。如果镜头被弄脏，应用水清洗镜头，并用布擦拭干净。必要时，使用去垢剂清除污垢。

（5）在下列情况下，即使状态正常，图像也难以分辨：

①显示屏屏幕被霜覆盖。将点火开关置于 ON（IG）位置后，图像可能比正常图像更模糊或暗淡。

②强光束，如阳光或前大灯光束照射在摄像机上。

③摄像机周围太暗（如晚上）。

④摄像机周围的环境温度太高或太低。

2. 故障诊断表

丰田卡罗拉轿车倒车监视系统故障诊断表见表 2.3-4。

表 2.3-4　丰田卡罗拉轿车倒车监视系统故障诊断表

症状	可疑部位
换挡杆在倒挡位置时，不显示倒车监视图像（屏幕不是黑色）	①电视摄像机 ECU 电源电路 ②倒挡信号电路 ③电视摄像机 ECU ④导航接收器总成
换挡杆在倒挡位置时，不显示倒车监视图像（屏幕是黑色）	①电视摄像机 ECU 和导航接收器总成之间的显示信号电路 ②电视摄像机 ECU 和电视摄像机总成之间的显示信号电路 ③电视摄像机总成 ④电视摄像机 ECU
换挡杆不在倒挡位置时，显示倒车监视图像	①倒挡信号电路 ②电视摄像机 ECU
手动辅助模式屏幕正常，但是通过按下开关来变成纵列式倒车辅助模式时屏幕没有变化	①导航接收器总成 ②电视摄像机 ECU

续表

症状	可疑部位
倒车监视图像故障（颜色、图像不清晰）	① 电视摄像机 ECU 和电视摄像机总成之间的显示信号电路 ② 电视摄像机 ECU 和导航接收器总成之间的显示信号电路 ③ 电视摄像机总成 ④ 电视摄像机 ECU ⑤ 导航接收器总成
用"纵列式倒车辅助"模式进行车辆倒车时，即使车辆开始行驶，屏幕也没有变化	以非常低的速度倒车时，可能发生这种情况
显示"系统初始化"信息	校正转向角中心点
不显示投影行驶方向引导线	① CAN 通信系统 ② 电视摄像机 ECU

3. 电视摄像机的检修

电视摄像机与电视摄像机 ECU 的连接电路如图 2.3-17 所示。

（1）断开电视摄像机 ECU 连接器和电视摄像机连接器。

（2）连接线路检查。检查电视摄像机 ECU 和电视摄像机之间的 4 条线路是否短路或断路，若不正常，则修理或更换线束或连接器。

（3）摄像机供电电压检查。连接好电视摄像机 ECU 连接器。点火开关置于 ON（IG），换挡杆在倒挡位置。测量 A40（CB+）与 A39（CGND）之间的电压，应约为 6 V。若不符合要求，则更换电视摄像机 ECU。

（4）检查电视摄像机信号。连接好电视摄像机连接器。点火开关置于 ON（IG），换挡杆在倒挡位置。用示波器检查电视摄像机 CV+（2）与 CV-（1）之间的波形，正常情况下应显示如图 2.3-18 所示的波形。如不符合要求，应更换电视摄像机。

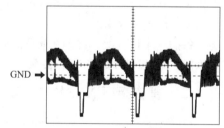

图 2.3-18　摄像机信号波形

案例分析

一、奥迪 A6 轿车倒车雷达工作不正常

故障现象：一辆奥迪 A6 轿车因为倒车雷达工作不正常，送维修厂要求检修。据驾驶员介绍，倒车雷达有时正常，有时不正常，不正常时挂入倒挡后不管有没有障碍物蜂鸣器都会一直叫个不停。

故障诊断与排除：启动，挂入倒挡，蜂鸣器没有鸣叫，人为地挡住传感器探头，没有反应，说明倒车雷达没有工作。分别用手指轻轻触摸每一个倒车警报传感器探头，正常工作的传感器探头会有一种轻微的振动感传递到手指上，发现没有一个探头是在工作的。接上故障诊断仪，进入通道号 76 停车辅助系统，读取故障码，居然有 9 个故障码存在。从

01545～01548全部是倒车警报传感器故障；从01626～01629号故障码是停车辅助传感器故障。另外，有一个01549号故障码，含义为倒车警报传感器供电对地短路，间歇性故障。

故障码全部清除后，再挂入倒挡测试，倒车雷达依然没有工作，又往后倒车，倒车雷达还是没有工作，又读取故障码，依旧是那9个故障码。所有传感器都坏掉的可能性实在太小，应该是01549号故障码的提示有更加实际的意义，很可能是短路造成所有传感器不能够正常工作。查阅维修手册，得知引起01549故障的可能原因：倒车警报传感器与控制单元间对地短路。检查了该车的相关线路，正常。检查了该控制单元的电源、接地等线路均正常。

又从驾驶员处知道，该车的右前方曾经碰撞过。于是拔下了右前方的传感器，进入系统，没有任何故障码出现。又拔掉后面的一个传感器，进入系统，依然没有故障码。启动车，挂入倒挡，读取故障码，依然是那9个故障码。打开点火开关后倒车警报装置自检开始，不到1s即结束。这时控制单元一直处于工作状态，但距离控制功能在挂上倒挡时才启动。如倒车警报系统已准备好，会发出一声短的信号音（对于自动变速器车，由于P、D换挡，要延迟1s。如果自检过程中控制单元识别出故障，则发出5s连续音。依照这个条件在车上测试，确实有控制单元识别出故障的特征，控制单元应该是好的，还是需要进一步查找故障的真正原因。

将挡位放在R位置，读取故障码，这时发现，被拔掉的右前传感器故障已经被控制单元检查了出来，并且只有右前传感器故障码。启动发动机，倒车再进行测试。倒车雷达依然没有工作，这时，又出现那几个故障码。由此可知，只要不启动车，控制单元就能够发现被拔掉的传感器，那几个故障码就不会出现，历史故障码也可以被清除掉。只要一启动车，挂入倒挡，那8个故障码就会一同出现，掩盖了那个被拔掉的故障，这就是刚才没有检查出来的原因。现在又进一步证实控制单元没有损坏，依据该系统的特点，在打开点火开关不启动车的情况下，一个一个地分别拔掉传感器，又插回去。观察故障码的变化情况，每插一个试一次。终于在插回后面的右中传感器时，9个故障码一同出现了，原来就是该传感器损坏导致的故障。更换后，停车辅助系统恢复了正常。

二、雷克萨斯NX300H轿车后视野监视系统无法正常工作

故障现象：一辆雷克萨斯NX300H轿车，搭载混合动力发动机。客户反映倒车时，没有倒车影像。

故障诊断与排除：启动车辆，挂入倒挡，导航屏幕没有任何显示。检查汽车摄像头安装良好，且该车没有任何加装项目，包括贴膜。故障为当前故障。

首先，了解其工作原理，将电源开关置于ON的位置且换挡杆移至R位时，音响主机总成通过CAN通信线路接收到倒挡信号，于是，音响主机总成切换至倒车监视系统。主要组成部件是音响主机总成、多功能显示屏总成、后电视摄像机总成和混合动力车辆控制ECU。其中，音响主机总成，作用是接收后摄像机总成所拍摄的车辆后方区域图像的视频信号，并通过接收来自混合动力车辆控制ECU的换挡位置信号及将倒车监视图像发送至多功能显示屏总成。

接着用多功能显示屏进入自诊断模式，按住MENU的同时打开和关闭小灯3次，进入诊断模式。读取故障码，发现存在故障码U0073（含义为通信故障）。接着进入车辆信号检查模式，发现了异常。在挂入R挡的时候，REV（倒挡）的信号一直为OFF，说明车辆并没有接收到倒挡信号；同时发现PKB（电子驻车）的信号一直为ON，在换入非P挡的时候也不变化。将车辆行驶了一会发现车速信号能正常接收，其他信号都没有任何异常。

从以上检查中可以断定是网络通信问题导致音响主机总成没有接收到 R 挡信号。

于是分析电路图，音响主机总成主要是和混合动力 ECU、发动机 ECU、电子驻车 ECU、车身 ECU 和 ABS ECU 进行相互通信，所以，可能的原因在于某个或者多个 ECU 损坏，或者是 CAN BUS 线路的问题。

首先，检查音响主机总成的电源和搭铁都良好。拆下音响主机总成，在车辆熄火的状态下，检查网络线路，结果正常。说明 CAN BUS 线路没有任何问题。用故障诊断仪查看其他几个系统，没有发现任何相关故障码，说明其各自的 ECU 工作正常，所以，分析是音响主机总成内部损坏导致无法通过 CAN 线路接收信号，从而引起故障的发生。于是，订购一台新的音响总成，安装后，系统恢复正常，再次查看信号数据，一切正常。

三、迈腾轿车前后倒车报警功能皆失效

故障现象：一辆迈腾轿车，挂倒挡有提示音，但前后倒车报警功能皆失效。

故障诊断与排除：挂倒挡有提示音说明倒车信号正常。进入通道 76（停车辅助设备）内发现有关右后、中部停车辅助传感器（G205）断路或对地短路的故障。用 08 功能检查 01 组后部停车辅助传感器的监控距离为 255 cm，且一直不变化，这说明前后雷达传感器全部不能被识别。进一步检测 6 组第 3 区，右后中央停车辅助传感器（G205）的振荡时间为 0，其他传感器的振荡时间为 1 ms 左右，这说明右后中央停车辅助传感器（G205）未被停车辅助设备控制单元识别，可能是右后中央停车辅助传感器（G205）损坏或线路故障造成右后中央停车辅助传感器（G205）被识别为故障而触发了应急模式，切断了倒车报警功能。

拆下后保险杠，发现右后中央停车辅助传感器（G205）导线连接器未插。将连接器插上后，试车，故障排除。

任务小结

1. 汽车防碰撞系统是一种主动安全系统，是一种可向驾驶员预先发出视听报警信号的探测装置。

2. 汽车防碰撞系统的工作原理：在汽车正常行驶时，该系统处于非工作状态；当行人、车辆、障碍物非常接近于本车时，该系统将发出警告；在发出警告后，如果驾驶员没有采取减速制动措施，该系统便自动启动紧急制动装置，以避免发生碰撞事故。

3. 汽车防碰撞控制系统主要由环境监测、防碰撞判断和车辆控制三大部分组成。

4. 汽车防碰撞系统首先需要解决的问题是测定汽车与障碍物之间的距离，因此，需要安装测距传感器，利用光线、激光或超声波测得汽车与障碍物之间的距离。测距方式有超声波测距、电磁波测距、激光雷达测距、红外线测距和摄像头测距等。

5. 超声波倒车防碰撞系统，也称为倒车声呐报警系统，采用超声波传感器，人们通常把它称为倒车雷达。倒车雷达可以计算出车体与障碍物之间的实际距离，提示给驾驶者，使停车和倒车更容易、更安全。

6. 汽车超声波倒车防碰撞系统由控制单元、超声波传感器、蜂鸣器等组成。

7. 超声波倒车防碰撞系统工作时发出"嘟嘟"的声音，表明该系统状态良好。当车与障碍物相距 1.6 m 时，可听见间歇报警声。离障碍物越近，声音越急促。当距离小于 0.2 m 时，发出连续报警声。

8. 倒车监视系统通过倒车电视摄像机拍摄到的车辆后方图像信号传入倒车电视摄像机 ECU，然后在多功能显示屏上显示出倒车的监视图像。

9. 丰田卡罗拉倒车监视系统主要由电视摄像机 ECU、电视摄像机、导航接收器总成（带多功能显示屏）、倒车灯开关、组合仪表和转向角传感器等组成。

10. 倒车电视摄像机 ECU 根据安装在车辆后部的倒车电视摄像机拍摄的图像，以及通过 CAN 数据总线输入的转向角度传感器等车辆状态参数进行计算，得出各导向路线信息，并将该信息输入多功能显示屏。

（课后练习）

1. 汽车防碰撞系统主要由哪几个部分组成？
2. 测定汽车行驶安全距离的主要方法有哪些？
3. 简述奥迪 A6 轿车超声波倒车防碰撞系统的组成及功用。
4. 简述丰田卡罗拉轿车倒车监视系统的组成及功用。
5. 如何正确使用倒车雷达？
6. 如何检修电视摄像机？

学习任务四　汽车巡航控制系统检修

- 能正确讲述汽车巡航控制系统的组成及基本原理；
- 能正确描述汽车巡航控制系统主要部件的工作原理；
- 能正确描述汽车巡航控制系统的控制功能；
- 能正确描述主动巡航控制系统的部件结构和工作原理；
- 能正确识读和分析汽车巡航控制系统的电路图；
- 会使用万用表和故障诊断仪对巡航控制系统进行检测；
- 会分析诊断和排除汽车巡航控制系统的常见故障。

- 汽车巡航控制系统的组成和工作原理；
- 识读和分析汽车巡航控制系统的电路图；
- 诊断和排除汽车巡航控制系统的常见故障。

项目二 汽车车身安全系统检修

任务描述

一位客户反映他所驾驶的大众途安 1.8T 多用途车，在运行时，按下巡航控制系统的主开关，仪表板上绿色的巡航指示灯亮。在汽车转弯时拨动转向灯开关，当完成转弯后，其开关手柄自动回位时，巡航指示灯突然熄灭，再操纵巡航控制系统的主开关，巡航指示灯不亮。现在，请对客户汽车的巡航控制系统进行检修。

知识准备

汽车巡航控制系统（Cruise Control System，CCS）又称定速巡航系统、恒速控制系统、速度控制（Speed Control）系统、自动驾驶（Auto Drive）系统等。

汽车巡航控制系统的作用是通过自动调节节气门的开度，控制汽车在驾驶员设定的车速下稳定行驶，甚至上、下坡时，汽车也可以按照设定速度行驶。驾驶员无须一直踩加速踏板，从而减轻了驾驶员的劳动强度，提高行驶舒适性和燃油经济性。

汽车巡航控制系统特别适合高速公路或车少人少的广阔的乡间道路上行驶。

一、汽车巡航控制系统概述

1. 汽车巡航控制系统的组成

汽车巡航控制系统主要由车速传感器、节气门位置传感器、控制开关、巡航控制单元（CCS ECM）和执行机构等部件组成。典型汽车巡航控制系统的组成及在汽车上的安装位置如图 2.4-1 和图 2.4-2 所示。

巡航控制系统的车速传感器和节气门位置传感器既可与发动机控制系统和电控自动变速器系统共用，也可专门设置独立使用。车速传感器和节气门位置传感器的作用分别是向巡航控制 ECM 提供汽车行驶速度信号和发动机节气门位置开度信号。

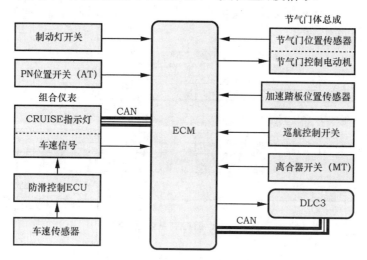

图 2.4-1 巡航控制系统的组成

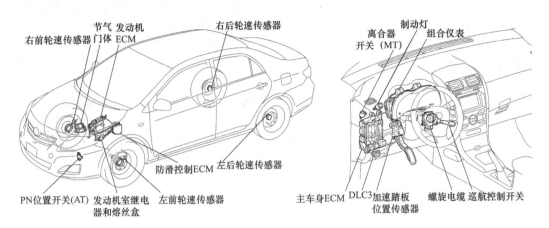

图 2.4-2　汽车巡航控制系统部件及在车上的安装位置

控制开关主要有巡航控制开关、制动灯开关、驻车制动开关、点火开关、离合器开关（手动变速器车）或 PN 位置开关（自动变速器车）等。巡航控制开关的作用是将车速设定、加速或减速、恢复原速，以及取消巡航行驶等指令信号输入巡航控制 ECM，其他开关的作用是将各种状态信息输入巡航控制 ECM，以便巡航控制 ECM 确定是否进行恒速控制。

巡航控制 ECM 是巡航控制系统的控制核心。

执行机构的作用是根据巡航控制 ECM 指令，通过节气门拉索（钢缆）调节发动机节气门的开度，使车速保持恒定。

2. 巡航控制系统的基本原理

驾驶员操纵巡航控制开关，将车速设定、减速、恢复、加速、取消等命令输入计算机。当驾驶员通过巡航控制开关输入设定命令时，计算机便存储此时车速传感器输入计算机的车速，并按该车速对汽车进行等速行驶控制。汽车在巡航行驶过程中，不断将实际车速与设定车速进行比较，从而计算出实际车速与设定车速的差值，然后通过驱动电路输出对执行部件的命令，执行部件控制发动机节气门开度加大或减小，使实际车速接近设定车速。其控制原理如图 2.4-3 所示。

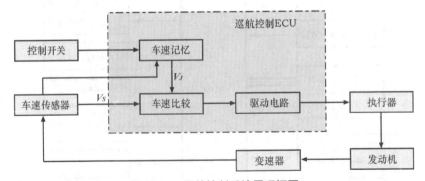

图 2.4-3　巡航控制系统原理框图

3. 巡航控制系统的优点

汽车巡航控制系统主要有以下优点：

（1）减轻驾驶员的劳动强度，提高行驶安全性。汽车行驶过程中，当车速达到一定值（超过 40 km/h）时，驾驶员只要操纵巡航开关并设定一个想要行驶的速度，不用踩加速踏板，巡航控制系统就能自动控制发动机节气门开度使汽车保持在设定的速度恒速行驶，从而减轻驾驶员的劳动强度。特别是当汽车在高速公路上长时间行驶时，更能充分发挥巡航控制系统的优点。由于利用巡航行驶不用踩加速踏板，驾驶员的劳动强度大大减轻，因此，驾驶的安全性也就大大提高。

（2）行驶速度稳定，提高乘坐舒适性。在巡航行驶过程中，无论汽车在上坡、下坡、平路上行驶，或是在风速变化的情况下行驶，只要在发动机功率允许的范围内，汽车行驶速度都将保持设定的巡航车速不变。

（3）节省燃料消耗，提高燃油经济性和排放性能。实践证明，汽车在相同行驶条件下，利用巡航行驶可以节省 15% 左右的燃油。这是因为巡航控制系统、发动机燃油喷射系统和自动变速器控制系统是相互配合工作的，巡航车速被控制在经济车速范围内，汽车巡航行驶时的燃料供给与发动机功率之间处于最佳配合状态，与此同时，有害气体的排放量也将大大减少。

二、汽车巡航控制系统的主要部件

汽车巡航控制系统由控制开关、传感器、巡航控制 ECM 和执行器等组成。传感器和开关信号送入巡航控制 ECM，ECM 根据这些信号计算节气门应有的开度，并给执行器发出信号自动调节节气门开度，保持汽车按设定的车速等速行驶。

1. 控制开关

控制开关主要用于设置巡航车速或将其重新设置为另一车速，以及取消巡航控制等。它主要包括巡航控制开关和解除巡航控制开关。

（1）巡航控制开关。巡航控制开关是巡航控制系统的主要控制开关，其功用是将车速设定、加速或减速、恢复原速，以及取消巡航行驶等指令信号输入巡航控制 ECM，以便巡航控制 ECM 确定是否进行恒速控制。

巡航控制开关一般采用安装在转向盘下方的手柄式自动回位型开关，也有的采用安装在转向盘上的按键式开关。各种车型的巡航控制开关如图 2.4-4 所示，其工作原理基本相同，但外形结构各不相同。

巡航控制开关是一个组合开关，包括主开关和控制开关。主开关（ON-OFF）是巡航控制系统的总开关，多采用按钮式开关。每次将其推入，系统的电源就接通，组合仪表板上的巡航指示灯点亮。此时，巡航控制系统处于待命状态，可以进行恒速控制。再次单击主开关，按钮将弹起，触点断开，巡航指示灯熄灭，巡航控制系统处于关闭状态。

控制开关包括 SET（设置）、-（减速）、RES（恢复）、+（加速）和 CANCEL（取消）。其中，SET（设置）和 -（减速）功能共用一个开关，RES（恢复）和 +（加速）功能共用一个开关。

下面以丰田卡罗拉轿车采用的手柄式开关为例进行说明，如图 2.4-5 所示，这是一个自动回位型开关，当沿箭头方向操作时，开关接通，在松开后断开。由于各开关均串联有不同的电阻，因此当开关接通时，其信号电压值也不一样，ECM 读取电压值，即可识别是按下了哪个开关。

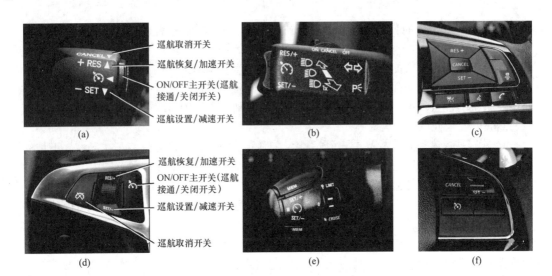

图 2.4-4 巡航控制开关

(a) 丰田卡罗拉；(b) 大众途观；(c) 日产天籁；(d) 别克君威；(e) 标致 408；(f) 三菱欧蓝德

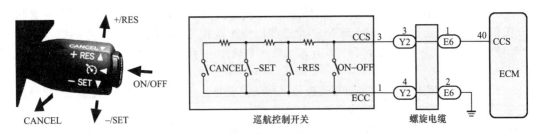

图 2.4-5 丰田卡罗拉轿车巡航控制开关电路

（2）解除巡航控制开关。解除巡航控制开关包括取消开关、制动灯开关、驻车制动开关、离合器开关和 PN 位置开关。当其中任一开关接通时，巡航控制将被自动取消。

① PN 位置开关（AT）。用于检测汽车挡位是否在 D 挡位。若在 D 挡位，则可以执行巡航控制指令。若不在 D 挡位，则取消或不执行巡航控制指令。

② 离合器开关（MT）。用于检测汽车离合器踏板的状态。当踩下离合器踏板，发动机动力传送中断，则取消或不执行巡航控制指令。当离合器踏板松开，则可以执行巡航控制指令。

③ 制动灯开关。驾驶员踩下制动踏板，在接通制动灯电路使其点亮的同时，还向巡航控制 ECM 输入一个表示制动的信号，此时，则取消或不执行巡航控制指令。

④ 驻车制动开关。当拉起驻车制动操纵杆时，驻车制动器开关接通，将取消或不执行巡航控制指令，同时，驻车制动指示灯亮。

2. 传感器

用于巡航控制的传感器主要包括车速传感器、节气门位置传感器和加速踏板位置传感器。

车速传感器主要用于将实际测得的车速与巡航控制 ECM 设定的车速进行比较，以便实现恒速控制。

节气门位置传感器主要用于巡航控制 ECM 计算输出信号与节气门开度的对应关系，以确定输出量的大小。

加速踏板位置传感器用于检测加速踏板的位置，从而控制节气门开关，改变汽车车速。当踩下加速踏板获得了所需的车速时，此时按下并松开巡航控制开关，巡航控制系统设定车速，释放加速踏板，汽车以设定车速行驶。

3. 巡航控制 ECM

巡航控制 ECM 根据车速传感器的信号，将车速传感器测定的实际车速与系统设定的车速进行比较，然后形成控制信号控制执行器，使汽车等速行驶。

巡航控制 ECM 具有以下控制功能：

（1）设定车速控制。当巡航控制主开关接通（巡航指示灯亮起），车辆在巡航控制车速范围（40～200 km/h）内行驶时，按下 -/SET 开关，巡航控制 ECM 便将此时车速存储于 ECM，并使车辆保持这个速度行驶，此时，驾驶员可以将右脚松开。

（2）匀速控制。当车辆以巡航控制模式行驶时，ECM 将实际车速与设定车速进行比较，若实际车速高于设定车速，执行器将节气门开度适当减小；若实际车速低于设定车速，执行器将节气门开度适当增大。

（3）减速控制。当车辆以巡航控制模式行驶时，按住 -/SET 开关不放，执行器将会关小节气门开度，使车辆减速。ECM 将开关松开时的车速存储于 ECM，并保持此车速行驶。

（4）逐级减速控制。当车辆以巡航控制模式行驶时，在 0.6 s 内按下 -/SET 开关并松开一次，则设定车速相应下降约 1.6 km/h。

（5）加速控制。当车辆以巡航控制模式行驶时，按住 +/RES 开关不放，执行器将节气门开度适当增大，使车辆加速。ECM 将开关松开时的车速存储于 ECM，并保持此车速行驶。

（6）逐级加速控制。当车辆以巡航控制模式行驶时，在 0.6 s 内按下 +/RES 开关并松开一次，则设定车速相应增加约 1.6 km/h。

（7）恢复控制。只要车速在巡航控制车速范围内，用任何一个手动的方法取消巡航控制后，再次接通 +/RES 开关即可恢复设定车速。

（8）手动取消控制。当车辆以巡航控制模式行驶时，如果接通取消开关、关闭巡航控制主开关或接通任一个解除巡航控制开关，巡航控制 ECM 将取消巡航控制。

（9）自动取消（失效保护）。当车辆以巡航控制模式行驶时，如果系统出现故障，则自动取消巡航控制功能，存储器中的设定速度也被取消，同时，巡航指示灯闪烁向驾驶员报警。

4. 执行器

（1）巡航指示灯（CRUISE 指示灯）。巡航指示灯位于组合仪表上，如图 2.4-6 所示。指示灯的亮灭用于指示巡航控制系统的工作状态。当巡航控制系统有故障时，CRUISE 指示灯会闪烁。

（2）巡航控制系统执行器。汽车巡航控制系统的执行器又称为速度伺服装置，其作用是根据巡航控制 ECM 的控制指令，

图 2.4-6 CRUISE 指示灯

通过操纵节气门拉索或直接控制节气门来改变节气门的开度，使汽车加速、减速或恒速行驶。

巡航控制系统执行器有真空驱动型和电动机驱动型两种。真空驱动型执行器采用真空装置驱动，利用真空来操纵节气门，早期应用较多；现在常采用电动机驱动型执行器，它由直流电动机或步进电动机驱动节气门。目前，很多汽车采用电子节气门，电子节气门已具备巡航控制系统执行器的功能。

①真空驱动型执行器。真空驱动型执行器依靠真空力驱动节气门，如图2.4-7所示，真空源有两种获得方式：一种是仅从发动机进气歧管获得；另一种是从发动机进气歧管和真空泵获得，当进气歧管真空度较低时，真空泵参与工作，提高真空度。

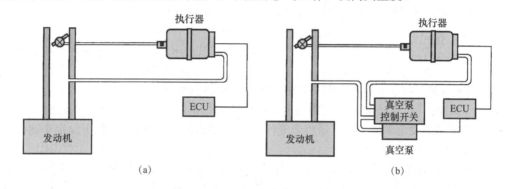

图 2.4-7　真空驱动型执行器的控制方法
（a）从进气歧管取得真空源；（b）从进气歧管和真空泵取得真空源

②电动机驱动型执行器。电动机驱动型执行器由电动机、传动机构、电磁离合器和电位计组成，其结构如图2.4-8所示。巡航控制ECM控制电动机顺时针或逆时针转动，电动机轴端的蜗轮转动，带动电磁离合器，经小齿轮、末端传动齿轮、末端传动齿轮轴带动控制臂转动，控制臂上的销轴通过拉索使节气门开大或关小。

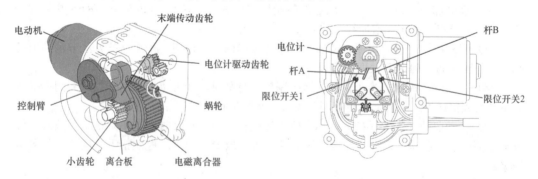

图 2.4-8　电动机驱动型执行器的结构

为了防止节气门完全打开或完全关闭后电动机继续转动，电动机内部安装了两个限位开关1和开关2，用于控制电动机的转动，如图2.4-9所示。当节气门完全打开（加速）时，限位开关1断开，电动机停转。当节气门完全关闭（减速）时，限位开关2断开，电动机停转。两者的开关触点在节气门完全打开和完全关闭时闭合。

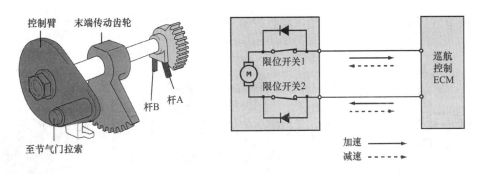

图 2.4-9　限位开关及电路

电磁离合器用于接通或断开电动机与节气门拉索之间的联系,其结构及控制电路如图 2.4-10 所示。当巡航控制 ECM 给执行器发出控制信号时,电磁离合器通电产生吸力与离合板连接,电动机的动力能够传递给控制臂。若取消巡航控制,则 ECM 使电磁离合器断电分离,节气门不受电动机控制。

电位计用于检测节气门控制臂的转动角度,送至巡航控制 ECM。ECM 将数据储存至存储器,行车中 ECM 以此数据作为参照控制节气门控制臂,使实际车速与设定车速相符。

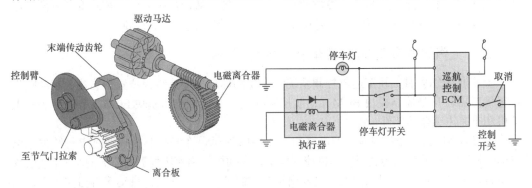

图 2.4-10　电磁离合器的结构及其控制电路

③电子节气门控制型驱动器。目前,很多发动机采用了电子节气门控制(Electronic Throttle Control,ETC),使得发动机的进气量不直接由加速踏板控制,而是由电控单元采集诸多信号(如加速踏板位置信号、发动机转速信号等)后通过控制节气门开度来精确控制。因此,电子节气门已具备了驱动节气门改变开度的功能。

电子节气门控制型巡航控制系统是集成在发动机电控系统中的一个子系统,装备巡航控制系统只需增加控制开关和巡航指示灯等。

电子节气门控制系统由加速踏板位置传感器、发动机控制单元和电子节气门体等组成,如图 2.4-11 所示。驾驶员操纵加速踏板,使加速踏板位置传感器产生相应的电压信号输入发动机控制单元,发动机控制单元由此计算得到节气门转角的基本期望值。然后,经过 CAN 总线和整车控制单元进行通信,获取其他工况信息及各种传感器信号,如发动机转速、挡位、节气门位置、空调能耗等,由此计算出整车所需求的全部扭矩,通过对节气门转角期望值进行补偿,得到节气门的最佳开度,并将相应的电压信号发送到节气门控制电动机,使节气门达到最佳的开度位置。节气门位置传感器则将节气门的开度信号反馈给发动机控制单元,形成闭环的位置控制。

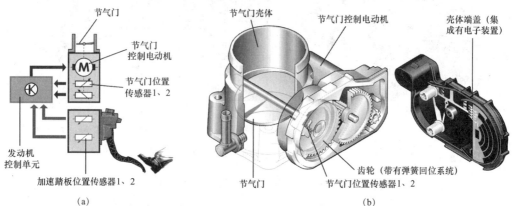

图 2.4-11 电子节气门系统工作原理和电子节气门体的结构
(a) 基本原理；(b) 电子节气门体的结构

在巡航控制模式下,发动机控制单元接收巡航控制开关、各传感器及其他信号,将车速传感器测定的实际车速与系统设定的车速进行比较,从而产生节气门控制电动机的控制信号,驱动节气门控制电动机,以调节节气门开度,保证汽车等速行驶。

三、上汽通用别克君威轿车巡航控制系统

上汽通用别克君威轿车巡航控制系统的主要部件包括加速踏板位置传感器、制动踏板位置传感器、车身控制模块 BCM、巡航控制开关、发动机控制模块 ECM、节气门控制电动机和车速传感器等部件。

巡航控制开关(图 2.4-4)的电路如图 2.4-12 所示。车身控制模块通过串行数据电路将巡航控制开关的信息传送至发动机控制模块,发动机控制模块根据所监测的车速信号(来自组合仪表),向节气门控制电动机发出指令控制节气门的开度,自动保持当前所设定的车速行驶,其电路如图 2.4-13 所示。

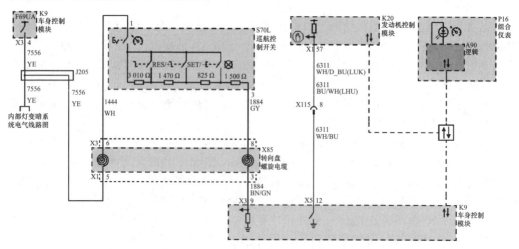

图 2.4-12 别克君威轿车巡航控制开关电路

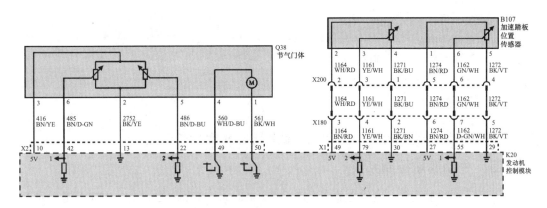

图 2.4-13　别克君威轿车巡航控制执行电路

1. 巡航启用

当车速达到巡航启用的车速（40.2 km/h 以上）时，按下巡航接通／关闭开关（ON-OFF 主开关），短按 SET/－开关，发动机控制模块将启用巡航控制系统，记录此时车速，并向组合仪表发送一条串行数据信息以点亮巡航指示灯。

当巡航控制系统启用时，长按 SET/－开关将允许车辆从当前所设定的车速中减速，而不用关闭巡航控制系统。松开 SET/－开关后，发动机控制模块将此时车速作为新的设定车速。短按 SET/－开关将使车辆以每按一次降低 1.6 km/h 的幅度减速，最低车速为 38 km/h。

当巡航控制系统启用时，长按 RES/+ 开关将允许车辆从当前所设定的车速中加速，而不用关闭巡航控制系统。松开 RES/+ 开关后，发动机控制模块将此时车速作为新的设定车速。短按 RES/+ 开关将使车辆以每按一次增加 1.6 km/h 的幅度加速。

在踩下制动踏板或按下 CANCEL 开关关闭巡航控制系统后，再次按下 RES/+ 开关将恢复至以前的设定车速。

2. 巡航停用

在巡航控制系统启用时，发动机控制模块将根据制动踏板位置传感器、巡航接通／关闭开关（ON-OFF 主开关）及巡航取消开关（CANCEL 开关）的信息停用巡航控制系统。

当驾驶员踩下制动踏板时，发动机控制模块通过一项直接输入和一项来自车身控制模块的制动踏板状态信息，来监控制动踏板的位置信号。当两个信号都显示制动踏板踩下时，发动机控制模块将停用巡航控制系统。

当驾驶员按下巡航接通／关闭开关或巡航取消开关时，车身控制模块就会在巡航控制开关电路上监测到一个电压信号，并向发动机控制模块发送串行数据信息，以关闭巡航控制系统。

巡航控制系统停用后，发动机控制模块向组合仪表发送一个串行数据信息，以熄灭巡航指示灯。

3. 巡航禁用

当存在下述任何情况时，发动机控制模块 ECM 将禁用巡航控制系统：

（1）发动机控制模块未检测到车身控制模块 BCM 激活制动踏板。

（2）设置了巡航控制系统故障码。

(3) 车速低于 38.6 km/h。
(4) 车速过高。
(5) 车辆挂驻车挡、倒挡、空挡或 1 挡。
(6) 发动机转速过低。
(7) 发动机转速过高。
(8) 系统电压不在 9～16 V 范围。
(9) 防抱死制动系统 ABS 或牵引力控制系统 TCS 激活 0.5 s 以上。

四、主动巡航控制系统

主动巡航控制系统（也称自适应巡航系统，Adaptive Cruise Control，ACC）是一种智能化的汽车安全性辅助驾驶系统，它是汽车巡航控制技术的延伸。

主动巡航控制系统的主要功能在于它不但跟传统巡航控制系统一样保证驾驶员可选定某一车速匀速行驶，更重要的是它能保持与前方车辆的车距。ACC 系统通过安装在前保险杠下方的雷达传感器来探知本车与前车的车速及车距，因此，ACC 系统是车速与车距的综合控制。

如果两车距离大于设定的距离，那么，车辆就会加速到驾驶员事先设定的车速；当两车距离小于设定的车距时，车辆就会通过发动机降低功率，传动系统切换挡位，甚至在必要时启动制动系统来减缓车速以保证设定的车距。此系统进一步提高了车辆的驾驶舒适性，消除了驾驶疲劳，有益于提高行车安全性。ACC 系统主要适用于高速公路、低交通密度和宽路面道路的驾驶。

1. 系统部件结构

奥迪 A8 主动巡航控制系统部件的组成与位置如图 2.4-14 所示。系统主要由安装在同一壳罩内的车距调节传感器 G259 和车距调节控制单元 J428、位于转向柱左侧的操纵杆及仪表总成内的显示屏等组成。

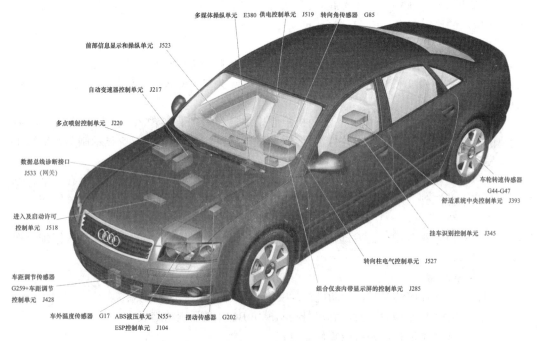

图 2.4-14　奥迪 A8 主动巡航控制系统部件的组成与位置

（1）车距调节传感器 G259 和车距调节控制单元 J428。传感器和控制单元安装在同一个壳体内，可通过支架上的转接板来进行安装和调整位置，支架用螺栓固定在保险杠支架的中央位置，如图 2.4-15 所示。如果传感器或控制单元有故障，则必须整体更换总成。

车距调节传感器护盖是采用雷达信号可穿透的材料制成的，对护盖表面所做的任何改动（如喷的油漆、贴的不干胶标签及其他东西）都可能影响传感器的功能。护盖内有电热丝可进行加热，以清除粘附在护盖上的冰、雪。

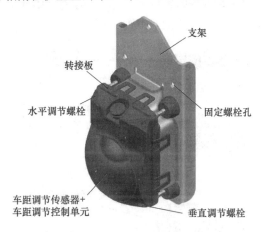

图 2.4-15　车距调节传感器和车距调节控制单元

车距调节传感器 G259 发射调频信号，然后接收反射回来的信号。车距调节控制单元 J428 对这些雷达信号及其他输入信号进行处理，即可确定雷达探测范围内出现的哪一辆车是需要跟踪调节车距的车。车辆确定下来后，其车辆的位置和车速及当前的车距就可以确定了，同时得出如何进行调节。调节数据经车距调节 CAN 总线和数据总线诊断接口 J533（网关）发送至驱动 CAN 总线，再至多点喷射控制单元 J220、自动变速器控制单元 J217 及 ESP 控制单元 J104 上。

（2）操纵杆。主动巡航控制系统使用转向盘左侧的主动巡航系统操纵杆进行操纵，操纵杆比以前多了一个标有 DIST（距离）的调整滑块，如图 2.4-16 所示。

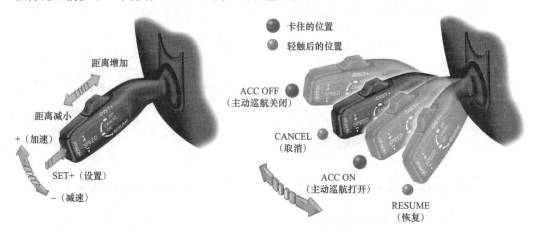

图 2.4-16　操纵杆及操作

2. 系统工作原理

（1）前方行驶情况的测定。主动巡航控制系统工作时，通过雷达监测与前车的距离、前方车辆的车速和前方车辆的位置，经分析确定选择跟踪的车辆，如图2.4-17所示。

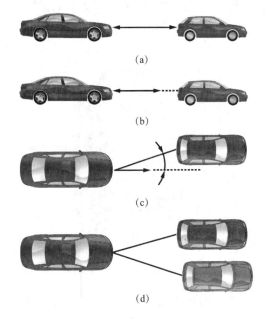

图 2.4-17　前方行驶情况的测定

（a）与前车的距离；（b）前方车辆的车速；（c）前方车辆的位置；（d）跟踪车辆的选择

要确定车辆的位置，还需要一个信息，就是本车与前车相对运动的角度，这个角度信息可通过一个三束雷达获得，如图2.4-18所示。

在高速公路、多车道路路面以及转弯时，在雷达视野中可能会出现多辆车，如图2.4-19所示。要确定本车与哪辆车保持选定的距离，就需要车距调节控制单元来确定车道。这还需要摆动传感器、轮速传感器及转向角传感器等信号来共同进行分析。

图 2.4-18　三束雷达测定位置示意

图 2.4-19　选择跟踪车辆

（2）操作杆的操作及显示屏信息显示。

①设定巡航车速。按下操纵杆上的 SET 按钮（图2.4-16），当前车速即可作为巡航车速

存储。设定的车速会在车速表刻度圈上以一个淡红色发光二极管（LED）指示出来，同时，车速表上出现主动巡航系统正在工作的符号。为了识别主动巡航系统正处于工作状态，车速表上 30～200 km/h 的所有发光二极管都呈暗红色发光状态，如图 2.4-20 所示。

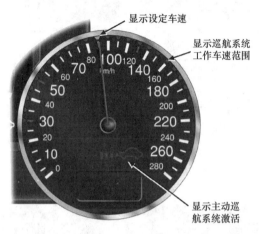

图 2.4-20　ACC 激活时的显示

在主动巡航系统工作过程中（车速为 30～200 km/h），驾驶员向上推操纵杆，可提高巡航车速；往下推操纵杆，可降低巡航车速。巡航车速改变后，车速表上的淡红色发光二极管位置也改变。每向上或向下推一次操纵杆，巡航车速变动量为车速表刻度盘的一格。

②设定巡航车距。如果 ACC 系统识别出需跟踪的前车，车速表上会显示出来，如图 2.4-21 所示。

图 2.4-21　识别出前车时的显示

本车与前车的车距可由驾驶员设定为四个级别，如图 2.4-22 所示，这里设置的车距取决于不同的车速，车速升高，车距也将加大。汽车在出厂时预先设定的车距级别为"车距 3"，所选的车距级别会在显示屏上显示，如图 2.4-23 和图 2.4-24 所示。图中两车之间的横条数与所选的车距级别相同。

图 2.4-22 车距设定的四个级别

 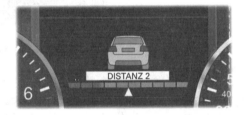

图 2.4-23 中央显示屏的显示　　　　图 2.4-24 附加显示屏的显示

操纵杆上的滑动开关（图 2.4-16）用于设定巡航车距，每推动一次开关，车距提高或降低一个级别。

③系统的关闭与激活。向车的行驶方向轻触操作杆即可关闭主动巡航控制系统，踩下制动踏板也可关闭 ACC。如果 ACC 已关闭且设定了巡航车速的情况下，向驾驶员方向拉操纵杆即可重新恢复 ACC，如图 2.4-16 所示。

（3）驾驶员的接管请求。如果系统识别出施加的制动不能使车辆达到规定的车距，就会响起声音信号（锣声），车速表上识别出前车时的图案会变成红色，以提醒驾驶员主动踩刹车。

（4）主动巡航控制系统工作模式。

①ACC AUS（自适应巡航系统关闭）：这时系统已被关闭，无法进行任何操作。

②ACC BEREIT（自适应巡航系统已准备完毕）：这个模式表示一种"待机"状态，这时该系统处于接通状态，但并未真正进行调节。如果先前主动巡航控制系统工作过，那么，所要求的巡航车速会存入存储器。

③ACC AKTIV（自适应巡航系统正在工作）：主动巡航控制系统以设定好的车速在公路上行驶，或正在调节与前车的距离。

④ACC üBERTRETEN（超越自适应巡航系统）：驾驶员踩下油门踏板使车速超过了自适应巡航系统设定的车速。

3. 系统工作原理举例

主动巡航控制系统的工作原理举例见表 2.4-1。

表 2.4-1　主动巡航控制系统的工作原理举例

状态 1	后车驾驶员已经激活主动巡航控制系统，并选定了巡航车速 v 和巡航车距 d_w，后车已经加速到了选定的巡航车速	
状态 2	后车识别出前车与自己行驶在同一条车道上，于是后车通过减小节气门开度，必要时也会施加制动来减速，直至两车之间的距离达到设定的巡航距离	
状态 3	如果这时有另一辆摩托车闯入两车之间，那么主动巡航控制系统施加的制动就不足以使后车和摩托车之间的距离达到设定的巡航车距，于是，就有声光报警信号来提醒驾驶员，应踩下制动踏板施加制动	
状态 4	如果前摩托车驶离车道，那么雷达传感器会侦测到这一情况，于是，后车又开始加速，直至达到设定的巡航车速	

4. 系统电路图与网络连接

系统电路如图 2.4-25 所示，主动巡航控制系统的通信如图 2.4-26 所示。

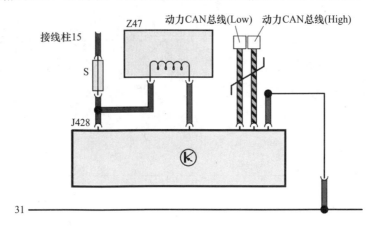

图 2.4-25　系统电路图

J428—车距调节控制单元；Z47—车距调节传感器加热元件；S—熔丝；

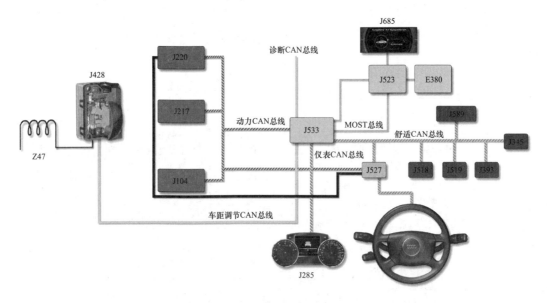

图 2.4-26　主动巡航控制系统的通信

J428—车距调节控制单元；J220—多点喷射控制单元；J217—自动变速器控制单元；
J104—ESP 控制单元；J533—数据总线诊断接口（网关）；J285—组合仪表内带显示屏的控制单元；
J527—转向柱电气控制单元/转向角传感器 G85；J523—信息显示和操纵控制单元；
Z47—车距调节传感器加热元件；E380—多媒体操纵单元；J685—前部信息显示单元；
J589—驾驶员识别控制单元；J518—进入及启动许可控制单元；
J519—供电控制单元；J393—舒适系统中央控制单元；
J345—挂车识别控制单元

> **任务实施**

下面以上汽通用别克君威轿车巡航控制系统为例讲述巡航控制系统的检修。

一、巡航控制开关电路的检修

别克君威巡航控制开关电路如图 2.4-12 所示。

巡航控制开关是车身控制模块（BCM）的一项输入源。车身控制模块通过巡航控制开关信号电路来监测巡航控制打开/关闭、设置/滑行、恢复/加速和取消开关，以便检测驾驶员何时请求运行巡航控制功能。发动机控制模块（ECM）通过串行数据信息接收到来自车身控制模块的巡航控制开关功能请求。

巡航控制开关出现故障时，其故障检修流程如下：

（1）将点火开关置于"ON（打开）"位置。

（2）数据流检查。按下巡航控制开关上的各个开关，检查故障诊断仪上的数据"ECM Cruise Control Switch Status（发动机控制模块巡航控制开关状态）"参数，应在"OFF（关闭）""ON（打开）""Resume（恢复）"和"SET（设置）"等之间改变。

若数据流参数没有变化，则按下述步骤检查电路。

（1）关闭点火开关，断开巡航控制开关线束连接器 S70L。

（2）按表 2.4-2 所示条件，用万用表测量巡航控制开关端子 1 与端子 3 之间的电阻，若电阻值不在规定范围内，则更换巡航控制开关。

表 2.4-2 巡航控制开关的检查

万用表连接	开关条件	测量值
端子1-端子3	按下 Cancel 开关	1.4～1.6 kΩ
	按下 SET/- 开关	2.2～2.4 kΩ
	按下 RES/+ 开关	3.7～3.9 kΩ
	按下 ON 开关	6.5～7.1 kΩ
	没有按下开关	无穷大

（3）断开车身控制模块 K9 连接器 X3。

（4）用万用表分别测量 X3-9 与端子 3、X3-4 与点火电路端子 1 之间的线路是否短路或断路，若不正常，则维修或更换线束或连接器。

（5）连接车身控制模块 K9 连接器 X3，将点火开关置于 ON 位。

（6）用万用表测量线束端点火电路端子 1 与搭铁之间的电压，应为 12V。若不符合要求，则更换车身控制模块 K9。

（7）若以上测量均正常，则更换车身控制模块 K9。

二、巡航指示灯的检查

组合仪表根据从发动机控制模块 ECM 收到的串行数据信息点亮巡航指示灯。该指示灯在巡航控制系统控制车速时点亮，而在系统停用后熄灭。

(1)读取网络系统故障码,如有,先排除。

(2)将点火开关置于"ON(打开)"位置,用故障诊断仪指令所有指示灯点亮和熄灭,查看巡航指示灯是否点亮和熄灭。

(3)如果巡航指示灯未点亮和熄灭,则更换组合仪表 P16。

(4)如果巡航指示灯点亮并熄灭,则一切正常。

案例分析

一、道奇 CARAVAN 汽车更换安全气囊后 CRUISE 巡航指示灯亮

故障现象:某道奇 CARAVAN 汽车,发生撞车事故,安全气囊爆炸。在一家修理厂修复后,经过一段时间,车主发现 CRUISE 巡航指示灯亮起,同时,定速巡航控制系统也不起作用了。

故障诊断与排除:用故障诊断仪测试系统各相应开关,发现操作所有巡航控制开关,均显示 ON 状态。而设定减速开关、取消开关和恢复加速开关等都没有出现正确的工作电压。定速巡航控制模块 PCM 通过检测各开关的电压值来判断各个开关的状态,从而接受驾驶员的操作指令。如果 ON-OFF 主开关一直处于闭合状态,即使其他开关闭合,定速巡航控制模块 PCM 也不会接受任何指令。

由此可见,极有可能是 ON-OFF 主开关短路。而该开关线束位于转向盘上,考虑到该车事故后更换了安全气囊组件,怀疑该车故障是在拆装安全气囊组件过程中遗留下来的问题。拆检 ON-OFF 主开关,发现该线束被压破露出外皮。原来,安装安全气囊组件时,固定螺钉将线束压破,经过一定时间后,露出外皮的破裂线束在行车振动中与方向柱搭铁。于是,巡航指示灯亮起,定速巡航系统失去作用。

二、三菱蒙特罗越野车巡航系统操作没反应

故障现象:有一辆已行驶 20 万千米的三菱蒙特罗越野车,使用中发现定速巡航系统操纵控制开关时不起作用。

故障诊断与排除:首先对该车进行路试。当车速超过 40 km/h 时,按下主开关,主开关指示灯亮;按下设定(SET)按钮,巡航系统工作指示灯不亮。经过多次操作,始终没有任何反应。

打开点火开关,测量巡航系统控制单元供电脚电压,没有因接触不良而产生的电压降,说明搭铁回路良好,电源供电正常。接下来检查巡航系统控制单元至各部件的线束是否存在短路、断路现象,结果没有发现异常。经分析影响控制单元激活的部件有主开关、巡航控制开关、制动灯开关、节气门怠速触点开关、O/D 开关、车速信号和里程表内部电路。以上输入巡航系统控制单元的开关量信号及车速模拟信号都不能有错,否则,巡航系统就不能正常工作。将上述的几个开关进行检测,功能完全正常。在路试过程中,从控制单元检测仪上看不到车速信号,从万用表也测量不到车速信号。于是,故障的根源终于显现出来,看来很可能是因为没有车速信号输入巡航系统控制单元,所以,无法激活控制单元,从而导致巡航系统无法工作。对有关车速信号的线路进行检查。在路试中,看到里程表是正常指示的。说明有车速信号输入至里程表电路,因而可以断定,车速传感器及相关

线路没有问题。

有车速信号进入里程表,但没有车速信号输出给巡航系统控制单元,肯定是里程表电路板有故障。根据里程表电路进行分析,车速传感器产生的车速信号经过里程表电路后,分成两路,一路驱动里程计数电动机及指针电动机;另一路就是经过信号放大后,输入至巡航系统控制单元第 26 脚,以激活控制单元。拆下仪表板,将里程表拆下,经认真检查,发现输出端口处的 1 个贴片晶体管表面有凸起痕迹,取下进行测量,发现其中 3 个电极已击穿。寻找相同参数的国产晶体管替代。装复仪表进行路试,车速信号正常了。操纵巡航系统,仪表上的巡航系统工作指示灯亮了,同时操纵加、减速功能一切正常,至此故障完全排除。

任务小结

1. 汽车巡航控制系统 CCS 的作用是通过自动调节节气门的开度,控制汽车在驾驶员设定的车速下稳定行驶,甚至上坡、下坡时,汽车也可以按照设定速度行驶。驾驶员无须一直踩加速踏板,从而减轻了驾驶员的劳动强度,提高行驶舒适性和燃油经济性。

2. 汽车巡航控制系统主要由车速传感器、节气门位置传感器、控制开关、巡航控制单元和执行机构等部件组成。

3. 汽车巡航控制系统的优点:减轻驾驶员的劳动强度,提高行驶安全性;行驶速度稳定,提高乘坐舒适性;节省燃料消耗,提高燃油经济性和排放性能。

4. 巡航控制开关是巡航控制系统的主要控制开关,其功用是将车速设定、加速或减速、恢复原速及取消巡航行驶等指令信号输入巡航控制 ECM,以便巡航控制 ECM 确定是否进行恒速控制。

5. 解除巡航控制开关包括取消开关、制动灯开关、驻车制动开关、离合器开关和 PN 位置开关。当其中任一开关接通时,巡航控制将被自动取消。

6. 巡航控制 ECU 的控制功能:设定车速控制、匀速控制、减速控制、逐级减速控制、加速控制、逐级加速控制、恢复控制、手动取消控制、自动取消控制等。

7. 汽车巡航控制系统执行器的作用是根据巡航控制 ECM 的控制指令,通过操纵节气门拉索或直接控制节气门来改变节气门的开度,使汽车加速、减速或恒速行驶。

8. 巡航控制系统执行器有真空驱动型和电动机驱动型两种。目前,很多汽车采用了电子节气门,电子节气门已具备巡航控制系统执行器的功能。

9. 主动巡航控制系统(也称自适应巡航系统 ACC)是一种智能化的汽车安全性辅助驾驶系统,它是汽车巡航控制技术的延伸。

10. 主动巡航控制系统的主要功能在于它不但跟传统巡航控制系统一样保证驾驶员可选定某一车速匀速行驶,更重要的是它能保持与前方车辆的车距。ACC 系统通过安装在前保险杠下方的雷达探测器来探知本车与前车的车速及车距,因此,ACC 系统是车速与车距的综合控制。

11. 奥迪 A8 主动巡航控制系统主要由安装在同一壳罩内的车距调节传感器 G259 和车距调节控制单元 J428、位于转向柱左侧的操纵杆及仪表总成内的显示屏等组成。

12. 主动巡航控制系统使用操纵杆进行操纵,操纵杆比传统巡航控制系统多了一个标有 DIST(距离)的调整滑块。

13. 主动巡航控制系统工作时，通过雷达监测与前车的距离、前方车辆的车速和前方车辆的位置，经分析确定选择跟踪的车辆。

课后练习

1. 简述汽车巡航控制系统的组成。
2. 根据图 2.4-5 所示，说明丰田卡罗拉轿车巡航控制开关的工作原理。
3. 巡航控制 ECU 有哪些控制功能？
4. 简述上汽通用别克君威轿车巡航控制系统原理。
5. 什么是主动巡航控制系统？
6. 如何进行前方行驶情况的测定？
7. 如何检修巡航控制开关？

学习任务五　前照灯控制系统检修

- 能正确描述自动前照灯控制系统的功用、组成及工作原理；
- 能正确描述自适应前照灯控制系统的类型、作用、组成及工作原理；
- 能正确描述自适应前照灯控制系统的功能模式；
- 能正确识读和分析前照灯控制系统的电路图；
- 会使用万用表和故障诊断仪对前照灯控制系统进行检测；
- 会分析诊断和排除前照灯控制系统的常见故障。

- 前照灯控制系统的组成及工作原理；
- 识读和分析前照灯控制系统的电路图；
- 分析诊断和排除前照灯控制系统的常见故障。

任务描述

一位客户反映他所驾驶的上海通用别克陆尊 3.0L 多功能车，即使外界光线非常好，该车的自动前照灯也会常亮，如果手动关闭前照灯，多功能驾驶员信息中心 DIC 上会显示"建议打开前照灯"。现在，请对客户轿车的自动前照灯控制系统进行检修。

项目二 汽车车身安全系统检修

> 知识准备

为了提高汽车行驶的安全性，减轻驾驶员的劳动强度，很多汽车的前照灯增加了自动控制功能，如自动前照灯控制系统、自适应前照灯系统（包括前照灯光束高度调整系统、前照灯随动转向控制系统）等。

一、自动前照灯控制系统

1. 自动前照灯控制系统功能

汽车自动前照灯控制系统的功能：当外界光线强度较低时，系统自动接通前照灯近光，实现自动控制照明，如图 2.5-1 所示。发动机熄火后，前照灯会延迟关闭一段时间，以提供外部照明，这又称为"照明回家"功能。

图 2.5-1　自动前照灯

2. 自动前照灯控制系统组成

自动前照灯控制系统主要由前照灯开关、远光灯、近光灯、前照灯变光开关、环境光照传感器及控制模块等组成。

（1）前照灯开关。前照灯开关是手动控制前照灯的开关，同时是打开或关闭前照灯自动控制功能的开关，前照灯开关一般位于仪表台左侧或转向盘左侧下方的手柄上，如图 2.5-2 所示。旋转旋钮或手柄，可实现所有车灯关闭、前照灯自动控制、驻车灯手动开启、前照灯手动开启等功能。

 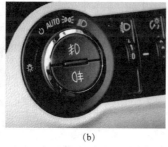 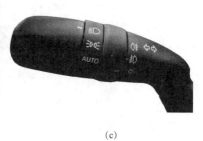

(a)　　　　　　　　　　　(b)　　　　　　　　　　　(c)

图 2.5-2　前照灯开关

（a）帕萨特轿车；(b）科鲁兹轿车；(c）卡罗拉轿车

（2）环境光照传感器。环境光照传感器用于监测车外光照情况，一般采用光敏电阻，位于仪表板中部前方，靠近挡风玻璃处易于接收阳光的位置，如图 2.5-3 所示。当车外光照强度增加时，传感器电阻减小；反之，光照强度越弱时，其阻值就越大。

如果自动前照灯控制启用，车身控制模块 BCM 根据环境光照传感器的信号接通或关闭前照灯近光。

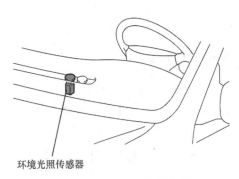

图 2.5-3　环境光照传感器安装位置

3. 上汽通用雪佛兰科鲁兹轿车自动前照灯控制系统

上汽通用雪佛兰科鲁兹轿车自动前照灯控制系统电路如图 2.5-4 所示。

车身控制模块 BCM 向环境光照传感器提供 5 V 参考电压信号，环境光照传感器信号电压在 0.2 V 和 4.9 V 之间变化。在车外照明亮度过低时，BCM 控制前照灯近光点亮。

BCM 监测前照灯开关（图 2.5-2）的三个信号电路。将前照灯开关置于"AUTO（自动）"位置时，所有三个信号电路开路，BCM 根据环境光照传感器的信号，控制是否接通前照灯近光。当前照灯开关置于"OFF（关闭）"位置时，熄灭信号电路搭铁，BCM 控制熄灭车外灯。当前照灯开关置于"PARK（驻车）"位置时，驻车灯点亮信号电路搭铁，BCM 控制点亮驻车灯。当前照灯开关置于"HEADLAMP（前照灯）"位置时，驻车灯点亮信号电路和前照灯点亮信号电路均搭铁，BCM 控制点亮驻车灯和前照灯。

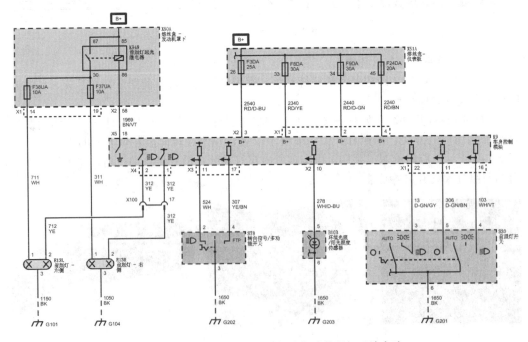

图 2.5-4　上汽通用雪佛兰科鲁兹自动前照灯系统电路

远光和超车闪光是转向信号 / 多功能开关的功能。当近光前照灯点亮且转向信号 / 多功能开关置于远光位置时,远光信号电路搭铁,BCM控制远光继电器线圈通电,触点闭合,远光前照灯点亮。当转向信号/多功能开关瞬时置于超车闪光位置时,超车闪光信号电路搭铁,BCM控制远光继电器线圈通电,瞬时点亮远光或直至闪光超车开关松开。

另外,关闭点火开关后,若车外环境光照较弱时,通过个性化设置,BCM将控制前照灯延迟一段时间后再熄灭,可为驾驶员下车后提供一段时间的外部照明,如图2.5-5所示。

图2.5-5　前照灯延时关闭

二、自适应前照灯系统

传统的前照灯系统由近光灯、远光灯和前雾灯等组合而成。在城市道路行驶并且限速的情况下,主要采用近光;在乡间道路或者高速公路上高速行驶的时候,主要采用远光;雾天行驶的时候,应该打开雾灯。但是在实际的使用中,传统的前照灯系统存在着诸多问题。例如,现有近光灯在近距离上的照明效果很不好,特别是在交通状况比较复杂的市区;车辆在转弯的时候也存在照明的暗区,严重影响了司机对弯道上障碍的判断;车辆在雨天行驶的时候,地面积水反射前灯的光线,产生反射眩光等。于是,一种具有多种照明功能的前照灯——自动适应车辆行驶状态的前照灯系统AFS(自适应前照灯系统)出现了。

自适应前照灯系统(Adaptive Front-lighting System,AFS)是一种智能灯光调节系统,是使近光灯光束在水平方向上与转向盘转角联动进行左右转动,在垂直方向上与车身高度联动进行上下摆动的灯光随动系统。AFS通过对前照灯光束进行上下、左右照明角度的调整,为驾驶员提供最佳道路照明效果。AFS能够显著改善各种路况下的照明效果,提高行车安全,目前已在很多车型上得到应用。

AFS根据前照灯光束调整的不同可分为上下高度调节、左右角度调节及上下左右四向调节三种类型。

为了自动识别环境,有些车辆上还配用水平/垂直光线传感器,水平和垂直光线传感器用来监测不同方向的光线强弱,结合车速来判断车辆是行驶在街区,还是在乡村或其他的道路上,自适应前照灯系统会采用不同的照明模式。

(一) 前照灯光束上下高度调节

只配置前照灯光束上下高度自动调节功能的AFS,又称为前照灯光束高度调整系统、前照灯自动调平系统等。

1. 前照灯光束高度调整系统的作用

由于汽车悬架的影响,当汽车的荷载情况发生变化或者车速发生变化时,车身相对于路面的倾斜角往往会发生很大的变化,这将引起近光灯照明距离和照明方向的改变,如图 2.5-6 所示。当汽车荷载增加或者加速时,汽车会出现后部下降、前部升高的现象,这将导致前照灯光束抬高,使得迎面来车的驾驶员眩目,同时会造成驾驶员视野变窄;而当汽车突然制动时,会出现前部下降、后部升高的现象,

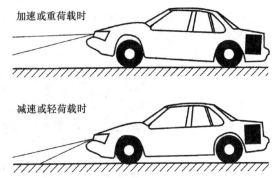

图 2.5-6 前照灯光束的偏移

这时前照灯光束压低,大部分灯光照射到路面,影响其功能和行车安全性。

前照灯光束高度调整系统的功用是将近光灯的光束高度保持恒定,当车辆重载或加速时,前照灯光束向下调整;当车辆减速时,前照灯光束向上调整。

前照灯光束高度调整系统的控制框图如图 2.5-7 所示。

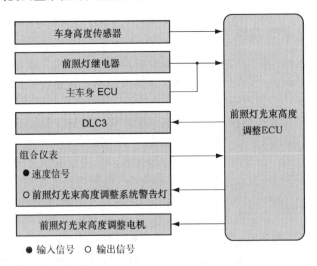

图 2.5-7 前照灯光束高度调整系统框图

2. 前照灯光束高度调整系统的组成

前照灯光束高度调整系统一般由车身高度传感器、前照灯继电器、前照灯光束高度调整电动机、前照灯光束高度调整 ECU、警告灯等组成。

(1) 车身高度传感器。车身高度传感器将汽车车身相对于车桥的高度转换为电信号传输给 ECU,从而检测汽车车身的姿态。常见的车身高度传感器有滑动电阻式和霍尔式等。

车身高度传感器的核心是角度传感器。如图 2.5-8 所示,汽车的下控制臂通过连杆机构与角度传感器的摆臂相连。当车身高度发生变化时,下控制臂摆动,带动连杆机构运动,角度传感器的摆臂旋转,使传感器的角度发生变化,于是,输出发生变化。角度传感器的角度变化可以间接反映车身高度的变化。

（2）前照灯光束高度调整电动机。前照灯光束高度调整电动机根据 ECU 的控制指令，双向旋转改变汽车前照灯的倾斜角度，从而调整前照灯光束的高度。

如图 2.5-9 所示，ECU 控制电动机通电，电动机顺时针或逆时针方向转动，于是，输出轴前后移动，前照灯总成绕右上的枢轴为中心回转微小角度，从而使前照灯的光束上下移动。有些车型的前照灯总成中还设有一个电位计，将电动机执行器的位置信号反馈给前照灯控制 ECU。

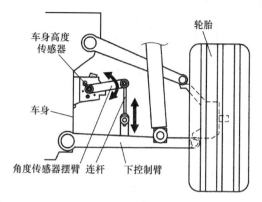

图 2.5-8　车身高度传感器

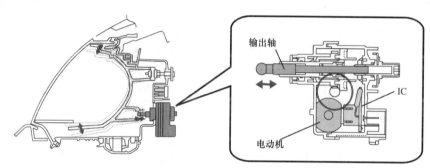

图 2.5-9　前照灯光束高度调整电动机

（3）警告灯。点火开关置于 ON（IG）位置时，组合仪表中的前照灯光束高度调整系统警告灯亮起约 3 s，如图 2.5-10 所示。当前照灯光束高度调整 ECU 检测到故障时，警告灯也会亮起。

3. 前照灯光束高度调整系统的工作原理

当车辆静止时，由前照灯光束高度调整 ECU 控制，使前照灯近光光束保持在一个恒定的高度。行车后，ECU 通过后车身高度传感器检测车身姿态，并通过组合仪表获取车速信号，ECU 根据这些信息控制前照灯光束高度调整电动机，以改变前照灯反射器角度。

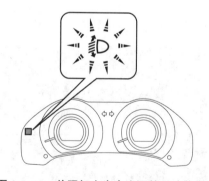

图 2.5-10　前照灯光束高度调整系统警告灯

一汽丰田卡罗拉轿车前照灯光束高度调整系统电路如图 2.5-11 所示。前照灯继电器由主车身 ECU 控制，并给前照灯光束高度调整 ECU 一个信号。后车身高度传感器由 ECU 提供 5V 电源（端子3）和搭铁（端子1），传感器信号经端子2送至 ECU。前照灯光束高度调整系统警告灯的亮灭由前照灯光束高度调整 ECU 直接控制。

（二）前照灯光束左右角度调节

只配置前照灯光束左右角度调节功能的 AFS 又称为前照灯随动转向控制系统、前照灯弯道自适应照明系统等。

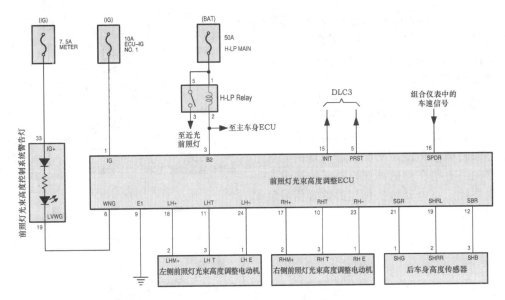

图 2.5-11　丰田卡罗拉轿车前照灯光束高度调整系统电路

1. 前照灯随动转向控制系统的作用

汽车上安装的普通前照灯具有固定的照射范围，当夜间汽车在弯道上转弯时，由于普通前照灯无法改变调节照明角度的方向，常常会在弯道内侧出现"盲区"，如图2.5-12（a）所示。这样驾驶员的视线就被禁锢在前照灯光束照射的直线范围内，这对于汽车夜间在弯道行驶时非常危险，它极大地影响了夜间行车的安全性。研究表明，82%的汽车事故都是在夜间照明状况不佳的情形下发生的，夜间行车发生重大事故次数的比例约为白天的1.5倍，而且60%的事故发生在照明不佳的弯道处。

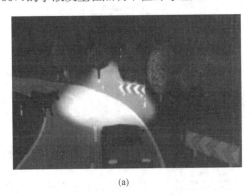
(a)

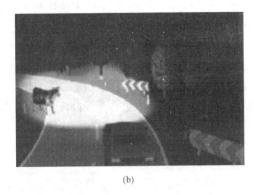
(b)

图 2.5-12　汽车在夜间弯道行驶时的情况
（a）普通前照灯；（b）前照灯光束向左转动

前照灯随动转向控制系统的功用是使近光前照灯光束在水平方向上与转向盘转角联动进行左右转动，使得近光灯的照射光线能转向车辆的前进方向，如图2.5-12（b）所示。夜间行驶时，前照灯随动转向控制系统可以使前方的交叉路口、弯道处的可视性得到提高，能够有效降低驾驶员在夜晚弯路上行车的疲劳程度，使驾驶员能够看清转弯处的实际路况，进而有充分的时间来应付紧急情况，提升夜晚弯路上行车的安全性。

2. 前照灯随动转向控制系统的工作过程

随动转向控制系统根据汽车行驶时的瞬时速度和转向盘转角（可换算为前轮偏转角）的信号来确定前照灯的转向角度。具体表现为前轮偏转角小时，前照灯光束水平转角要小；前轮偏转角大时，前照灯光束水平转角要大。当车速较高时，驾驶员相对注意远视距的路面情况，前照灯光束水平转角相对大些；当车速较低时，驾驶员相对注意较近视距的路面情况，前照灯光束水平转角相对小些。汽车在静止时前照灯不转动。

前照灯光束水平转角是由前照灯总成内的水平调整电动机来驱动，前照灯光束的正常转动范围如图2.5-13所示。前照灯光束左右转动的角度，往内侧转动时最大为5°，往外侧转动时最大为15°。也就是说，左转时，左侧前照灯光束最大转动15°，右侧前照灯光束最大转动5°；右转时，右侧前照灯光束最大转动15°，左侧前照灯光束最大转动5°，如图2.5-14所示。

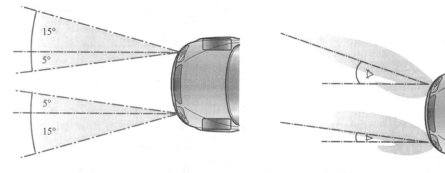

图2.5-13　前照灯转动范围　　　　　图2.5-14　转弯时前照灯转动角度

3. 前照灯随动转向控制系统的组成

前照灯随动转向控制系统一般由转向盘转角传感器、前照灯光束水平调整电动机、前照灯控制模块等组成。

大众车系带有水平调整电动机的前照灯总成如图2.5-15所示。当水平调整电动机通电时，转动臂左右移动，带动前照灯总成绕转动轴转过一定角度。转过的角度可由传感器反馈给控制单元。

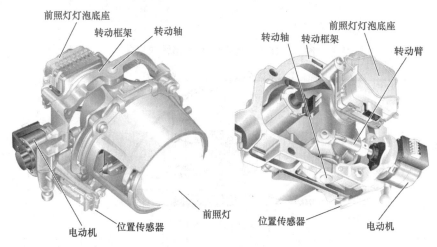

图2.5-15　大众车系带有水平调整电动机的前照灯总成

（三）前照灯光束四向调节系统

全功能的 AFS 系统将前照灯光束上下高度调节和左右角度调节功能组合在一起，并且只需一个前照灯控制模块，每个前照灯总成内部都有两个调节执行器，分别调整前照灯光束的上下和左右的照射角度。

全功能 AFS 系统的前照灯在车辆启动期间会运行前照灯自检程序，此时，前照灯光束将会产生由远及近的变化。

1. 全功能型 AFS 系统的组成

全功能型 AFS 系统一般由传感器单元、CAN 数据总线、前照灯控制单元（AFS ECU）和执行单元等组成，如图 2.5-16 所示。传感器单元采集汽车当前信息（如车速、车辆姿态、转向角度等）和外界环境（如弯道、坡度和天气等）的变化信息，通过 CAN 数据总线输送给前照灯控制单元，控制单元对车辆行驶状态做出综合判断，输出脉冲给执行单元，控制两个电动机（图 2.5-17）调节前照灯光束的照射距离和角度，整个过程无须驾驶员人工介入而自动控制。

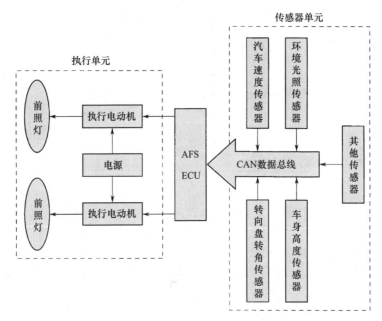

图 2.5-16 全功能型 AFS 系统的组成

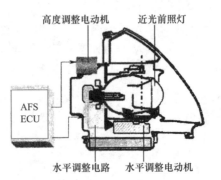

图 2.5-17 AFS 执行单元

2. AFS 的功能模式

AFS 前照灯光束的分布能够根据汽车行驶的各种状况来进行调整，以达到最好的照明效果，从而增加驾驶的安全性和舒适性。AFS 所体现的理念：为不同的行车条件提供最优的照明组合。简而言之，城市交通中尽可能宽，高速行驶时尽可能远。作为一个全功能的 AFS 一般可以实现以下功能：

（1）默认照明模式。AFS 的前照灯不做任何水平与垂直方向的调整，但会根据环境光照传感器感知光线的变化而自动打开或关闭前照灯。例如，天黑或者汽车进入隧道后，环境光照传感器检测到外界光线强度下降，系统自动开启前照灯；当传感器检测到外界光线强度增大（例如，白天或者汽车出隧道后），系统就会自动关闭汽车前照灯。有时车辆在驾驶员下车后，前照灯延迟一段时间后再熄灭，为驾驶员下车后提供一段时间的外部照明。

（2）乡村道路照明模式。乡村道路岔路口多，且光线较暗，不便及时发现边缘障碍物。部分道路还凹凸不平、起伏不定，造成车身倾斜。AFS 根据环境光照传感器和车身高度传感器或 GPS 传给 ECU 的数据来判断是否进入乡村照明模式。以右行国家为例，当汽车进入乡村时，左右近光灯的驱动功率均增大，从而增加亮度以补充照明，且右灯的灯光要偏转一定角度，以照射到边缘路面，如图 2.5-18 所示。

(a) (b)

图 2.5-18 乡村道路照明模式

(a) 无 AFS；(b) 有 AFS

在遇到颠簸不平的路面时，AFS 系统能够根据车身高度传感器采集的车身姿态信息，调整前照灯光束的照射角度，使光轴保持稳定的水平状态，以保证良好的照明视野。

（3）城市道路照明模式。AFS 根据环境光照传感器和车速传感器或 GPS 判断是否进入城市照明模式。城市中一般都有路灯照明，但道路复杂、交错。传统前照灯近光因为光型比较狭长，不能完全适应城市道路照明需要。AFS 系统控制左右近光灯的驱动功率均减小以降低亮度，且前照灯光束在垂直方向上会向下偏转一定角度。同时，AFS 在考虑车辆市区行驶速度受到限制的情况下，使用比较宽阔的光型，有效地避免了与岔路中突然出现的行人、车辆可能发生的交通事故，如图 2.5-19 所示。

（4）高速公路照明模式。高速公路上行车时由于车速快，要求前照灯光线照射距离足够远。在高速公路上行车，汽车灯光的照射距离应该与车速成正比，且要大于驾驶员的反应距离和制动距离的总和。汽车前照灯光束随着车速的增加在垂直方向上抬高，以使光线能够照射得更远，保证驾驶员能够在安全距离之外发现前方的行人车辆，如图 2.5-20 所示。

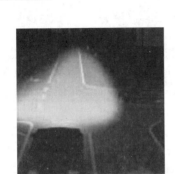 

图 2.5-19　城市照明模式对比图

（a）无 AFS；（b）有 AFS

图 2.5-20　高速公路照明模式对比图

（a）无 AFS；（b）有 AFS

（5）弯道照明模式。汽车在夜间转弯行驶时，AFS 系统开启弯道照明模式。当转向角 ＞12°并且车速＞30 km/h 时，系统开始工作；当转向角＜9°或车速＜5 km/h 时，系统不工作或停止工作。在弯道模式下，控制单元根据传感器采集的数据计算出前照灯光束需要偏转的角度，驱动电动机转动以使前照灯转动，如图 2.5-21 所示。

图 2.5-21　弯道照明模式对比图

（a）无 AFS；（b）有 AFS

这种照明模式，既提供了汽车在弯道上行驶时侧面道路足够的照明强度，又保证了前进方向的照明。为保证弯道照明模式下的行车安全，车灯偏转角度要依据的原则是尽可能地保证照明距离大于安全制动距离。

（6）恶劣天气照明模式。

①雨天照明模式。由雨量传感器获得的数据即可判断当前是否下雨，并能够进一步获知雨量的大小。

阴雨天气时，地面的积水会将行驶车辆前照灯射到地面上的光线，反射至对面会车驾驶员的眼睛中，使其目眩，进而可能造成交通事故。此时，AFS 系统会根据采集的信息适当加大前照灯的照射功率，同时降低前照灯光束的高度，以防止对向来车发生眩光，如图 2.5-22 所示。

图 2.5-22　雨天照明模式对比图

（a）无 AFS；（b）有 AFS

②雾霾天气照明模式。由雾传感器感知雾的大小和环境光照传感器感知光线的强弱，从而开启雾霾天气照明模式。AFS 会提高前照灯的驱动功率和抬高前照灯光束的垂直高度，而且还会启动车灯清洗装置，冲洗前照灯上的小水珠，以增强前照灯光束的亮度和穿透力，提高前方道路的能见度与清晰度，如图 2.5-23 所示。

当前雾灯开启时，会自动选择雾霾天气照明模式。

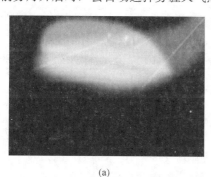 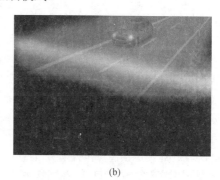

图 2.5-23　雾霾天气照明模式对比图

（a）无 AFS；（b）有 AFS

③沙尘暴天气照明模式。由风速传感器、颗粒物传感器和环境光照传感器判断是否进入沙尘暴照明模式。这时，AFS 会提高前照灯的驱动功率和抬高前照灯的垂直高度，同时启动车灯清洗装置，洗净前照灯上的灰尘。另外，其中一只前照灯会向外侧旋转一定角度以及时发现被风刮来的障碍物。

3. 上汽通用别克君越轿车自适应前照灯控制系统

上汽通用别克君越轿车自适应前照灯控制系统如图 2.5-24 所示。

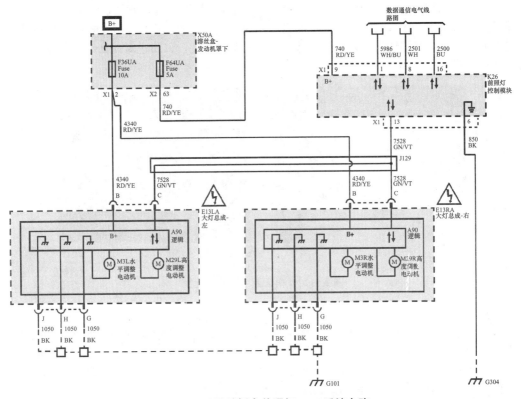

图 2.5-24 君越轿车前照灯 AFS 系统电路

蓄电池电源 B+ 始终给前照灯控制模块 K26 提供电源。前照灯控制模块 K26 在点火开关置于 RUN（运行）位置和前照灯开关置于 AUTO（自动）位置时才能正常工作。前照灯控制模块接收发动机控制模块 ECM、变速器控制模块 TCM、电子制动控制模块 EBCM 和车身控制模块 BCM 的车速、转向角度、变速器换挡和前照灯开关状态的各种数据信息，然后计算出前照灯照射角度，并通过串行数据线向左右自适应前照灯执行器发出指令，以驱动前照灯光束上下左右摆动或转动。前照灯控制模块监测前照灯执行器电动机控制电路，以检查电路是否正常导通及是否对搭铁或电压短路。如果检测到故障，将储存故障码，同时在组合仪表的驾驶员信息中心上显示信息以通知驾驶员。

上汽通用别克君越轿车自适应前照灯系统起作用必须满足以下条件：

（1）将点火开关置于"ON（打开）"位置；

（2）变速器挡位选择为前进挡；

（3）前照灯开关置于 AUTO（自动）位置；

(4)环境光照传感器指示"夜间";

(5)车速大于 3 km/h;

(6)转向盘向右或向左转动大于 10°。

> 任务实施

一、上汽通用雪佛兰科鲁兹轿车自动前照灯系统的检修

1. 故障码 B2645（环境光照传感器电路）的检修

环境光照传感器与 ECU 的连接电路参如图 2.5-4 所示。

(1)关闭点火开关，断开环境光照传感器的线束连接器，检查线束侧搭铁电路端子 6 和搭铁之间的电阻，应小于 1 Ω。如不符合要求，则维修电路中的搭铁不良故障。

(2)断开车身控制模块 X2 线束连接器，检查线束侧车身控制模块端子 X2-10 与传感器端子 5 之间的线路是否短路或断路，若不正常，则修理或更换线束或连接器。

(3)传感器供电电压检查。连接车身控制模块 X2 线束连接器，点火开关置于 ON（IG）位置，检查传感器线束侧信号端子 5 与搭铁之间的电压，应为 4.5～5.5 V。若不符合要求，应更换车身控制模块。

(4)若以上检查正常，则更换环境光照传感器。

2. 前照灯开关电路的检修

前照灯开关与 ECU 的连接电路如图 2.5-4 所示。

(1)关闭点火开关，断开前照灯开关的线束连接器，检查线束侧搭铁电路端子 6 和搭铁之间的电阻，应小于 1 Ω。如不符合要求，则维修电路中的搭铁不良故障。

(2)断开车身控制模块 X1 线束连接器，检查线束侧车身控制模块与前照灯开关之间的 3 条线路是否短路或断路，若不正常，则修理或更换线束或连接器。

(3)前照灯开关的检查。按表 2.5-1 检查前照灯开关各端子的导通性，如不符合要求，则更换前照灯开关。

表 2.5-1　前照灯开关的检查

前照灯开关位置	导通情况
OFF（关闭）	6—5 导通
AUTO（自动）	均不通
PARK（驻车）	6—3 导通
HEADLAMP（前照灯）	6—3—4 导通

二、一汽丰田卡罗拉轿车前照灯光束高度调整系统的检修

1. 故障码 B2416（车身高度传感器电路）的检修

车身高度传感器与 ECU 的连接电路如图 2.5-11 所示。

(1)断开前照灯光束高度调整 ECU 和车身高度传感器的连接器。

(2)连接线路检查。检查前照灯光束高度调整 ECU 和车身高度传感器之间的 3 条线路

是否短路或断路,若不正常,则修理或更换线束或连接器。

（3）传感器供电电压的检查。连接好前照灯光束高度调整 ECU 连接器,点火开关置于 ON（IG）位置,测量端子 12（SBR）与 21（SGR）之间的电压,应为 4.5～5.5 V。若不符合要求,则检查或更换前照灯光束高度调整 ECU。

（4）传感器信号电压检查。拆下高度控制传感器,如图 2.5-25 所示,将 3 节干电池的正极（+）引线与传感器端子 3（SHB）相连,干电池的负极（-）引线与端子 1（SHG）相连。在缓慢上下移动连杆的同时,测量端子 2（SHRR）和端子 1（SHG）之间的电压,应满足表 2.5-2 的要求。若不满足要求,则更换车身高度传感器。

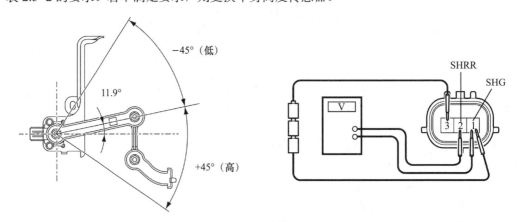

图 2.5-25　车身高度传感器检查

表 2.5-2　车身高度传感器信号电压

传感器端子	测量条件/（°）	信号电压值/V
2（SHRR）-1（SHG）	+45（高）	约 4.05
	0（正常）	约 2.25
	-45（低）	约 0.45

（5）若上述检查均正常,则更换前照灯光束高度调整 ECU。

2. 前照灯光束高度调整电动机的检修

（1）关闭点火开关,断开前照灯光束高度调整 ECU 和前照灯光束高度调整电动机的连接器。

（2）连接线路检查。检查前照灯光束高度调整 ECU 和前照灯光束高度调整电动机之间的 3 条线路是否短路或断路,若不正常,则修理或更换线束或连接器。

（3）暂时更换新的或功能正常的前照灯光束高度调整电动机,测试功能是否正常,若仍不正常,则更换前照灯光束高度调整 ECU。

三、上汽通用别克君越轿车自适应前照灯系统的检修

如果前照灯水平调整电动机或高度调整电动机出现故障,将出现故障码,检修步骤如下:

（1）关闭点火开关,断开前照灯总成连接器 E13。

（2）分别检查线束侧搭铁电路端子 G、H、J 和搭铁之间的电阻，应小于 1 Ω。如不符合要求，则维修线路中的搭铁不良之处。

（3）将点火开关置于"ON（打开）"位置，检查线束侧电源端子 B 与搭铁之间的电压，应为蓄电池电压，如不符合要求，则维修相应的电源电路。

（4）暂时更换新的或功能正常的前照灯总成，测试功能是否正常，若仍不正常，则更换前照灯控制模块 K26。

案例分析

一、别克陆尊多功能车自动前照灯常亮

故障现象：据用户反映，即使外界光线非常好，该车的自动前照灯也会常亮，如果手动关闭前照灯，多功能驾驶员信息中心 DIC 上会显示"建议打开前照灯"。

故障诊断与排除：陆尊的自动前照灯没有单独的灯光控制单元，而是由车身控制单元 BCM 控制，而且可以通过前照灯开关实现手动关闭。有一个环境光照传感器，安装于前挡风玻璃下方，仪表台前方，通过感知外界光线强弱来控制自动前照灯的点亮。使用故障诊断仪进入车身控制单元，查看到环境光照传感器的数据为 4.78 V，遮挡或使用手电光照射传感器时，数据基本没有变化。而正常情况下，环境光照传感器被遮挡（光线暗）时的数据为 4.78 V，而光线强时的数据为 2.26 V。拆下仪表板前方的装饰板，检查环境光照传感器，与此传感器并排安装在一起的还有防盗指示灯和自动空调光照传感器。断开前照灯的环境光照传感器连接器，测量两线之间的电压为 5 V。再观察自动空调光照传感器，该传感器与前照灯的环境光照传感器的区别是颜色不同，前照灯的光照传感器是透明的，空调的光照传感器是黑色的，两者的形状基本相同，连接器也相同，如果互换位置也可以安装。由此想到该车的两个光照传感器是否安装错误？进入空调系统，查看光照传感器的数据显示为 100%，对于遮挡和手电光照射也同样没有反应，测量空调光照传感器线束侧两端子之间的电压为 10 V。参照电路图上的线色，故障就基本清楚了，两个光照传感器的连接器确实互相插错了，陆尊的车身控制单元 BCM 的传感器使用 10 V 参考电压，而空调使用的是 5 V 参考电压。调换两个传感器的连接器后再通过故障诊断仪查看数据，光线强时，自动前照灯的光照传感器的数据为 1.0 V，光线暗时为 4.8 V；光线强时，自动空调光照传感器数据为 100%，光照弱时为 25%。将两个光照传感器的连接器正确安装后，试车故障排除。

二、奥迪 A6 轿车前照灯报警灯点亮。

故障现象：奥迪 A6 轿车，行驶里程 4 000 km，前照灯报警灯点亮。

故障诊断与排除：用故障诊断仪进入 55-02，有两个故障码：00774，中文含义为左前倾斜传感器断路或对地短路；01539，中文含义为前照灯未调整。进入 55-08-002，一、二区分别为 5.314 V、2.347 V。左前倾斜传感器信号明显过大。于是，更换左前倾斜传感器。但在进行 04-001 基本设定时，故障诊断仪显示功能不能执行或未知。由于不能进行基本设定，01539 故障也就消除不掉，前照灯报警灯仍点亮。于是，又进入 55-08-002，其一、二区显示 5.418 V、2.347 V。在按压车身时一区数据也不变化。将前轮前支撑臂上的传感器转动连

杆拆下，用手直接转动传感器转轴臂，发现其在原工作位置上下转动，左前倾斜传感器电压均≥5 V；而将传感器转轴臂转至向前下倾斜范围时，传感器电压在0～5 V间均匀变化。传感器转轴臂的原工作位置不对，正常位置为向前下倾斜，将车升起，前悬架处于伸张位置时，转轴臂与垂线角度呈30°～45°，该车是因悬架过分的伸张，传感器转轴臂在连杆带动下转过下止点时，而向后倾斜。将左前倾斜传感器转动连杆重新安装，使转轴臂向前下方倾斜。此时04-001设定顺利完成。

01539"前照灯未调整"的原因有：未进行前照灯基本设定；倾斜传感器未在调整区。正是因为左前倾斜传感器信号过大，不在调整区，才使得04-001基本设定无法完成。

任务小结

1．为了提高汽车行驶的安全性，减轻驾驶员的劳动强度，很多轿车的前照灯增加了自动控制功能。如自动前照灯控制系统、自适应前照灯系统（包括前照灯光束高度调整系统、前照灯随动转向控制系统）等。

2．汽车自动前照灯控制系统的功能是：当外界光线强度较低时，系统自动接通前照灯近光，实现自动控制照明。发动机熄火后，前照灯会延迟关闭一段时间，以提供外部照明，这个功能又称为"照明回家"功能。

3．自动前照灯控制系统主要由前照灯开关、远光灯、近光灯、前照灯变光开关、环境光照传感器及控制模块等组成。

4．前照灯开关是手动控制前照灯的开关，同时是打开或关闭前照灯自动控制功能的开关。

5．自适应前照灯系统AFS是一种智能灯光调节系统，是使近光灯光束在水平方向上与转向盘转角联动进行左右转动，在垂直方向上与车身高度联动进行上下摆动的灯光随动系统。

6．AFS根据前照灯光束调整的不同可分为上下高度调节、左右角度调节及上下左右四向调节三种类型。

7．只配置前照灯光束上下高度调节功能的AFS，又称为前照灯光束高度调整系统、前照灯自动调平系统等。

8．前照灯光束高度调整系统的功用是将近光灯的光束高度保持恒定，当车辆重载或加速时，前照灯光束向下调整；当车辆减速时，前照灯光束向上调整。

9．前照灯光束高度调整系统一般由车身高度传感器、前照灯继电器、前照灯光束高度调整电动机、前照灯光束高度调整ECU、警告灯等组成。

10．只配置前照灯光束左右角度调节功能的AFS，又称为前照灯随动转向控制系统、前照灯弯道自适应照明系统等。

11．前照灯随动转向控制系统的功用是使近光前照灯光束在水平方向上与转向盘转角联动进行左右转动，使得近光灯的照射光线能转向车辆的前进方向。

12．随动转向控制系统根据汽车行驶时的瞬时速度和转向盘转角（可换算为前轮偏转角）的信号来确定前照灯的转向角度。具体表现为前轮偏转角小时，前照灯光束水平转角要小；前轮偏转角大时，前照灯光束水平转角要大。当车速较高时，前照灯光束水平转角相对大些；当车速较低时，前照灯光束水平转角相对小些。汽车在静止时前照灯不转动。

13．全功能的AFS系统将前照灯光束上下高度调节和左右角度调节功能组合在一起，并且只需要一个前照灯控制模块，每个前照灯总成内部都有两个调节执行器，分别调整前

项目二　汽车车身安全系统检修

照灯光束的上下和左右的照射角度。

14. 作为一个全功能的 AFS 一般可以实现的功能模式有默认照明模式、乡村道路照明模式、城市道路照明模式、高速公路照明模式、弯道照明模式和恶劣天气照明模式等。

课后练习

1. 什么是自动前照灯控制系统？
2. 什么是自适应前照灯系统？
3. 简述卡罗拉轿车前照灯光束高度调整系统控制原理。
4. 简述 AFS 的功能模式。
5. 简述君越轿车前照灯 AFS 系统控制原理。

学习任务六　轮胎压力监测系统检修

- 能正确描述轮胎压力监测系统的分类；
- 能正确描述间接式、直接式轮胎压力监测系统的组成及各部分功用；
- 能正确描述间接式、直接式轮胎压力监测系统的工作原理；
- 能正确识读和分析轮胎压力监测系统的电路图；
- 会对轮胎压力监测系统进行初始化；
- 会使用万用表和故障诊断仪对轮胎压力监测系统进行检测；
- 会分析诊断和排除轮胎压力监测系统的常见故障。

- 轮胎压力监测系统的工作原理；
- 识读和分析轮胎压力监测系统的电路图；
- 分析诊断和排除轮胎压力监测系统的常见故障。

任务描述

一位客户反映他所驾驶的丰田皇冠轿车，在跑长途时轮胎亏气后，压力指示灯并没有点亮，导致轮胎在无气的情况下行驶，直至轮胎报废。现在请你对客户轿车的轮胎压力检测系统进行检修。

> **知识准备**

汽车高速行驶中，轮胎故障是所有驾驶者最为担心和最难预防的，也是突发事故发生的重要原因。轮胎内充气压力的高低，不仅影响轮胎的寿命和发动机油耗，而且还关系到汽车行驶的稳定性和安全性。轮胎是在高转速、高摩擦、高负荷、高温度的恶劣条件下工作，当作用在其上的负荷超过轮胎本身所能承受的极限负荷时，轮胎就会突然爆裂，汽车将丧失操纵稳定性，极有可能造成翻车或甩尾碰撞等交通事故。据统计，在我国高速公路上发生的交通事故有70%是由于爆胎引起的，而在美国这一比例高达80%。要防止爆胎就需要对轮胎压力进行实时监测。研究表明，保持标准轮胎压力行驶和及时发现轮胎漏气是防止爆胎的关键。于是，汽车轮胎压力监测系统（Tire Pressure Monitoring System，TPMS）应运而生。

轮胎压力监测系统TPMS用于汽车行驶过程中实时地对轮胎压力进行监测，当监测到某个轮胎压力或温度出现异常时，及时将信息反馈给驾驶员，防止事故发生。

一、TPMS的分类

轮胎压力监测系统TPMS又称为轮胎失压预警系统、轮胎欠压监测系统等。

根据对轮胎压力检测方法的不同，TPMS主要分为两种类型：一种是较早出现的基于车轮转速的轮胎压力监测系统（Wheel-Speed Based TPMS，简称WSB TPMS，或称为间接式TPMS）；另一种是基于压力传感器的轮胎压力监测系统（Pressure-Sensor Based TPMS，简称PSB TPMS，或称为直接式TPMS）。

1. 间接式TPMS

间接式轮胎压力监测系统（WSB TPMS）是通过汽车ABS系统的轮速传感器测得的转速信号，来比较轮胎之间的转速差别，以达到监测轮胎压力的目的。

例如，当轮胎的压力降低时，车辆的质量会使得该车轮的滚动半径变小，导致该车轮的转速比其他车轮快。这种方式现在用得不多，多用于中低端车型。

2. 直接式TPMS

直接式轮胎压力监测系统（PSB TPMS）直接利用压力传感器测量每个轮胎的压力，当轮胎压力太低或有渗漏时，系统报警。

直接式TPMS是利用安装在轮胎内的压力传感器来直接测量轮胎压力，并通过无线发射器将信号发射到车载接收器上，车载接收器再将信号处理后传送到仪表板上，以显示轮胎压力。这种直接式TPMS能够实时监测并显示轮胎压力，当轮胎压力异常时，系统会自动报警，极大地提高了汽车高速行驶的主动安全性。

这种直接式TPMS的主要缺点是在轮辋上安装压力传感器，因而破坏了车轮的动平衡，同时，传感器感应模块电池供电困难，对无线通信可靠性要求较高。由于这种直接式TPMS成本较高，因此，一般用于中高档以上车型。

二、别克君威轿车间接式轮胎压力监测系统

2003款别克君威轿车轮胎压力监测系统（别克君威称其为轮胎气压监测器，缩写为TIM）采用的是间接式TMPS。它是一个软件驱动的系统，此系统使用ABS系统部件（电子制动控制模块EBCM和车轮转速传感器）、串行数据线和仪表组件执行系统功能。系统电路如图2.6-1和图2.6-2所示。

项目二 汽车车身安全系统检修

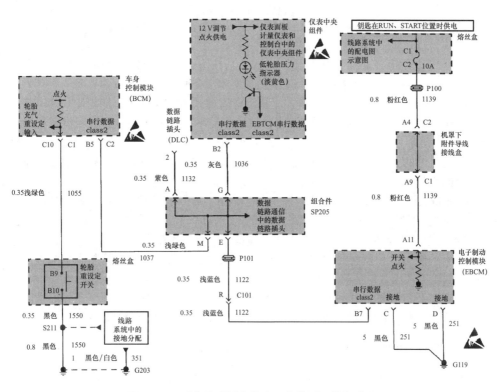

图 2.6-1 别克君威轿车轮胎压力监测系统电路图

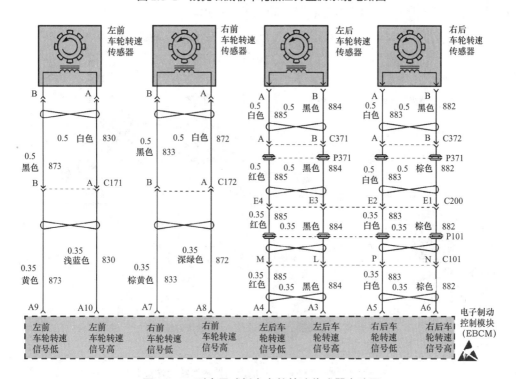

图 2.6-2 别克君威轿车车轮转速传感器电路图

将四个轮胎气压充气到标准气压，打开点火开关，按压轮胎重设定开关（RESET，在熔丝盒中）5 s，仪表板上的"LOW TIRE"指示灯由点亮变为闪烁，并闪烁3次后熄灭，说明监测系统重设定（又称为初始化）完成。当按下重设定开关（RESET）时，车身控制模块BCM电路1055瞬间接地，并通过数据线向仪表板和EBCM发射信息，关闭"LOW TIRE"指示灯，系统进入自动学习模式。自动学习模式将重新读出车辆轮胎尺寸（压力），系统要求至少直线行驶90 min才能完成自动学习程序，这个过程称为重新设定轮胎压力系统。

为了有足够的能力检测到轮胎气压太低的情况，控制模块EBCM必须知道三个车速范围内轮胎的充气配置，每个车速范围用15～20 min来获得轮胎气压。三个车速范围分别是24～26 km/h、64～113 km/h、113～145 km/h。每一车速范围有两种轮胎气压太低检测模式，即监测器模式1和监测器模式2，EBCM对每一车速范围独立学习轮胎充气配置。在监测器模式1，EBCM仅部分学会不同车速范围轮胎充气配置，并且限制了检测轮胎气压太低情况的能力；在监测器模式2，EBCM全部学会不同车速范围轮胎充气配置，并且可全面检测轮胎气压太低情况。

轮胎充气后，如果未对系统进行重设定（RESET），则系统仍以原气压学习值对轮胎压力进行检测，则可能出现轮胎压力较高但"LOW TIRE"指示灯仍亮的情况。

三、奥迪A6轿车直接式轮胎压力监测系统

奥迪A6轿车直接式轮胎压力监测系统主要由5个轮胎压力传感器（包括备胎）、4个轮胎压力监测天线、轮胎压力监测控制单元、组合仪表、功能选择开关等元件组成，各元件位置如图2.6-3所示，其控制电路原理如图2.6-4所示。

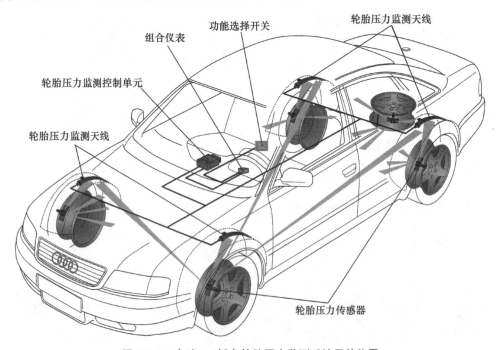

图2.6-3 奥迪A6轿车轮胎压力监测系统元件位置

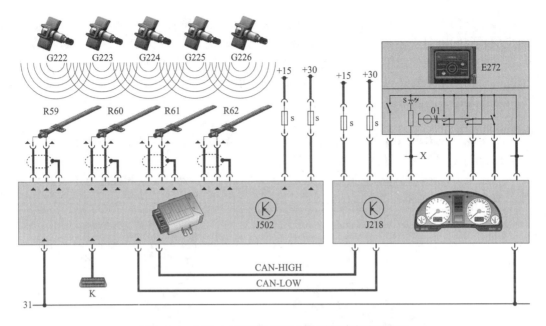

图 2.6-4 奥迪 A6 轿车轮胎压力监测系统电路原理图

E272—功能选择开关；J218—仪表板内组合处理器；J502—轮胎压力监测控制单元；
G222—左前轮胎压力传感器；G223—右前轮胎压力传感器；G224—左后轮胎压力传感器；
G225—右后轮胎压力传感器；G226—备用车轮胎压力传感器；R59—用于左前轮胎压力监测天线；
R60—用于右前轮胎压力监测天线；R61—用于左后轮胎压力监测天线；R62—用于右后轮胎压力监测天线；
K—自诊断连接；▲—镀金触点

1. 系统各零部件结构

（1）金属气门嘴。轮胎压力监测系统所用的气门嘴采用了新型金属气门嘴，其外观及结构如图 2.6-5 所示。

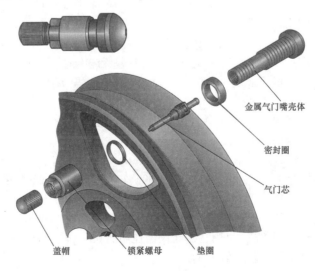

图 2.6-5 金属气门嘴

每个气门嘴上都装有一个轮胎压力测量和发送单元（轮胎压力传感器），该单元以固定的时间间隔向安装在翼子板上的轮胎压力监测天线发送无线电信号，天线再将信号传至轮胎压力监测控制单元。轮胎压力监测控制单元分析轮胎的充气压力及压力的变化情况，将相应信息发送至组合仪表，再由驾驶员信息系统显示出来。从压力传感器到天线的数据是通过高频无线电传递，车辆外围设备的信息交换是通过舒适系统CAN总线实现的。

（2）轮胎压力传感器。轮胎压力传感器拧在金属气门嘴上，如图2.6-6所示，在更换车轮或轮辋时，该传感器仍可使用。

轮胎压力传感器内部集成了发射天线、压力和温度传感器、测量和控制电子装置及电池，成为智能型传感器，如图2.6-7所示。

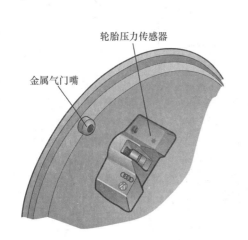

图2.6-6　轮胎压力传感器

图2.6-7　轮胎压力传感器内部集成部件

轮胎压力传感器将轮胎的实时压力信息（绝对压力）发送给轮胎压力监测控制单元，温度信号用于补偿因温度改变而引起的压力变化。当轮胎压力传感器接收到的温度达到120℃时，就不再发送无线电信号了，并记录故障代码，同时，在显示屏上出现图2.6-8中所示的提示。当温度低于某一值时，轮胎压力传感器又能恢复无线电通信。

轮胎压力传感器发射天线发送的信息有：①专用识别码（ID-Code）；②实时轮胎压力（绝对压力）；③实时轮胎空气温度；④集成电池的状态；⑤为保证数据的安全传递所需的状态、同步和控制方面的信息。在信息正常的情况下每54 s发射一次，快速发射模式下（失压大于10 kPa/min），则每850 ms发射一次。

每个轮胎压力传感器都有一个专用的识别码（ID-Code），它是一个10位数字。例如，在图2.6-9中，左前（VL）识别码为0000755100、右前（VR）为0000597200、左后（HL）为0000602300、右后（HR）为0000578100、备胎（RR）为0000598100。将这个识别码传给控制单元，系统用它就可识别传感器的位置，这个过程就称为轮胎识别。最多可以"管理"5个传感器（包括备胎）。可用自诊断仪器在功能08（读取测量数据块）状态下，在不同的显示组中显示各个车轮位置识别码。

 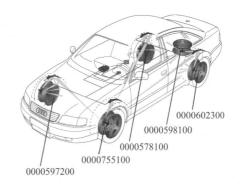

图 2.6-8　传感器发生温度过高时的显示　　图 2.6-9　车轮位置识别码（ID-Code）

轮胎识别有"自学习"能力，若轮胎装上了别的传感器，控制单元会识别出来，并在一定条件下接受并存储"新传感器"。只有在车辆行驶过程中才能完成传感器的识别，这样就可避免暂停在附近的车辆影响（如果有轮胎压力监测系统）轮胎识别码。

传感器内测量、控制及发射电子装置是通过集成的锂电池供电的。电池是轮胎压力传感器的一个组成部件，不能单独更换。电池寿命理论上可达到 7 年，可以通过自诊断来查询电池的理论寿命。为了使轮胎压力传感器的使用寿命尽可能长，其控制电子装置有专用的"能源管理"功能，在保证压力监测功能的同时，使电池所承受的负荷尽可能小。

（3）轮胎压力监测天线。轮胎压力监测天线接收所有轮胎压力传感器的无线电信号，并将此信号传至轮胎压力监测控制单元。共有 4 根用于轮胎压力监测的天线，分别安装于左前、右前、左后、右后车轮翼子板罩内的衬板后，如图 2.6-10 所示。这 4 根天线经高频天线导线与轮胎压力监测控制单元相连，并根据安装位置与控制单元进行匹配。

图 2.6-10　轮胎压力监测天线安装位置

轮胎压力监测控制单元通过分析各个天线传来的无线电信号的强度，来完成轮胎位置识别，即知道传感器在车上的具体安装位置。

即使某一个天线出现故障，压力监控系统仍能工作，因为其他三个天线仍能接收传感器传来的信号，并分配其位置。但是，如果两个天线同时出现故障，系统就无法进行自学习过程，也无法识别轮胎位置了。

（4）轮胎压力监测控制单元。控制单元对轮胎压力监测天线发来的信号进行处理，然后送至组合仪表，驾驶员信息系统（FIS）的显示屏会显示相应信息。

2. 系统控制过程

在驾驶员信息系统（FIS）的轮胎压力子菜单里，驾驶员可通过功能选择开关关闭或开启轮胎压力监测系统。

（1）标准轮胎压力存储。为了对轮胎压力进行检测，必须存储标准轮胎压力，以作为判别基准。打开驾驶员信息系统（FIS）的轮胎压力子菜单，执行"存储压力"功能，系统就将轮胎当前的实时压力，转换为20℃时的值并存储起来。建议每次检查及校正完轮胎压力后执行此项功能。为了避免调整不当，应注意必须在轮胎"冷态"时检查、校正及存储轮胎的充气压力。

（2）监测信号优先等级。根据对车辆行驶性能的影响，将监测系统信号分成两个优先等级：优先等级1和优先等级2。优先等级1为最重要信号，表示已不能保证行驶安全性。出现优先等级1的信号时，FIS显示屏出现红色警告符号及声音信号，这时，要求驾驶员立即检查轮胎状态。优先等级2为次重要信号，表示还没有直接影响行驶安全性，这时，FIS显示屏出现黄色符号来提醒驾驶员。

优先等级1的信号和优先等级2的信号又都可分成"无位置"和"有位置"两种形式。所谓"无位置"是指系统不能准确说明故障原因的位置，或者有多个故障位置。所谓"有位置"是指系统可以准确说明故障位置，且只有该位置是引起故障的原因。

当实际的轮胎充气压力值降至警戒线2以下，如图2.6-11所示，或压力损失梯度大于0.2 bar/min（1 bar=100 kPa），就被认为属于优先等级1的信号。

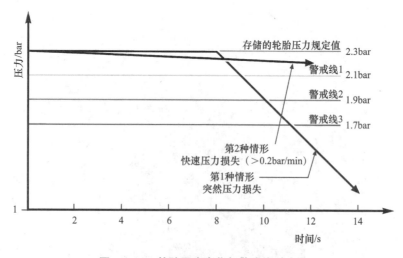

图2.6-11 轮胎压力变化与警戒线对比图

警戒线1—比存储的轮胎压力规定值低0.2 bar；警戒线2—比存储的轮胎压力规定值低0.4 bar；
警戒线3—最低压力极限值，它是用部分负荷的编码压力计算出来的

（3）显示屏显示信息。当满足优先等级 1 的条件，且不能明确指出是哪个车轮时，就会显示这个信息（优先等级 1，无位置），如图 2.6-12 所示。此时，若按下 CHECK 按钮，就会出现如图 2.6-13 所示的提示。

图 2.6-12 优先等级 1 且无位置时的显示

图 2.6-13 按下 CHECK 按钮后的显示

当某个轮胎的实际压力比存储的轮胎压力规定值低 0.2 bar 时，就会显示图 2.6-14 中所示的信息。如果某个轮胎压力比存储的轮胎压力规定值低 0.2 bar 时，而其他轮胎中有一个或多个轮胎的压力比存储的压力规定值低 0.1 bar，就会显示无位置信息，如图 2.6-15 所示。这时，就要求驾驶员检查并校正所有轮胎的压力。

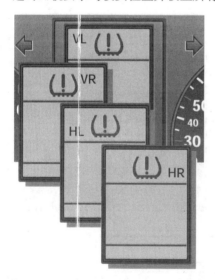

图 2.6-14 轮胎压力低时的显示（有位置）

图 2.6-15 轮胎压力低时的显示（无位置）

当装有轮胎压力传感器的轮胎（如冬季轮胎）放在行李厢内运输或装用的轮胎无传感器时，应关闭压力监测系统。在每次接通点火开关后，会出现图 2.6-16 的显示，用以提示驾驶员压力监测系统已关闭。

若因电磁场变化而导致传感器无法接收信号时，就会出现图 2.6-17 的显示。干扰的因素有火花塞间隙过大（火花塞插头未插好）或使用了无线耳机等。如果无线电干扰消失且传感器接收到信号，则提醒信息会消失。

当出现其他系统干扰导致轮胎压力监测系统无法使用时，也会出现信息显示。如系故障（如导线断路，轮胎压力监测控制单元损坏等）；轮胎压力传感器没有接收到无线电信号（装上了防滑链或无传感器的轮胎后）；车辆行驶 30 min 内还未完成车轮识别和位置识别；在车辆行驶中，接收到 5 个以上传感器发出的信号（在行李厢内有传感器的车轮）；当轮胎压力监测控制单元编码错误或根本就未编码时。

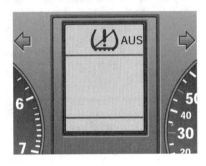 

图 2.6-16　轮胎压力监测系统关闭的显示　　图 2.6-17　无线电干扰的显示

四、凯迪拉克 XLR 轿车直接式轮胎压力监测系统

2005 款凯迪拉克 XLR 轿车轮胎压力监测系统电路图如图 2.6-18 所示，轮胎压力传感器安装位置如图 2.6-19 所示。

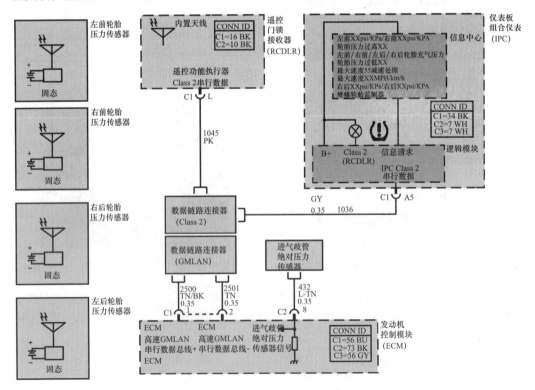

图 2.6-18　凯迪拉克 XLR 轿车轮胎压力监测系统电路图

图 2.6-19 轮胎压力传感器安装位置

凯迪拉克 XLR 轿车轮胎压力监测系统使用遥控门锁接收器（RCDLR）、车身控制模块（BCM）、发动机控制模块（ECM）、在每个车轮及轮胎总成内侧的 4 个无线电频率传输的轮胎压力传感器和一个 Class 2 串行数据电路来执行系统功能。车辆行驶时，驾驶员信息中心（DIC）上会显示所有 4 个轮胎的气压。

车辆静止 20 min 以上时，传感器将进入功率降低模式。此模式下，传感器每 60 s 传输一次轮胎压力数据，从而尽可能降低传感器电池的耗电量。如果电池电压过低，则需要更换轮胎压力传感器。

当车速增加到 32 km/h 时，传感器内部滚子开关将接通传感器并各自开始传输唯一的识别码和无线电频率信号。遥控门锁接收器接收该数据并将数据转换成轮胎位置和轮胎压力，然后通过 Class 2 串行数据电路，向驾驶员信息中心发送该数据。

如果轮胎压力监测系统检测到轮胎压力高于 289 kPa，将显示 "HIGH TIRE PRESSURE（轮胎压力过高）" 的警告信息。

如果系统检测到的轮胎压力为 34～172 kPa，将显示 "LOW TIRE PRESSURE（轮胎压力过低）" 的警告信息。

如果系统检测到轮胎压力低于 34 kPa，将显示 "FLAT TIRE（瘪胎）" 的警告信息。显示此信息后，将响起 2 次蜂鸣声，然后会出现信息 "MAX SPEED 55 MPH（限速 55 英里[①]/h）"。下一个信息将显示 "REDUCED HANDLING（操纵性能降低）"。

轮胎压力监测系统还可通过 Class 2 串行数据电路利用发动机控制模块的大气压力传感器信号对海拔高度进行补偿。遥控门锁接收器具有检测轮胎压力监测系统内部故障的能力。如果检测到任何故障，驾驶员信息中心将显示 "SERVICE TIRE MONITOR（维修轮胎压力监测系统）" 的警告信息。

任务实施

一、别克君威轿车轮胎压力监测系统的检修

1. 故障自诊断

维修时可用故障诊断仪对轮胎气压监测器（TIM）进行检测，读取故障码和数据流。轮胎

---

① 1 英里 ≈1.609 km。

气压监测器故障码有两个，B2818（低轮胎压力系统重设定电路低）和C1245（检测轮胎压力过低）。

数据流分析如下：

（1）自动学习模式启动。显示"是"或"否"。如果轮胎气压监测器正处于自动学习模式，则显示"是"。电子制动控制模块在更换后或重设定后处于学习模式。

（2）左前车轮速度。显示 $0 \sim 255$ km/h，它是左前车轮的实际速度。

（3）轮胎压力太低。显示"是"或"否"。

（4）左后车轮速度。显示 $0 \sim 255$ km/h，它是左后车轮的实际速度。

（5）监测器模式1。显示"启动"或"未启动"。在监测器模式1，轮胎气压监测器自动学习部分完成，轮胎压力监测能力降低。在此模式下，当轮胎压力损失很大时才会点亮"LOW TIRE"指示灯。

（6）监测器模式2。显示"启动"或"未启动"。在监测器模式2，轮胎气压监测器自动学习全部完成。在此模式下，可全面监测轮胎压力。

（7）右前车轮速度。显示 $0 \sim 255$ km/h，它是右前车轮的实际速度。

（8）右后车轮速度。显示 $0 \sim 255$ km/h，它是右后车轮的实际速度。

（9）已配备轮胎气压监测器。显示"是"或"否"，表示汽车是否配备轮胎气压监测器。

（10）轮胎气压监测器失败。显示"是"或"否"，表示轮胎气压监测器是否有故障不工作。

（11）轮胎气压监测器重设定开关。显示"按压"或"释放"，表示轮胎气压监测器重设定开关当前是否被按压。

（12）车速。显示 $0 \sim 255$ km/h。

2. 故障码 B2818 的故障排除

故障码 B2818（低轮胎压力系统重设定电路低）的故障排除步骤如下：

（1）关闭点火开关，断开车身控制模块连接器C1。检查车身控制模块端子C1-C10与重设定开关连接器端子B9之间电路1055是否有搭铁故障，若有，则维修。

（2）检查轮胎重设定开关。当按下时，端子B9-B10应导通；松开时，端子B9-B10应断开。如不符合要求，更换轮胎压力重设定开关。

（3）若以上检查均正常，则更换车身控制模块。

3. 故障码 C1245 的故障排除

只要TPMS系统检测出同一车桥上轮胎之间的压力差达到69 kPa，即设置故障码C1245（轮胎压力过低）。如果故障码C1254（发现非正常关闭）或故障码C1255（电子制动控制模块内部错误）出现，则此故障码也将设置。如果轮胎没气，电子制动控制模块也将设置此故障码。如果有一个轮胎没气且使用了宽型备胎，因轮胎尺寸不同，即使按动复位开关，轮胎压力过低指示灯仍将点亮。

（1）设置故障码 C1245 的原因：

①一只或多只轮胎充气太多。

②一只或多只轮胎充气不足。

③轮胎压力发生变化，但未重新设置轮胎压力监测系统。

④当轮胎换位或更换任何轮胎时，未重新设定轮胎压力监测系统。

⑤不同厂商生产的轮胎或轮胎失衡。

⑥车轮转速传感器连接器潮湿。

⑦蓄电池断开或电压太低。

⑧电子制动控制模块断电。
⑨不平或打滑的路面情况。
⑩未校准的情况。

另外,必须对线束和连接器进行彻底检查,否则容易误诊。即使更换零件,故障还会再现。对于所有可能导致间歇性故障的电路,应检查以下条件:绝缘体内部有无导线断开、端子有无松脱、端子有无变形、端子有无损坏、线束有无物理性损坏等,如是以上条件导致出现故障,应进行相应的更换或检修。

(2)故障码 C1245 的排除步骤:
①按上述原因仔细检查轮胎情况。
②接通点火开关,使用故障诊断仪读取 ABS/TCS/TIM 故障码,如果不再出现故障码 C1245,则为间歇性故障。
③由于出现该故障码,多数情况是由轮胎压力太低所致,重新检查轮胎气压监测器,确保该故障码设置条件满足。否则按间歇性故障进行检修。
④检查轮胎压力,必要时调节轮胎压力。若调节轮胎压力,应重新设置轮胎气压监测器,然后使用故障诊断仪清除故障码。如仍未排除故障,应为间歇性故障。

若故障排除,经过 100 个点火周期后,以往故障码将清除。维修完毕后,轮胎压力恢复正常并按动轮胎重设定开关。

二、轮胎压力监测系统初始化

(一)奥迪 Q5 汽车

在改变轮胎气压或更换轮胎后,必须在 MMI(多媒体交互系统)中进行确认,操作方法如下:
(1)打开点火开关。
(2)选择功能按钮"CAR"。
(3)选择"Tire pressure monitoring system(轮胎压力监测系统)"。
(4)选择"Store tire pressures(存储轮胎气压值)"。

注意:在存储前,所有 4 个轮胎的当前气压必须符合规定数值,并按实际装载负荷进行相应调整。如果安装了防滑链,请不要存储轮胎气压,否则可能出现系统故障。

(二)别克君越轿车

2006—2008 年款上汽通用别克君越轿车装有轮胎压力监测系统,当系统发现一只或多只轮胎压力过低,组合仪表上的轮胎压力过低指示灯将点亮,并在装备驾驶员信息中心的车辆上,出现请检查轮胎气压的信息(Check tire pressure)。

如果出现该信息,请立即停车检查所有轮胎是否损坏,将轮胎充气至推荐压力。修复完成后,必须对轮胎压力监测系统进行复位。操作方法如下:

1. 装备驾驶员信息中心(DIC)的车辆
(1)打开点火开关。
(2)按下驾驶员信息中心最右侧的"GAGE"键,直到组合仪表上的屏幕显示胎压监测系统(Tire monitor system)。

（3）按下设置/重置键，直至显示胎压监测系统已复位（Tire monitor system has been reset）。

（4）复位完毕。

2. 未装备驾驶员信息中心（DIC）的车辆

（1）打开点火开关。

（2）按下"ODO/TRIP"按钮，切换组合仪表上里程显示，直到仅显示总计里程。

（3）再次按下"ODO/TRIP"按钮并保持不放，几秒后，轮胎气压过低指示灯开始闪烁，当听到两声蜂鸣声后，表明复位完成。

（三）上海大众斯柯达轿车

2013—2016款上海大众斯柯达轿车，在轮胎充气压力改变或更换车轮后，必须对系统进行基本设置。

（1）按油箱盖内标注的胎压值调整所有轮胎气压。

（2）将车辆熄火，等待几秒钟后重新打开点火开关。

（3）长按轮胎压力"设定"按钮超过2 s，在听到"哒"的提示音后，完成对胎压监测系统的标定。

（4）在基本设置完成且车辆一般正常行驶约1 h以后，轮胎气压监测系统将具备对轮胎漏气的监控能力。

（四）丰田皇冠3.0轿车

更换轮胎或轮胎换位后，需对系统进行初始化。初始化前，须确保轮胎压力调整到规定值（参照左前门柱铭牌）。操作方法如下：

（1）车辆停止，将点火开关转至ON位置。

（2）按住轮胎压力重置开关3 s以上，直至轮胎指示灯以1 s为间隔闪烁3次。

（3）车辆以30 km/h以上的速度行驶20 min以上。

（4）车辆行驶20～60 min后，检查警告灯是否点亮。车辆行驶时，如果轮胎压力警告灯以0.25 s的间隔闪烁，则初始化可能失败，需重新进行初始化。

（5）初始化完成后，制动防滑控制ECU用车轮速度传感器监视轮胎压力。

案例分析

一、捷豹XF3.0轿车轮胎气压报警灯常亮

故障现象：一辆2010款捷豹XF3.0行驶里程为3.8万km，轮胎气压报警灯常亮。

故障诊断与排除：捷豹XF通过四个轮胎压力传感器及一个备胎传感器，感知轮胎内压力，如果轮胎压力低于限定值，轮胎压力监测系统就会报警，点亮轮胎气压警告灯。连接专用故障诊断仪SDD，读取故障码，显示故障码为"左前轮模块"。首先考虑是不是左前轮胎压力低于0.6 bar？用压力表测量轮胎压力，为2.5 bar，压力正常，说明轮胎及轮胎压力没有问题。再通过数据流读取四个轮胎压力数据流，发现只有左前轮胎压力为0，其余三个轮胎压力均为2.3 bar以上。因实测左前轮胎压力是正常的，可能是左前轮胎压力传

感器出了问题。

拆下左前轮，放气至轮胎内没有压力，再用扒胎机拨开部分轮胎，发现轮胎压力传感器非常陈旧，但没有外部损伤，通过外表无法判断出传感器是否损坏。更换轮胎压力传感器，匹配后清除故障码并试车，发现轮胎气压报警灯不再点亮。连接 SDD 读取故障码，也没有任何故障码存储。由于该传感器外表没有损坏，那很可能是自身电池没电，发不出信号，导致轮胎气压报警灯常亮。事后询问车主得知一直没更换过轮胎压力传感器，这也证实了传感器是由于自身电源不足导致此故障。一周后回访客户，故障没有再现，故障彻底排除。

二、奥迪 A6L 轿车轮胎压力监测系统仪表上的 TPMS 故障灯报警

故障现象：一辆 2010 年产的奥迪 A6L 2.4 轿车，在行驶里程约 3 000 km 时，仪表板上 TPMS 故障灯报警。每次故障出现时，自行检查各轮胎的气压并存储胎压后报警灯会熄灭，但车辆行驶一段时间后又会报警。最初几次报警并没有在意，随着故障变得更加频繁，不得不进站维修。

故障诊断与排除：首先连接故障诊断仪 VAS5052 对车辆进行检测，发现轮胎压力监测系统控制单元中存储有含义为"轮胎直径信号不可靠/偶发"的故障码。

首先，检查轮胎外观、尺寸及充气压力均正常，检查轮辋尺寸也没有问题。询问用户得知，该车从来未更换过轮胎，仔细观察各轮胎花纹磨损状况，正常。进行路试，发现该车在存储胎压后行驶约几千米后胎压监测系统就会报警。

观察数据流，报警时的各轮胎的报警状态均为 255，这说明各轮速信号无异常。先更换 TPMS 控制单元 J793，试车故障依旧存在。于是，又同时更换了 4 个相同的车轮，经过长时间试车，发现故障消失了，由此可以判定问题就出在轮胎的尺寸差异上。

为了验证判断，再次安装原车的 4 个车轮，果然在行驶到 4.3 km 时又出现了 TPMS 报警的情况。为了弄清究竟是哪个车轮导致的系统报警，于是决定用备胎分别替换四个车轮进行观察。首先将备胎安装在右前轮位置，试车行驶 5.6 km 后 TPMS 报警；然后将备胎安装在左前轮位置，试车行驶 4.8 km 后 TPMS 报警；将原车左前车轮安装在左后位置上，试车行驶 6.5 km 后 TPMS 系统报警；将原车左后车轮安装在右后位置上，试车行驶 50 km 故障消失；将原车右后车轮安装回原位，试车行驶 5.3 km 后，TPMS 系统再次报警。至此可以确定故障就出在右后轮上，正是由于右后轮胎的制造或质量误差，导致 J793 误认为轮胎直径不可信。

故障分析：新款奥迪 A6L 轿车采用间接测量的胎压监测系统，车轮中没有安装胎压传感器。TPMS 控制单元 J793 通过舒适系统总线接收 ESP 控制单元 J104 传送来的 4 个轮速传感器的速度信号，通过分析来判断轮胎是否失压。TPMS 系统按照两种不同的监测分析方案同时进行分析，可以同时识别出多个轮胎上的气压损失。

第 1 种方案：监控轮胎体积。

当轮胎气压减小时，轮胎体积变小，要行驶相同的距离，车轮必须比没有失压的车轮转得更快，车轮转速信号被 ESP 系统控制单元 J104 传递给 TPMS 控制单元 J793 进行分析。在 TPMS 系统中，各对角线的车轮转速被相加，然后进行比较，再将同轴车轮和单侧车轮的转速信号进行比较，由此可以顾及弯道行驶、离心加速度及转向角度等因素的修正。

第 2 种方案：监控轮胎振动。

由于行驶道路不平整，每个轮胎滚动时都会引起滚动振动，TPMS系统通过测量各车轮转速分析该车轮的振动情况。如果气压降低，那么，振动的方式就会发生改变，这种分析方式也可以同时测量出多个轮胎失压及轮胎缓慢漏气的情况。

任务小结

1. 轮胎压力监测系统TPMS用于汽车行驶过程中实时地对轮胎压力进行监测，当监测到某个轮胎压力或温度出现异常时，及时将信息反馈给驾驶员，防止事故发生。

2. 根据对轮胎压力检测方法的不同，TPMS主要分为两种类型：一种是较早出现的基于车轮转速的轮胎压力监测系统（Wheel-Speed Based TPMS，简称WSB TPMS，或称为间接式TPMS）；另一种是基于压力传感器的轮胎压力监测系统（Pressure-Sensor Based TPMS，简称PSB TPMS，或称为直接式TPMS）。

3. 2003款别克君威轿车轮胎压力监测系统采用的是间接式TMPS。它是一个软件驱动的系统，此系统使用ABS系统部件（电子制动控制模块EBCM和车轮转速传感器）、串行数据线和仪表组件执行系统功能。

4. 奥迪A6轿车直接式轮胎压力监测系统主要由5个轮胎压力传感器（包括备胎）、4个轮胎压力监测天线、轮胎压力监测控制单元、组合仪表、功能选择开关等元件组成。

5. 轮胎压力传感器内部集成了发射天线、压力和温度传感器、测量和控制电子装置及电池，成为智能型传感器。

6. 轮胎压力传感器发射天线发送的信息有：① 专用识别码（ID-Code）；② 实时轮胎压力（绝对压力）；③ 实时轮胎空气温度；④ 集成电池的状态；⑤ 为保证数据的安全传递所需的状态、同步和控制方面的信息。

7. 每个轮胎压力传感器都有一个专用的识别码（ID-Code），识别码传给控制单元，系统用它就可识别传感器的位置，这个过程就称为轮胎识别。

8. 轮胎压力监测控制单元通过分析各个天线传来的无线电信号的强度，来完成轮胎位置识别，即知道传感器在车上的具体安装位置。

课后练习

1. 轮胎压力监测系统有哪几种类型？
2. 奥迪A6轿车轮胎压力监测系统由哪些元件组成？它们各有什么作用？
3. 轮胎压力传感器发射天线发送的信号有哪些？
4. 什么是轮胎识别？什么是位置识别？

项目三 汽车车身舒适系统检修

【项目导入】

汽车车身电控系统中的舒适系统是指为驾乘人员提供舒适性控制的装置。汽车工业一直在向高度自动化方向发展,衡量汽车舒适性的重要指标就是汽车车厢内自动化程度的高低。常见的功能包括电动车窗、电动天窗、电动座椅、电动雨刮器、电动后视镜、电控除雾器等系统,它们提高了汽车的舒适性,使驾驶员和乘客在用车的过程中得到了良好的驾乘感受。

本项目主要是通过检查汽车电动车窗、电动天窗、电动座椅、电动雨刮器、电动后视镜、电控除雾器的实践操作,使学生认知到这些汽车舒适系统的构造和工作原理及相应的检修方法。

【学习目标】

素养目标:
1. 了解安全操作要求,养成安全文明操作的习惯;
2. 养成组员之间互相协作的习惯;
3. 实施操作结束后,清洁工具,并将工具设备归位,清洁场地。

知识目标:
1. 能够认知汽车车身舒适系统的结构和工作原理;
2. 熟悉汽车车身舒适系统的常见故障现象和原因。

技能目标:
1. 按照标准工艺流程,完成相应的汽车舒适系统的检修作业项目;
2. 能够熟练使用万用表、故障诊断仪等常用检测设备。

【学习任务】

学习任务一 电动车窗检修
学习任务二 电动天窗检修
学习任务三 电动座椅检修
学习任务四 电动雨刮器检修
学习任务五 电动后视镜检修
学习任务六 电控除雾器检修

学习任务一　电动车窗检修

- 能正确描述电动车窗的功能和组成；
- 能正确描述电动车窗的工作原理；
- 能正确识读和分析电动车窗的电路图；
- 会对电动车窗进行初始化；
- 会使用万用表和故障诊断仪对电动车窗进行检测；
- 会分析诊断和排除电动车窗的常见故障。

- 电动车窗的组成和工作原理；
- 识读和分析电动车窗的电路图；
- 分析诊断和排除电动车窗的常见故障。

任务描述

一位客户向汽车 4S 店反映，他的右后电动车窗不能正常工作。接到维修任务后，技术人员认真检查了客户的电动车窗，发现主开关无法控制右后车窗升降，但是右后车窗分开关能够控制右后车窗升降，其他车窗控制功能均正常。经分析初步分析，可能是主开关中的右后电动车窗开关无法将信号发出。现在，请对客户轿车的电动车窗进行检修。

知识准备

汽车电动车窗（图 3.1-1）是指在驾驶室用开关控制自动升降的车窗玻璃，它是现代汽车的标准配置之一，属于大电流用电装置。当电动车窗开关操作时，电动车窗电动机转动。车窗升降调节器将电动车窗电动机的旋转运动转换成上下运动从而打开或关闭车窗。

一、电动车窗的功能

电动车窗一般具有以下功能：

（1）手动升降功能。将电动车窗开关按或拉到一半时，车窗上升或降低，直至开关被松开，如图 3.1-2 所示。

图 3.1-1　电动车窗

项目三 汽车车身舒适系统检修

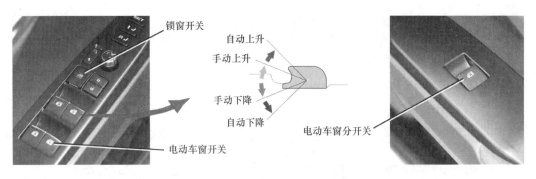

图 3.1-2 电动车窗开关

（2）自动升降功能。将电动车窗开关按或拉到底，然后松开开关，车窗自动上升或下降到底。有些车型仅有自动下降的功能，有些车型只有驾驶员侧车窗有自动升降功能。

（3）车窗锁止功能。当锁窗开关打开时，除驾驶员侧车窗外，其余车窗升降功能失效。

（4）防夹保护功能。在自动上升期间，如果异物卡在窗内，此功能自动停止关闭电动车窗并将车窗玻璃向下移动大约 50 mm。

（5）门锁联动关闭功能。如果驾驶员熄火后离开驾驶室而忘记将车窗关闭，此时，可不需要再进入车内关窗，可以在车外通过中央门锁系统，将车窗自动地关闭。

二、电动车窗的组成

电动车窗系统主要由车窗升降调节器、电动车窗电动机、电动车窗主开关（包括电动车窗开关和锁窗开关）、电动车窗分开关、点火开关等组成，如图 3.1-3 所示。

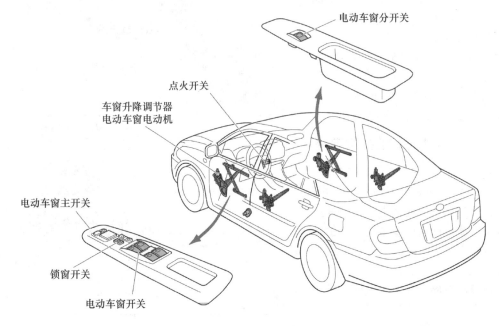

图 3.1-3 电动车窗系统的组成

· 149 ·

电动车窗升降调节器常见的类型有绳轮式（图3.1-4）、交叉臂式（图3.1-5）等。电动车窗一般使用双向永磁或绕线（双绕组串联）式电动机，每个车窗一般装一个，通过开关控制电流方向，使车窗升降。

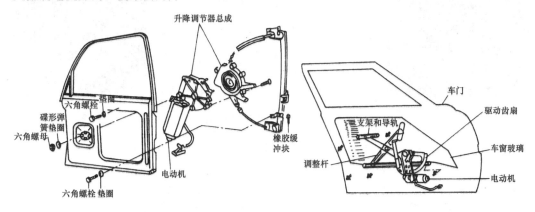

图3.1-4　绳轮式电动车窗　　　　图3.1-5　交叉臂式电动车窗

电动车窗升降机构由电动机、传动机构和传感器三部分组成，如图3.1-6所示。电动机正向或反向转动，通过传动机构将动力传给车窗升降调节器，提升臂提升或下降，使车窗玻璃升起或降低。传感器由用于控制防夹功能的速度传感器和限位开关组成。

所有电动车窗都装有两套控制开关：一套装在仪表板或驾驶员侧的车门上，为电动车窗主开关，它由驾驶员控制每个车窗升降；另一套分别装在其他车窗中部，为电动车窗分开关，可由乘客进行操纵。锁窗开关可以使车窗的开、关无效，但驾驶员侧的车窗除外。

三、电动车窗的控制电路

1. 电动车窗的基本控制电路

（1）永磁式电动机的电动车窗。永磁式电动机的电动车窗通过改变电流方向来改变电动机的旋转方向，从而使车窗玻璃上升或下降。图3.1-7所示为丰田轿车电动车窗控制电路，它由蓄电池、易熔丝、电动车窗主继电器、主开关、分开关、点火开关、电动车窗电动机和指示灯等组成。

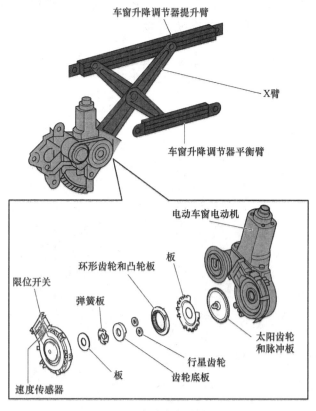

图3.1-6　电动车窗升降机构

当点火开关处于点火挡时，电动车窗主继电器线圈通电，触点闭合，给电动车窗提供电源；若闭合主开关上的锁窗开关，则所有的车窗都可操作；若锁窗开关断开，则只有驾驶员侧车窗可操作。

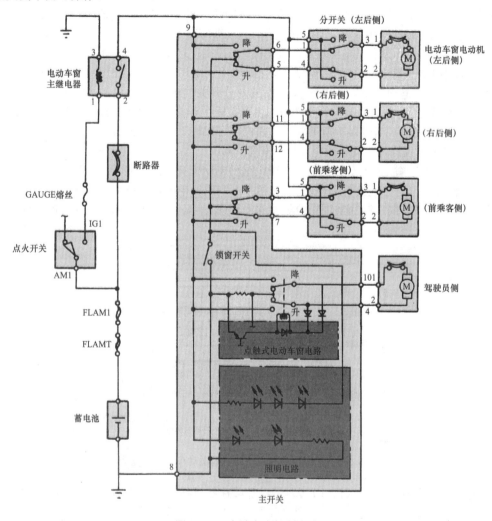

图 3.1-7　电动车窗控制电路

①驾驶员侧的车窗升降。若主开关上的锁窗开关断开，则只有驾驶员侧车窗具备工作条件。另外，驾驶员侧的车窗开关由点触式控制电路控制。车窗在下降过程中，如果要使其停止在某一位置，只要再点触一下开关即可。当驾驶员侧的车窗需要下降时，可按下主开关上的下降按钮，其电流路线：蓄电池正极→易熔线（熔丝）→断路器→电动车窗主继电器端子2、4→主开关端子9、10→断路器→驾驶员电动车窗电动机→主开关端子4、8→搭铁。与此同时，点触式开关的电流也同时接通，下降指示灯点亮，继电器线圈通电产生吸力，保持点触式开关处于下降工作状态直至车窗下降到极限位置。在下降过程中，如果要使车窗停留在某一位置，驾驶员可再点触一下点触式开关，则继电器线圈断路，车窗下降停止。

②前排乘客侧的车窗升降。当驾驶员按下主开关上的前乘客侧车窗上升开关时，其电流路线：蓄电池正极→易熔线→断路器→电动车窗主继电器端子2、4→主开关端子9、7→前排乘客侧车窗分开关端子4、2→电动车窗电动机→断路器→前排乘客侧车窗分开关端子3、1→主开关端子3→锁窗开关→主开关端子8→搭铁→蓄电池负极，构成闭合回路。该电路中的电动车窗电动机通电工作，使车窗上升。当需要车窗下降时，驾驶员按下电动车窗主开关上的下降开关，电动机的电流反向，电动机通电反转使车窗下降。

当前乘客按下前排乘客侧车窗分开关上的上升开关时，其电流路线：蓄电池正极→易熔线→断路器→电动车窗主继电器端子2、4→分开关端子5、2→电动车窗电动机→断路器→分开关端子3、1→主开关端子3→锁窗开关→主开关端子8→搭铁。电动车窗电动机通电，使车窗上升。当需要车窗下降时，前乘客可以按下电动车窗分开关上的下降开关，电动机中的电流反向，电动机通电反转使车窗下降。

（2）双绕组串联式电动机的电动车窗。这种电动机有两个绕向相反的磁场绕组，一个称为上升绕组，另一个称为下降绕组。在给不同绕组通电时，会产生相反的磁场，电动机的旋转方向也就不同，从而实现车窗玻璃的上升或下降。双绕组串联式电动机的电动车窗控制电路如图3.1-8所示。

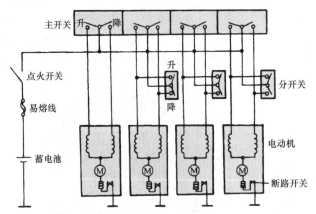

图3.1-8　双绕组串联式电动机的电动车窗控制电路

电动车窗的断路开关（图3.1-9）是双金属片触点结构，当电动机超载，电路中电流过大时，双金属片因温度上升而变形，触点就会打开，切断电路，这个过程称为热保护状态。电流消失后，双金属片冷却，恢复变形，触点再次闭合，这个过程称为退出热保护状态。如此周期动作，使电动机电流的平均值不超过规定，避免电动机因过热而烧坏。

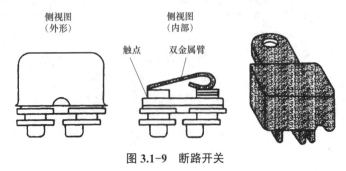

图3.1-9　断路开关

2. 带 ECU 控制的电动车窗控制电路

丰田锐志轿车的电动车窗采用了 ECU 控制，每个车门由一个 ECU 控制，共有 4 个 ECU，各 ECU 之间通过多路传输通信系统 MPX 相连。驾驶员侧电动车窗控制电路如图 3.1-10 所示，驾驶员侧 ECU 和电动车窗主开关装在一起，如图 3.1-11 所示。电动车窗电动机总成内的位置传感器为霍尔式，其中位置传感器 1 用于检测车窗玻璃的移动量；位置传感器 2 用于检测车窗玻璃的移动方向。

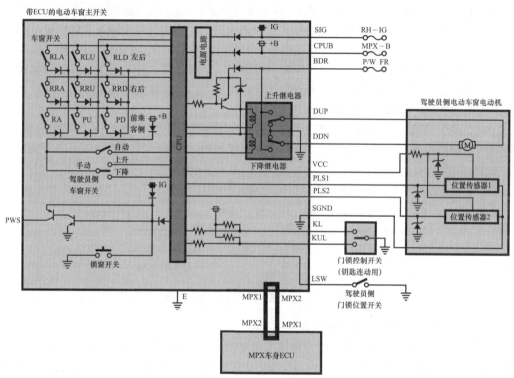

图 3.1-10　带 ECU 控制的电动车窗的控制电路

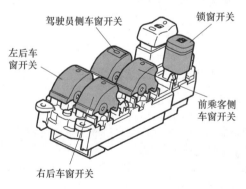

图 3.1-11　电动车窗主开关

（1）手动上升和下降功能电路分析。打开点火开关，将电动车窗主开关的驾驶员侧车窗开关置于上升位置，信号送至内置的 CPU，CPU 使上升继电器线圈通电，常开触点闭合。于是，电流路线：电源→BDR 端子→上升继电器常开触点→DUP 端子→电动车窗电动机→DDN 端子→下降继电器常闭触点→搭铁，驾驶员侧电动车窗电动机转动，车窗玻璃上升。当松开车窗开关后，通过CPU控制上升继电器线圈断电，于是，电动机停止转动，车窗玻璃停在所需要的位置。

当将驾驶员侧车窗开关置于下降位置时，信号送至内置的CPU，CPU使下降继电器线圈通电，常开触点闭合。于是，电流路线：电源→BDR 端子→下降继电器常开触点→DDN 端子→电动车窗电动机→DUP 端子→上升继电器常闭触点→搭铁，驾驶员侧电动车窗电动机转动，车窗玻璃下降。同样，松开车窗开关后，电动机也停止转动。

（2）自动上升和下降功能电路分析。打开点火开关，将电动车窗主开关的驾驶员侧车窗开关置于自动上升位置，于是，自动信号和上升信号送至内置的CPU，CPU使上升继电器线圈持续通电，常开触点闭合，车窗电动机转动，车窗玻璃上升。同时，CPU对电动车窗内置的位置传感器发出的脉冲信号进行计数，当检测到车窗玻璃到达全闭时，CPU控制上升继电器断电，电动机停止转动。

（3）防夹功能。通过位置传感器1输出的脉冲间隔时间即可检测出电动机的转动速度，也就可以检测出车窗玻璃移动的速度。当移动速度低到一定程度时，ECU即认为玻璃夹住了异物，如图3.1-12所示。

在上升操作中，只要玻璃夹住了异物，车门玻璃就会自动地下降约50 mm（或者停留1 s）。

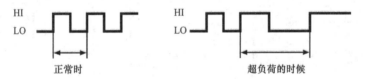

图 3.1-12 位置传感器 1 的脉冲信号

3. 一汽丰田卡罗拉轿车电动车窗控制电路

一汽丰田卡罗拉轿车电动车窗控制系统主要由电动车窗主开关（安装在驾驶员侧车门上）、电动车窗分开关（安装在前排乘客侧车门和后门上）、车窗升降电动机和电动车窗ECU等组成，其控制电路如图3.1-13所示。

驾驶员侧车窗采用了带集成ECU的电动机总成，可以实现自动上升或下降，并具备防夹功能。

任务实施

一、丰田卡罗拉轿车电动车窗的检修

在电动车窗升降的过程中，由于力矩较大，常常会因为电流过大或者使用不当导致易熔丝熔断、电动机、线路及控制开关的损坏，给车主和乘客带来了极大的麻烦和负担。下面以丰田卡罗拉轿车为例介绍电动车窗系统的检修（电路如图3.1-13所示）。

1. 电动车窗主开关总成的检修

（1）关闭点火开关，断开电动车窗主开关的线束连接器。

（2）按表3.1-1所示条件，用万用表测量电动车窗主开关相应端子之间的电阻，若不符合要求，更换车窗主开关。

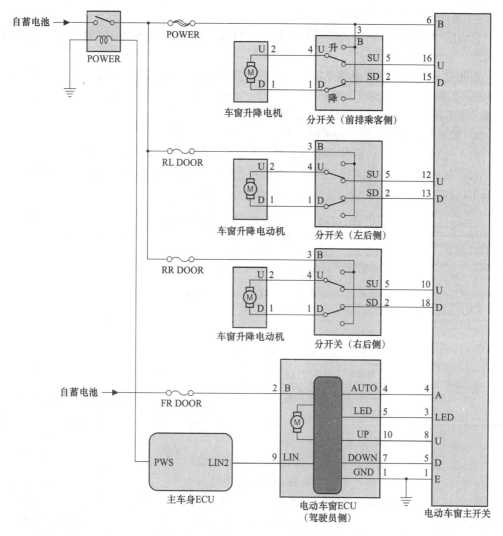

图 3.1-13　丰田卡罗拉轿车电动车窗电路

表 3.1-1　电动车窗主开关的检查

条件	万用表连接	规定状态
手动上升（驾驶员侧）	8（U）—1（E）	小于1Ω
自动上升（驾驶员侧）	8（U）—1（E）—4（A）	小于1Ω
手动下降（驾驶员侧）	5（D）—1（E）	小于1Ω
自动下降（驾驶员侧）	4（A）—5（D）—1（E）	小于1Ω
手动上升（乘客侧）	6（B）—16（U）、15（D）—1（E）	小于1Ω
手动下降（乘客侧）	6（B）—15（D）、16（U）—1（E）	小于1Ω
手动上升（左后）	6（B）—12（U）、13（D）—1（E）	小于1Ω
手动下降（左后）	6（B）—13（D）、12（U）—1（E）	小于1Ω
手动上升（右后）	6（B）—10（U）、18（D）—1（E）	小于1Ω
手动下降（右后）	6（B）—18（D）、10（U）—1（E）	小于1Ω

2. 电动车窗分开关的检修

所有的电动车窗分开关（前排乘客侧、左后侧、右后侧）都可使用同样的方法检测其导通性。

关闭点火开关，断开电动车窗分开关的线束连接器。当不按开关时，端子1—2、4—5导通；当按下上升开关时，端子1—2、3—4导通；当按下下降开关时，端子1—3、4—5导通。若不符合要求，则更换分开关总成。

3. 驾驶员侧电动车窗电动机的检修

（1）关闭点火开关，断开驾驶员侧电动车窗电动机的线束连接器。

（2）按表3.1-2向电动机连接器施加蓄电池电压，电动机齿轮应按规定方向进行转动（图3.1-14）。若不满足要求，则更换电动机总成。

表3.1-2 驾驶员侧电动车窗电动机的检查

开关状态	测量条件	规定状态
手动操作	蓄电池正极（+）→端子2（B） 蓄电池负极（-）→端子1（GND），7（DOWN）	电动机齿轮顺时针旋转
	蓄电池正极（+）→端子2（B） 蓄电池负极（-）→端子1（GND），10（UP）	电动机齿轮逆时针旋转
自动操作	蓄电池正极（+）→端子2（B） 蓄电池负极（-）→端子1（GND），4（AUTO），7（DOWN）	电动机齿轮顺时针旋转
	蓄电池正极（+）→端子2（B） 蓄电池负极（-）→端子1（GND），4（AUTO），10（UP）	电动机齿轮逆时针旋转

4. 其他车门电动车窗电动机的检修

关闭点火开关，断开驾驶员侧车门以外的电动车窗电动机的线束连接器。将蓄电池正极和负极直接连接电动机的两端子，电动机应能转动；当蓄电池反向连接电动机两端子时，电动机应反向运转。若不符合要求，则更换电动车窗电动机。

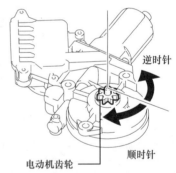

图3.1-14 车窗电动机齿轮转动情况

二、丰田锐志轿车电动车窗的初始化

丰田锐志轿车电动车窗ECU通过霍尔式位置传感器的脉冲信号计数以检测车窗位置，并通过脉冲信号的相位差确定车窗运动方向，从而实现电动车窗的自动升降和防夹功能。电动车窗的初始化就是对车窗玻璃的初始化，即在电动车窗玻璃处于零位时，将位置传感器的数据写入ECU，以后即可根据位置传感器的信息确定玻璃的当前位置。

电动车窗初始化后需进行自动下降、点动上升和点动下降的检查。

1. 设定条件

有下列任意情况出现时必须对电动车窗电动机进行初始化。

（1）断开蓄电池负极端子。

（2）更换或拆下驾驶员侧电动车窗主开关、电动车窗各个分开关（内有控制ECU）、线束、电动车窗升降调节器或电动车窗电动机。

（3）更换电动车窗控制系统相关熔丝或继电器。

2. 设定方法

（1）打开点火开关，操作电动车窗开关将电动车窗升到一半位置。

（2）完全推上开关直到电动车窗完全关闭，并在电动车窗完全关闭后将开关继续保持1 s以上。系统就会把车窗玻璃全闭状态作为基准位置（起始零点）进行记忆。

（3）检查各电动车窗是否有自动升降功能和防夹功能。若检查不成功，则重新对电动车窗进行初始化。

3. 注意事项

（1）用各车窗开关对各电动车窗电动机进行初始化，不能用遥控操作来初始化。

（2）为防止强电流从导线中流过，不要同时对2个或2个以上的电动车窗进行初始化。

案例分析

一、丰田普拉多轿车左后电动车窗失灵

故障现象：一辆丰田普拉多事故车，该车在修复后出现了左后电动车窗分开关能控制车窗升降，但无自动控制升降和防夹功能，同时，驾驶侧的主开关不能控制左后电动车窗升降，其他车窗自动控制升降和防夹功能正常。

故障诊断与排除：该车配备了车身局域网，电动车窗控制网络是由带ECU的主开关（内置于驾驶侧车门）、前排乘客侧带ECU的分开关（内置于前排乘客侧车门）、后车门带ECU的分开关（内置于后排左右侧车门）及MPX（车身多路控制）ECU组成。

电动车窗电动机总成由霍尔式位置传感器、齿轮传动机构及电动车窗电动机构成。电动机的动作受车窗主开关和相应的各车窗分开关控制。当按下车窗主开关或各车窗分开关时，开关将通过多路传输通信线路向相应车门的ECU传送升降信号，然后由车门ECU控制电动车窗的升降。每个电动车窗电动机总成上的霍尔式位置传感器输出信号传输至车窗开关内，ECU通过脉冲信号计数检测车窗位置，并通过脉冲信号相位差确定车窗的运动方向，从而实现电动车窗的自动升降和防夹功能。

既然其他车窗可以实现自动升降功能，唯独左后车窗不能，那么，故障的范围基本上可以确定是在左后车窗和其他关联的线路。先检查与电动车窗系统电路及车身网络相关的熔丝，均正常。在接下来的检查中发现，左后车窗分开关上的指示灯有规律地闪烁，而此车的电动车窗可以通过控制开关上的指示灯来显示故障代码。查阅维修手册，得知指示灯闪烁的故障码含义为位置传感器电路故障。根据故障码的提示，对电动车窗电动机的位置传感器进行了检查，发现传感器的供电电源为13 V，正常，检查位置传感器信号输出导线，与车身也无短路现象。

为了准确快速地判定电动车窗电动机是否损坏，使用示波器对电动车窗电动机的输出信号波形进行分析，分别测量了电动车窗电动机在运转时PLS1、PLS2端子输出的信号波形。由于维修手册中没有提供标准的波形图，测量右后电动车窗电动机运转时的波形进行参考。通过比对，发现左后电动车窗电动机运转时输出的信号波形异常，由此可以确定电动车窗电动机损坏。

更换左后电动车窗电动机总成，故障排除。

二、帕萨特领驭轿车电动车窗不受控制

故障现象：帕萨特领驭轿车电动车窗不受控制。

故障诊断与排除：经试车发现，位于左前门的主开关不能控制其他车窗升降和门锁动作，只能控制左前门；左前门锁钥匙只能控制左前门锁动作。右前门、两后门的电动车窗只能用本车门的开关才能控制。

连接 VAS5052 故障诊断仪，进入 46 舒适系统，调取故障码内容：①左前门控制单元没有通信；②左后门控制单元没有通信；③右前门控制单元没有通信；④右后门控制单元没有通信；⑤与 CAN 数据总线诊断接口 J533 没有通信。

4 个车门控制单元和舒适系统中央控制单元之间的信号是靠两根 CAN 数据总线进行交换和传递的。为了确定哪个控制单元有故障，用 VAS5052 故障诊断仪进入 08-012 观察数据块，4 组数据用"1"或"0"来表示 4 个车门控制单元和舒适系统中央控制单元的通信情况，"1"表示控制单元通信正常，"0"表示该控制单元没有通信。此时的 4 组数据都是"0"，表示 4 个车门控制单元和舒适系统中央控制单元都没有通信。为了确定哪个控制模块有故障，逐个拔下控制单元的导线插接器检查，当拔下右后门控制单元导线插接器时，故障诊断仪上的数据依旧是 4 个"0"；拔下左后门控制单元导线插接器时，数据有变化，只剩下一个"0"，其余都是"1"。清除故障码后重新读取故障码，调取的故障码内容为"左后门控制单元没有通信"。

更换左后门控制单元，清除故障码，故障排除。

三、雪铁龙凯旋轿车电动车窗故障检修

故障现象：东风雪铁龙凯旋轿车左前和右前电动车窗使用一段时间后，有时会出现按下车窗开关却没有反应的情况。等待一段时间后，车窗又恢复正常或能正常升降 1～2 次。

故障诊断与排除：根据上述故障现象，怀疑是由于电动车窗的热保护功能起作用引起的。该车热保护功能的工作过程如下：

（1）电动车窗在使用过程中会发热升温，当温度达到一定值时会进入热保护状态，车窗电动机即停止工作。当温度下降到一定值时会退出热保护状态，即进入正常状态。当电动车窗进入正常状态后，可以进行 8～10 次上升和下降的往复工作。

（2）车窗电动机温度的升高与使用频率和玻璃的松紧有关。在车门控制单元 EDP 供电的情况下（发动机运转或点火开关打开的情况下，即网络唤醒时），如果车窗电动机没有运转，EDP 会认为温度在下降，经过几分钟后降低到一定值时退出热保护，此时，再升降 1～2 次，温度又会升高到热保护温度。

（3）当车门控制单元 EDP 出现热保护后，在持续供电情况下停止使用车窗升降功能 25～30 min 后，即可回到正常状态。温度下降过程中如果 EDP 的供电中断（网络休眠或断开蓄电池），EDP 会自动保存断电前的温度。

上述故障的具体检修方法如下：

①在出现热保护现象后，检查玻璃升降过程中是否存在异常的摩擦和阻力等情况。

②确认升降调节器是否能够正常退出热保护状态，如果不能，则应该检查车门控制单元 EDP 的供电状态，必要时应更换 EDP。

③如果确定是升降调节器的热保护功能正常起作用时，应向用户解释，这种功能是为

了防止用户（特别是小孩）短时间内多次操作升降调节器，从而造成车门控制单元或车窗电动机过度发热烧损而设计的。

任务小结

1. 汽车电动车窗是指在驾驶室用开关控制自动升降的车窗玻璃，它是现代汽车的标准配置之一，属于大电流用电装置。

2. 电动车窗一般具有以下功能：手动升降功能、自动升降功能、车窗锁止功能、防夹保护功能和门锁联动关闭功能等。

3. 电动车窗系统主要由车窗升降调节器、电动车窗电动机、电动车窗主开关（由电动车窗开关和锁窗开关组成）、电动车窗分开关、点火开关等组成。

4. 所有电动车窗都装有两套控制开关：一套装在仪表板或驾驶员侧的车门上，为电动车窗主开关，它由驾驶员控制每个车窗升降；另一套分别装在其他车窗中部，为电动车窗分开关，可由乘客进行操纵。

5. 电动车窗的断路开关是双金属片触点结构，当电动机超载，电路中的电流过大时，双金属片因温度上升而变形，触点就会打开，切断电路，这个过程称为热保护状态。电流消失后，双金属片冷却，恢复变形，触点再次闭合，这个过程称为退出热保护状态。

6. 有些电动车窗开关和控制 ECU 装在一起。电动车窗电动机总成内装有 2 个位置传感器，分别用于检测车窗玻璃的移动量及车窗玻璃的移动方向，从而实现电动车窗的自动升降和防夹功能。

7. 电动车窗的初始化就是对车窗玻璃的初始化，即在车窗玻璃处于零位时，将位置传感器的数据写入 ECU，以后即可根据位置传感器的信息确定车窗玻璃的当前位置。

课后练习

1. 简述电动车窗的组成与功用。
2. 简述永磁式电动机的电动车窗电路组成。
3. 对照图 3.1-13，简述丰田卡罗拉轿车电动车窗的工作原理。
4. 如何检修电动车窗主开关？
5. 如何对电动车窗进行初始化？

学习任务二　电动天窗检修

- 能正确描述电动天窗系统的分类及功能；
- 能正确描述电动天窗的组成和工作原理；

- 能正确识读和分析电动天窗的电路图；
- 会对电动天窗进行初始化；
- 会使用万用表和故障诊断仪对汽车电动天窗系统进行检测；
- 能正确分析诊断和排除电动天窗系统的常见故障。

- 电动天窗的组成及工作原理；
- 识读和分析电动天窗的电路图；
- 分析诊断和排除电动天窗系统的常见故障。

任务描述

一位客户向汽车 4S 店反映，他的高尔夫轿车在使用遥控器一键升窗功能时，天窗不能使用遥控器关闭，但是四门车窗玻璃均能正常关闭，使用遥控器一键降窗功能时，天窗能够正常打开。现在，请对客户轿车的电动天窗进行检修。

知识准备

为提高乘坐的舒适性和操作的方便性，很多轿车上安装了天窗系统，如图 3.2-1 所示。天窗通常称为太阳车顶或车顶，指在车厢的顶部有可以打开或关闭的部分车顶，以改善车厢的采光和通风、通气。天窗的特殊结构，能使浑浊的空气迅速排出车外，同时，能阻挡车外灰尘的进入；新鲜的空气从天窗进入车厢，没有开车窗时产生的风噪声；天窗还可以开阔视野、快速除去车内雾气、辅助调节温度及减少空调使用时间等。

图 3.2-1　汽车天窗

一、天窗概述

1. 天窗的分类

汽车天窗按照驱动方式可分为手动式和电动式两种。手动天窗是用手的力量开启和关闭的天窗，结构较为简单，在行驶中天窗开启时没有噪声，可根据自己的需要将天窗倾斜或外滑至所需位置，目前使用较少。电动天窗是以电力为动力而进行开启和关闭的天窗，档次较高，使用广泛。

汽车天窗按照开启方向可分为内藏式、外掀式、敞篷式和全景天窗等。

（1）内藏式天窗的滑动总成置于内饰与车顶之间，其优点是天窗开口大，外型简洁美观。天窗开启后能够保持不同的弧度，具有自动关闭和防夹功能，配有独立的内藏式遮阳板，目前大部分轿车多采用此类天窗，如图3.2-2所示。

（2）外掀式天窗在开启后向车顶的外后方升起，有手动和电动两种类型，具有自动关闭和防夹功能，配有折叠式的遮阳板，具有体积小、结构简单的优点，如图3.2-3所示。

图 3.2-2　内藏式天窗　　　　　　　　图 3.2-3　外掀式天窗

（3）敞篷式天窗在开启后天窗完全打开，采用多层高品质的特殊材料组合而成，具有防紫外线和隔热的效果，但密封防尘的效果较前两种类型略差。

（4）全景天窗，实际上是相对于普通天窗而言的。一般来说，全景天窗面积较大，甚至是整块玻璃的车顶，坐在车中可以将上方的景象一览无余。目前采用较多的全景天窗为前后两块单独的玻璃，分别使得前后座位都有天窗的感受。全景天窗分为两种类型：一种是整个车顶都是玻璃覆盖，但是不能打开，如欧宝雅特GTC全景风挡版；第二种全景天窗分为前后两部分，前半部分跟普通天窗一样可以打开，如日产天籁、宝马5系GT等，如图3.2-4所示。不过全景天窗也有如下缺点：成本较高；落尘需要清理，否则影响视线；车身整体刚度下降，安全系数降低。

图 3.2-4　全景天窗

2. 电动天窗的功能

打开点火开关，天窗通过开关来关闭，或者通过推、拉开关的方式来倾斜和关闭。在点火开关关闭后，天窗仍然可以开关。

（1）自动关闭功能。当关闭点火开关约 4 s 后，天窗会自动关闭。在天窗完全关闭前按动开关（任何方向），此功能会被取消，玻璃会停留在开启位置上。如果想关闭天窗，无须打开点火开关，只需按动关闭开关即可，操作方式可以是手动的或全自动的。

（2）防夹功能。天窗在全自动关闭过程中，遇到障碍物后会自动返回，直至障碍物消除再关闭。在点火开关关闭后，天窗自动关闭的过程中，此项功能仍然有效。

二、电动天窗的组成及功用

汽车电动天窗一般由天窗组件、滑动机构、驱动机构、控制系统、开关、遮阳板等组成，如图 3.2-5 所示。

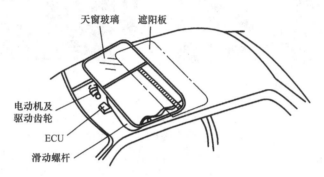

图 3.2-5 电动天窗的结构

1. 天窗组件

天窗组件主要包括天窗框架、天窗玻璃、导流槽和排水槽等部分。

2. 滑动机构

电动天窗滑动机构一般由导向块、导向销、连杆、托架和前后枕座等组成，如图 3.2-6 所示，两个导向销安装在连杆的两侧，并可在导向槽内移动。

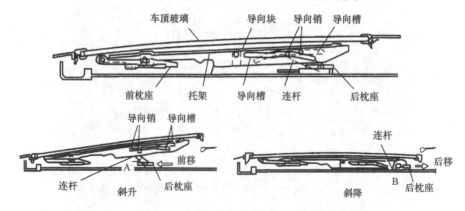

图 3.2-6 电动天窗的滑动机构

3. 驱动机构

电动天窗驱动机构一般由电动机、传动机构和滑动螺杆等组成，如图3.2-7所示。

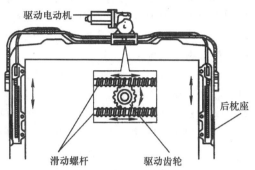

图3.2-7 电动天窗的驱动机构

（1）电动机。电动机通过传动装置为天窗的开闭提供动力，如图3.2-8所示。电动机能双向转动，即通过改变电流的方向来改变电动机的旋转方向，从而实现天窗的开闭。

（2）传动机构。传动机构主要由蜗轮蜗杆机构、中间齿轮机构（主动中间齿轮、过渡中间齿轮）和驱动齿轮等组成。齿轮传动机构接受电动机动力，改变旋转方向，并减速增矩后将动力传给滑动螺杆，使天窗实现开闭；同时，又将动力传给凸轮，使凸轮顶动限位开关进行开闭。主动中间齿轮与蜗轮固装在同一轴上，并与蜗轮同步转动，过渡中间齿轮与驱动齿轮固装在同一输出轴上，被主动中间齿轮驱动，使滑动机构带动天窗玻璃开闭。

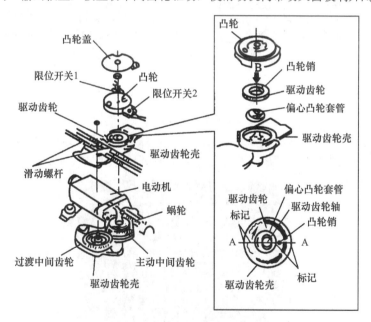

图3.2-8 电动天窗的电动机结构

（3）滑动螺杆。滑动螺杆的作用是将驱动齿轮传来的动力，传给滑动机构的后枕座，使滑动机构带动天窗玻璃开闭。

4. 控制系统

控制系统（控制单元ECU）一般采用数字控制电路，设有定时器、蜂鸣器和继电器等，其作用是接收开关输入的信息，通过数字电路进行逻辑运算，确定继电器的动作，以控制天窗开闭。

5. 开关

电动天窗的开关由控制开关和限位开关组成。

(1)控制开关。如图3.2-9所示,控制开关主要包括滑动开关和倾斜开关。滑动开关有滑动打开、滑动关闭和断开(中间位置)3个挡位;倾斜开关有斜升、斜降和断开(中间位置)3个挡位。操作这些开关,可以使天窗驱动机构的电动机实现正反转,使天窗实现不同状态下的工作。

(2)限位开关。如图3.2-10所示,限位开关又叫作行程开关,主要用来检测天窗所处的位置。限位开关是靠凸轮转动来实现断开和闭合的,凸轮安装在驱动机构的动力输出端。当电动机将动力输出时,通过驱动齿轮和滑动螺杆减速以后带动凸轮转动,于是,凸轮上的凸起部位顶动开关使其开闭,以实现对天窗的自动控制。

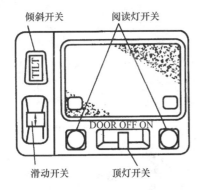
图3.2-9 电动天窗的控制开关

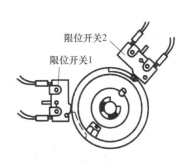
图3.2-10 电动天窗的限位开关

6. 遮阳板

当天窗关闭时,遮阳板关闭以遮挡阳光,如图3.2-11所示。遮阳板一般有手动和电动两种操作方法,以滑动方式打开或关闭遮阳板。当天窗打开时,遮阳板始终是打开的。

图3.2-11 遮阳板

三、广州本田雅阁轿车电动天窗

广州本田雅阁轿车电动天窗的控制电路如图3.2-12所示。

广州本田雅阁轿车电动天窗的玻璃具有遮挡视线(避免由外向内看)和前后倾斜的功能,在没有打开任何车门的情况下,将点火开关从ON位置旋至关闭位置时,电动天窗仍能工作10 min。因此,一旦车辆发生意外,车内乘员就能有更多的途径脱离危险。

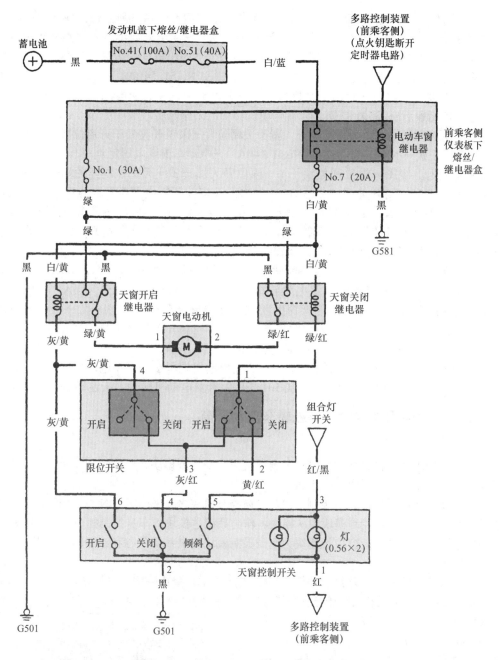

图 3.2-12　本田雅阁轿车电动天窗控制电路图

广州本田雅阁轿车电动天窗的控制方式为开关配合继电器控制天窗电动机，通过改变天窗电动机的工作电流方向实现天窗电动机的正、反转，从而分别完成天窗开启、关闭及倾斜功能。

（1）电动车窗继电器电路。打开点火开关，电动车窗继电器电路接通，电流路线：蓄电池正极→多路控制装置（前乘客侧）→电动车窗继电器线圈→G581搭铁。于是，电动车窗继电器触点闭合。

(2) 天窗开启电路。天窗控制开关置于开启位置,电流路线:蓄电池正极→No.41(100A)、No.51(40A)→电动车窗继电器触点→No.7(20A)→天窗开启继电器线圈→天窗控制开关端子6→天窗开启开关→天窗控制开关端子2→G501搭铁。天窗开启继电器常开触点吸合,电流路线:蓄电池正极→No.41(100A)、No.51(40A)→No.1(30A)→天窗开启继电器常开触点→天窗电动机端子1→天窗电动机→天窗电动机端子2→天窗关闭继电器常闭触点→G501搭铁。天窗电动机转动,天窗开启。

(3) 天窗关闭电路。天窗控制开关置于关闭位置(限位开关处于开启位置),电流路线:蓄电池正极→No.41(100A)、No.51(40A)→电动车窗继电器触点→No.7(20A)→天窗关闭继电器线圈→限位开关端子1→限位开关端子3→天窗控制开关端子4→天窗关闭开关→天窗控制开关端子2→G501搭铁。天窗关闭继电器常开触点吸合,电流路线:蓄电池正极→No.41(100A)、No.51(40A)→No.1(30A)→天窗关闭继电器常开触点→天窗电动机端子2→天窗电动机→天窗电动机端子1→天窗开启继电器常闭触点→G501搭铁。天窗电动机转动,天窗关闭。

(4) 天窗倾斜电路。在天窗关闭状态(限位开关处于关闭位置),将天窗控制开关置于倾斜位置,电流路线:蓄电池正极→No.41(100A)、No.51(40A)→电动车窗继电器触点→No.7(20A)→天窗关闭继电器线圈→限位开关端子1→限位开关端子2→天窗控制开关端子5→天窗倾斜开关→天窗控制开关端子2→G501搭铁。天窗关闭继电器常开触点吸合,电流路线:蓄电池正极→No.41(100A)、No.51(40A)→No.1(30A)→天窗关闭继电器常开触点→天窗电动机端子2→天窗电动机→天窗电动机端子1→天窗开启继电器常闭触点→G501搭铁。天窗电动机转动,天窗倾斜。

四、上汽通用雪佛兰科鲁兹轿车电动天窗

1. 系统组成

上汽通用雪佛兰科鲁兹轿车电动天窗系统由车身控制模块、天窗控制模块、天窗控制开关(滑动开关和倾斜开关)等组成。

(1) 车身控制模块。车身控制模块和天窗控制模块之间采用了LIN总线控制,车身控制模块为主模块,天窗控制模块为从模块。作为系统主模块,车身控制模块通过LIN总线启用或停用天窗操作,天窗控制模块为车身控制模块提供系统状态和诊断信息,用于诊断报告和操作。

(2) 天窗控制模块。天窗控制模块和天窗电动机总成集成一体,包含有电子元件、电动机、霍尔式位置传感器及驾驶员控制开关接口。天窗控制模块根据来自系统主模块LIN总线上的指令来控制天窗电动机总成运动。

(3) 天窗控制开关。天窗控制开关如图3.2-13所示,包括滑动开关和倾斜开关(又称通风开关)。滑动开关包括打开、快速打开、断开、关闭和快速关闭5个挡位。倾斜开关包括打开、断开和关闭3个挡位。

2. 系统保护功能

(1) 防夹功能。天窗在向关闭方向移

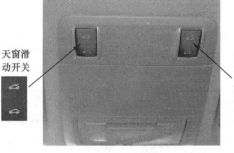

图3.2-13 天窗控制开关

动时，如果检测到有物体阻碍，则自动停止，并反向移动一小段距离，防止造成系统损坏和人身伤害。

（2）天窗系统热保护。天窗控制模块内有热保护功能，防止因开关操作不当造成天窗控制模块和电动机损坏。在热保护期间，将忽略任何新的天窗打开指令，直到电动机冷却。

3. 天窗的操作

（1）天窗手动打开和关闭。当天窗不在倾斜位置时，按下滑动打开或关闭开关第一挡，天窗打开或关闭，直至开关松开。

（2）天窗快速打开或关闭。当天窗不在倾斜位置时，按下滑动打开或关闭开关第二挡，然后松开开关，天窗快速打开或关闭。再按一下任何开关按钮，天窗停止移动。

（3）天窗倾斜打开或关闭。按下倾斜打开或关闭开关，天窗快速倾斜打开或关闭。

4. 控制电路

上汽通用雪佛兰科鲁兹轿车电动天窗控制电路如图 3.2-14 所示。

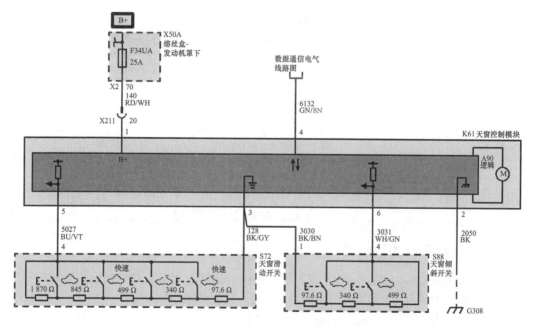

图 3.2-14　科鲁兹轿车电动天窗控制电路

任务实施

下面以 2014 款上汽通用雪佛兰科鲁兹轿车电动天窗为例（电路图如图 3.2-14 所示），介绍电动天窗的检修。

一、电动天窗的检修

1. 天窗滑动开关的检修

（1）关闭点火开关，断开天窗滑动开关 S72 的线束连接器。

（2）按表 3.2-1 所示条件，用万用表测量开关端子 1 和 4 之间的电阻，若电阻值不在规定范围内，更换天窗滑动开关 S72。

表 3.2-1　天窗滑动开关的检查

万用表连接	开关条件	测量值 /Ω
天窗滑动开关 端子 1- 端子 4	按下"快速打开"开关	88～120
	按下"手动打开"开关	390～480
	按下"快速关闭"开关	830～1 030
	按下"手动关闭"开关	1 600～2 000
	没有按下任何开关	3 300～4 000

2. 天窗倾斜开关的检修

（1）关闭点火开关，断开天窗倾斜开关 S88 的线束连接器。

（2）按表 3.2-2 所示条件，用万用表测量开关端子 1 和 4 之间的电阻，若电阻值不在规定范围内，更换天窗倾斜开关 S88。

表 3.2-2　天窗倾斜开关的检查

万用表连接	开关条件	测量值 /Ω
天窗倾斜开关 端子 1—端子 4	按下"倾斜打开"开关	88～120
	按下"倾斜关闭"开关	390～480
	没有按下任何开关	830～1 030

二、电动天窗的初始化

在每次安装天窗电动机总成时，需要对天窗电动机进行初始化，具体初始化方法如下：

（1）确保天窗内衬上的电气线束已经连接至天窗电动机。

（2）将点火开关置于"RUN（运行）"位置。

（3）对于旧的天窗电动机，需要确保天窗处于完全关闭位置，但对于新天窗电动机无须达到此要求。

（4）按住"手动关闭"开关，10 s 后，天窗将移动至倾斜起始位置（注意，不要松开"手动关闭"开关，直到天窗停止移动，对于新的天窗电动机无需等待 10 s）。

（5）用快速或手动打开开关将天窗打开至全开位置，然后松开开关。

（6）按住"手动打开"开关，10 s 后，天窗移动至关闭位置、倾斜位置，然后关闭，在天窗完全关闭前，不要松开"手动打开"开关。

（7）验证天窗功能。

注意，如果在初始化操作完成前发生以下情况，则初始化将会中断，需要重新开始初始化操作：①滑动按钮没有处于要求的位置；②点火开关或蓄电池已被拆下；③天窗未达到完全关闭的位置。

案例分析

一、赛欧 SRV 轿车电动天窗会自行动作

故障现象：赛欧 SRV 轿车电动天窗处于打开状态时，在颠簸路面行驶不按天窗控制开关，天窗也会自行动作。

故障诊断与排除：根据上述现象，首先检查天窗控制开关或开关控制电路，没有发现线束破损，更换控制开关后试车，故障依旧存在。该车天窗控制系统电路如图 3.2-15 所示。

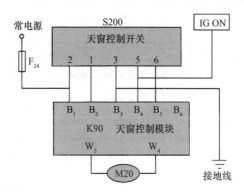

图 3.2-15 赛欧 SRV 轿车天窗控制系统电路图

经分析，怀疑天窗控制模块内部电路有故障，在更换控制模块后试车，故障仍未消除。经仔细分析后认为，故障在天窗打开时才会出现，并且只向关闭的方向自行动作，说明控制天窗自动关闭的电路有问题。

该电动天窗控制系统有一个特殊功能：天窗控制模块会一直监测反映关闭点火开关状态的电压信号，当发现电压信号不对时，天窗控制模块会控制天窗电动机自动关闭天窗。

仔细检查天窗控制模块的电源电路，发现该模块上的端子 B_4 电路虚接。处理完毕后试车，电动天窗控制系统工作正常，故障排除。

二、君威 GS 轿车车顶修复后，天窗工作不良

故障现象：别克君威 GS 轿车，开启天窗时，天窗已运行到最大开启位置，但天窗电动机还不停转，电动机与驱动缆绳间发出"咔咔"的打齿声；关闭天窗时，天窗不能完全关闭，运行到距完全关闭位置约 20 cm 时便停下来。

故障诊断与排除：询问车主得知，该车因车顶变形，拆下天窗修复车顶，修复后，便出现上述故障。经分析，怀疑天窗控制系统有故障。

该车天窗控制系统包括天窗控制开关、天窗限位开关、天窗执行器（天窗电动机）和天窗控制模块，其电路图如图 3.2-16 所示。

天窗控制开关的作用是将操作信号传递给天窗控制模块，限位开关将天窗的运行位置信息传递给控制模块。天窗控制模块根据天窗控制开关送来的指令和限位开关送来的位置信息控制天窗电动机的工作，从而使天窗运行或停止到规定位置。

天窗控制模块内部包括控制天窗电动机运转的继电器和电子控制元件，它可以执行天窗的"快速打开"功能，即在天窗关闭时按一下天窗控制开关的"打开"，然后放松开关，

则天窗自动运行到全开位置，然后自动停止。

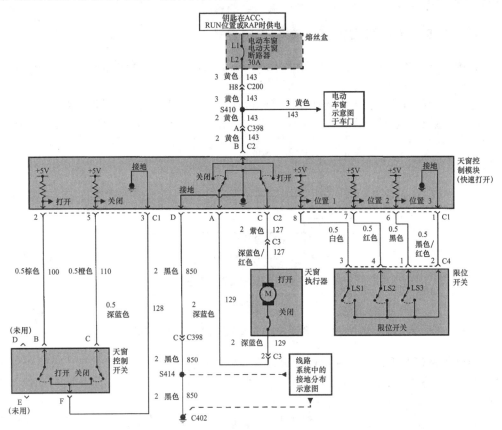

图 3.2-16　君威 GS 轿车天窗控制系统电路图

天窗控制过程：天窗控制模块 C1-2 端向天窗控制开关输出 5 V 电压，并检测此端的电压信号，当按下天窗控制开关的"打开"时，此端接地。天窗控制模块 C1-5 端向外输出 5 V 电压并检测此端的电压信号，当按下天窗控制开关的"关闭"时，此端接地。天窗控制模块由此得知操作指令，通过内部的继电器动作，控制天窗电动机的旋转方向。天窗控制模块通过 C1-6、C1-7、C1-8 端向限位开关输出 5 V 电压并检测此端的电压信号，在不同的位置，限位开关使三个端子处于不同的状态：天窗全闭时，限位开关使 C1-8 端接地；全开时，限位开关使 C1-6 端、C1-7 端、C1-8 端都接地；在天窗通风位置，限位开关使 C1-7 端接地。天窗控制模块根据限位开关的信息，控制天窗的运行并停止在正确的位置。如果限位开关信息不正确，会出现天窗运行到极限位置后不能停止或在中间位置停止运转。

因天窗不同位置对应着限位开关的不同状态，所以，在将限位开关及电动机安装到天窗总成时有一定的位置要求。限位开关出厂时预设在关闭状态，在顶部安装了位置锁销，以锁定传动齿轮，防止其旋转，如图 3.2-17 所示。

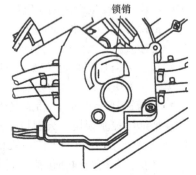

图 3.2-17　限位开关锁销

安装限位开关及电动机时,天窗应在关闭位置,安装后拔掉锁销。

经仔细分析,怀疑限位开关装配错误或是内部损坏,于是拆下限位开关并解体,检查滑环及弹簧片,接触良好,也没有发现过度磨损。接着对系统重新进行装配。首先断开电动机接线连接器,直接给电动机供 12 V 电源,使天窗运行到全闭位置;然后装配限位开关,使正时齿轮上的正时标记孔与限位开关壳体上的正时标记孔对齐。将限位开关和电动机安装到位后,反复操作天窗控制开关,一切功能正常,故障排除。

任务小结

1. 电动天窗能使浑浊的空气迅速排出车外,同时,能阻挡车外灰尘的进入;新鲜的空气从天窗进入车厢,没有开车窗时产生的风噪声;天窗还可以开阔视野,快速除去车内雾气,辅助调节温度及减少空调使用时间等。
2. 汽车天窗按照开启方向可分为内藏式、外掀式、敞篷式和全景天窗等。
3. 电动天窗的功能包括自动关闭功能、防夹功能等。
4. 汽车电动天窗一般由天窗组件、滑动机构、驱动机构、开关、控制系统、遮阳板等组成。
5. 电动天窗的开关由控制开关和限位开关组成。
6. 电动天窗控制开关主要包括滑动开关和倾斜开关。滑动开关有滑动打开、滑动关闭和断开(中间位置)3 个挡位;倾斜开关有斜升、斜降和断开(中间位置)3 个挡位。
7. 电动天窗限位开关又叫作行程开关,主要是用来检测天窗所处的位置。
8. 上汽通用雪佛兰科鲁兹轿车电动天窗系统由车身控制模块、天窗控制模块、天窗控制开关(滑动开关和倾斜开关)等组成。

课后练习

1. 简述电动天窗的分类与功能。
2. 为什么要设置限位开关?
3. 如何检修天窗滑动开关?
4. 如何对天窗进行初始化?

学习任务三　电动座椅检修

- ●能正确讲述电动座椅的分类、组成和各部分功用;
- ●能正确描述各种功能的电动座椅系统工作原理;
- ●能正确描述带存储记忆功能的电动座椅系统的使用方法;

- 能正确识读和分析电动座椅系统电路图;
- 会使用万用表和故障诊断仪对汽车电动座椅进行检测;
- 会分析诊断和排除电动座椅系统的常见故障。

- 电动座椅系统的工作原理;
- 识读和分析电动座椅系统电路图;
- 分析诊断和排除电动座椅系统的常见故障。

任务描述

一位客户反映他所驾驶的上汽通用别克君越轿车,打开点火开关,操作电动座椅开关时,发现驾驶员及前排乘客电动座椅前后、上下、倾斜等方向均不能调节。现在,请对客户轿车的电动座椅进行检修。

知识准备

汽车座椅为驾驶员提供便于操作、舒适而又安全的驾驶位置,为乘客提供不易疲劳且舒适而又安全的乘坐位置。座椅调节的目的是使驾驶员和乘客乘坐舒适。通过调节还可以变动坐姿,减少乘客长时间乘车的疲劳。

现代汽车普遍采用电动座椅,驾驶员通过操纵电动座椅开关,可以将座椅及靠背调整到最佳的位置上,获得最佳视野,便于操纵转向盘、踏板、变速杆等,还可以获得最舒适和最习惯的乘坐角度。汽车乘客也能通过操纵电动座椅开关按钮,调整乘坐姿势,使乘坐更加舒适。汽车座椅在车上的位置如图 3.3-1 所示。

图 3.3-1 汽车座椅

一、电动座椅的分类

电动座椅根据分类方式的不同可分为以下几种类型:

1. 根据使用电动机的数量分类

根据使用电动机的数量,电动座椅可分为单电动机式、双电动机式、三电动机式、四电动机式和多电动机式等。

（1）单电动机式。单电动机式只能对电动座椅的前后两个方向进行调整。

（2）双电动机式。双电动机式可以对电动座椅进行4个方向的调整，即不仅前后两个方向的位置可以移动，其高低也可以进行调整。

（3）三电动机式。三电动机式可以对电动座椅进行6个方向的调整，即不仅能向前后两个方向移动，还可分别对座椅的前部和后部的高低进行调整。

（4）四电动机式。四电动机式的调整功能除具有以上三个电动机式的基本调整功能外，还可对靠背的倾斜度进行调整。

（5）多电动机式。多电动机式除保证上述基本运动外，还可对头枕高度和扶手的位置等进行调整。其是具有多方位可调节功能的电动座椅，如图3.3-2所示。

2. 根据有无存储记忆功能分类

根据有无存储记忆功能，电动座椅可分为无存储记忆功能与有存储记忆功能两种。有存储记忆功能的电动座椅，可以将每次驾驶员或乘客调整电动座椅后的数据存储下来，以备下次恢复座椅位置时使用。

3. 根据有无加热器分类

根据有无加热器，电动座椅可分为无加热器式与有加热器式两种。有加热器式电动座椅可以在冬季寒冷的时候对座椅的座垫和靠背进行加热，以使驾驶员或乘客乘坐得更为舒适。

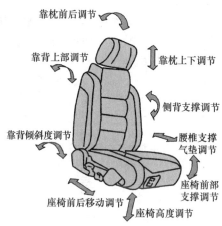

图 3.3-2 具有多方位可调节功能的电动座椅

4. 根据有无通风功能分类

根据有无通风功能，电动座椅可分为无通风功能与有通风功能两种。通风型座椅通过鼓风机电动机工作抽取座椅座垫和靠背表面的空气，借助座垫和座椅靠背护套中的小孔、泡沫垫中的通道排出。

另外，有些座椅还附加了一些特种功能的装置，如在座椅上使用电动气泵，对各个专用支撑气囊（腰椎支撑气囊、侧背支撑气囊、座位前部的大腿支撑气囊）进行充气，起到调节支撑腰椎、侧背、大腿的作用。

二、电动座椅的组成

电动座椅一般由双向电动机、传动机构和电动座椅开关等组成，如图3.3-3所示。按下电动座椅开关，双向电动机通电产生动力，经传动机构改变座椅的位置，以实现座椅不同位置的调节。

1. 电动机

大多数电动座椅使用永磁式双向直流电动机，它通过控制开关来改变流经电动机内部

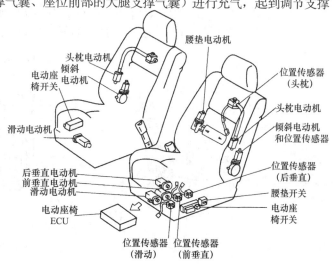

图 3.3-3 电动座椅的组成

的电流方向，从而实现转动方向的改变。为防止电动机过载，大多数永磁式电动机内装有断路器。

2. 传动机构

电动机的旋转运动，通过传动机构改变座椅的空间位置。

（1）高度调整机构。高度调整机构由蜗杆、蜗轮、心轴等组成，如图3.3-4所示。调整时，蜗杆轴在电动机的驱动下，带动蜗轮转动，从而保证心轴旋进或旋出，实现座椅的上升与下降。

（2）纵向调整机构。纵向调整机构由蜗杆、蜗轮、齿条、导轨等组成，如图3.3-5所示，齿条装在导轨上。调整时，电动机转矩经蜗杆传至两侧的蜗轮上，经导轨上的齿条，带动座椅前后移动。

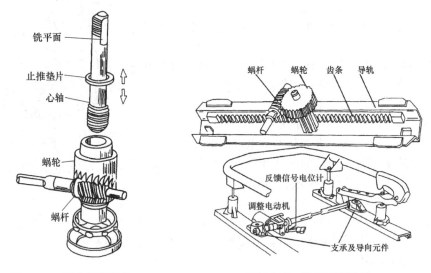

图 3.3-4　高度调整机构　　　　图 3.3-5　纵向调整机构

（3）靠背倾斜调整机构。靠背倾斜调整机构主要由铰链销钉、链轮、内齿轮（30个齿）、外齿轮（29个齿）、电动机等组成，如图3.3-6所示，其工作情况如图3.3-7所示。

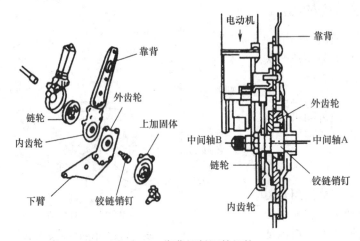

图 3.3-6　靠背倾斜调整机构

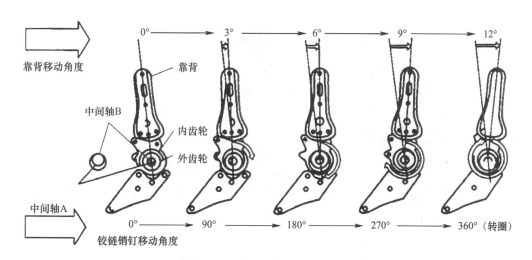

图 3.3-7 靠背倾斜调节

当靠背与头枕调节开关置于 A 或 B 位置，靠背调节电动机运转，并带动链轮转动，安装在链轮上的铰链销钉（带有偏心凸轮，其中间轴 B 与外齿轮、链轮同轴）也以同样的转向一起转动。由于外齿轮安装在座垫侧，因而铰链销钉的中间轴 B 围绕带偏心凸轮的中间轴 A 旋转。这样，内齿轮与外齿轮啮合，铰链销钉每转一圈，所啮合的齿轮转动 12°。座椅靠背的最大调节角度约为 54°。

（4）腰部支撑调节机构。腰部支撑调节机构主要由电动机、螺母、扭力弹簧、支架等组成，如图 3.3-8 所示，其工作情况如图 3.3-9 所示。当把腰部支撑调节开关推向 A 时，电动机开始运转，并使螺母朝 a 方向移动，扭力弹簧向支点 P 方向（b 方向）移动，以增加腰部支撑的压力；而当把腰部支撑调节开关推向 B 位置时，电动机、螺母及扭力弹簧的工作情况与此相反，其结果是减小腰部支撑的压力。

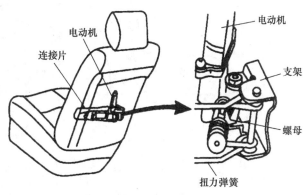

图 3.3-8 腰部支撑调节机构

（5）头枕高度调节机构。头枕高度调节机构主要是由电动机、外壳、螺杆及固装在座椅靠背框架上的轴等组成，如图 3.3-10 所示。当靠背与头枕调节开关扳向 A 方向，电动机即运转，经钢索、外壳带动螺杆运动，与螺杆啮合的塑料螺母即沿着螺杆向 a 方向（实箭头）移动，使头枕升高；当靠背与头枕调节开关扳向 B 方向，其工作过程与上述相反，使头枕降低。

3. 电动座椅开关

电动座椅开关包括座椅调节开关和记忆开关，通常安装在座椅旁边，也有的安装在车门上或仪表板上，以方便驾驶员或乘客操控，如图 3.3-11 所示。

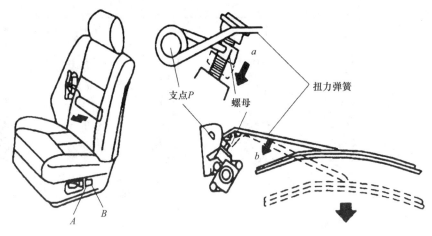

图 3.3-9　腰部支撑调节机构的工作情况

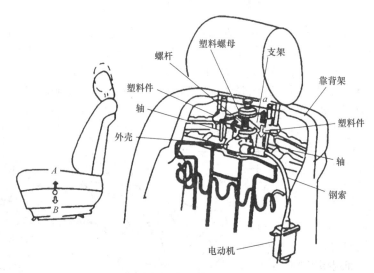

图 3.3-10　头枕高度调节机构

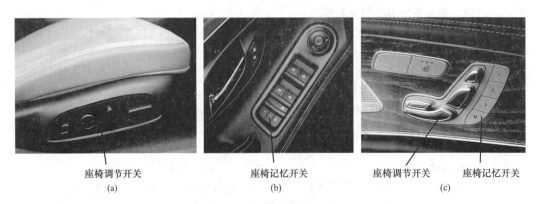

座椅调节开关	座椅记忆开关	座椅调节开关　座椅记忆开关
(a)	(b)	(c)

图 3.3-11　电动座椅开关

(a) 座椅旁边；(b) 车门扶手上；(c) 车门上

三、无存储记忆功能的电动座椅

2013款别克君越2.4L SIDI型轿车无存储记忆功能电动座椅系统包括座椅调节器开关、座椅水平调节电动机、座椅前部垂直调节电动机、座椅后部垂直调节电动机、座椅靠背倾角调节电动机、25 A 电路断路器等部件，其电路图如图3.3-12 所示。

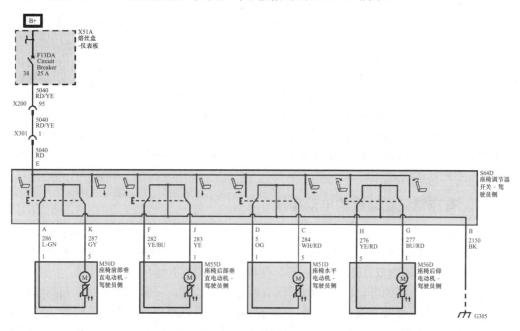

图 3.3-12　别克君越轿车无存储记忆功能的电动座椅电路图

系统有4个双向调节电动机，可以实现电动座椅的水平前后移动调节、前端上下调节、后端上下调节及靠背倾斜调节8个方向的调节，如图3.3-13所示。4个电动机都包括一个电子断路器（PTC），该断路器在电路过载情况下断开。

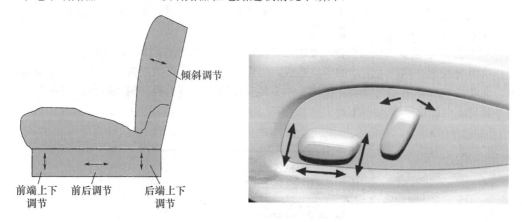

图 3.3-13　电动座椅 8 个方向调节及调节开关按钮

现以该车驾驶员侧电动座椅的水平前后移动调节为例介绍其工作原理。

1. 驾驶员座椅水平向前移动控制

当要水平向前移动驾驶员侧电动座椅时，将水平调节开关推至向前位置。电流路线：蓄电池正极 B+ → F13DA 断路器→端子 X200-95 →端子 X301-1 →开关总成 S64D 上的端子 E →水平调节向前开关→开关总成 S64D 上的端子 D →电动机总成 M51D 的端子 1 →电子断路器（PTC）→水平向前/向后电动机→电动机总成 M51D 的端子 5 →开关总成 S64D 上的端子 C →开关总成 S64D 上的端子 B → G305 接地。水平向前/向后电动机转动，驾驶员座椅水平向前移动。

2. 驾驶员座椅水平向后移动控制

当要水平向后移动驾驶员侧电动座椅时，将水平调节开关推至向后位置。电流路线：蓄电池正极 B+ → F13DA 断路器→端子 X200-95 →端子 X301-1 →开关总成 S64D 上的端子 E →水平调节向后开关→开关总成 S64D 上的端子 C →电动机总成 M51D 的端子 5 →水平向前/向后电动机→电子断路器（PTC）→电动机总成 M51D 的端子 1 →开关总成 S64D 上的端子 D →开关总成 S64D 上的端子 B → G305 接地。水平向前/向后电动机转动，驾驶员座椅水平向后移动。

四、有存储记忆功能的电动座椅

有存储记忆功能的电动座椅又称为自动座椅，它是在普通电动座椅的基础上增加了一套具有存储记忆功能的电子控制系统。电子控制系统可以存储驾驶员或乘客的座椅位置，需要时通过按钮即可恢复自己的座椅位置，使得座椅的调整更加方便快捷。

有存储记忆功能的电动座椅控制系统有两套控制装置，一套是手动的，包括电动座椅开关和一组座椅位置调整电动机等，驾驶员或乘客可以根据自身需要通过相应的座椅开关来调整，它的控制方式和普通电动座椅完全相同。另一套是自动的，包括座椅位置传感器、记忆开关（存储和复位开关）、ECU 及与手动控制系统共用的一组调整电动机。

自动座椅可以根据座椅位置传感器的信号将座椅位置存储起来，以备下次恢复座椅位置时使用。

1. 座椅位置传感器

要实现座椅位置的存储与恢复，则必须有座椅位置传感器。电动座椅位置传感器主要有滑动电位器式和霍尔式等类型。

（1）滑动电位器式位置传感器如图 3.3-14 所示，主要由座椅电动机驱动的齿轮和螺杆、电阻丝及能在螺杆上滑动的滑块组成。当电动机驱动座椅的同时，也驱动齿轮带动螺杆，驱动滑块在电阻器上滑动，相当于一个可变电阻，通过电阻器阻值的变化将座椅位置信号转变成电压信号输入 ECU。

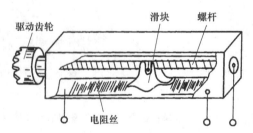

图 3.3-14　滑动电位器式位置传感器

（2）霍尔式位置传感器如图3.3-15所示，主要由永久磁铁和霍尔集成电路组成。永久磁铁安装在电动机驱动的轴上，霍尔集成电路中装有一个半导体基片即霍尔元件。永久磁铁提供永久磁场，当有电流流过放在磁场中的霍尔元件，且电流方向与磁场方向垂直时，在垂直于电流与磁场的霍尔元件的横向侧面上，即产生一个与电流和磁场强度成正比的霍尔电压。

由于霍尔式位置传感器转轴上永久磁铁的转动引起了霍尔元件中磁通量的变化，从而使霍尔元件产生霍尔电压，再经霍尔集成电路进行放大并处理成脉冲信号输入ECU。

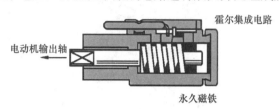

图 3.3-15　霍尔式位置传感器

2. 基本工作原理

2013款别克君越2.4L SIDI高配舒适型轿车有存储记忆功能的电动座椅控制电路如图3.3-16和图3.3-17所示。驾驶员通过操纵电动座椅开关S64D将座椅位置调好后，按下座椅记忆开关S47D，座椅记忆控制模块K40就会把各位置传感器的信号存储起来，以备下次恢复座椅位置时再用。当下次使用时，只要一按座椅记忆开关S47D，K40便驱动座椅电动机，将座椅调整到原来位置。

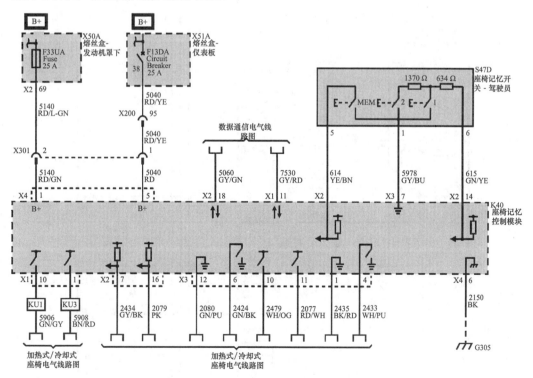

图 3.3-16　别克君越轿车座椅记忆开关电路

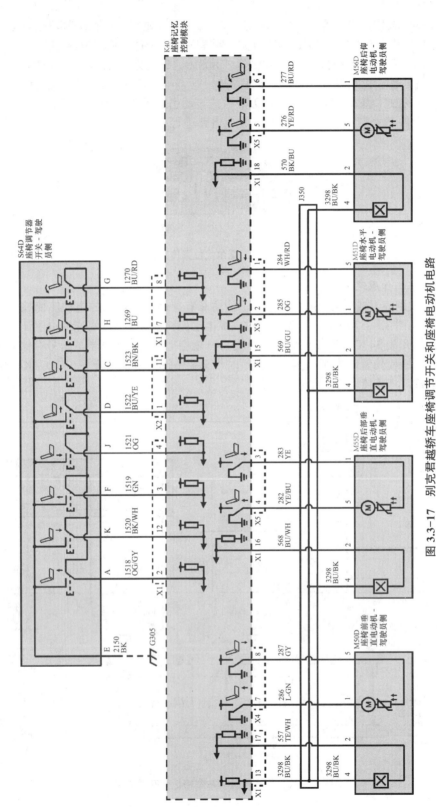

图 3.3-17 别克君越轿车座椅调节开关和座椅电动机电路

按下座椅调节器开关 S64D 上的开关，相应的信号电路电压降低为零，信号电压送至座椅记忆控制模块 K40，K40 控制相应电动机通电，使座椅移动，以响应开关指令。

座椅电动机总成内部装有霍尔式 2 线位置传感器，用于确定座椅位置。座椅记忆控制模块 K40 端子 X1-13 为各传感器提供一个共用的 12 V 参考电压，端子 X1-15、16、17、18 为各传感器信号电路。在座椅电动机转动期间，电动机轴每转一圈，霍尔式位置传感器提供一个确定数目的脉冲信号，脉冲信号的计数为 0～65 535。控制模块根据每个传感器的反馈脉冲数，来确定座椅位置，其高计数值表示向前或向上的座椅位置，而低计数值表示向后或向下的座椅位置。

座椅记忆开关 S47D 由座椅记忆控制模块 K40 端子 X3-7 提供搭铁。当按下开关 S47D 时，来自 K40 的信号电路通过开关触点和一系列电阻器被拉低，表示记忆请求。

3. 电动座椅存储记忆功能操作方法

别克君越轿车电动座椅位置记忆开关如图 3.3-18 所示，通过记忆开关按钮，可保存和恢复驾驶员座椅、车外后视镜及电动倾斜/伸缩式转向柱（如装备）的位置，共可保存两个位置，具体操作方法及步骤如下：

（1）将驾驶员座椅和车外后视镜等调节至合适位置。

图 3.3-18　别克君越轿车电动座椅位置记忆开关

（2）同时按住按钮 MEM 和按钮 1，直至发出一声"嘀"的蜂鸣声，表示当前位置已保存。

（3）重复以上操作步骤，同时按住按钮 MEM 和按钮 2，可保存第二个座椅位置。

（4）若想恢复座椅位置，按住与所需位置对应的按钮 1 或按钮 2，直到座椅和车外后视镜移到之前保存的位置。若想停止恢复，松开按钮即可。

五、带加热器的电动座椅

座椅加热系统可以对驾驶员和乘客的座椅进行加热，使乘坐更加舒适。有些汽车座椅的加热速度还可以调节，下面介绍加热速度可调节式电动座椅。

2013 款别克君越 2.4L SIDI 型轿车电动座椅带有加热速度可调节式加热器，并由位于空调控制面板上的加热器开关控制，如图 3.3-19 所示。开关旁边的三格红色指示灯表示加热速度：若三格红色指示灯亮起，表示高速加热；两格红色指示灯亮起，表示中速加热；只有一格红色指示灯亮起，表示低速加热。驾驶员按下加热器开关时，先以高速加热方式开启，再每按一次开关，温度设置就降低一个等级。要关闭加热功能，可反复按下加热器开关直至指示灯全部熄灭。

该座椅加热系统可以单独对驾驶员侧或前排乘客侧的座椅进行加热，也可以同时对两座椅进行加热。

别克君越轿车电动座椅加热器控制电路如图 3.3-20 和图 3.3-21 所示，按下座椅加热器开关，开关信息由 A20 经串行数据线（LIN 网络）发送到 HVAC 控制模块 K33，K33 再通过串行数据线（低速 GMLAN 网络）将该信息传送至座椅记忆控制模块 K40。反之，K40 的信息经串行数据线发送给 K33，再到 A20，以点亮或熄灭相应的温度指示灯。

图 3.3-19　别克君越轿车加热器和通风开关（驾驶员侧座椅）

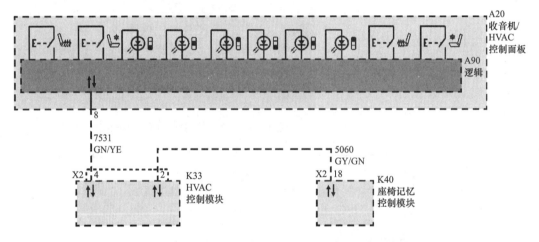

图 3.3-20　别克君越轿车座椅和通风系统网络通信电路

座椅记忆控制模块 K40 给座椅加热元件提供电源，并通过脉宽调制（PWM）方式控制搭铁回路，以控制座椅温度。座垫中的温度传感器（热敏电阻）由 K40 提供 5 V 电源，温度传感器是一个可变电阻器，其电阻随着座椅温度的变化而变化。当达到所需温度时，K40 断开座椅加热元件的搭铁电路。随后，K40 将循环断开和闭合加热元件控制电路，以保持所需温度。

六、带通风功能的电动座椅

座椅通风系统通过鼓风机电动机工作抽取座椅座垫和靠背表面的空气，借助座垫和座椅靠背护套中的小孔、泡沫垫中的通道排出，提高乘员的乘坐舒适性。下面介绍通风系统风速可调节式电动座椅。

2013 款别克君越 2.4L SIDI 型轿车电动座椅具有通风功能，通风开关位置如图 3.3-19 所示。在开关旁边也有三格红色指示灯，用于指示鼓风机的风速。

注意：加热功能和通风功能不能同时打开，当打开其中一个功能时，若另外一个功能在使用，则会自动关闭该功能，转到选择的功能上。

鼓风机的安装位置如图 3.3-22 所示，其控制电路如图 3.3-23 所示。驾驶员和前排乘客座椅的通风系统及通风控制开关相同。下面来分析该车型通风系统风速可调节式电动座椅的工作过程。

将点火开关置于 ON（打开）位置，车身控制模块 BCM 控制点火运行继电器通电，使其触点闭合。蓄电池正极经点火运行继电器触点、10 A 保险丝，向驾驶员和前排乘客通风型座椅鼓风机电动机提供蓄电池电压。

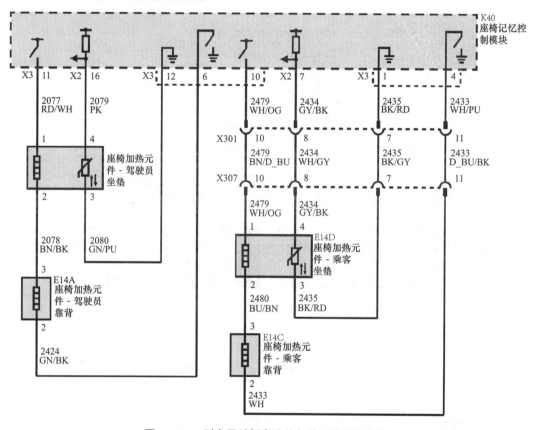

图 3.3-21 别克君越轿车座椅加热系统控制电路

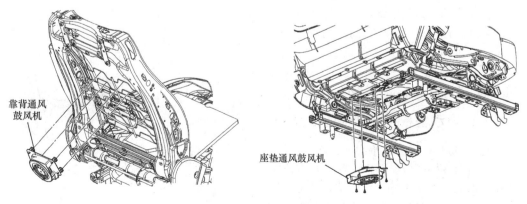

图 3.3-22 座椅通风鼓风机

按下座椅通风开关，开关指示灯点亮，开关信号通过 A20 发送到 K33，K33 将该工作请求信号送至座椅记忆控制模块 K40（图 3.3-20）。K40 发送一个脉宽调制（PWM）信号给座椅鼓风机电动机 M73A、M73B、M73C、M73D，以执行座椅通风指令。鼓风机电动机中的逻辑电路根据开关工作指令来设置鼓风机转速，靠背和座垫的鼓风机电动机向远离乘员的方向抽取空气。然后，K40 将串行数据信息发送回 K33，再到 A20，以点亮或熄灭相应的开关指示灯。

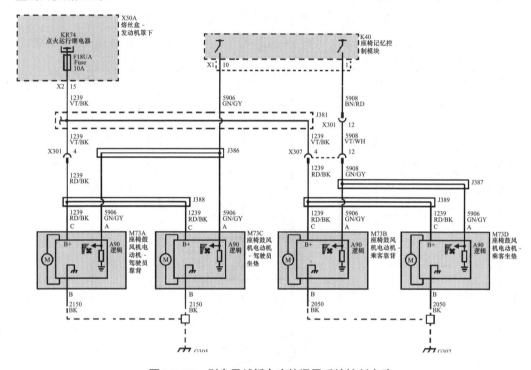

图 3.3-23 别克君越轿车座椅通风系统控制电路

任务实施

由于不同车型的电动座椅组件结构不相同，所以，在维修时应该针对不同的车型，确定相应的维修方法。下面以 2013 款别克君越 2.4L SIDI 型轿车驾驶员侧电动座椅为例讲述电动座椅主要部件的检修。

一、电动座椅主要部件的检修

1. 电动座椅调节器开关的检查

松开驾驶员电动座椅装饰盖上的开关旋钮，拆卸驾驶员电动座椅调节器开关，如图 3.3-24 所示。按图 3.3-25 所示拨动电动座

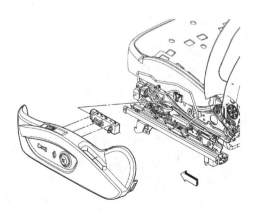

图 3.3-24 驾驶员座椅调节器开关的安装位置图

椅上的调节开关，按表 3.3-1 测试开关各端子之间是否导通（电路原理如图 3.3-12 所示）。如果有一项不满足要求，应更换电动座椅调节开关。

图 3.3-25 驾驶员电动座椅调节开关及端子排列

表 3.3-1 电动座椅调节开关线路导通情况的检测

开关位置	开关端子	开关完好时万用表指示	开关位置	开关端子	开关完好时万用表指示
位置1（前部升高）	A 和 E	导通	位置5（后部升高）	F 和 E	导通
位置2（前部降低）	K 和 E	导通	位置6（后部降低）	J 和 E	导通
位置3（水平前移）	D 和 E	导通	位置7（靠背往前）	H 和 E	导通
位置4（水平后移）	C 和 E	导通	位置8（靠背往后）	G 和 E	导通
开关置于中间位置	B 和 A、C、D、F、G、H、J、K	导通			

2. 电动座椅调节电动机的检查

对驾驶员电动座椅调节电动机的检修方法如下：

（1）关闭点火开关，断开调节电动机的线束连接器。

（2）在电动机总成端子 1 和 12 伏电源之间安装一根带 30A 熔丝的跨接线。

（3）在电动机总成端子 5 和搭铁之间安装一条跨接线，座椅调节电动机应转动，如果电动机不转，则更换该电动机。

（4）反向连接上面的两根跨接线，电动机应立即反向转动，如果电动机不反向转动，则应该更换该电动机。

二、有存储记忆功能的电动座椅主要部件的检修

1. 座椅记忆开关的检修

（1）关闭点火开关，断开驾驶员侧座椅记忆开关 S47D 的线束连接器。

（2）按表 3.3-2 所示条件，用万用表测量相应开关端子之间的电阻（电路原理如图 3.3-16 所示），若电阻值不在规定范围内，更换座椅记忆开关 S47D。

表 3.3-2 座椅记忆开关 S47D 的检查

万用表连接	开关条件	测量值
端子1- 端子5 端子1- 端子6	没有按下任何按钮	无穷大
端子1- 端子5	按下按钮 MEM	小于 1Ω

续表

万用表连接	开关条件	测量值
端子1-端子6	按下按钮1	570～698 Ω
	按下按钮2	1 800～2 209 Ω

2. 位置传感器电路的检修

座椅记忆控制模块 K40 利用各电动机内部的霍尔式位置传感器监测座椅电动机的位置，K40 向各传感器提供 12 V 参考电压和低压侧信号电路，电路原理如图 3.3-17 所示。

若位置传感器及其电路出现故障，将会记录故障码，故障检修步骤如下：

（1）关闭点火开关，断开设置有故障码的相应座椅电动机的线束连接器及座椅记忆控制模块 K40 的连接器 X1。

（2）用万用表检查 K40 和座椅电动机位置传感器之间的两条线路是否短路或断路，若不正常，则维修线路中的短路或断路之处。

（3）连接 K40 的连接器 X1，将点火开关置于 ON（打开）位置。

（4）传感器电源测试。从传感器线束侧测量端子 4 和搭铁之间的电压，应大于 10.8 V。若不符合要求，则更换 K40。

（5）关闭点火开关，连接座椅电动机的连接器，将点火开关置于 ON（打开）位置。

（6）传感器信号测试。从传感器线束侧测量端子 2 和搭铁之间的电压，应为 0.3～2 V。若不符合要求，则更换座椅电动机位置传感器。

（7）若以上测试均正常，则测试或更换 K40。

三、带加热器的电动座椅主要部件的检修

带加热器的电动座椅电路原理如图 3.3-21 所示。

1. 座椅靠背加热元件的检查

（1）关闭点火开关，断开座椅靠背加热元件 E14A 的线束连接器。

（2）测试加热元件端子 2 和端子 3 之间的电阻，应为 0.5～2 Ω。若不满足要求，则应更换座椅靠背加热元件 E14A。

2. 座椅座垫加热元件的检查

（1）关闭点火开关，断开座椅座垫加热元件 E14B 的线束连接器。

（2）测试加热元件端子 1 和端子 2 之间的电阻，应为 1～5 Ω。若不满足要求，则应更换座椅座垫加热元件 E14B。

（3）测试温度传感器信号电路端子 4 和端子 3 之间的电阻，应为 500 Ω～300 kΩ，并随着温度的变化而变化。若不符合要求，则更换座椅座垫加热元件。

四、带通风功能的电动座椅主要部件的检修

以驾驶员电动座椅靠背通风系统为例（电路原理如图 3.3-23 所示），若通风系统出现故障，其检修步骤如下：

（1）关闭点火开关，断开鼓风机电动机的线束连接器 M73A。将点火开关置于 ON（打开）位置。

（2）检测点火电路端子 C 和搭铁之间的电压，应为蓄电池电压。若不符合要求，则检修相关的电源电路。

（3）关闭点火开关，检测搭铁电路端子 B 和搭铁之间的电阻，应小于 1 Ω。若不符合要求，维修线路中搭铁不良之处。

（4）断开座椅记忆控制模块 K40 的线束连接器 X1。

（5）检测线束侧鼓风机端子 A 与 K40 的 X1-10 之间的线路是否短路或断路，若不正常，则修理或更换线束或连接器。

（6）连接 K40 的线束连接器 X1，将点火开关置于 ON（打开）位置。

（7）在鼓风机电动机线束侧端子 A 和 B 之间连接一个测试灯。

（8）确认按下座椅通风开关并处于高、中、低位置时，测试灯应点亮；在 OFF（关闭）位置时，测试灯应熄灭。若不满足要求，则检查或更换 K40。

（9）若以上检查均正常，更换鼓风机电动机 M73A。

【案例分析】

一、广州本田雅阁轿车电动座椅所有调节开关无法调节

故障现象：广州本田雅阁轿车驾驶员座椅为 8 个方向可调式的电动座椅，该车电动座椅所有调节开关无法调节。

故障诊断与排除：该车电动座椅的电路原理如图 3.3-26 所示，其工作原理如下：

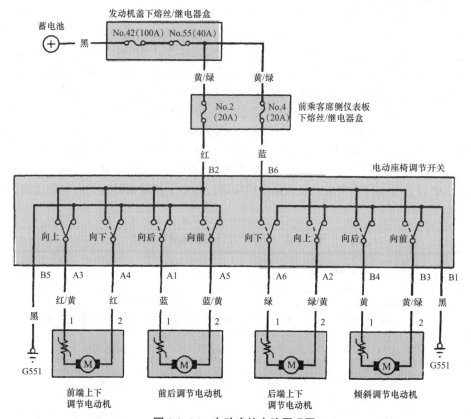

图 3.3-26　电动座椅电路原理图

4个双向调节电动机分别在正向和反向导通的情况下,共有8个方向可调的方式,它们分别是前端上下、后端上下、前后移动和向前向后倾斜。

来自于电源的正极线(黑色)经发动机盖下熔丝/继电器盒中的熔丝 No.42(100A)和 No.55(40A),然后,经过两条并列的电路,分别再经前乘客侧仪表板下熔丝/继电器盒中的 No.2(20A)和 No.4(20A),再经端子 B2、B6 进入电动座椅调节开关。当开关处于某种调节状态时,电流经开关触点流到相应的调节电动机,驱动电动机工作,实现座椅位置的调节。最后,经 B5、B1 接地构成回路。经分析认为,故障可能原因为电源和搭铁故障,当检查到 No.55(40A)熔丝,发现熔丝熔断。

换上一只新的 No.55(40A)熔丝,电动座椅控制系统调节工作正常,故障排除。

二、克莱斯勒 300C 轿车电动座椅不能调节

故障现象:北京克莱斯勒 300C 轿车,其电动座椅不能调节。

故障诊断与排除:该车电动座椅由电源分配中心 PDC 内的 25A 熔丝提供蓄电池电压,以便电动座椅保持工作状态,而与点火开关所处的位置无关。当操作电动座椅调节开关时,座椅控制单元控制蓄电池电压通过座椅调节开关驱动一个或多个电动机动作,电动机通过驱动装置沿着设定的方向移动座椅,直到开关被松开或到达电动座椅调节滑轨的极限位置为止。该车座椅不能调节的可能原因是座椅控制单元、座椅调节开关和相关电路有故障。

首先,连接故障诊断仪 STARSCAN 对座椅控制单元 MSM 进行诊断,无故障码存储,查看网络系统也未发现异常。座椅控制单元的电源和接地电路如图 3.3-27 所示,检测控制单元的线束端子 C1-8 的 B+ 电源为 12V,正常,端子 C1-10 地线也正常。

当按下座椅调节开关控制按钮时,信号发送给 MSM,MSM 负责对电动座椅调节电动机提供 12V 电压和接地。每个电动机都带有电路断路器,以避免电动机负荷过大。参考电路图,测量座椅调节开关在各个状态时的阻值。各端子之间的标准电阻值见表 3.3-3。

经过检测,座椅调节开关各端子之间的电阻值符合表 3.3-3 中的要求。使用故障诊断仪对 MSM 进行刷新,故障依旧。更换新的 MSM,座椅可以正常调节,故障排除。

维修小结:MSM 损坏的常见原因是内部进水、电流过大而损坏或本身软硬件问题。该车的 MSM 没有发现进水现象,可能是座椅移动过程中受到较大的阻力而引起过载电流造成的损坏。

表 3.3-3　各端子之间的标准电阻值

开关状态	端子	电阻值/Ω	开关状态	端子	电阻值/Ω	开关状态	端子	电阻值/Ω
关闭	10-4	∞	后垂直升高	10-4	169	前垂直升高	10-11	169
	10-11	∞	后垂直降低	10-4	76	前垂直降低	10-11	76
	1-4	47	水平向前	10-4	43	倾斜向前	10-11	43
	1-11	47	水平向后	10-4	10	倾斜向后	10-11	10

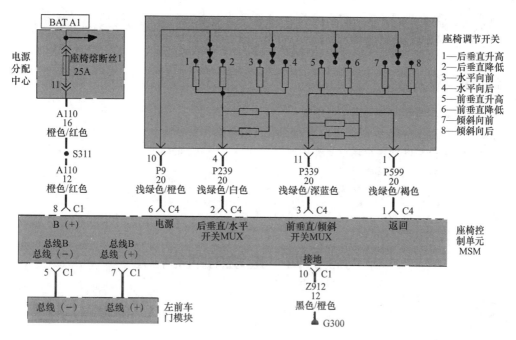

图 3.3-27　电动座椅控制单元电路图

任务小结

1. 现代汽车普遍采用电动座椅，驾驶员通过操纵电动座椅开关，可以将座椅及靠背调整到最佳的位置。

2. 根据有无存储记忆功能，电动座椅可分为无存储记忆功能与有存储记忆功能两种；根据有无加热器，电动座椅可分为无加热器式与有加热器式两种；根据有无通风功能，电动座椅可分为无通风功能座椅与有通风功能两种。

3. 电动座椅一般由双向电动机、传动机构和电动座椅开关等组成。

4. 大多数电动座椅使用永磁式双向直流电动机，且大多数永磁式电动机内装有断路器。

5. 电动座椅传动机构分为高度调整机构、纵向调整机构、靠背倾斜调整机构、腰部支撑调节机构、头枕高度调节机构等。

6. 有存储记忆功能的电动座椅又称为自动座椅，它是在普通电动座椅的基础上增加了一套具有存储记忆功能的电子控制系统。电子控制系统可以存储驾驶员或乘客的座椅位置，需要时通过按钮即可恢复自己的座椅位置，使得座椅的调整更加方便快捷。

7. 电动座椅位置传感器主要有滑动电位器式和霍尔式等类型。

8. 君越轿车加热速度可调节式加热器由位于空调控制面板上的加热器开关控制。开关旁边的三格红色指示灯表示加热速度；若三格红色指示灯亮起，表示高速加热；两格红色指示灯亮起，表示中速加热；只有一格红色指示灯亮起，表示低速加热。

9. 座椅通风系统通过鼓风机电动机工作抽取座椅座垫和靠背表面的空气，借助座垫和座椅靠背护套中的小孔、泡沫垫中的通道排出，提高乘员的乘坐舒适性。

10. 座椅通风开关旁边也有三格红色指示灯，用于指示鼓风机的风速。加热功能和通风功能不能同时打开,当打开其中一个功能时,若另外一个功能在使用,则会自动关闭该功能,转到选择的功能上。

课后练习

1. 电动座椅具有哪些调节功能?
2. 对照图 3.3-16 和图 3.3-17 分析驾驶员电动座椅前部高度调节电路原理。
3. 如何检修电动座椅调节器开关?
4. 如何检修电动座椅记忆开关?
5. 如何检修电动座椅的通风系统?

学习任务四　电动雨刮器检修

任务目标

- 能正确讲述电动雨刮器的组成及结构;
- 能正确描述电动雨刮器的工作原理;
- 能正确描述雨量传感器的工作原理;
- 能正确识读和分析电动雨刮器的电路图;
- 会使用万用表和故障诊断仪对电动雨刮器进行检测;
- 会分析诊断和排除电动雨刮器的常见故障。

学习重点

- 电动雨刮器和雨量传感器的工作原理;
- 识读和分析电动雨刮器的电路图;
- 分析诊断和排除电动雨刮器的常见故障。

任务描述

一位客户反映他所驾驶的别克凯越 1.8LS-AT 轿车,操作电动雨刮器开关时,发现雨刮器在各个挡位工作时的运动都很慢。现在,请对客户轿车的电动雨刮器进行检修。

知识准备

雨刮器的作用是清扫挡风玻璃上的雨水、雪或尘土,保证汽车在雨天或雪天时,驾驶员有良好的视线,确保行驶安全。

目前，在汽车上广泛采用电动雨刮器，雨刮器开关一般具有高速、低速及间歇三个工作挡位，除间歇时间可调外，还有自动复位的功能。

大多数汽车的挡风玻璃上装有两个雨刮片，有些汽车后窗也装有一个雨刮片，甚至有些高级轿车的前照灯上也装有雨刮片，如图3.4-1所示。

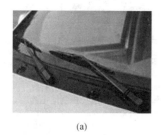  

图 3.4-1　汽车上的雨刮器
（a）前挡风玻璃上的雨刮片；（b）后窗上的雨刮片；（c）前照灯上的雨刮片

根据雨刮片的联动方式划分，雨刮器可分为以下三种类型：
（1）平行联动式：一般小型车采用最多，如图3.4-2（a）所示。
（2）对向联动式：一般大型车采用，如图3.4-2（b）所示。
（3）单臂式：常用于汽车后窗玻璃，如图3.4-2（c）所示。

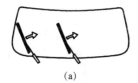 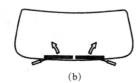 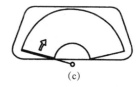

图 3.4-2　雨刮片联动方式
（a）平行联动式；（b）对向联动式；（c）单臂式

一、电动雨刮器的组成及结构

电动雨刮器在汽车上的位置如图3.4-3所示，前电动雨刮器操作开关如图3.4-4所示。

电动雨刮器一般由雨刮器电动机总成、连杆机构、雨刮器臂和雨刮片等组成。雨刮器电动机和蜗轮箱组合成一体构成雨刮器电动机总成。连杆机构可以把蜗轮的旋转运动转变为雨刮器臂的往复摆动，使雨刮器臂上的雨刮片实现刮水动作。典型电动雨刮器的结构如图3.4-5所示。

二、电动雨刮器的工作原理

图3.4-6所示为北京现代悦动轿车电动雨刮器控制电路。其控制系统可对高速运转、低速运转、间歇运转（间歇时间可调整）、喷水联动及刮雾联动等进行控制。现介绍其工作原理。

1. 雨刮器高速运转控制

雨刮器需高速运转时，将雨刮器开关转至HI（高速挡），电流路线：点火开关ON时电源→25A前雨刮器熔丝→I/P-B端子20→组合开关端子12→雨刮器开关HI挡→组合开关端子14→前雨刮器电动机端子4→前雨刮器电动机→电路断电器→前雨刮器电动机端子5→GAG14接地。前雨刮器电动机启动，驱动风窗上的雨刮片快速摆刮。

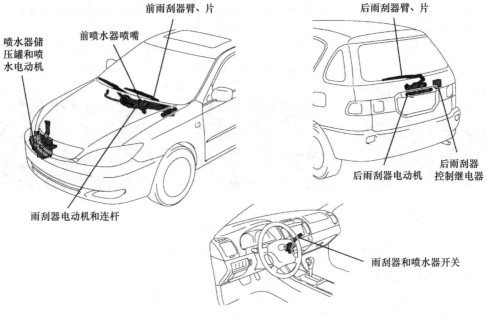

图 3.4-3 电动雨刮器在汽车上的位置

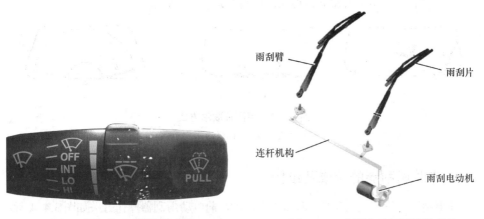

图 3.4-4 前电动雨刮器操作开关

OFF—停止挡；INT—间歇挡；LO—低速挡；
HI—高速挡；PULL—喷水联动挡

图 3.4-5 典型电动雨刮器的结构

2. 雨刮器低速运转控制

雨刮器需低速运转时，将雨刮器开关转至 LO（低速挡），电流路线：点火开关 ON 时电源→25A 前雨刮器熔丝→I/P-B 端子 20→组合开关端子 12→雨刮器开关 LO 挡→组合开关端子 8→前雨刮器电动机端子 6→前雨刮器电动机→电路断电器→前雨刮器电动机端子 5→GAG14 接地。前雨刮器电动机启动，驱动风窗上的雨刮片慢速摆刮。

3. 雨刮器间歇运转控制（间歇时间可调）

（1）间歇运转请求信号。雨刮器需间歇运转时，将雨刮器开关转至 INT（间歇挡）。电流路线为：点火开关 ON 时电源→25 A 前雨刮器熔丝→I/P-B 端子 20→组合开关端子

12→雨刮器开关 INT 挡→组合开关端子 13 → BCM 模块 M04-A 端子 15。雨刮器需间歇运转的请求信号送至 BCM 模块。

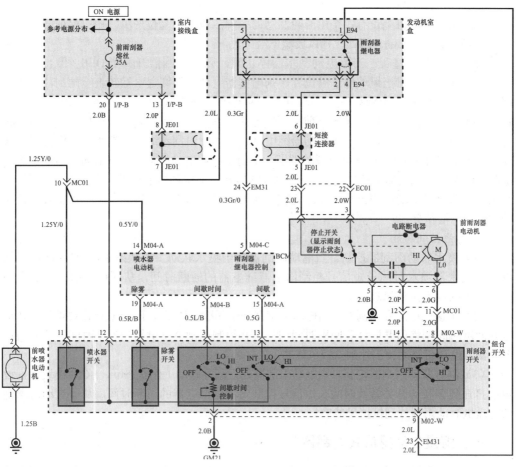

图 3.4-6　北京现代悦动轿车电动雨刮器电路图

（2）间歇时间信号。电流路线：BCM 模块 M04-B 端子 5 →组合开关端子 3 →雨刮器开关 INT 挡 →间歇时间控制滑动电阻→组合开关端子 2 → GM21 接地。通过手动旋转开关调节滑动电阻的电阻值，从而调节间歇时间。

（3）雨刮器继电器控制。BCM 模块收到雨刮器需间歇运转的请求信号后，控制 M04-C 端子 5 搭铁，接通雨刮器继电器线圈电路，其电流路线：点火开关 ON 时电源→ 25 A 前雨刮器熔丝→ I/P-G 端子 13 → JE01 端子 8 → JE01 端子 7 →雨刮器继电器线圈→ BCM 模块 M04-C 端子 5 → BCM 模块内部接地。

雨刮器继电器线圈通电后，继电器触点闭合。于是，电流路线：点火开关 ON 时电源→ 25A 前雨刮器熔丝→ I/P-G 端子 13 → JE01 端子 8 → JE01 端子 6 →雨刮器继电器端子 2 →雨刮器继电器端子 1 →组合开关端子 9 →雨刮器开关 INT 挡→组合开关端子 8 →前雨刮器电动机端子 6 →前雨刮器电动机→电路断电器→前雨刮器电动机端子 5 → GAG14 接地。前雨刮器电动机工作。

BCM模块根据设定的间歇时间信号控制雨刮器继电器的通断时间，前雨刮器电动机间歇启动，使挡风玻璃上的雨刮片间歇性有规律摆刮。

4. 自动复位控制

在雨刮器电动机上设有一个由凸轮驱动的一掷二位停机复位开关，用以保证雨刮器在任何时刻停止时，雨刮片都处在挡风玻璃下沿位置。

自动复位控制过程：当要电动刮水器停止时，闭合雨刮器开关至OFF（停止挡），如果此时雨刮片不在挡风玻璃下沿位置，则雨刮器电动机继续通电运转直至雨刮片正好在挡风玻璃下沿位置。电流路线：点火开关ON时电源→25A前雨刮器熔丝→I/P-G端子13→JE01端子8→JE01端子5→前雨刮器电动机端子2→停止开关（连接至左侧运转状态）→前雨刮器电动机端子3→雨刮器继电器端子4→雨刮器继电器端子1→组合开关端子9→雨刮器开关OFF挡→组合开关端子8→前雨刮器电动机端子6→前雨刮器电动机→电路断电器→前雨刮器电动机端子5→GAG14接地。前雨刮器电动机继续运转，直到停止开关处于右侧（雨刮器停止状态）。此时，前雨刮器电动机停止运转，雨刮片正好复位至挡风玻璃下沿位置。

5. 其他控制功能

（1）喷水联动雨刮器控制。当电动雨刮器处于喷水联动工作状态下，BCM模块根据设定的喷水器喷水时间长短信号控制雨刮器继电器的通断时间，从而启动前雨刮器电动机驱动雨刮片刮拭挡风玻璃。

（2）车速感应间歇雨刮器。当电动雨刮器处于间歇工作状态下，BCM模块根据车速信号和间歇时间调整值共同计算间歇时间信号，并控制雨刮器继电器的通断时间，从而启动前雨刮器电动机驱动雨刮片刮拭挡风玻璃。

（3）刮雾联动雨刮器控制。当电动雨刮器处于刮雾联动工作状态下，BCM模块根据设定的打开刮雾联动开关持续时间长短信号控制雨刮器继电器的通断时间，从而启动前雨刮器电动机驱动雨刮片刮拭挡风玻璃。

三、雨量自动感应式雨刮器

电动雨刮器除可手动操纵高、低速外，有些汽车的雨刮器还有一个特殊功能，即雨量自动感应功能。雨量自动感应式雨刮器操作开关如图3.4-7所示，将操作开关放到"AUTO"挡，当雨量传感器感应到挡风玻璃表面有水时，自动启动雨刮器电动机，根据雨量的大小来控制雨刮器的速度。通过旋转雨刮器开关上的调节轮，可调节自动雨刮器控制的敏感度，即调整刮水的速度。

1. 雨量传感器

雨量传感器位于前挡风玻璃内侧，靠近内后视镜，如图3.4-8所示。目前，应用较广的雨量传感器有光学式和电容式等类型。

光学式雨量传感器是根据光的折射原理工作的，传感器主要由发射红外线的LED（发光二极管）和接收红外线的光电二极管组成。雨量传感器向挡风玻璃发射一束红外线，如果玻璃干燥，反射回光电二极管的光线较多，如图3.4-9（a）所示。如果玻璃表面有水时，光线就被散射到其他地方，反射回光电二极管的光线较少，如图3.4-9（b）所示。反射回光电二极管的光线越少，说明雨水量越多。当反射回光电二极管的光线降至预先设定值时，传感器将自动启动雨刮器工作。

图 3.4-7　雨量自动感应式雨刮器操作开关　　　　图 3.4-8　雨量传感器

OFF—停止挡；AUTO—自动挡；LO—低速挡；
HI—高速挡；FAST、SLOW—灵敏度调整

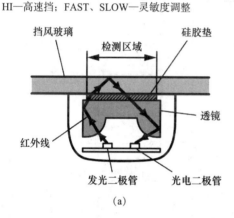 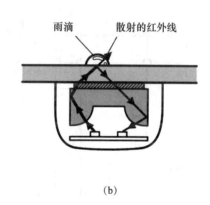

（a）　　　　　　　　　　　　　　　（b）

图 3.4-9　雨量传感器工作原理

（a）玻璃干燥时；（b）下雨时

2. 雨量自动感应式电动雨刮器的控制电路

图 3.4-10 所示为凯越 1.8LS-AT 轿车雨量自动感应式电动雨刮器的控制电路。

3. 雨量自动感应式电动雨刮器工作原理

雨量自动感应式电动雨刮器的高速、低速及间歇工作与普通电动雨刮器相似，这里不再详述，下面主要介绍雨量自动感应式雨刮器的自动控制系统。

在雨刮器电动机总成内有两个继电器，左侧的继电器控制雨刮的高/低速，连接至雨量传感器 2 号端子；右侧的继电器控制低速/间歇，连接至雨量传感器 1 号端子。雨量传感器通过 1、2 号端子控制雨刮器电动机总成内部继电器的搭铁。雨量传感器可自动控制间歇时间长短和雨刮器高、低速。雨量传感器 7 号端子用于检测复位脉冲，以进行间歇控制。

说明：雨刮器电动机总成内的左边继电器未工作时，触点 2、3 接通；右边继电器未工作时，触点 1、3 接通。

当雨刮器开关处于自动挡时，电流路径：运行/启动（在运行或启动时有电）→熔丝 F9→雨刮器开关端子 A8→雨刮器 AUTO 挡→雨刮器开关端子 A7→雨刮器开关端子 B1→灵敏度旋钮→雨刮器开关端子 B2→雨量传感器端子 5（该端子在最灵敏时为 12V 电压，在最不灵敏时为 6 V 电压，是一个输入信号）。

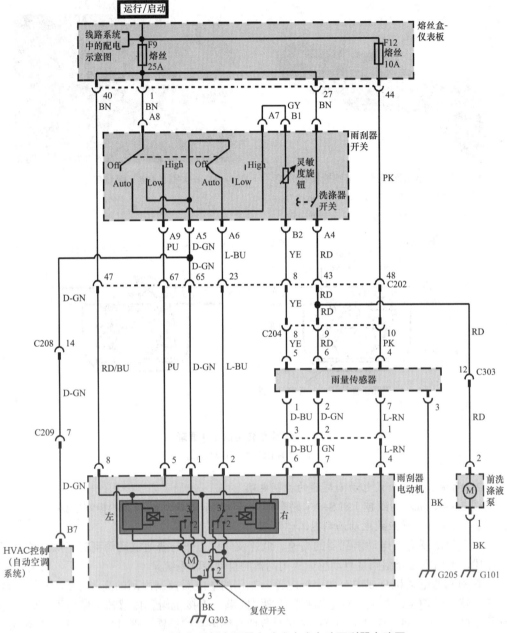

图 3.4-10 别克凯越轿车雨量自动感应式电动雨刮器电路图

（1）低速/间歇控制。当雨量传感器感应到雨量较少时，雨量传感器控制 1 号端子搭铁，接通雨刮器电动机总成内部右侧继电器线圈电路，触点 2、3 接通，雨刮器低速运转。电流路线：运行/启动→熔丝 F9→仪表板端子 40→雨刮器电动机端子 8→右继电器触点 2、3→雨刮器电动机端子 2→雨刮器开关端子 A6→雨刮器 AUTO 挡→雨刮器开关端子 A5→雨刮器电动机端子 1→左继电器触点 3、2→雨刮器电动机→G303 接地。雨刮器电动机低速运转。

雨量传感器端子 1 的工作波形如图 3.4-11 所示，由图可知，雨量传感器给出一个低电平的触发脉冲后，然后保持高电平，触发脉冲控制右侧的继电器工作，电动机开始运转，然后继电器断开，雨刮器电动机靠回位路线维持低速运转。当雨刮器电动机运转一周后，至下一个触发脉冲到来之前是

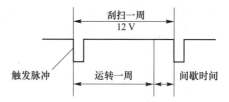

图 3.4-11　间歇控制波形

间歇时间，调节灵敏度旋钮时，雨量传感器控制雨刮器电动机间歇时间的长短。低速工作时，雨量传感器端子 1 的电压为 5.1～10.8 V。雨量传感器端子 1 电压为 5.1 V 时，间歇时间最长；为 10.8 V 时，间歇时间最短。当间歇时间调至最短时，雨刮器电动机启动高速挡。

（2）高速控制。当雨量传感器感应到雨量足够大，需控制雨刮器高速运转时，雨量传感器控制 1 号和 2 号端子搭铁，左、右继电器同时工作，使左继电器触点 1、3 接通，右继电器触点 2、3 接通，雨刮器高速运转。电流路线：运行 / 启动→熔丝 F9 →仪表板端子 40 →雨刮器电动机端子 8 →右继电器触点 2、3 →雨刮器电动机端子 2 →雨刮器开关端子 A6 →雨刮器 AUTO 挡→雨刮器开关端子 A5 →雨刮器电动机端子 1 →左继电器触点 3、1 →雨刮器电动机→ G303 接地。雨刮器电动机高速运转。

（3）复位脉冲检测，雨量传感器只有收到雨刮器电动机的复位信号后，才能正确控制间歇时间。雨刮器电动机端子 4 是复位脉冲输出端，将复位信号送至雨量传感器的端子 7，复位脉冲波形如图 3.4-12 所示。图中脉冲的下降沿是复位开始，触发脉冲前沿是雨刮器电动机运转开始，至收到复位脉冲是运转一周时间，复位脉冲至下一个触发脉冲是间歇时间。

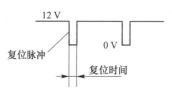

图 3.4-12　复位脉冲

（4）自动空调控制。雨刮器开关端子 A5 向自动空调系统端子 B7 输出雨刮器工作信号，当雨刮器电动机工作约 60 s 时，如果自动空调处于 AUTO 状态，则自动启动除雾功能。

任务实施

一、电动雨刮器主要部件的检修

由于不同车型的电动雨刮组件结构不相同，所以，在维修时应该针对不同的车型，确定相应的维修方法。下面以北京现代悦动轿车电动雨刮器为例讲述主要部件的检修（其电路如图 3.4-6 所示）。

1. 雨刮器开关的检修

（1）在故障诊断仪菜单上依次选择车型、车身控制模块（BCM），在车身控制模块（BCM）中选择"传感器数据流"项。

（2）开启和关闭组合开关，检查其与车身控制模块（BCM）所显示信息是否一致，如图 3.4-13 所示。如果一致则说明组合开关、

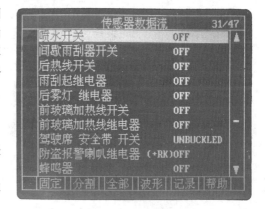

图 3.4-13　数据流检查

车身控制模块（BCM）及两者之间的连接线路工作正常。如果不一致则需进一步检查开关线路及车身控制模块（BCM）是否有故障。

2. 雨刮器开关的拆装

（1）拆下蓄电池负极电缆。

（2）拧下3个螺钉后拆卸转向柱上部和下部护壳A，如图3.4-14所示。

（3）推动锁销B，拧松2个螺钉，并拆下连接器，然后拆卸雨刮器开关A，如图3.4-15所示。

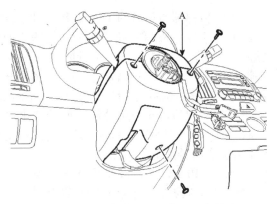

图3.4-14 拆卸转向柱上部和下部护壳

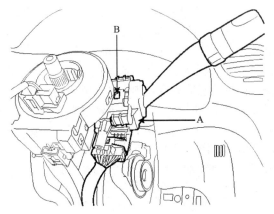

图3.4-15 拆卸雨刮器开关

安装时按拆卸的相反顺序进行。

3. 电动雨刮器电动机的检修

（1）拆卸雨刮器电动机导线连接器，如图3.4-16所示。

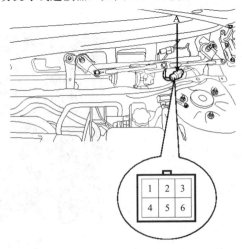

图3.4-16 拆卸雨刮器电动机导线连接器

（2）将连接器端子 6 接蓄电池正极，端子 5 接蓄电池负极，电动机应低速转动。若不正常，则应更换雨刮器电动机。

（3）将连接器端子 4 接蓄电池正极，端子 5 接蓄电池负极，电动机应高速转动。若不正常，则应更换雨刮器电动机。

（4）检查雨刮器电动机停止复位功能。接蓄电池电源使雨刮器低速运转，在除 OFF 位置外任何位置停止电动机操纵。短接端子 3 和 6。将连接器端子 2 接蓄电池正极，端子 5 接蓄电池负极，雨刮器电动机应复位到 OFF 位置并停止运转。若不正常，则应更换雨刮器电动机。

二、电动雨刮器常见故障诊断

电动雨刮器常见故障原因与排除见表 3.4-1。

表 3.4-1　电动雨刮器常见故障原因与排除

故障现象	故障原因	故障排除方法
雨刮器电动机不转	（1）雨刮器电动机电源电路断路 （2）继电器及开关接触不良 （3）电动机电刷与换向器接触不良 （4）电动机电枢绕组卡死或烧坏 （5）传动机构损坏	（1）检查雨刮器电动机电源是否断路 （2）检查继电器及开关是否工作正常 （3）检修或更换 （4）检修或更换 （5）检修或更换
雨刮器无低速、高速及间歇挡	（1）熔丝熔断或继电器损坏 （2）雨刮器开关损坏 （3）雨刮器电路故障 （4）雨刮器电动机失效	（1）检查熔丝及继电器是否正常 （2）检查雨刮器开关工作是否正常 （3）检查插接器及相关电路是否正常 （4）检查雨刮器电动机是否正常
雨刮器无自动停位功能	（1）雨刮器开关的停位触头损坏 （2）减速器蜗轮输出轴背面的自动停位导电片和减速器盖板上的导电触头损坏	（1）检查雨刮器开关的停位触头，若损坏则更换 （2）检修或更换
雨刮器动作迟缓	（1）蓄电池亏电或开关接触不良 （2）雨刮片与挡风玻璃接触面过脏 （3）电动机轴承或传动机械润滑不良 （4）电动机电刷接触不良 （5）电枢绕组短路或接地	（1）检修或更换 （2）清理脏污 （3）检查并加注润滑油 （4）更换电刷和弹簧 （5）检修或更换
雨刮片振动	（1）挡风玻璃过脏 （2）雨刮片损坏 （3）雨刮片的倾角不对 （4）传动机构故障	（1）清洗挡风玻璃 （2）更换雨刮片 （3）重新调整倾角 （4）检修或更换

【案例分析】

一、宝马 730Li 雨刮器控制功能失效

故障现象：该车配置 M54 型发动机和自动变速器，行驶里程约为 50 000 km。据驾驶

员介绍，在操作雨刮器开关时，雨刮器的刮水功能和清洗功能有时候会失效。

故障诊断与排除：使用故障诊断仪进行自诊断，选择 E65/E66 底盘车型，按"快速测试"键，对全车电控系统进行扫描，结果发现故障诊断仪没有搜索到雨刮器模块（WIM），而在 CAN-byte flight 检测项目中有一个故障码，内容为雨刮器模块 CAN 通信故障。对全车电控系统进行故障信息删除，启动发动机，操作雨刮器开关，雨刮片动作。反复操作几次之后，雨刮器又没有反应了。重新进行自诊断，结果与上面相同，说明故障是雨刮器模块性能不良或线路不良造成的。查阅相关资料，得知雨刮器模块与雨刮器电动机集成在一起。在整车网络中属于 K-CANS 总线（车身系统总线）的用户。

该车雨刮器的控制原理：转向柱开关中心对雨刮器开关信号进行处理，然后将该信号通过 byte flight 总线、安全和信息模块传送至中央网关模块，中央网关模块再通过 K-CANS 总线将信号传送至雨刮器模块。因此，接下来应检查雨刮器开关信号是否正常，再对雨刮器模块进行检查，这样就容易找到故障原因。选择 SZL 诊断菜单，在"应答诊断"项目中查看雨刮器开关的工作数据，结果正常，说明故障与雨刮器开关信号无关。检查雨刮器模块的供电熔丝，正常。拆下前挡风玻璃下方的护板，找到雨刮器总成，拔下连接器进行检查，发现针脚有锈蚀现象。使用除锈剂处理干净，测量供电针脚和搭铁针脚之间的电压，为蓄电池电压，说明雨刮器模块供电恢复正常。插好线束插头，清除故障码，进行试车，故障症状彻底消失。

维修小结：雨刮器模块由常火线（30 线）供电，其唤醒功能是通过总线信号来执行的。当雨刮器模块损坏或线路接触不良时，总线系统会记录相关信息，此时，应重点检查雨刮器模块的电源线、搭铁线和 K-CAN S 总线。若线路检查结果正常但故障信息无法清除，则说明雨刮器模块损坏，应更换雨刮器总成。

二、别克 GL 轿车雨刮器电动机工作不正常

故障现象：别克 GL 轿车在打开雨刮器开关时，发现雨刮器随时都会停止工作，但关闭开关后，却不能停止工作。

故障诊断与排除：该车电动雨刮/洗涤系统主要由雨刮器/洗涤器开关、雨刮器电动机、连动杆、雨刮片、洗涤泵、储液罐和喷嘴等组成。上述故障的主要原因：雨刮器开关故障；雨刮器电动机总成故障；雨刮器电动机线束或电刷短路；雨刮器开关电路有短路、断路故障。

针对上述不同的原因，可采取以下方法进行检修。

（1）打开点火开关，关闭雨刮器开关，发现雨刮器仍不停止工作。拔下雨刮器开关48 针线束连接器，测量雨刮器开关连接器深绿色端子与搭铁之间的电压，大于 1V。

（2）将雨刮器开关连接器插上，再拔出雨刮器电动机线束连接器，测量雨刮器电动机线束连接器深绿色线与搭铁之间的电压，大于 1V，说明深绿色线与电源之间有短路，而且这种短路时有时无。

（3）当轿车运行时，由于振动使深绿色与电源线时而接触，时而断开。当深绿色线脱离电源线时，雨刮器工作正常。当深绿色线与电源线接触短路时，雨刮器停止工作。当雨刮器开关为开时，恰好深绿色线与电源线接触短路，于是，雨刮器停止工作。

将深绿色线从插接器上拆除（两端同时拆除），并做好绝缘处理，再用一根绝缘良好的导线代替原深绿色线，用锡焊上两端，装入原深绿色线位置处。插好插接器，通电试验，雨刮器工作正常，故障排除。

任务小结

1. 雨刮器的作用是清扫挡风玻璃上的雨水、雪或尘土，保证汽车在雨天或雪天时，驾驶员有良好的视线，确保行驶安全。

2. 雨刮器开关一般具有高速、低速及间歇三个工作挡位，除间歇时间可调外，还有自动复位的功能。

3. 汽车的电动雨刮器一般由雨刮器电动机总成、连杆机构、雨刮器臂和雨刮片等组成。

4. BCM 模块根据设定的间歇时间信号控制雨刮器继电器的通断时间，前雨刮器电动机间歇启动，使挡风玻璃上的雨刮片间歇性有规律摆刮。

5. 雨刮器电动机上设有一个由凸轮驱动的一掷二位停机复位开关，用以保证雨刮器在任何时刻停止时，雨刮片都处在挡风玻璃下沿位置。

6. 雨量自动感应式雨刮器操作开关置于自动"AUTO"挡，当雨量传感器感应到挡风玻璃表面有水时，自动启动雨刮器电动机。

7. 光学式雨量传感器是根据光的折射原理工作的，雨量传感器向挡风玻璃发射一束红外线，如果玻璃干燥，反射回光电二极管的光线较多。如果玻璃表面有水时，光线就被散射到其他地方，反射回光电二极管的光线较少。反射回光电二极管的光线越少，说明雨水量越多。

8. 雨量传感器可自动控制间歇时间长短和雨刮器的高速、低速。

9. 电动雨刮器常见的故障类型一般有雨刮器电动机不转，雨刮器无低速、高速及间歇挡，雨刮器无自动停位功能，雨刮器动作迟缓，雨刮片振动等。

课后练习

1. 简述电动雨刮器的组成及作用。
2. 对照图 3.4-10 分析别克凯越轿车雨刮器在高速、低速挡时的工作过程。
3. 简述雨量传感器工作原理。

学习任务五　电动后视镜检修

- 能正确讲述电动后视镜的分类、功能和组成；
- 能正确描述电动后视镜的工作原理；
- 能正确描述自动防眩目原理；
- 能正确识读和分析电动后视镜的电路图；
- 会使用万用表和故障诊断仪对电动后视镜进行检测；
- 会分析诊断和排除电动后视镜的常见故障。

- 电动后视镜的工作原理；
- 识读和分析电动后视镜的电路图；
- 诊断和排除电动后视镜的常见故障。

任务描述

一位客户反映他所驾驶的一汽马自达 M6 轿车，按下外后视镜缩回开关时，左、右两侧外后视镜均不动作，但后视镜镜片角度调节功能正常。现在，请对客户轿车的后视镜进行检修。

知识准备

汽车后视镜俗称倒车镜，是汽车必备的安全装置之一。驾驶员在行车时，通过后视镜来获取汽车后方、侧方和下方的情况，使驾驶者可以间接看清楚这些位置的情况，它起着"第二只眼睛"的作用，扩大了驾驶者的视野范围。

一、后视镜的类型与功用

现代汽车大多采用电动后视镜，由电气控制系统来操纵。

1. 后视镜的类型

（1）按安装位置分类，后视镜可分为外后视镜、内后视镜和下视镜三种，如图 3.5-1 所示。

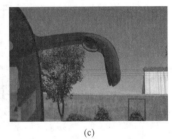

(a)   (b)   (c)

图 3.5-1　汽车后视镜的种类
(a) 外后视镜；(b) 内后视镜；(c) 下视镜

左、右外后视镜安装在汽车车门或前立柱附近，供驾驶员观察汽车两侧的行人、车辆及其他障碍物的情况。内后视镜安装在汽车驾驶室内的前上方，供驾驶员观察车内情况或者透过后窗观察汽车后方的道路状况。下视镜安装在车身外部的车前或车后部位，用于驾驶员观察车前或车后地面的情况。

（2）按防眩目功能不同，后视镜分为普通型内后视镜和防眩目型内后视镜。普通型内后视镜多为反射膜为铝或银的平面镜，无夜间行车防眩目功能。防眩目内后视镜主要是防止后面汽车的前照灯光线过强时照射在车内后视镜上影响驾驶员的注意力,也就是俗称的"晃眼"。

有些轿车的车外后视镜也具有防眩目功能。

(3) 按照镜面形状不同分类,后视镜可分为平面镜、球面镜和双曲率镜三种。平面镜镜面为一平面,物体映像不失真,但是后视范围小。球面镜镜面为一球面,后视范围大,但物体映像缩小失真。双曲率镜基本上解决了失真和盲区问题,但成本高。

(4) 按操纵方式不同分类,后视镜可分为手动后视镜和电动后视镜。手动后视镜需要驾驶员用手来调整后视镜的上、下、左、右镜面角度。电动后视镜则采用小型直流电动机,由驾驶员通过按钮来调整后视镜的角度,因此,操纵方便。

2. 电动后视镜的功能

目前,中、高档汽车上使用较多的是电动后视镜,其功能主要有以下几个方面:

(1) 后视镜的记忆存储功能。驾驶员根据个人身高与驾驶习惯,以及座椅及转向盘的最佳舒适位置,来调节后视镜的最佳视角,然后将其存储起来。当调节的位置发生了变化时,驾驶员可将存储的位置复位,将后视镜恢复到以前调节的位置。

(2) 后视镜的加热除雾功能。后视镜结雾或冻冰后,只要打开后窗除雾器开关,电动后视镜也会开始加热,后视镜上的雾、冰很快就会消失。

(3) 后视镜的伸缩折叠功能。在通过狭窄路段或路边停车时将后视镜收缩折叠起来,不仅可以保护镜面,有效避免刮蹭,提高了汽车的通过性,还可缩小停车泊位空间。

(4) 带刮水器、洗涤器的后视镜。有些后视镜增设了刮水器和洗涤器,用于刮去外后视镜上的雨、雪、泥浆及灰尘等,因此,可在各种情况下清晰地观察到汽车外部情况。

二、电动后视镜的组成及工作原理

1. 电动后视镜的组成

汽车电动后视镜一般由镜片、驱动电动机、控制电路及操纵开关等组成。在每个后视镜镜片的背后都有两个双向永磁电动机,可操纵后视镜上下及左右运动。通常上、下方向的运动由一个永磁电动机控制,左、右方向的运动由另一个永磁电动机控制。通过改变电动机的电流方向,即可完成后视镜的位置调整。电动后视镜的结构如图 3.5-2 所示,一般后视镜的电动机内均带有一个自动断路保护开关,当后视镜到达行程极限位置时,自动断路保护开关便将电路断开,使电动机停转。

电动后视镜的操纵开关安装在驾驶员侧车门内饰板或转向盘左侧仪表台上,一般包括选择开关和方向开关,有些汽车还设有折叠开关、加热开关等,如图 3.5-3 所示。

2. 电动后视镜的工作原理

图 3.5-4 所示为北京现代悦动轿车电动后视镜的控制电路。其控制系统可调整后视镜的左右和上下位置,同时可对后视镜进行加热除雾控制。现以驾驶员侧车外后视镜为例介绍其工作原理(选择开关拨至驾驶员侧位置)。后视镜镜片的倾斜方向如图 3.5-5 所示。

(1) 向上倾斜控制。将方向开关拨至向上倾斜位置,电流路线:常时电源→10A 熔丝→车外后视镜开关端子 3 →向上向右倾斜开关→选择开关(驾驶员侧)→车外后视镜开关端子 6 →驾驶员侧外后视镜电动机端子 8 →驾驶员侧向上/向下电动机→驾驶员侧外后视镜电动机端子 6 →车外后视镜开关端子 1 →向上倾斜开关→车外后视镜开关端子 7 → GF11 接地。上/下电动机转动驱动后视镜镜片向上倾斜。

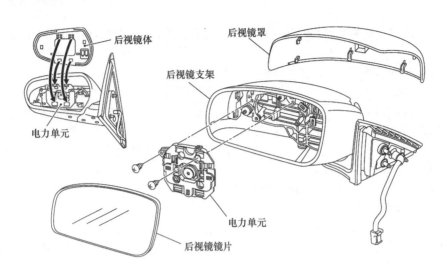

图 3.5-2　典型电动后视镜的结构

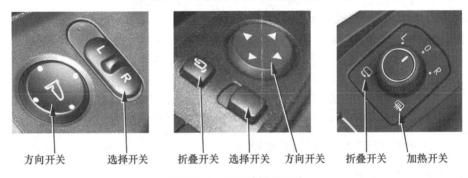

图 3.5-3　后视镜操纵开关

（2）向下倾斜控制。将方向开关拨至向下倾斜位置，电流路线：常时电源→10 A 熔丝→车外后视镜开关端子 3→向下倾斜开关→车外后视镜开关端子 1→驾驶员侧外后视镜电动机端子 6→驾驶员侧向上/向下电动机→驾驶员侧外后视镜电动机端子 8→车外后视镜开关端子 6→选择开关（驾驶员侧）→向下向左倾斜开关→车外后视镜开关端子 7→GF11 接地。上/下电动机转动驱动后视镜镜片向下倾斜。

（3）向左倾斜控制。将方向开关拨至向左倾斜位置，电流路线：常时电源→10 A 熔丝→车外后视镜开关端子 3→向左倾斜开关→选择开关（驾驶员侧）→车外后视镜开关端子 5→驾驶员侧外后视镜电动机端子 7→驾驶员侧向左/向右电动机→驾驶员侧外后视镜电动机端子 8→驾驶员侧车外后视镜端子 6→选择开关（驾驶员侧）→向下向左倾斜开关→车外后视镜开关端子 7→GF11 接地。左/右电动机转动驱动后视镜镜片向左倾斜。

（4）向右倾斜控制。将方向开关拨至向右倾斜位置，电流路线：常时电源→10 A 熔丝→车外后视镜开关端子 3→向上向右倾斜方向开关→选择开关（驾驶员侧）→车外后视镜开关端子 6→驾驶员侧外后视镜电动机端子 8→驾驶员侧向左/向右电动机→驾驶员侧外后视镜电动机端子 7→驾驶员侧车外后视镜端子 5→选择开关（驾驶员侧）→向右倾斜开关→车外后视镜开关端子 7→GF11 接地。左/右电动机转动驱动后视镜镜片向右倾斜。

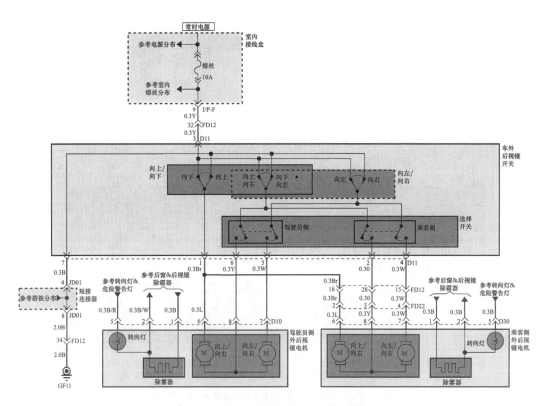

图 3.5-4 北京现代悦动轿车电动后视镜电路图

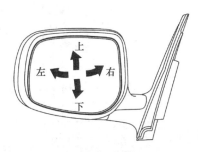

图 3.5-5 后视镜镜片倾斜方向

（5）加热除雾控制。驾驶员按下后窗除雾器开关，后窗除雾器继电器线圈通电，继电器触点闭合，电流路线：蓄电池电源→继电器触点→驾驶员侧外后视镜电动机端子 1→除雾器→驾驶员侧外后视镜电动机端子 2→接地。驾驶员侧后视镜加热线圈通电加热。

三、带存储功能的电动后视镜

目前，很多中、高档汽车的后视镜与驾驶员座椅、转向盘构成一个系统，每个驾驶员可根据个人身高与驾驶习惯的不同来调节后视镜的最佳视角，以及座椅、转向盘的最佳舒适位置，然后将其存储起来，需要时可随时恢复。图 3.5-6 和图 3.5-7 所示为别克君越轿车带存储功能的电动后视镜控制电路。

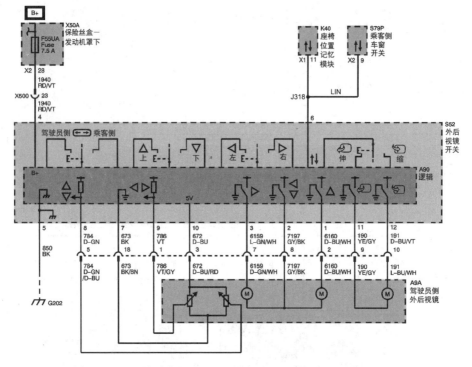

图 3.5-6 别克君越轿车驾驶员侧外后视镜电控系统电路

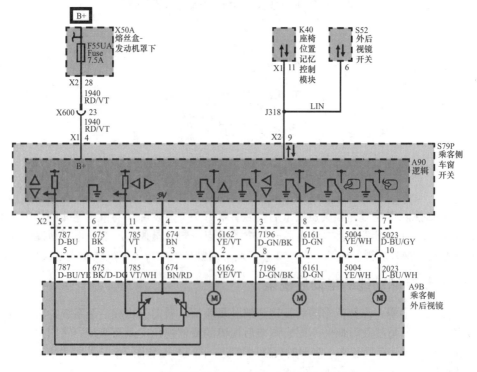

图 3.5-7 别克君越轿车乘客侧外后视镜电控系统电路

1. 存储功能

每个后视镜里装有 2 个位置传感器（水平和垂直），其主要功用是检测后视镜所处的位置。工作时，由车外后视镜开关 S52 或乘客侧车窗开关 S79P（S52 和 S79P 均是带开关的控制模块）向传感器提供 5V 电源和接地。后视镜镜片转动时，位置传感器的输出信号发生变化，其信号电压的高低即表示后视镜镜片的位置，并通过串行数据线（LIN 线）一起发送给座椅记忆控制模块 K40。

当驾驶员按下存储按钮时，K40 将此时位置传感器的信号存储起来。当驾驶员按下复位按钮进行恢复时，K40 向 S52 和 S79P 发出指令控制后视镜电动机转动，同时检测位置传感器的输出信号。当输出信号与以前存储的信号一致时，电动机停止转动。

2. 折叠功能

此后视镜折叠功能的工作原理如下：

缩回控制请求信号：当驾驶员按下驾驶员侧外后视镜开关 S52 上的后视镜缩回按钮时，信号经 S52 通过数据总线（LIN 总线）向 K40 发出请求信号。K40 收到信号后，通过 LIN 总线向 S52 和 S79P 发送一个后视镜缩回指令。

缩回控制过程（以驾驶员侧为例）：S52 收到后视镜缩回指令后，控制 S52 端子 12 输出正电→驾驶员侧外后视镜端子 10→折叠电动机→驾驶员侧外后视镜端子 9→S52 端子 11→接地。折叠电动机通电后视镜折叠缩回。

四、自动防炫目内后视镜

1. 自动防眩目原理

自动防眩目内后视镜由一个特殊镜面、两个光敏二极管及电子控制器组成，如图 3.5-8 所示。其中，后光敏二极管安装在内后视镜正面，用来确定车内后视镜镜面的光照情况。前光敏二极管安装在内后视镜背面，朝向车辆的前侧，用于确定车辆前侧的外部光照情况。特殊镜面为两块透明平面玻璃之间夹了一块电致变色材料。

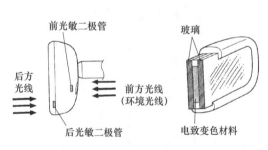

图 3.5-8　自动防眩目后视镜

电子控制器接收两个光敏二极管送来的外部光照和镜面光照信号。若后面汽车的前照灯光大于前面灯光，电子控制器将输出一个电压到电致变色材料上，变色材料颜色改变，从而改变镜面颜色。电压越高，镜面颜色越深，反射率降低，后面射来的强光就会被镜面吸收掉很大一部分，余下反射到驾驶员眼内的光线就变得柔和多了，如图 3.5-9 所示。

图 3.5-9　防眩目效果

（a）非防眩目状态；（b）防眩目状态

在汽车倒车时，当车后面的光线较强而车前面光线弱，此时，后视镜如变暗就不利于倒车时看清车后情况。因此，一些汽车便设计成当汽车挂倒挡时自动关闭防眩目功能。另外，也可以由驾驶员手动关闭自动防眩目功能。

2. 自动防眩目后视镜控制电路

别克君越轿车防眩目内后视镜如图 3.5-10 所示，控制系统电路如图 3.5-11 所示。

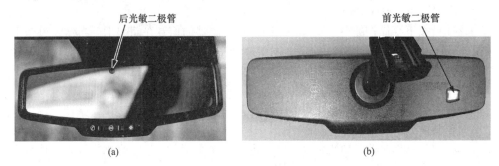

图 3.5-10　别克君越轿车自动防眩目内后视镜

（a）正面；（b）背面

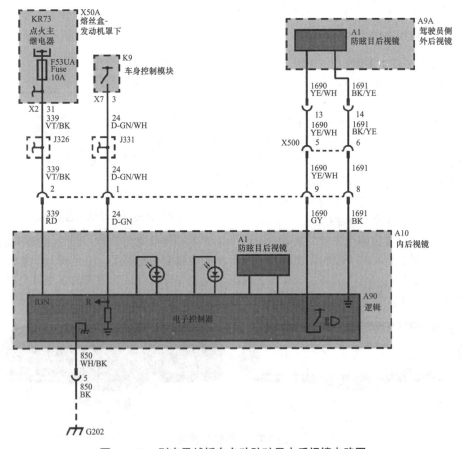

图 3.5-11　别克君越轿车自动防眩目内后视镜电路图

当驾驶员挂入倒挡且发动机运行时,车身控制模块给内后视镜控制器输入一个电源电压信号,于是,内后视镜关闭自动防眩目功能。

另外,当车内后视镜变暗时,电子控制器同时向驾驶员外后视镜提供一个控制信号以使驾驶员侧外后视镜同时变暗。

【任务实施】

一、电动后视镜主要部件的检修

由于不同车型的电动后视镜组件结构不相同,所以,在维修时应该针对不同的车型,确定相应的维修方法。下面以北京现代悦动轿车电动后视镜为例讲述电动后视镜主要部件的检修(电路如图3.5-4所示)。

1. 车外后视镜开关的检修

车外后视镜开关(图3.5-12)由后视镜选择开关1和后视镜方向开关2组成。断开车外后视镜开关连接器,拨动后视镜开关,按表3.5-1所示检查各端子之间是否导通。如果不符合表中要求,则应更换后视镜开关。

图 3.5-12 车外后视镜开关

表 3.5-1 车外后视镜开关线路导通情况的检查

选择开关的位置	方向开关的位置	导通的开关端子号	选择开关的位置	方向开关的位置	导通的开关端子号
驾驶员侧	上	7和1、3和6	乘客侧	上	7和1、3和2
	下	7和6、3和1		下	7和2、3和1
	左	7和6、3和5		左	7和2、3和4
	右	7和5、3和6		右	7和4、3和2

2. 电动后视镜电动机的检修

(1)电动机通电检测。拆卸车外后视镜总成,拔下连接器,如图3.5-13所示,将蓄电池的正极(+)和负极(-)引线连接至连接器端子。观察后视镜的移动方向,如果与表3.5-2所示不符,则应更换后视镜总成。

· 209 ·

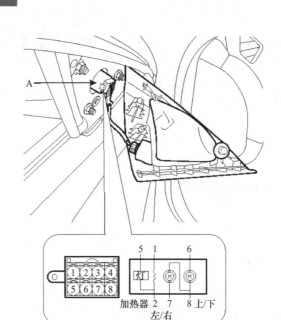

图 3.5-13　电动机通电检测

表 3.5-2　电动后视镜通电的检查

左侧后视镜移动方向	端子6	端子7	端子8	右侧后视镜移动方向	端子6	端子7	端子8
向上	-		+	向上	-		+
向下	+		-	向下	+		-
向左		+	-	向左		+	-
向右		-	+	向右		-	+

（2）加热除雾器检测。将蓄电池的正极（+）和负极（-）引线连接至端子1、2。触摸后视镜镜面，应感觉到温度慢慢上升。如果不符，则应更换后视镜总成。

二、别克君越轿车自动防眩目内后视镜检修

1. 功能检查

（1）将点火开关置于ON位置，打开前照灯，车辆挂驻车挡，用一块毛巾或其他合适的物品遮盖前光敏二极管，向后光敏二极管照射亮光，观察内后视镜及驾驶员侧外后视镜镜面，应变暗。

（2）发动机运行，拉起驻车制动器，变速器挂倒挡，观察内后视镜及驾驶员侧外后视镜镜面，应从暗变亮。

如果后视镜镜面没有在明暗状态之间变化，则按下述步骤进行检修（电路如图3.5-11所示）。

2. 内后视镜变光故障诊断

（1）关闭点火开关，断开内后视镜A10的线束连接器。

（2）测量线束侧搭铁端子5和搭铁之间的电阻，应小于1Ω。若不符合要求，则检查

搭铁电路是否正常。

（3）将点火开关置于 ON 位置，测量线束侧端子 2 和搭铁之间的电压，应为蓄电池电压。若不符合要求，则检查电源电路是否正常。

（4）发动机运行，拉起驻车制动器，变速器挂倒挡，检查线束侧倒车灯控制电路端子 1 和搭铁之间的电压，应为蓄电池电压。若不符合要求，检查 A10 与车身控制模块之间的控制电路是否短路或断路，若电路正常，则检查倒车灯电路及车身控制模块工作是否正常。

（5）如果上述电路检查正常，则测试或更换内后视镜 A10。

3. 驾驶员侧外后视镜变光故障诊断

（1）关闭点火开关，断开驾驶员侧外后视镜 A9A 和内后视镜 A10 的线束连接器。

（2）检查驾驶员侧外后视镜 A9A 和内后视镜 A10 之间的两条线路是否短路或断路，若不正常，则修理或更换线束或连接器。

（3）连接内后视镜 A10 的线束连接器。测量线束侧端子 14 和搭铁之间的电阻，应小于 1 Ω。若不符合要求，则测试或更换车内后视镜 A10。

（4）将点火开关置于 ON 位置，测量信号电路端子 13 和搭铁之间的电压，应小于 1 V。若不符合要求，则测试或更换车内后视镜 A10。

（5）打开前照灯，车辆挂驻车挡，用一块毛巾或其他合适的物品遮盖前光敏二极管，向后光敏二极管照射亮光，测量信号电路端子 13 和搭铁之间的电压，应大于 1 V。若不符合要求，则测试或更换车内后视镜 A10。

（6）如果上述检查均正常，则测试或更换驾驶员车外后视镜玻璃。

三、电动后视镜常见故障诊断

（1）两个电动后视镜均不工作。故障原因为熔丝熔断、搭铁不良、后视镜开关损坏、电动机损坏等。

（2）一侧电动后视镜不能动。故障原因为搭铁不良、后视镜开关损坏、电动机损坏等。

（3）一侧电动后视镜上、下方向不能动。故障原因为搭铁不良、上下调整电动机损坏。

（4）一侧电动后视镜左、右方向不能动。故障原因为搭铁不良、左右调整电动机损坏。

当所有故障诊断和修理完成后，应检查系统是否正常工作。

【案例分析】

一、别克 GLX 轿车左右后视镜均不动作

故障现象：别克 GLX 轿车左右后视镜均不动作。

故障诊断与排除：该车电动后视镜总成设有两个可正反转的电动机，一个用来驱动后视镜上下运动，一个用来驱动后视镜左右运动。每个电动机带有一个自动复位电路断电器，当后视镜到达行程极限位置时，自动复位电路断电器便将电路切断，使电动机停止转动。

经分析认为，故障的主要原因：电动后视镜熔断丝熔断；后视镜控制开关有故障；控制开关至电动后视镜之间有短路、断路故障；左、右后视镜 4 个电动机均损坏或卡死。

具体检查过程如下：

（1）先检查电动后视镜熔丝（10A），未熔断。用万用表电压挡（50V）测量熔丝输入和输出端电压，均为 12V（蓄电池电压）。

（2）将电动后视镜控制开关至左右后视镜的连接器拔出，用万用表电压挡测量控制开关侧的输入和输出电压。打开点火开关，将后视镜开关转到左或右的位置，电压为零，即没有输出电压。用短路线将输入电源线与电动后视镜电动机直接相连，后视镜电动机运转正常，说明电动后视镜电动机无故障，故障在电动后视镜控制开关。

（3）由于这种控制开关拆修后不易全部恢复正常状态，用同型号的控制开关换上，左右后视镜工作正常，故障排除。

二、宝马 X3 轿车后视镜无法折叠

故障现象：一辆 3.0 L 宝马 X5 越野车，驾驶员侧后视镜撞坏，更换配件装复后出现后视镜下方的指示灯亮，但后视镜不能折叠和镜片角度不能调节的现象。

故障诊断与排除：该车后视镜的折叠及镜片角度调节是由车身控制模块控制的。接车后，首先用故障诊断仪读取车身控制模块的故障码，没有故障码。再执行元件功能测试，故障诊断仪显示"左前门后视镜电路短路"。分析认为，该车在被撞击时导致部分导线被撞断，从而造成短路故障。接着，用故障诊断仪清除故障码，重新启动发动机，在进入测试状态的同时按下后视镜调节开关，故障诊断仪显示后视镜调节电路能正常导通，说明从控制开关到车身控制模块之间有信号联络，故障可能在后视镜。于是，拆下左前门内饰板，并再次按下控制开关，发现后视镜电动机发出声响，后视镜折叠了一下，当再次按动控制开关时，左侧后视镜却又不动了，但右侧后视镜工作正常。认真查阅电路图，并经反复试验，最终将目光锁定在新更换的后视镜插接器上，怀疑该插接器连接不良。检查发现，后视镜插接器与内饰板上的导线连接器接触不良。经仔细与旧件对比发现，新后视镜上的插接器尺寸偏大，当将它与内饰板上的导线连接器连接时，不能完全插入，导致接触不良。由于后视镜在折叠时工作电流较大，从而使后视镜无法折叠；但当用故障诊断仪进行后视镜功能测试时所需的工作电流较小，因此，故障诊断仪能检测到信号，从而产生了接触良好的错误判断。于是，将旧后视镜上的插接器拆下，换装到新后视镜上，重新与车身控制模块做一次匹配，故障排除。

三、丰田雷克萨斯 LS400 轿车后视镜不能控制

故障现象：丰田雷克萨斯 LS400 轿车后视镜不能控制。

故障诊断与排除：该车在拆卸左、右后视镜后做了全车油漆，再装复就出现上述故障，只能用手直接移动后视镜调整。

由于拆卸过左、右后视镜，怀疑在安装时，电动机连接器未插好、或者是未断电就拆卸，产生自感电压造成后视镜 ECU 损坏。

拆检电动机连接器，连接良好，由于电动后视镜与收音机、驾驶室灯共用 7.5A 与 10A 熔丝，收音机与驾驶室灯正常，说明断丝正常；再检查左右调节开关、控制开关均正常；拆开前乘客侧杂物箱后面的 ECU，发现 ECU 进线有电，出线无电，说明故障出在后视镜 ECU。

更换外后视镜 ECU 后，装复，后视镜控制工作正常，故障排除。

任务小结

1. 汽车后视镜，按照安装位置不同分为内后视镜、外后视镜和下视镜三种；按防眩目功能不同可分为普通型内后视镜和防眩目型内后视镜。

2. 目前，汽车上多使用电动后视镜，其功能包括记忆存储功能、加热除雾功能、伸缩折叠功能、带刮水器和洗涤器等。

3. 在每个后视镜镜片的背后都有两个双向永磁电动机，可操纵后视镜上下及左右运动。通常，上、下方向的运动由一个永磁电动机控制，左、右方向的运动由另一个永磁电动机控制。通过改变电动机的电流方向，即可完成后视镜的位置调整。

4. 电动后视镜的操纵开关一般包括选择开关和方向开关，有些汽车还设有折叠开关、加热开关等。

5. 目前，很多中、高档轿车的后视镜与驾驶员座椅、转向盘构成一个系统，每个驾驶员可根据个人身高与驾驶习惯的不同来调节后视镜的最佳视角，以及座椅、转向盘的最佳舒适位置，然后将其储存起来。当调节的位置发生了变化，驾驶员可将存储的位置复位，把后视镜恢复到以前调节的位置。

6. 自动防眩目内后视镜由一个特殊镜面、两个光敏二极管及电子控制器组成。电子控制器根据两个光敏二极管的信号输出电压，来改变电致变色材料的颜色，从而改变镜面的反射率。

7. 在汽车倒车时，当车后面的光线较强而车前面光线弱，此时，后视镜如变暗就不利于倒车时看清车后情况。因此，当汽车挂倒挡时应关闭防炫目功能。另外，可以由驾驶员手动关闭自动防眩目功能。

课后练习

1. 简述电动后视镜的功能。
2. 对照图3.5-4分析北京现代悦动轿车外后视镜控制电路工作原理。
3. 对照图3.5-5、图3.5-7分析别克君越轿车带存储功能的外后视镜控制电路工作原理。
4. 自动防炫目内后视镜是如何实现自动变色的？
5. 如何检修车外后视镜开关？

学习任务六　电控除雾器检修

- 能正确描述除雾装置的除雾方式；
- 能正确描述电控除雾器的工作原理；
- 能正确识读和分析电控除雾器电路图；
- 会使用万用表和故障诊断仪对电控除雾器进行检测；
- 会分析诊断和排除电控除雾器的常见故障。

- 电控除雾器的工作原理；
- 识读和分析电控除雾器电路图；
- 分析诊断和排除电控除雾器的常见故障。

任务描述

一位客户反映他所驾驶的奥迪 A6L 轿车，在轿车启动后，打开除雾开关，除雾器指示灯不亮，除雾功能失效。现在，请对客户轿车的除雾器进行检修。

知识准备

在寒冷的季节，风窗玻璃上会凝结一层霜、雾、雪或冰，从而影响驾驶员的视线，严重时会无法驾驶运行，甚至导致安全事故发生。为了避免水蒸汽凝结，汽车上必须装有风窗玻璃除雾装置。

风窗玻璃除雾主要有前窗除雾和后窗除雾两种。打开空调暖风，按下前窗除雾开关，利用吹向前挡风玻璃的暖风来除雾的方法就是前窗除雾。后窗除雾是利用后挡风玻璃上的加热丝加热玻璃来除雾的。除雾开关如图 3.6-1 所示。

图 3.6-1 除雾开关

本学习任务主要讲述后窗除雾器的检修。

除雾装置一般有手动控制除雾和自动控制除雾两种方式。手动控制除雾就是驾驶员按下除雾开关，电热丝通电或热风吹向挡风玻璃；自动控制除雾就是通过传感器的检测，来自动接通除雾器除雾。

一、手动控制除雾器

后窗除雾器由多条水平的陶瓷化合物芯线和两条垂直的汇流排组成。在玻璃成形过程中，汇流排被烧结在玻璃内侧。供电导线或端子焊接到左侧的汇流排上，地线或端子位于右侧的汇流排上，除雾器的工作电压为 12 V。后窗除雾所需的时间随车速、外界车窗温度、大气压力、乘客数等条件而变化。

上汽通用雪佛兰科鲁兹轿车后窗除雾器系统主要由后窗除雾开关、后窗除雾器继电器、除雾器栅格（电热丝）和除雾器指示灯等组成，其电路如图 3.6-2 所示。

按下 HVAC 控制面板上的后窗除雾开关（除雾器指示灯同时点亮，如图 3.6-1 所示），请求信号经串行数据线（LIN 线）送至 HVAC 控制模块。HVAC 控制模块收到此请求信号后，为后窗除雾继电器线圈提供电源，线圈通电，继电器触点闭合。电流回路为：B+ 电源→后窗除雾器继电器触点→ 40A 熔丝→后窗除雾器栅格→搭铁，后窗除雾器栅格通电工作，同时，两个外后视镜也通电加热除雾。

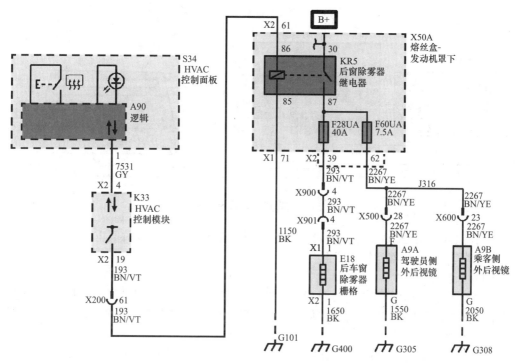

图 3.6-2 上汽通用雪佛兰科鲁兹轿车后窗除雾器电路图

由于除雾器的工作电流较大，因此，系统内设有一个计时器来限定时间。发动机运转时，第一次按下后窗除雾开关，后窗除雾器继电器通电 10 min 后自动断电。如雾还没有除净，驾驶员再次按下后窗除雾开关，后窗除雾器继电器工作约 5 min 即停止。

二、自动控制除雾器

对除雾器电热丝通电的控制方式除手动控制外，还可以自动控制。

自动控制除雾器由除雾开关及指示灯、除雾传感器、控制器、电热丝等组成，如图 3.6-3 所示。

1. 电热丝

当在电热丝两端加上 12 V 电压时，即会产生 25 ℃～ 30 ℃的微温，将玻璃加热以消除雾层。

2. 除雾传感器

除雾传感器是一种热敏电阻，一般安装在后窗玻璃下方，用以检测有无积雾。如果有积雾，则传感器电阻减小，控制器就使继电器线圈通电，触点闭合，电热丝通电。当除雾结束时，玻璃上温度上升，传感器阻值变大，控制电路将继电器断电，除雾自动停止。

3. 控制器

控制器输入信号有两个：一个是手动 / 自动除雾开关信号；另一个是除雾传感器信号。传感器信号主要是控制其内的一只电子开关，电子开关在传感器电阻值减小（也即结雾）时导通，使继电器线圈通电，触点闭合，于是，给电热丝通电加热。

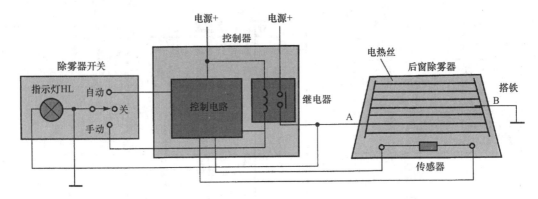

图 3.6-3　自动控制后窗除雾器

当传感器电阻值增大（除雾后玻璃温度上升）后，上述电子开关截止，于是，切断了继电器线圈电流，电热丝加热停止。

4. 除雾器指示灯

除雾器指示灯并联在电热丝两端，受继电器控制。当电热丝加热时，该指示灯也同时点亮，表示除雾电路处于除雾工作状态。当除雾停止时，该指示灯也将熄灭。

5. 除雾电路工作原理

（1）除雾关闭。自动除雾开关位于"关"位置时，自动控制除雾装置不工作。

（2）手动除雾。当采用手动除雾时，将除雾开关拨至"手动"挡，继电器电磁线圈经"手动"开关直接搭铁，使除雾电路接通。电流回路：电源＋→继电器触点→电热丝 A 端→电热丝 B 端→搭铁。此时，除雾器指示灯 HL 点亮，以示除雾状态，风窗除雾器的功率一般在 100 W 左右。

（3）自动除雾。当采用自动除雾时，将除雾开关拨至"自动"挡。当后窗玻璃下方所装传感器检测到霜雾达到一定厚度时，自动除雾传感器电阻值急剧减小到某一设定值，自动除雾控制器便控制继电器电磁线圈通电，继电器触点闭合。于是，电源经继电器触点向电热丝供电，同时，除雾器指示灯点亮。随着挡风玻璃上冰霜减少到某一程度，自动除雾传感器电阻值增大，控制器便将继电器电路切断，继电器触点断开，指示灯熄灭，后窗电热丝断电，自动控制除雾器停止工作。如此循环，就实现了自动除雾的目的。

任务实施

下面以上汽通用雪佛兰科鲁兹轿车后窗除雾器系统为例，介绍后窗除雾器的检修方法。

1. 后窗除雾器功能的检查

（1）启动发动机，打开后窗除雾开关，后窗除雾器电路应接通，后窗除雾器栅格（电热丝）发热，指示灯点亮。

（2）如果后窗除雾器工作正常，10 min 后除雾器应自动停止工作；再打开后窗除雾开关，除雾器应接通，并且 5 min 后除雾器自动停止工作。

如果实际检查结果与上述不符，表明后窗除雾器有故障，应查明原因予以排除。

2. 后窗除雾器电热丝的检查

（1）启动发动机，打开后窗除雾器，将测试灯的一根探针接地，另一探针与每根电热丝轻轻接触检查。正常时，将试灯探针从左向右沿电热丝慢慢移动，试灯亮度应逐渐增加，如图 3.6-4 所示。

（2）对于某根特定的电热丝，如果测试灯检测表明其工作不正常，可将测试灯探针放在输入总线电极上，然后朝左进行检测，直到点亮的测试灯熄灭为止。灯熄灭时的位置即断点位置，如图 3.6-5 所示。一旦找到断点部位，则应修理除雾器电热丝或更换后窗。

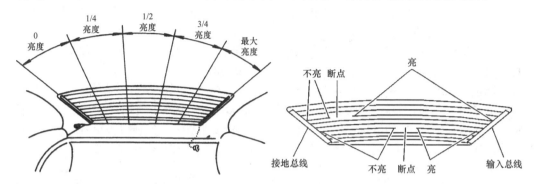

图 3.6-4　除雾器电热丝的检查　　　　图 3.6-5　电热丝断点的查找

3. 后窗除雾器电热丝不工作故障诊断流程

（1）关闭点火开关，检查 F28UA 40A 熔丝是否正常。

（2）拔下 KR5 后窗除雾器继电器，检查 KR5 后窗除雾器继电器工作是否正常，如不正常则更换。

（3）用万用表测量电路端子 30 与搭铁之间的电压，应为蓄电池电压，如不为蓄电池电压，则检修电源电路。

（4）在电路端子 30 和电路端子 87 之间连接一条带 40A 熔丝的跨接线。打开点火开关，检查 E18 后除雾器格栅是否工作。

（5）若 E18 后除雾器格栅不工作，拆下跨接线：

①关闭点火开关，断开 E18 后除雾器格栅处的 X1 连接器，测量继电器电路端子 87 和除雾器栅格电路端子 1 之间的电阻，应小于 1 Ω。若大于 1 Ω，则维修电路中接触不良之处。

②用万用表测量继电器电路端子 87 和搭铁之间的电阻，应为无穷大。否则应检修电路中搭铁之处。

③断开 E18 后除雾器格栅的 X2 线束连接器，测量电路端子 1 和搭铁之间的电阻，应小于 1 Ω。若大于 1 Ω，则维修搭铁电路中搭铁不良之处。

④如果上述都正常，则维修或更换 E18 后窗除雾器格栅。

（6）若 E18 后除雾器格栅工作，拆下跨接线：

①关闭点火开关，拔下 KR5 后除雾器继电器，测量电路端子 85 和搭铁之间的电阻，应小于 1 Ω。如果大于 1 Ω，则维修电路中开路或电阻过大之处。

②断开 K33 HVAC 控制模块的线束连接器，测量控制模块端子 X2/19 和搭铁之间的电阻，应为无穷大，测量控制模块端子 X2/19 与继电器电路端子 86 之间的电阻，应小于 1 Ω。

③若上述检查都正常，则更换 K33 HVAC 控制模块，再试一次。

④若仍有故障，则断开 S34 HVAC 控制面板连接器，检测串行数据线（LIN 线）7531 工作是否正常，若不正常，则更换 S34 HVAC 控制面板。

[案例分析]

2008 款奥迪 A6L 后窗除雾失效

故障现象：一辆 2008 款奥迪 A6L 轿车，手动挡。后窗除雾器不好用，打开除雾开关约 2 s 后，开关上的指示灯便熄灭。

故障诊断与排除：奥迪轿车后窗除雾器会根据室外温度变化而调节总的加热时间，时间是 10～20 min，这样可以延长电热丝的寿命并节约能源。

连接 VAS5052，输入地址字 46，进入舒适系统控制单元，读到一个故障码 00834，后窗加热触发信号不良，依据电路图找到继电器 J9，如图 3.6-6 所示。发现舒适系统控制单元能够提供 12 V 的电压，但是继电器线圈没有接地回路。找到后备箱右后侧的搭铁点，正常。最后确定线束中间出现了断路，另接一根搭铁线并正确布线，故障消失。

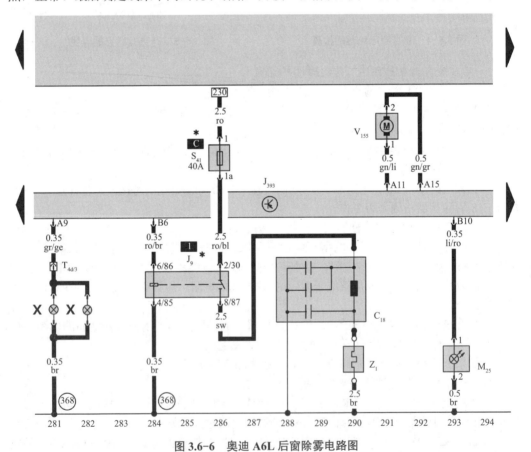

图 3.6-6 奥迪 A6L 后窗除雾电路图

ws=白色；sw=黑色；ro=红色；br=棕色；gn=绿色；bl=蓝色；gr=灰色；li=淡紫色；ge=黄色；or=桔黄色
C18—挡风玻璃上天线的抗干扰滤波器；J9—可加热后窗玻璃继电器；J393—舒适/便捷功能系统中央控制单元；
M25—高位制动灯灯泡；S41—可加热后窗玻璃熔丝；V155—油箱盖板上锁机构电动机；X—牌照灯；
Z1—可加热后窗玻璃；*—行李厢右侧的熔丝架和继电器座

任务小结

1. 风窗玻璃除雾主要有前窗除雾和后窗除雾两种。打开空调暖风，按下前窗除雾开关，利用吹向前挡风玻璃的暖风来除雾的方法就是前窗除雾。后窗除雾是利用后挡风玻璃上的加热丝加热玻璃来除雾的。

2. 除雾装置一般有手动控制除雾和自动控制除雾两种方式。

3. 科鲁兹轿车后窗除雾器系统主要由后窗除雾开关、后窗除雾器继电器、除雾器栅格（电热丝）和除雾器指示灯等组成。

4. 发动机运转时，第一次按下后窗除雾开关，后窗除雾器继电器通电 10 min 后自动断电。如霜还没有除净，驾驶员可第二次按下后窗除雾开关，后窗除雾器继电器工作约 5 min 即停止。

5. 自动控制除雾器有一个自动除雾传感器。当后窗玻璃下方所装传感器检测到霜雾达到一定厚度时，自动除雾传感器电阻值减小到某一设定值，自动除雾控制器便控制继电器电磁线圈使电路接通，继电器触点闭合，于是，自动除雾装置工作。

课后练习

1. 除雾装置一般有哪几种除雾方式？
2. 对照图 3.6-2 分析上汽通用科鲁兹轿车后窗除雾器工作过程。
3. 简述除雾传感器的工作过程。
4. 如何检查后窗除雾器的工作情况？
5. 如何检测后窗除雾器电热丝？
6. 如何诊断后窗除雾器电热丝不工作故障？

项目四　汽车信息、通信与娱乐系统检修

【项目导入】

随着现代汽车电控技术的发展,汽车电控单元的数量不断增加,数据交换量越来越大,因此,现代汽车广泛采用车载网络技术。

汽车组合仪表是驾驶员与汽车进行信息交流的重要接口和界面,它为驾驶员提供所需的汽车运行参数信息、警告信息和提示信息。

随着生活品质的提高,汽车的娱乐性也更多了,逐渐发展出集视听娱乐、通信导航、车载电话等多种功能于一体的汽车多媒体系统,并成为汽车一个不可或缺的组成部分。

本项目主要讲述汽车车载网络系统、汽车电子仪表与信息显示系统、汽车音响系统、车载免提电话系统和汽车车载导航系统的组成及工作原理。通过其实践操作,学生能认知到这些汽车信息、通信与娱乐系统的工作原理及相应的检修方法。

【学习目标】

素养目标:
1. 了解安全操作要求,养成安全文明操作的习惯;
2. 养成组员之间互相协作的习惯;
3. 实施操作结束后,清洁工具,并将工具设备归位,清洁场地。

知识目标:
1. 能够认知汽车信息、通信与娱乐系统的结构和工作原理;
2. 熟悉汽车信息、通信与娱乐系统的常见故障现象和原因。

技能目标:
1. 按照标准工艺流程,完成相应的汽车信息、通信与娱乐系统的检修作业项目;
2. 能够熟练使用万用表、故障诊断仪等常用检测设备。

【学习任务】

学习任务一　汽车车载网络系统检修
学习任务二　汽车电子仪表与信息显示系统检修
学习任务三　汽车音响系统检修
学习任务四　车载免提电话系统检修
学习任务五　汽车车载导航系统检修

项目四 汽车信息、通信与娱乐系统检修

学习任务一　汽车车载网络系统检修

- 能正确讲述汽车车载网络系统常用术语的含义；
- 能正确描述 CAN-BUS 总线系统的结构及传输原理；
- 能正确描述大众轿车 CAN-BUS 数据总线及子系统结构；
- 能正确讲述 LIN 总线结构；
- 能正确描述 MOST 总线系统结构；
- 能正确描述光纤的结构及各部分功用；
- 能正确识读和分析汽车网络系统的电路图；
- 会使用万用表、故障诊断仪和示波器对汽车网络系统进行检测；
- 会分析诊断和排除汽车网络系统的常见故障。

- CAN-BUS 总线系统的结构及传输原理；
- LIN 总线、MOST 总线系统结构；
- 能正确识读和分析汽车网络系统的电路图；
- 会分析诊断和排除汽车网络系统的常见故障。

任务描述

一位客户反映他所驾驶的上海别克轿车，在车辆行驶过程中，时常出现转速表、里程表、燃油表和水温表指示为零的现象。维修技师在询问该客户一些基本情况后，利用故障诊断仪读取故障码，发现有多个故障码。其中，在 SDM（安全气囊模块）中出现 U1040、U1000、U1064 和 U1016；在 IPC 中出现 U1016；在 BCM（车身控制模块）中出现 U1000。这些 U 字头的故障代码都是汽车车载网络系统的故障码。现在，请对客户轿车的车载网络系统进行检修。

知识准备

一、采用汽车车载网络系统的必要性

随着现代汽车电子控制技术的发展，汽车电控系统的电控单元数量不断增加，使汽车的电气系统变得越来越复杂。这些汽车电控系统与系统之间、系统和汽车的显示仪表之

· 221 ·

间、系统和汽车故障诊断系统之间均需要进行数据交换。面对如此巨大的数据交换量，如仍然采用传统数据交换的方法，即用导线进行点对点连接的传输方式，会造成汽车的布线十分复杂，一方面占用汽车空间，使得在有限的汽车空间内布线越来越困难，另一方面限制了功能的扩展。电路的复杂降低了汽车的可靠性，一旦汽车线束中出现问题，查找故障也很麻烦，从而增加了汽车维修的难度；车身质量的增加也影响了汽车的经济性。据粗略估计，如采用普通线束，一个中级轿车就需要线束连接器 300 个左右，插针总数将达到 2 000 个左右，线束总长超过 1.6 km。

为解决上述问题，现代汽车广泛采用车载网络技术，将过去点对点的专线传输改成一线多用传输。车载网络技术使得在一条数据线上传递的信号，可以被多个系统共享，从而最大限度地提高系统的整体效率，充分利用有限的资源，减少汽车上导线的数量，使控制变得更加方便，并可节省大量的导线，降低成本、便于维护和提高总体可靠性。

例如，某大众汽车发动机控制单元 J220 与自动变速器控制单元 J217 之间采用传统信号传递时，需要 5 根导线来实现点对点的信号传输，如图 4.1-1 所示。如果需要传递的信号增加，就需要更多的信号传输线。而采用车载网络技术，只需 2 根双向数据线即可，如图 4.1-2 所示。

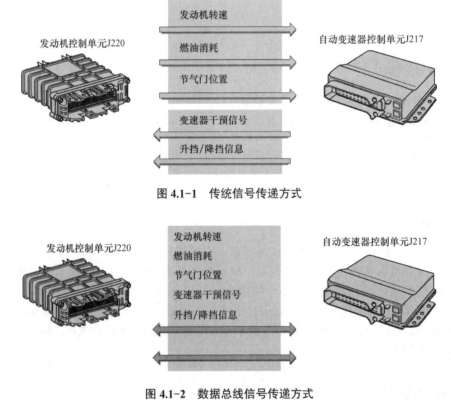

图 4.1-1　传统信号传递方式

图 4.1-2　数据总线信号传递方式

二、汽车车载网络系统基础

1. 网络系统信息传输

汽车网络系统的信息一般采用多路传输。

多路传输是指在同一通道或线路上同时传输多条信息。事实上，数据信息是依次传输的，但速度非常快，几乎就是同时传输。多路传输采用划分时间片的方法来轮流接收和处理数据。例如，对一个人来说，十分之一秒算是非常快了，但对一台运算速度相对慢的计算机来说，十分之一秒是很长的时间。如果将十分之一秒分成若干时间片，在每一时间片里传输一段数据信息，许多单个的数据都能被传输，这就叫作分时多路传输。

从图 4.1-3 可以看出，常规线路要比多路传输线路简单得多，但是多路传输系统 ECU 之间所用导线比常规线路系统所用导线少得多。由于多路传输可以通过一根线（数据总线）传递多个信息，执行多个指令，因此，可以增加许多功能装置。

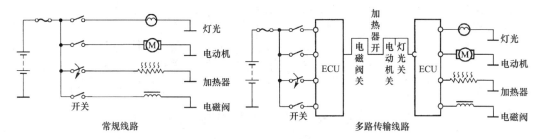

图 4.1-3　常规线路与多路传输线路原理图

目前，汽车上用的是单线或双线分时多路传输系统。

多路传输的优点是线束简单，质量小，成本低，连接器的数量少，可以进行模块之间的通信，功能丰富，能够通过信息共享减少传感器的数量。

2. 数据总线

数据总线（BUS）是模块（如控制单元、智能传感器等）间运行数据的通道，即所谓的信息高速公路，如图 4.1-4 所示。如果一个控制单元可以通过数据总线发送数据，又可以从数据总线接收数据，则这样的数据总线就称为双向数据总线。汽车上的数据总线一般采用一条导线或两条导线。

图 4.1-4　多个计算机之间利用数据总线进行通信

高速数据总线及网络容易产生电磁干扰，这种干扰会导致数据传输出错。数据总线有多种检错方法，如检测一段特定数据的长度，如果出错，数据将重新传输。为了抗电磁干扰，双线制数据总线的两条线是绞在一起的。各个汽车制造商一直在设计各自的数据总线，如果不兼容，就称为专用数据总线。如果是按照某种国际标准设计的，就是非专用的。

3. 模块（节点）

模块就是一种电子装置，简单的如智能传感器，复杂的如电控单元。在计算机多路传输系统中一些简单的模块称为节点。因此，模块相当于信息高速公路上的进口和出口。

4. 网络

通过数据总线将多个模块互相连接起来，按照共同的通信协议，最终实现信息共享的系统，称为网络。从物理意义上讲，汽车上许多模块和数据总线距离很近，因此被称为 LAN（局域网）。

局域网是在一个有限区域内连接的计算机网络。一般这个区域具有特定的职能，通过网络实现这个系统内的资源共享和信息通信。

图 4.1-5 所示为丰田 LS430 轿车的网络结构图。该系统的车身电器局域网 BEAN（Body Electronics Area Network）通过网关模块，与车内的音频视频局域网络 AVC-LAN（Audio Visual Communication-Local Area Network）相连。另外，车身电器局域网分成车门总线、仪表板总线、转向柱总线三部分，一方面可以增加车身电器局域网 ECU 的数目，另一方面可以防止因某一功能总线故障而影响车身整个网络的工作。各功能总线也通过网关模块实现互联。

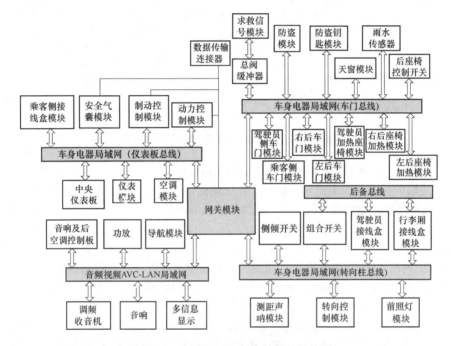

图 4.1-5　丰田 LS430 轿车的网络结构图

5. 通信协议

在汽车上，两个模块（节点）之间要成功地通信，必须制定规则，即必须使用相同的语言，并按既定控制法则来保证相互的配合。具体来说，在通信内容、怎样通信及何时通信等方面，两个模块（节点）要遵从相互可以接受的一组约定和规则。这些控制通信的约定和规则的集合称为通信协议。因此，通信协议可定义为在两实体间控制信息交换的规则集合。

通信协议犹如交通规则，包括"交通标志"的制定方法。作为汽车维修人员，并不关心通信协议本身，而真正关心的是它对汽车维修诊断的影响。通信协议本身取决于车辆要传输多少数据，要用多少模块，数据总线的传输速度要多快。大多数通信协议及使用它们的数据总线和网络都是专用的。因此，维修诊断时需要专门的软件。

6. 网关

因为汽车上有很多总线和网络，所以必须用一种有特殊功能的计算机达到信息共享和不产生协议间的冲突，实现无差错数据传输，这种计算机就叫作网关。

网关是连接异型网络的接口装置,汽车网关主要对双方不同的协议进行翻译和解释,具备从一个通信协议到另一个通信协议转换信息的能力。图 4.1-6 所示为大众 Polo 轿车网络结构图,其中,网关就连接了动力 CAN 总线和舒适 CAN 总线。

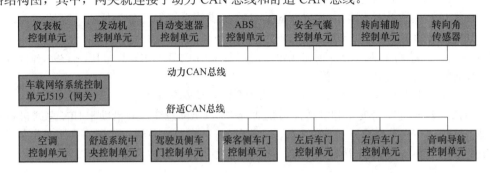

图 4.1-6　大众 Polo 轿车网络结构图

网关主要有接收、转换、发送三个方面的作用。具体来说就是接收第一个网络送来的信息,将其转换翻译后,向第二个网络传送信息。

可以用站台来说明网关的原理。网关相当于站台,如图 4.1-7 所示,在站台 A 到达一辆快车(动力 CAN 总线,500 kbit/s),车上有很多乘客。在站台 B 已经有一辆慢车(舒适 CAN 总线,100 kbit/s)在等待,有一些乘客要换到这辆慢车上,而站台 B 上有一些乘客要换乘快车继续旅行。站台的这种作用,是让乘客换车,使他们通过速度不同的交通工具到达各自目的地,与动力 CAN 总线和舒适 CAN 总线两系统网络的网关作用是相同的,因此,网关的主要任务就是使两个速度不同的系统之间能进行信息交换。

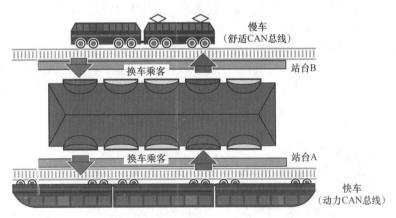

图 4.1-7　网关的功能

7. 车载网络分类和协议标准

美国汽车工程师学会 SAE 按照功能和传输速率,将汽车车载网络分为 A、B、C、D、E 五类。

A 类是面向智能传感器和执行器控制的串行通信。目前,A 类首选的标准是 LIN,它采用低成本的单线连接,传输速率最高可达 20 kbit/s。

B 类是面向独立模块之间数据共享的中速网络,传输速率为 10 k～125 kbit/s,主要用于车身舒适性系统、仪表显示系统等。B 类的国际标准是 CAN 总线。

C 类是面向高速、实时闭环控制的多路传输网络，主要用于牵引力控制、发动机控制、ABS 等系统，传输速率为 125 k～1 Mbit/s。C 类的常见标准有高速 CAN 总线、X-by-Wire 总线等，X-by-Wire 总线传输速率可达 10 Mbit/s。

D 类是汽车多媒体网络，主要面向信息、多媒体系统等，分为低速、高速和无线三类，其传输速率为 250 k～100 Mbit/s。低速用于远程通信、诊断及通用信息发送，常采用 CAN 总线；高速用于实时的音频和视频通信，常采用 D2B、MOST 和 IEEE1394 等标准。在无线通信方面，采用蓝牙规范。

E 类网络主要面向乘员的安全系统，用于车辆被动安全性领域。

目前，汽车的车身安全和舒适性系统通常采用 CAN 总线，并借助于 LIN 总线进行外围设备控制。在汽车高速控制系统方面，通常使用高速 CAN 总线。远程信息处理和多媒体系统常采用 D2B 或 MOST 协议来实现，无线通信则通过蓝牙技术加以实现。

三、CAN-BUS 总线系统结构及传输原理

CAN 是 Controller Area Network（控制器局域网络）的缩写，其含义是电控单元通过网络进行数据交换。CAN 数据总线传输可比作公共汽车，可以同时运输大量乘客，而 CAN 数据总线则运送大量数据。

CAN 是一种双线串行数据通信总线，是国际上应用最广泛的现场总线之一。CAN 是一种多主机总线，每个模块（节点）均可成为主机，相互之间均可进行通信。

CAN 的拓扑结构为总线式，因此，也称为 CAN 总线（CAN-BUS）。一个由 CAN 总线构成的网络，理论上可以挂接无数个节点。在实际应用中，节点数目受网络硬件的电气特性所限制。例如，当使用 Philips P82C250 作为 CAN 收发器时，同一网络中允许挂接 110 个节点。CAN 可提供高达 1 Mbit/s 的数据传输速率，这使实时控制变得非常容易。另外，硬件的检错特性也增强了 CAN 的抗电磁干扰能力。

1. CAN-BUS 总线系统的结构

CAN-BUS 总线系统由一个控制器、一个收发器、两个数据传输终端及两条数据总线组成。除数据总线外，其他元件都置于控制单元内部，控制单元功能不变，如图 4.1-8 所示。

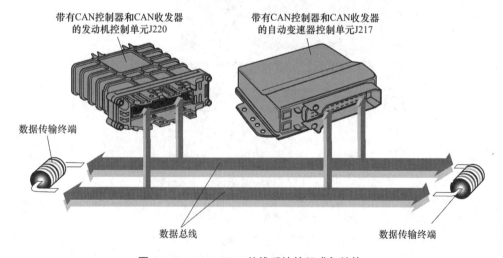

图 4.1-8　CAN-BUS 总线系统的组成与结构

（1）CAN 控制器。CAN 控制器的作用是接收控制单元中的微处理器发出的数据，处理数据并传给 CAN 收发器。同时，CAN 控制器接收 CAN 收发器收到的数据，处理数据并传给控制单元中的微处理器。

（2）CAN 收发器。CAN 收发器是一个发送器和接收器的组合，它将 CAN 控制器提供的数据转化为电信号并通过数据总线发送出去。同时，它接收总线数据，并将数据传给 CAN 控制器。

（3）数据传输终端。数据传输终端实际是一个电阻器，作用是避免数据传输终了反射回来，产生反射波而使数据遭到破坏。

（4）数据总线。CAN 数据总线是用于传输数据的双向数据线，分为 CAN 高位（CAN-High）数据线和 CAN 低位（CAN-Low）数据线。数据没有指定接收器，数据通过数据总线发送给各控制单元，各控制单元接收后进行处理。CAN 数据总线采用两条线相互扭结成双绞线，两条线上的电位是相反的，如果一条线的电压是 5 V，另一条线就是 0 V，如图 4.1-9 所示，两条线的电压总和等于常值。双绞线可以有效防止对车辆内的其他设备产生电磁干扰，同时，可消除因为电压在 CAN 数据总线上快速变化而产生的磁场干扰。

 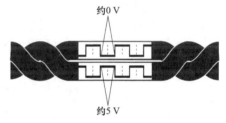

图 4.1-9　CAN 数据总线

2. CAN-BUS 数据总线的传输原理与过程

CAN-BUS 数据总线的数据传输原理在很大程度上类似电话会议的方式，如图 4.1-10 所示。一个用户（控制单元）向网络中"说出"数据，而其他用户"收听"到这些数据。若控制单元认为这些数据对它有用，它就接收并且应用这些数据，而其他控制单元也许不会理会这些数据。因此，数据总线里的数据并没有指定的接收者，而是被所有的控制单元接收及计算。

数据的具体传输过程如图 4.1-11 所示。

（1）提供数据。控制单元的微处理器向 CAN 控制器提供需要发送的数据。

（2）发送数据。CAN 收发器从 CAN 控制器处接收数据，将其转化为电信号并发送到 CAN-BUS 数据总线上。这些数据以数据列的形式进行传输，数据列是由一长串二进制（高电平与低电平）数字组成。

（3）接收数据。所有与 CAN-BUS 数据总线相连构成网络的控制单元成为接收器，从 CAN-BUS 数据总线上接收数据。

（4）检查数据。控制单元对接收到的数据进行检查，看是否是其功能所需。

（5）接受数据。如果所接收的数据是需要的，它将被认可及处理，反之将其忽略。

3. 数据列各区域的作用

数据列的格式如图 4.1-12 所示。数据列包括开始域、状态域、检查域、数据域、安全域、确认域、结束域。其各个域的作用如下：

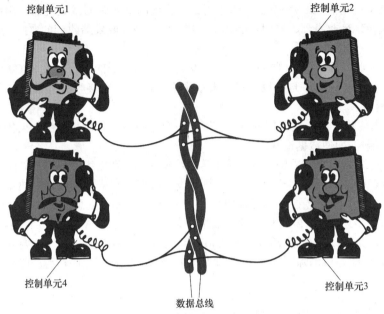

图 4.1-10　CAN-BUS 总线数据传输原理

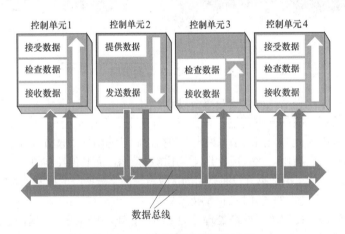

图 4.1-11　数据的具体传输过程

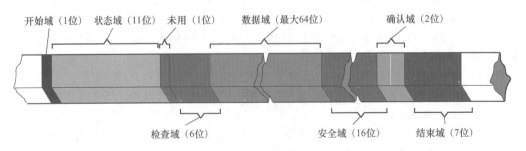

图 4.1-12　数据格式

（1）开始域。标志数据列的开始，由 1 位构成。带有大约 5 V 电压（由系统决定）的 1 位被送入高位 CAN 线；带有大约 0 V 电压的 1 位被送入低位 CAN 线。

（2）状态域。确定数据列的优先级别，由 11 位构成。若两个控制单元都要发送各自的数据列，则具有较高优先权的控制单元优先发送。

（3）检查域。用于显示在数据域中所包含的信息项目数，由 6 位构成。该域可以让接收器检查是否已经接收到所传输过来的所有信息。

（4）数据域。传给其他控制单元的信息，最大由 64 位构成。

（5）安全域。检测传递数据中的错误，由 16 位构成。

（6）确认域。由 2 位构成。接收器发给发送器的信号，用来告知已正确地收到数据列。若检测到有错误，则接收器迅速通知发送器，这样，发送器将再次发出该数据列。

（7）结束域。由 7 位构成，标志数据列的结束。

4. CAN 总线的传输仲裁

如果多个电控单元要同时发送各自的数据列，那么，数据总线上就必然会发生数据冲突。为了避免发生这种情况，CAN-BUS 数据总线系统就必须决定哪个控制单元的数据列首先进行发送。CAN 总线采用传输仲裁，原则：具有较高优先权的数据首先发送。例如，动力 CAN 总线系统优先级依次为 ABS/EDL 控制单元、发动机控制单元、自动变速器控制单元。

四、大众车系 CAN-BUS 系统

1. 总体结构

大众车系 CAN 数据总线将各个控制单元连接起来，形成车载网络系统。大众迈腾轿车总线系统网络结构图如图 4.1-13 所示，其总线网络系统可分为动力（驱动）系统、舒适系统、信息娱乐系统、诊断系统和仪表系统 5 个局域网，如图 4.1-14 所示。

2. 动力 CAN 总线系统

动力 CAN 总线系统主要由发动机控制单元、ABS 控制单元、自动变速器控制单元、安全气囊控制单元、自适应巡航控制单元、大灯照明距离调节控制单元、转向辅助控制单元等组成。动力 CAN 总线系统由 15 号供电线唤醒，也即打开点火开关，15 号供电线电压为 12 V，CAN 网络启用通信；关闭点火开关，15 号供电线电压为 0 V，停用通信，进入休眠状态。

动力 CAN 总线传输速率为 500 kbit/s，终端电阻并联在两总线之间，并装入一个控制器。

动力 CAN 总线信号如下：

在静止状态（也称作隐性状态）时，CAN-High 线和 CAN-Low 线上的电压值均为 2.5 V。

在显性状态时，CAN-High 线的高电平为 3.5 V，低电平为 2.5 V。CAN-Low 线的高电平为 2.5 V，低电平为 1.5 V，如图 4.1-15 所示。

在 CAN 收发器内有一个差动信号放大器，差动信号放大器用于将 CAN-High 线上的电压减去 CAN-Low 线的电压，得到输出电压差，再将此输出电压差送至控制单元的 CAN 接收区。用这种信号相减的方法可以消除静电平或其他任意重叠的电压（例如，干扰），如图 4.1-16 所示。

3. 舒适和信息 CAN 总线系统

舒适 CAN 总线系统主要由自动空调控制单元、4 个车门控制单元、舒适系统中央控制单元、车载电网控制单元等组成。信息 CAN 总线系统主要由收音机和导航系统控制单元、移动电话控制单元、数字音响控制单元等组成。

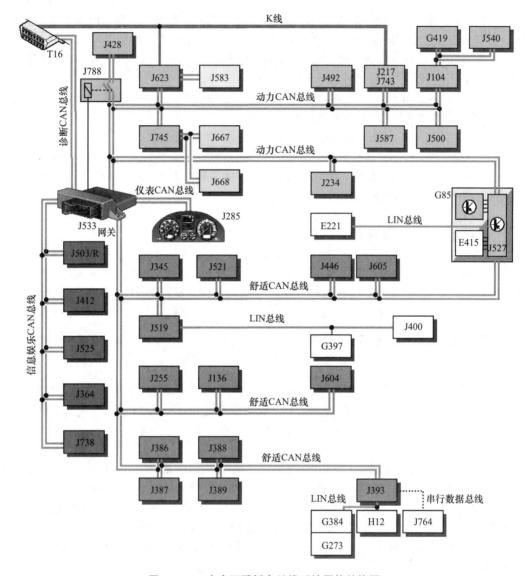

图 4.1-13 大众迈腾轿车总线系统网络结构图

E221—转向盘操作单元；E415—进入及启动许可开关；G85—转向角传感器；G273—车内监控传感器；G384—车辆侧倾传感器；G397—晴雨与光线识别传感器；G419—ESP 传感器单元；H12—报警喇叭；J104—ABS 控制单元；J136—座位调节和转向柱调节的控制单元；J217—自动变速器控制单元；J234—安全气囊控制单元；J255—全自动空调控制单元；J285—组合仪表控制单元；J345—拖车识别装置控制单元；J364—辅助加热装置的控制单元；J386—驾驶员侧车门控制单元；J387—副驾驶员侧车门控制单元；J388—左后车门控制单元；J389—右后车门控制单元；J393—舒适系统中央控制单元；J400—雨刮器电动机控制单元；J412—移动电话电子操作装置控制单元；J428—自适应巡航控制单元；J446—驻车辅助控制单元；J492—全轮驱动的控制单元；J500—转向辅助控制单元；J503—收音机和导航系统显示单元控制单元；J519—车载电网控制单元；J521—副驾驶员座椅调节控制单元；J525—数字式音响套件控制单元；J527—转向柱电子装置控制单元；J533—数据总线诊断接口（网关）；J540—电动机驻车制动器控制单元；J583—NO$_x$ 传感器的控制单元；J587—换挡杆传感装置控制单元；J604—空气辅助加热装置的控制单元；J605—汽车行李舱盖控制单元；J623—发动机控制单元；J667—左侧大灯功率模块；J668—右侧大灯功率模块；J738—电话操作单元控制单元；J743—直接换挡变速器的机械电子单元；J745—转弯灯和大灯照明距离调节控制单元；J764—ELV 控制单元；J788—驱动 CAN 总线断路继电器；R—收音机；T16—16 针诊断接口

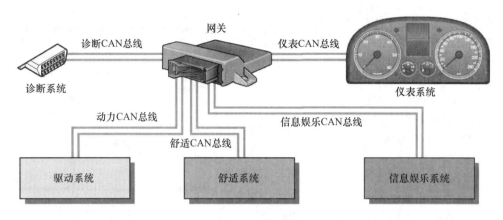

图 4.1-14　CAN 总线系统的子系统

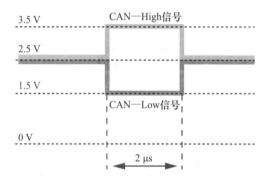

图 4.1-15　动力 CAN 总线的信号电压变化

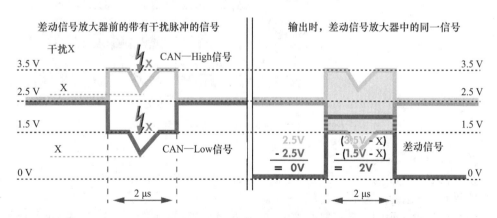

图 4.1-16　差动信号放大器内的干扰过滤

由于舒适 CAN 总线和信息 CAN 总线使用同样的脉冲频率,有时可以共同使用一对导线,如 Polo 轿车。舒适 CAN 总线由 30 号线唤醒,传输速率达 100 kbit/s。

舒适 CAN 总线信号如下:

在静止状态(也称作隐性状态)时,CAN-High 线上的电压值为 0 V,CAN-Low 线上的电压值为 5 V。在显性状态时，CAN-High 线的高电平为 3.6 V，低电平为 0 V。CAN-Low 线的高电平为 5 V，低电平为 1.4 V。如图 4.1-17 所示。

4. 诊断 CAN 总线系统

故障诊断是现代汽车必不可少的一项功能，常将诊断仪的诊断接头连接到汽车上 16 针诊断接口 T16 进行。

诊断总线用于诊断仪和相应控制单元之间的信息交换。它通过网关连接到相应的 CAN 总线上，然后连接到相应的控制单元进行数据交换，如图 4.1-18 所示。随着诊断总线的应用，现在大众车系逐步淘汰了早期控制单元上用的 K 线或 L 线。

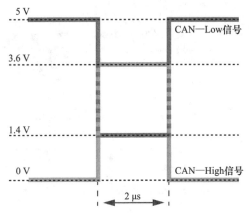

图 4.1-17 舒适、信息娱乐总线的信号电压变化

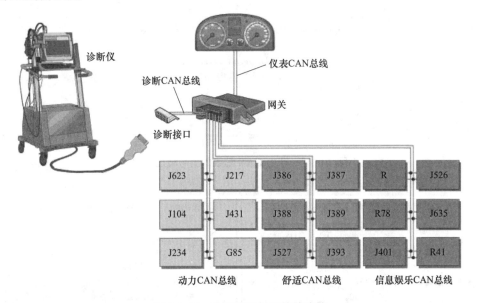

图 4.1-18 诊断总线与网关的连接

5. 仪表 CAN 总线

组合仪表是驾驶员和汽车的交互界面，它以数字、文字或图形的形式，向驾驶员显示汽车各种工作状态的信息和故障报警信息。

组合仪表中显示的信息获取方式：通过网关和仪表 CAN 总线接收其他控制单元的信息，例如，汽车车速、故障灯信息等；部分传感器，例如，清洗液面传感器 G33、制动液面开关 F34 等，通过单独的导线将信号传给组合仪表控制单元。

6. 数据总线的诊断接口（网关）

动力 CAN 总线、舒适 CAN 总线、信息娱乐 CAN 总线、仪表 CAN 总线、诊断 CAN 总线的传输速率是不同的，所以，不能直接进行数据交换。由于不同区域 CAN 总线的速率和识别代号不同,因此,一个信号要从一个总线进入另一个总线区域,必须把它的识别信号和速率进行改变,这个任务由网关来完成。因此,网关是整车不同总线间的接口,以及诊断仪和与总线系统相连的控制单元之间的接口,使所有连接在 CAN 总线上的控制单元实现数据交换。

另外,网关具有改变信息优先级的功能,如车辆发生相撞事故,气囊控制单元会发出一个信号,这个信号的优先级在动力 CAN 总线系统非常高,但传送到舒适 CAN 总线系统后,网关调低了它的优先级,因为在舒适 CAN 系统的功能只是打开门和灯。

网关电路如图 4.1-19 所示。

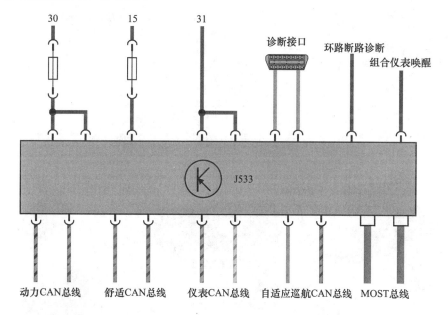

图 4.1-19 网关电路图

网关数据传输实例如下:

以大众 Polo 轿车的空调系统传感器信息传输为例来说明网关的数据交换原理,大众 Polo 轿车网络系统结构如图 4.1-6 所示。

如图 4.1-20 所示,车外环境温度由安装在保险杠内的车外温度传感器检测,并向仪表板控制单元 J285 传送,再提供给动力 CAN 总线。发动机的专用数据(如冷却液温度、发动机转速等)由发动机控制单元采集并提供给动力 CAN 总线。在数据总线的诊断接口(网关)中动力 CAN 总线的信息被转换到舒适 CAN 总线上,空调控制单元从舒适 CAN 总线上读取这些信息并用于空调的调节。

五、LIN 总线

LIN 是 Local Interconnect Network 的缩写,其含义是局域互联网络,又称为"局域子系统"。LIN 是一个汽车底层网络协议,只需要一根数据传输线,是 CAN 总线网络下的子系统。车上各个 LIN 总线系统之间的数据交换是由控制单元通过 CAN 数据总线实现的。典型 LIN 总线子系统如图 4.1-21 所示。

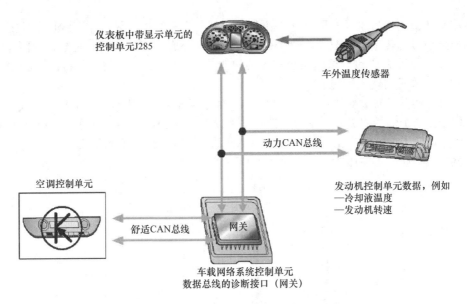

图 4.1-20　CAN 数据总线系统之间数据交换举例

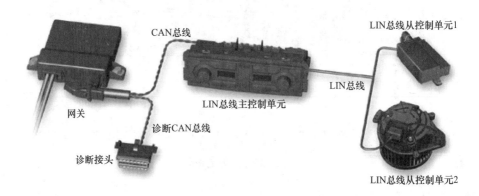

图 4.1-21　LIN 总线子系统示意图

LIN 总线是一种低成本的串行通信网络，用于实现汽车中的分布式电子系统控制。LIN 的目标是为现有汽车网络（如 CAN 总线）提供辅助功能，因此，其是一种辅助的总线网络，常用于智能传感器、执行器之间的通信。

1. CAN 总线与 LIN 总线的差别

（1）信号线及信号。CAN 总线以 CAN-High 和 CAN-Low 两条数据线（双绞线）工作，舒适 CAN 总线两条数据线的电平分别约为 0 V 和 5 V（隐性时）。LIN 总线是以一条相当于 CAN-Low 的信号线工作，隐性时电平接近蓄电池电压，并随之浮动；显性时电平接近低电平。使用 0.35 mm^2 导线，颜色为紫底白线。

（2）组件。CAN 总线工作时，电控单元中除需要相对复杂的收发器外，通常还需要用专门的协议控制器。LIN 总线单元中的收发器较简单，而且由于协议简单，通常不需要专门的协议控制器。

（3）传输速率。CAN 总线的位传输速率较高，在汽车中使用时通常为 500 kbit/s，最低的也达到 100 kbit/s。LIN 总线的最高位传输速率为 20 kbit/s。

（4）系统结构。CAN 总线为多主机系统，即接入总线的任一电控单元都可通过总线仲裁来获取总线控制权，并向总线系统中发送信息，单元在发出完整的 ID（标示符）时即主机。LIN 总线为单主机多从机系统，每一子系统中有且只有一个主机，所有的信息传送都由主机控制，从机必须等待主机发出了与它对应的 ID 后才能发送信息。

（5）可靠性。CAN 总线采用可靠性很高的 CRC（循环冗余校验码）校验。LIN 总线采用可靠性相对较差的带进位的和校验。

（6）成本。CAN 总线能用于各种信息传送的场合，但成本较高，工业性相对差些。LIN 总线只能用于对速率及可靠性要求不是很高的场合，如舒适系统或某些子系统等，优点是成本低，工艺性好。

2. LIN 总线组成和工作原理

（1）LIN 总线主控制单元。LIN 总线主控制单元连接在 CAN 总线上，它执行 LIN 的主功能。

主控制单元主要监控数据传递和数据传递的速率，发送信息标题，其软件内设定了何时将哪些信息发送到 LIN 数据总线上及发送多少次。主控制单元在 LIN 总线与 CAN 总线之间起"翻译"作用，是 LIN 总线系统中唯一与 CAN 数据总线相连的控制单元，可通过 LIN 主控制单元进行 LIN 系统的自诊断。

奥迪 A8 轿车 LIN 总线内部组成示意如图 4.1-22 所示，其中有两个 LIN 主控制单元，一个用于空调控制，另一个用于天窗控制。前风窗加热器、鼓风机和两个 PTC（正温度系数）辅助加热器是空调控制单元中的从控制单元；天窗控制电动机则是天窗控制单元中的从控制单元。

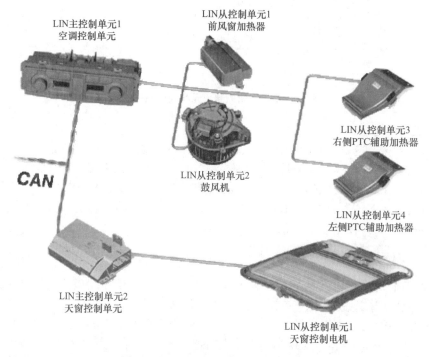

图 4.1-22　LIN 总线内部组成示意图

（2）LIN 总线从控制单元。每个 LIN 总线中最多可以连接 16 个从控制单元，从控制单元主要是接收或传送与主控制单元的查询或指定有关的数据。

在 LIN 数据总线内，单个的控制单元（如鼓风机）、传感器或执行元件都可看作 LIN 从控制单元。

图 4.1-23 所示为空调控制单元与鼓风机的连接示意图。传感器内集成有一个电子装置，电子装置对传感器测量值进行分析计算，然后通过 LIN 总线传递给主控制单元。LIN 执行元件是智能型的电子或机电部件，通过 LIN 主控制单元的 LIN 控制信号接受任务。LIN 主控制单元通过集成的传感器来反馈执行元件的实际状态，再与规定状态对比，从而获得相应的修正控制信号。

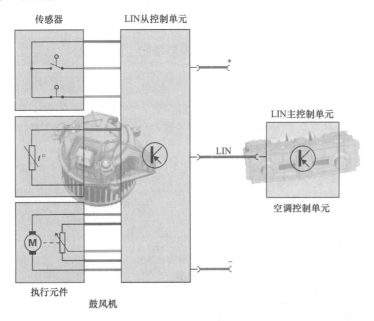

图 4.1-23　空调控制单元与鼓风机的连接

3. 数据传递过程

LIN 数据传递速率为 1～20 kbit/s，具体值由 LIN 控制单元的软件设定。

数据传递过程如图 4.1-24 所示，空调控制单元在 LIN 总线系统上发送信息标题——询问鼓风机转速。鼓风机读取信息，将当前的鼓风机转速发送到 LIN 总线系统上。然后，空调控制单元在 LIN 总线系统上发送信息标题——调节鼓风机的转速，鼓风机读取信息，相应地控制鼓风机将转速提高，如图 4.1-25 所示。

六、MOST 总线系统

随着人们对车辆舒适性的要求越来越高，车上使用的舒适性电子部件越来越多，对控制单元之间的数据传输速率就提出了新的要求。但 CAN 数据总线系统不能完全满足数据传输性能的多样化要求，现在很多轿车采用了多种网络数据总线系统，例如，MOST、Bluetooth（蓝牙）等新型总线传输系统。典型轿车的网络拓扑结构如图 4.1-26 所示。

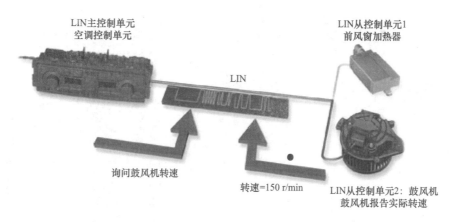

图 4.1-24　从控制单元提供信息

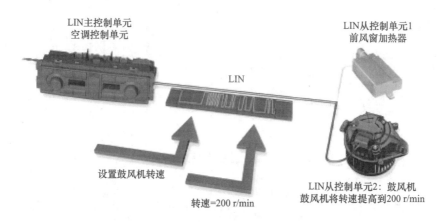

图 4.1-25　从控制单元使用数据执行各种功能

多媒体定向系统传输（Media Oriented Systems Transport，MOST）是媒体信息传输的网络标准，常采用导线（如通用汽车）或光纤作为传输介质。奥迪 A8 轿车上 MOST 总线系统如图 4.1-27 所示，它是一种环形结构，采用光纤作为物理层的传输介质。

由于当前使用的 CAN 数据总线发送数据的速度不够快，所以，不能满足大量数据传送的要求。传送视频和音频信息需要很高的传送率，传送立体声的数字式电视信号需要约 6 Mbit/s 的传送率。MOST 总线允许的传送率可达 21.2 Mbit/s，CAN 总线系统的最高数据传送率为 1Mbit/s。因此，只能用 CAN 总线系统来传送控制信号。MOST 总线可以在相关的部件之间以数字的形式交换数据。MOST 总线除使用较少导线和重量较轻外，光波传送具有极高的数据传送率。与无线电波相比，光波的波长很短，它不仅不产生电磁干扰波，而且对电磁干扰波不敏感。这些因素使得光波具有很高的数据传送率和高级别的抗干扰性能。

1. MOST 总线的环形结构

MOST 总线系统的显著特点是它的环形结构，如图 4.1-28 所示。控制单元通过一根光纤将数据传送至环形结构中的下一个控制单元。这个过程一直持续到数据返回至原先传送它们的那个控制单元，由此形成了一个闭合的环路。

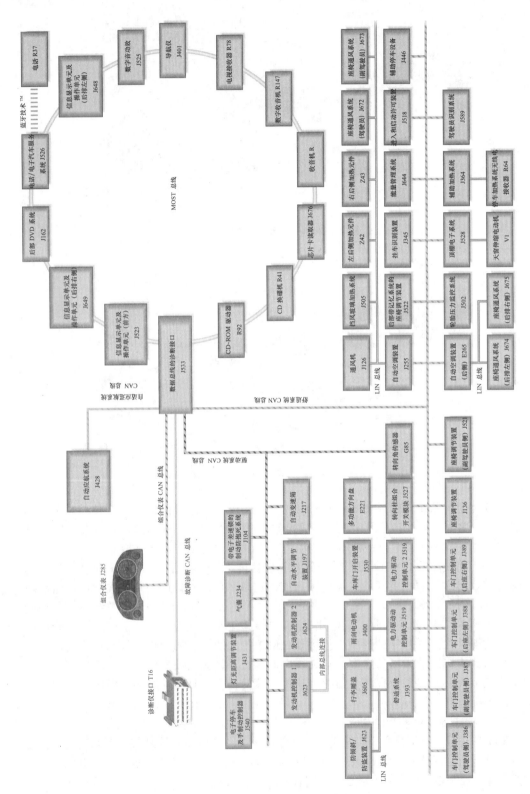

图 4.1-26 奥迪 A8 轿车车载网络拓扑图

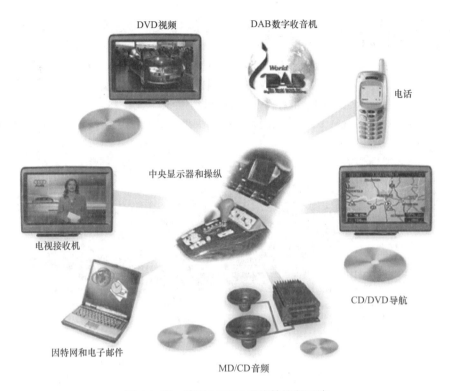

图 4.1-27 基于 MOST 总线的信息系统

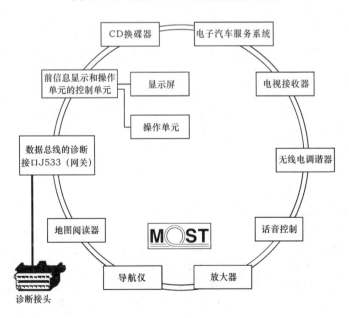

图 4.1-28 MOST 总线的环形结构

2. MOST 总线中控制单元的结构

MOST 总线中控制单元的结构如图 4.1-29 所示,各部分功用如下:

(1)光纤和光导连接器。通过专门的光导连接器，光信号进入控制单元或产生的光信号传送到下一个总线用户。

(2)电气连接器。电气连接器连接电源、环状故障诊断和输入与输出信号。

(3)内部电源模块。由电气连接器输入的电源再由内部电源模块分送到各个部件，这样就可单独关闭控制单元内的某个部件，从而降低了静态电流。

(4)微处理器（CPU）。它是控制单元的中央处理器，用于操纵控制单元的所有基本功能。

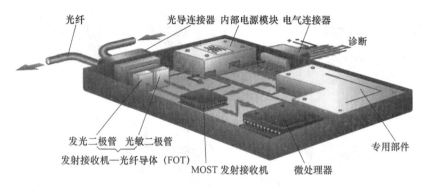

图 4.1-29　MOST 控制单元结构图

(5)专用部件。这些部件用于控制某些专用功能，如 CD 播放机、无线电收音机。

(6)发射接收机—光纤导体（FOT）。该装置由一个光敏二极管和一个发光二极管组成。入射的光信号被光敏二极管转换成电压信号，之后电压信号传送至 MOST 发射接收机。发光二极管的功能是将 MOST 发射接收机的电压信号转换成光信号，所产生光波的波长为 650 nm，是可见红色。数据通过光波调制传送，调制后的光波经光纤传到下一个控制单元。

(7)MOST 发射接收机。MOST 发射接收机由两个部件组成，即发射机和接收机。发射机把要被传送的信息以电压信号的形式传送到 FOT，而接收机接收来自 FOT 的电压信号，并将所需的数据传送至控制单元的标准微处理器（中央处理器），来自其他控制单元的无用信息虽经过发射接收机，但不会被传送至中央处理器，而是原封不动传至下一个控制单元。

3. 光纤

光纤是传光的纤维波导或光导纤维的简称，光纤能够将一个控制单元发射机产生的光波传送至另一个控制单元的接收机，如图 4.1-30 所示。

(1)光纤的结构。光纤由四部分材料组成，如图 4.1-31 和图 4.1-32 所示。内芯线是光纤的中心部分，它由聚甲基丙烯酸甲酯组成并且是真正的光导体。由于全反射原理，当光穿过它时，几乎没有任何损耗。反射覆盖层在内芯线外面，使用光学上透明的含氟聚合物，主要用于全反射的需要。黑色覆盖层为黑色聚酰胺，用于保护内芯线，阻止外部光线的射入。彩色覆盖层用于进行识别，防止发生机械损伤并起着热保护的作用。

(2)光纤中光波的传送。光纤以直线方式在内芯线中传导光波，并在内芯线的表面产生了全反射，如图 4.1-33 所示，绝大多数光波以 Z 形传送。当通过弯曲的光纤时，发生在内芯线覆盖层边缘的全反射使得光波被反射，从而被传导通过弯曲处，如图 4.1-34 所示。

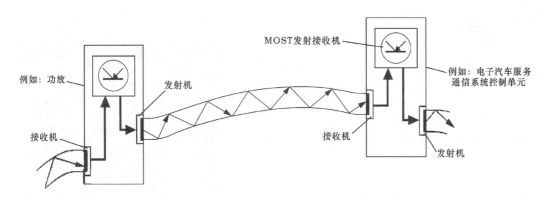

图 4.1-30 光纤内部光线的传递

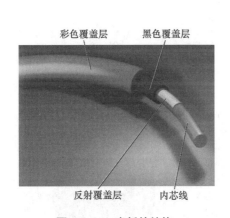

图 4.1-31 光纤的结构

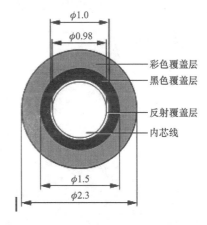

图 4.1-32 光纤断面结构（单位：mm）

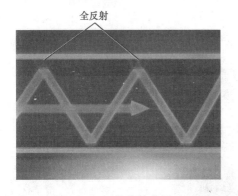

图 4.1-33 笔直的光纤

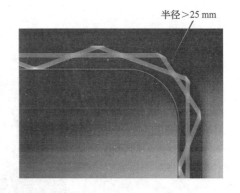

图 4.1-34 弯曲的光纤

光纤内芯线的折射率比它的覆盖层高，因此，内芯线的内部会发生全反射。全反射与光波在内部撞击边界的角度有关，如果这个角度太陡峭（例如，光纤过度弯曲或扭绞），光波离开内芯线会产生很高的损耗，甚至经过反射后光波从原路返回，如图 4.1-35 所示。因此，光纤的弯曲半径不能小于 25 mm。

4. 光导连接器

光纤与控制单元之间的连接采用专门的光导连接器，如图 4.1-36 所示。连接器上的信号方向箭头表明连接至接收机的输入端，连接器外壳与控制单元相连接。

为了在连接器外壳上固定光纤，在光纤尾端利用激光技术焊上塑料套管或者在尾端卡上黄铜质地的套管。

为了最大限度地减小传送损失，光纤的端面必须光滑、垂直和清洁，实际的光纤端面如图 4.1-37 所示。只有使用专用的切割工具才能达到上述要求，切割面上的污垢和刮痕会产生很高的损耗（衰减）。

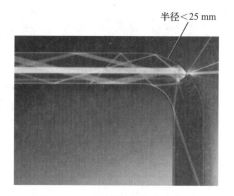

图 4.1-35　光纤过度弯曲或扭绞

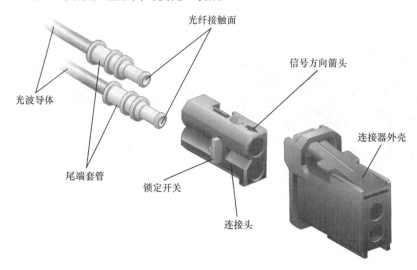

图 4.1-36　光导连接器

图 4.1-37　实际的光纤端面图

5. 光纤的使用

（1）光纤使用的注意事项。

①绝不可对其进行热加工或采用如锡焊、热压焊和焊接的修理方法。
②绝不可使用化学的和机械的方法，如黏结和连接。
③绝不可把两根光纤导线或一根光纤导线与一根铜线绞合在一起。
④避免覆盖层的损坏，如钻孔、切割或挤压，在汽车中进行安装时，不要站在覆盖层上或把物体放在覆盖层上。
⑤避免污染端面，如液体、灰尘或其他介质，只有在进行连接或测试时，才可以极其小心地取下规定的保护性罩盖。
⑥当铺设在汽车中时，应当避免其成环形和打结，更换光纤时，应注意正确的长度。
（2）光纤导线常见故障。
光纤导线常见故障如图 4.1-38 所示。

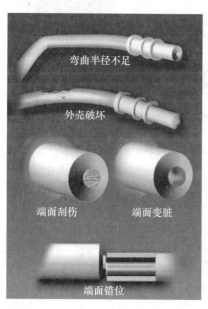
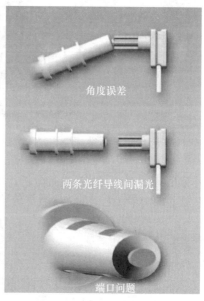

图 4.1-38　光纤导线常见故障

6. MOST 总线的诊断

采用了环形结构后，某一个 MOST 数据总线位置上数据传送的中断称为光纤环路断路。光纤环路断路故障的原因：光纤断路；控制单元电源故障；发射机或接收机控制发生故障等。

由于环形结构断路，就不能在 MOST 总线中进行数据传送。为了便于进行环形结构的故障诊断，增加了故障诊断线路。故障诊断线路又称环路断路诊断线，由每个控制单元（包括网关）引出，最后相交于一点，呈星形连接，如图 4.1-39 所示。

故障诊断管理器通过故障诊断线路向每一个控制单元发送一个脉冲，这个脉冲使所有控制单元发射光信号。这时，所有控制单元一方面检查其电源和内部的电气功能，另一方面接收环形结构中前一个控制单元的光信号。控制单元在规定的时间内进行应答，应答的内容包含以下两个信息：

（1）控制单元的电气系统正常，即控制单元的电气功能，例如，电源正常。

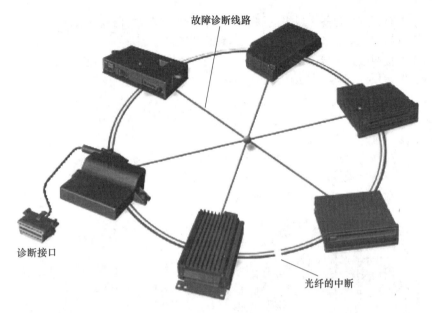

图 4.1-39　环路断路诊断示意

（2）控制单元的光导系统正常，光敏二极管能够接收环形结构中上一个控制单元的光信号。

故障诊断管理器对这些信息进行分析，即可识别出控制单元是否有电气故障（电源故障），或在哪些控制单元之间的光学数据传输中断。

任务实施

一、CAN 总线系统的常见故障原因

一般来说，引起 CAN 总线系统故障的原因有汽车电源系统故障、CAN 总线系统的节点故障、CAN 总线传输系统的链路故障三种。维修时，应根据 CAN 总线系统的具体结构和控制回路具体分析。

1. 汽车电源系统故障

车载网络系统的核心部分是含有通信芯片的电控单元 ECU，电控单元 ECU 的正常工作电压为 10.5～15.0 V。如果汽车电源系统提供的工作电压低于该值，就会造成一些对工作电压要求高的电控单元 ECU 出现短暂的不正常工作，从而使整个车载网络系统出现短暂的无法通信。

2. 节点故障

节点是车载网络系统中的电控单元，因此节点故障就是电控单元 ECU 的故障，包括软件故障和硬件故障。软件故障即传输协议或软件程序有缺陷或冲突，从而使车载网络系统通信出现混乱或无法工作，这种故障一般成批出现，且无法维修。硬件故障一般由于通信芯片或集成电路故障，造成车载网络系统无法正常工作。对于采用低版本信息传输协议的车载网络系统，如果有节点故障，将出现整个车载网络系统无法工作。

3. 链路故障

当车载网络系统的链路（通信线路）出现故障时，如通信线路的短路、断路及线路物理性质变化引起的通信信号衰减或失真，都会引起多个电控单元无法工作或电控系统错误动作。判断是否为链路故障时，一般采用示波器或汽车专用光纤诊断仪来观察通信数据信号是否与标准通信数据信号相符。

二、CAN 总线系统的故障诊断步骤

CAN 总线系统故障的一般诊断步骤如下：

（1）了解该车型的车载网络系统特点（包括传输介质、几种子网及车载网络系统的结构形式等）。

（2）车载网络系统的功能，如有无唤醒功能和休眠功能等。

（3）检查汽车电源系统是否存在故障，如交流发电动机的输出波形是否正常（若不正常将导致信号干扰等故障）等。

（4）检查车载网络系统的链路是否存在故障，采用替换法或采用跨线法进行检测。

（5）如果是节点故障，一般采用替换法进行检测。

三、CAN 总线系统的故障检修基本方法

1. 读出控制单元内的故障码

用故障诊断仪读取系统内的故障码，若有网络系统故障码，根据故障码提示对相关控制单元及线路进行检查。

2. 电阻测量

（1）终端电阻测量。断开车辆蓄电池的接线，大约等待 5 min，直到系统中所有的电容器放完电后再测量。

如图 4.1-40 所示，带有终端电阻的两个控制单元是并联的。一个终端电阻大约为 120 Ω，总电阻值约为 60 Ω。用万用表测量 CAN-High 线和 CAN-Low 线之间的电阻，正常情况下电阻值约为 60 Ω，不应直接导通。

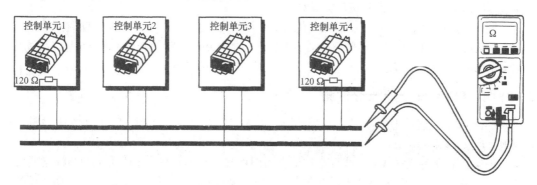

图 4.1-40　终端电阻测量

然后，将一个带有终端电阻的控制单元插头拔下，观察总电阻值是否发生变化。如果测量的电阻值没有发生变化，则说明系统中存在问题，可能是被拔下的控制单元终端电阻损坏或是 CAN-BUS 出现断路。

（2）CAN 线路通断检查。如果故障码提示控制单元 1 不能与控制单元 2、3、4 通信，则断开不能通信的控制单元连接器，用万用表测量两控制单元之间 CAN-High 线或 CAN-Low 线是否断路。

用万用表电阻挡测量 CAN-High 线或 CAN-Low 线分别与搭铁或蓄电池正极之间的导通性，如图 4.1-41 所示，正常情况下应不导通。

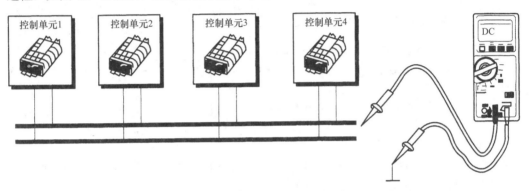

图 4.1-41　用万用表检测 CAN 总线

3. 电压测量

（1）大众车系动力 CAN 总线。CAN-High 线信号在总线空闲时的电压约为 2.5 V，总线上有信号传输时，电压值在 2.5 V 和 3.5 V 之间高频波动。因此，CAN-High 线的主体电压应是 2.5 V，万用表的测量值大于 2.5 V 但靠近 2.5 V。

同理，CAN-Low 线信号在总线空闲时的电压约为 2.5 V，总线上有信号传输时，总线上的电压值在 2.5 V 和 1.5 V 之间高频波动。因此，CAN-Low 线的主体电压应是 2.5 V，万用表的测量值小于 2.5 V 但靠近 2.5 V。

（2）大众车系舒适 CAN 总线。CAN-High 线信号在总线空闲时的电压约为 0 V，总线上有信号传输时，总线上的电压值在 0 V 和 3.6 V 之间高频波动。因此，CAN-High 线的主体电压应为 0 V，万用表的测量值为 0.35 V 左右。

同理，CAN-Low 线信号在总线空闲时的电压约为 5 V，总线上有信号传输时，总线上的电压值在 5 V 和 1.4 V 之间高频波动。因此，CAN-Low 线的主体电压应是 5 V，万用表的测量值为 4.65 V 左右。

四、CAN 总线的波形检测

CAN 数据总线波形的检测采用双通道示波器，然后，根据故障波形判断故障。波形检测电路连接如图 4.1-42 所示。

图 4.1-43 所示为 CAN 总线标准波形，由图可看出，其 CAN-High 和 CAN-Low 线上的电位总是相反的，电压的总和等于常值。下面以大众 CAN 舒适系统总线为例说明常见的故障波形。

（1）CAN-Low 线对正极短路，此时，CAN-Low 线电压为 12 V，CAN-High 的电压正常，在此故障下，变为单线工作状态，如图 4.1-44 所示。

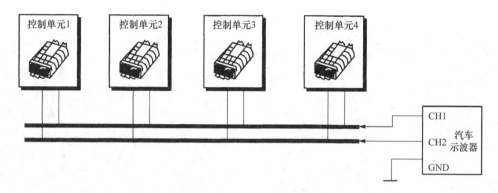

图 4.1-42 双通道模式检测电路连接

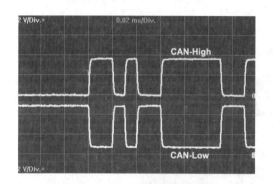

图 4.1-43 CAN-BUS 数据总线标准波形　　图 4.1-44 CAN-Low 线对正极短路

（2）CAN-Low 线对地短路，此时，CAN-Low 线电压为 0 V，CAN-High 的电压正常，在此故障下，变为单线工作状态，如图 4.1-45 所示。

（3）CAN-High 线对地短路，此时 CAN-High 线电压为 0 V，CAN-Low 的电压电位正常，在此故障下，变为单线工作状态，如图 4.1-46 所示。

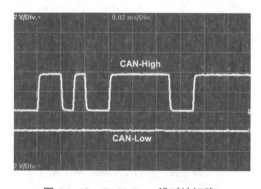 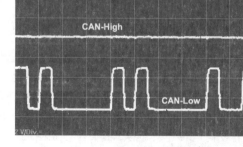

图 4.1-45 CAN-Low 线对地短路　　图 4.1-46 CAN-High 线对地短路

（4）CAN-High 线对正极短路，此时，CAN-High 线电压为 12 V，CAN-Low 的电压电位正常，在此故障下，变为单线工作状态，如图 4.1-47 所示。

（5）CAN-Low 线断路，此时，CAN-Low 线电压为零，但有一其他控制单元应答信号，如图 4.1-48 所示。

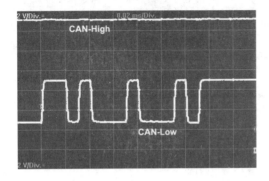

图 4.1-47　CAN-High 线对正极短路

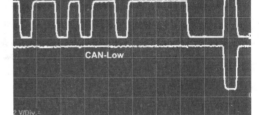

图 4.1-48　CAN-Low 线断路

（6）CAN-High 线与 CAN-Low 线互相短接，此时，CAN-High 线和 CAN-Low 线电压相等、波形相同、极性相同，如图 4.1-49 所示。

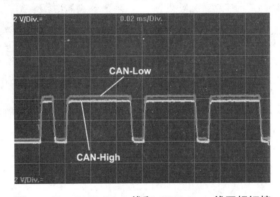

图 4.1-49　CAN-High 线和 CAN-Low 线互相短接

案例分析

一、奔驰 S320 轿车空调无风吹出

故障现象：车主反映由于最近一段时间天气炎热，在行车时开着空调，制冷效果一直很好，而这一次仪表板各出风口突然间就没有风吹出了。

故障诊断与排除：运转发动机，检查仪表板中央的空调控制面板的按钮，各按钮的显示功能均正常，只是仪表板的各出风口无一丝风吹出。而且没有感觉到仪表板内部的鼓风机有任何运转迹象。考虑到奔驰车系空调的电控系统比较复杂，决定先做控制模块的自诊断。

（1）连接 STAR 原厂诊断仪，选择 S 级 W220165 底盘配置。在控制模块栏目中选取"AAC-Automatic air condition"，单击"Fault codes"功能项查询故障信息。显示 B1268 communication fault of AC BUS with control unit N18/4（center vent electronics control module），含义为"控制模块 N18/4（中央通风电控单元）的空调 BUS 网络通信故障"。

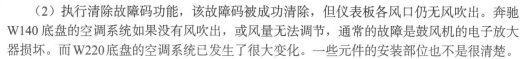

（2）执行清除故障码功能，该故障码被成功清除，但仪表板各风口仍无风吹出。奔驰W140底盘的空调系统如果没有风吹出，或风量无法调节，通常的故障是鼓风机的电子放大器损坏。而W220底盘的空调系统已发生了很大变化。一些元件的安装部位也不是很清楚。

（3）调用WIS维修资料库。选择83.40组区"wiring diagram of automatic air condition AAC control module."，打开自动空调控制模块N22电路图。

在电路中可以清楚地看到控制模块N22、鼓风机电动机A32ml及鼓风机电子调节器A32nl三者之间的线路连接方式：A32nl受控于N22，并对A32ml的工作电流进行调节，以此改变鼓风机的转速。

（4）继续对电路图进行分析，发现鼓风机的工作电源并非来自控制模块N22，而是由外部的熔丝继电器模块K40/7所提供的。与空调系统有关的熔丝为23号、47号、35号、82号、33号，逐一进行排查，均良好。

根据WIS的元件位置图，确定鼓风机位于仪表板右下方。

（5）拆开鼓风机外壳进行检查，结果发现鼓风机电动机的3针连接器因过热而熔化，而且看到该连接器曾经被修理过，但线路没有接牢靠，这是引起过热的直接原因。

故障排除：重新做焊接处理，装复试车，鼓风机恢复运转，压缩机吸合，仪表板风口吹出冷气，空调故障至此排除。

维修小结：W220底盘的自动空调系统的控制原理较为复杂。它是通过数个控制模块之间CAN总线的数据传输来实现的。因此，首先要对以下几个重要的控制模块有所认识：

（1）空调按钮控制模块N22。这是空调系统的主控模块，与空调控制面板组合在一起，通过按下各按钮来调节和控制空调状态。同时，模块N22还处理接收到的各类传感器信号，以便控制各执行元件。

（2）后空调按钮控制模块N22/4。主要用于后部空调状态的控制。

（3）步进电动机控制模块N22/5。用于仪表板各出风口风门和加热器水道电磁阀门的执行元件的控制。

（4）中央面板控制模块N18/4。

（5）左前车身SAM控制模块N10/6。

（6）右前车身SAM控制模块N10/7。

空调系统自动控制过程说明如下：

（1）空调压缩机的控制。信号由N22经CAN总线传输至N10/6，N10/6经数据线传输至N10/7（右前熔丝继电器模块K40/7与N10/7是一个总成），N10/7触发K40/7以驱动压缩机。

（2）散热器风扇的控制。信号的输入端口有两条：一是冷却液温度传感器B11/4的信号至发动机控制模块N3，经CAN总线至仪表板单元A1，再经CAN总线至N22；二是外部温度传感器B14，以及制冷剂温度传感器B12和空调压力传感器B12/1的信号至N10/6，经CAN总线至N22。N22对这两组信号分析处理后，触发信号经CAN总线至N10/7和K40/7，再由数据线传至风扇控制模块N76，以驱动风扇运转。

（3）内循环连锁控制。如果按下空调控制面板的循环按钮，系统可能会提供关闭车窗及天窗的连锁功能，其控制流程：信号由N22经CAN总线至4个车门的门控模块N69/1、N69/2、N69/3和N69/4，再驱动各车窗玻璃升降器电动机M10/3、M10/4、M10/5和M10/6。同样，信号由N22经CAN总线至天窗控制模块N70，以驱动天窗电动机M12/1。

由此可见，一项功能的实现，从信号采集到执行触发，要经过多个控制模块的信息传递，通信线路可能是 CAN 总线，或是单根数据线，直至终端执行元件。这也是汽车网络系统的控制特点，维修人员的检测思路必须适应这种变化的趋势，才能对故障做出正确判断。

二、上汽荣威 750E 轿车转向灯工作异常故障排除

故障现象：一辆 2007 年产的上汽荣威 750E 轿车，用户反映操作转向开关时，仪表板上的转向指示灯与外部的转向灯不同步闪烁。

故障诊断与排除：首先进行故障现象验证，将该车转向开关拨到左转向或右转向位置时，有时仪表板上转向指示灯的指示会比外部的转向灯延迟 2～3 s；转向灯开关回位后，仪表上的转向指示灯仍在闪烁。有时打开右转向灯时，仪表上的左转向指示灯闪烁。

查阅维修手册，了解到转向灯的控制过程。转向开关将左、右转向信号送给灯光控制模块 LSM，LSM 控制车外转向灯的点亮，并能监控转向灯泡的好坏（但不监控翼子板上的转向灯）。LSM 通过 K 总线将信号送给仪表，由仪表点亮转向指示灯。K 总线是一个低速网络，主要由事件驱动，即一个控制单元仅对来自另一个控制单元的要求信息或来自一个开关或传感器的输入信息做出反应而输出一个信息。K 总线网络有一个低阻抗，使其具备一定的抗干扰能力。通过该车的故障现象分析，转向开关和转向灯线路是没有问题的，故障主要是转向信号的传输或控制出了问题，可能原因主要包括 K 总线故障或 K 总线受到干扰；灯光控制模块 LSM 故障；仪表故障。

接下来按照上面的分析进行检查。首先使用故障诊断仪 T5 检查连接在 K 总线上的每个模块，发现只有网关模块 GIM 中存储有故障码 U1001，含义为 K 总线故障，且该故障码无法清除，这说明 K 总线或网关模块 GIM 有故障。检查 GIM 的电源线、搭铁线及线束连接器，没有发现可疑情况；断开网关模块 GIM，故障现象并没有排除。看来问题的关键很可能是 K 总线故障，维修人员怀疑 K 总线有干扰信号。

从车辆网络系统可以看出，连接在 K 总线上的模块主要是车身电气模块，一共有 6 个。车身控制单元 BCU 与驾驶员车门组合开关 DDM 是通过另外一根硬线进行通信，自动空调控制单元 ATC 与 BCU 之间通过专用的 K 总线通信。K 总线的正常信号是 0～12 V 变化的脉冲信号，用示波器观察 K 总线信号，无论是信号的幅度、频率还是形状都没有发现明显的异常。

根据维修经验，对于网络数据线的诊断与维修，可以采用以下的思路：①首先利用故障诊断仪检查连接在 K 总线上的模块是否存储有故障码，可以先按照故障码的提示进行故障排查。②如果怀疑 K 总线有干扰信号，经常采用逐一断开 K 总线上的控制模块的方式来排除干扰源。③检查或断开点火线圈和火花塞，以排除最大的干扰源。④检查车辆是否加装了其他的用电设备。⑤逐一拔下相关模块的熔丝，来缩小故障范围。

根据上面的思路，按照先简单后复杂的维修步骤，先拆下组合仪表 IPC，拔下组合仪表的线束连接器，再用故障诊断仪 T5 检查网关模块 GIM，发现 GIM 中的故障码 U1001（K 总线故障）还是无法清除，为当前故障码。然后逐一断开 K 总线上连接的控制模块，当断开 BCU 后，GIM 中的故障码可以清除，试车发现仪表转向指示灯延时的故障现象消失。采用以上的维修方法，使故障范围缩小了很多。仔细检查 BCU 的电源线、搭铁线及线束连接器，未发现异常情况。由于 BCU 与 ATC 之间也是通过 K 总线通信，于是安装好 BCU，在尝试断开 ATC 后，GIM 中的故障码可以清除，故障现象排除。检查 ATC 的线束和端子，

但未见异常。

将 ATC 重新插回后,多次模拟试验,故障现象再没有出现。

维修小结:经过检查发现,由于该车的用户自行加装了 GPS 系统,在加装的过程中很可能拆装过 ATC 连接器。维修人员怀疑当时的安装人员没有将 ATC 连接器安装到位,导致连接器内的管脚接触不良,使得 ATC 向网络系统中发送干扰信号,从而引起了该车的故障。

1. 现代汽车广泛采用车载网络技术,将过去点对点的专线传输改成一线多用传输。车载网络技术使得在一条数据线上传递的信号,可以被多个系统共享,从而最大限度地提高系统的整体效率,充分利用有限的资源,减少汽车上导线的数量,使控制变得更加方便,并可节省大量的导线,降低成本,便于维护和提高总体可靠性。

2. 汽车网络系统的信息一般采用多路传输。

3. 数据总线(BUS)是模块(如控制单元、智能传感器等)之间运行数据的通道,即所谓的信息高速公路。

4. 汽车上有很多总线和网络,所以必须用一种有特殊功能的计算机达到信息共享和不产生协议间的冲突,实现无差错数据传输,这种计算机就叫作网关。网关主要有接收、转换、发送三个方面的作用。

5. CAN-BUS 总线系统由一个控制器,一个收发器,两个数据传输终端及两条数据总线组成。除数据总线外,其他元件都置于控制单元内部,控制单元功能不变。

6. 数据列的格式包括开始域、状态域、检查域、数据域、安全域、确认域、结束域。

7. 大众车系 CAN 总线网络系统有 5 个不同的区域,分别为动力(驱动)系统、舒适系统、信息娱乐系统、诊断系统和仪表系统 5 个局域网。

8. 大众车系动力 CAN 总线系统由 15 号供电线唤醒,传输速率为 500 kbit/s。在静止状态(也称作隐性状态)时,CAN-High 线和 CAN-Low 线上的电压值均为 2.5 V。在显性状态时,CAN-High 线的高电平为 3.5 V,低电平为 2.5 V。CAN-Low 线的高电平为 2.5 V,低电平为 1.5 V。

9. 差动信号放大器用于将 CAN-High 线上的电压减去 CAN-Low 线的电压,得到输出电压差,再将此输出电压差送至控制单元的 CAN 接收区。用这种信号相减的方法可以消除静电平或其他任意重叠的电压(例如,干扰)。

10. 舒适 CAN 总线由 30 号线唤醒,传输速率达 100 kbit/s。在静止状态(也称作隐性状态)时,CAN-High 线上的电压值为 0 V,CAN-Low 线上的电压值为 5 V。在显性状态时,CAN-High 线的高电平为 3.6 V,低电平为 0 V。CAN-Low 线的高电平为 5 V,低电平为 1.4 V。

11. 诊断总线通过网关连接到相应的 CAN 总线上,然后连接到相应的控制单元进行数据交换。

12. LIN 是一个汽车底层网络协议,只需要一根数据传输线,是 CAN 总线网络下的子系统。车上各个 LIN 总线系统之间的数据交换是由控制单元通过 CAN 数据总线实现的。

13. MOST 是媒体信息传输的网络标准,常采用导线或光纤作为传输介质,MOST 总线系统的显著特点是它的环形结构。

14. 光纤是传光的纤维波导或光导纤维的简称,光纤能够将一个控制单元发射机产生的光波传送至另一个控制单元的接收机。光纤由四部分材料组成：内芯线、反射覆盖层、黑色覆盖层和彩色覆盖层。

15. 光纤以直线方式在内芯线中传导光波，并在内芯线的表面产生了全反射。光纤的弯曲半径不能小于 25 mm。

16. 由于环形结构断路，就不能在 MOST 总线中进行数据传送。为了便于进行环形结构的故障诊断，增加了故障诊断线路。

17. 引起 CAN 总线系统故障的原因有汽车电源系统故障、CAN 总线系统的节点故障、CAN 总线传输系统的链路故障三种。

课后练习

1. 为什么要在汽车上采用网络技术？
2. CAN 总线系统由哪几个部分组成？其是如何进行数据传输的？
3. 大众迈腾轿车总线系统网络分为哪几个子系统？它们各有何特点？
4. 举例说明网关在 Polo 轿车网络系统中的作用。
5. 在奥迪 A8 轿车的总线网络拓扑图中，指出哪些部件采用 LIN 总线，有哪些功能？
6. 在奥迪 A8 轿车的总线网络拓扑图中，指出哪些部件采用 MOST 总线，有哪些功能？
7. 简述光纤的结构。
8. 如何用万用表检测 CAN 总线系统？

学习任务二　汽车电子仪表与信息显示系统检修

- 能正确讲述汽车电子仪表系统的组成和各部分功用；
- 能正确讲述汽车电子仪表系统的显示方式；
- 能正确描述常见汽车电子仪表的工作原理；
- 能正确识读和分析汽车电子仪表系统的电路图；
- 会使用万用表和故障诊断仪对汽车电子仪表系统进行检测；
- 会分析诊断和排除汽车电子仪表系统的常见故障。

- 汽车电子仪表系统的工作原理；
- 识读和分析汽车电子仪表系统的电路图；
- 诊断和排除汽车电子仪表系统的常见故障。

项目四 汽车信息、通信与娱乐系统检修

任务描述

一位客户反映他所驾驶的一汽马自达 M6 轿车，打开汽车点火开关或启动车辆时，发现组合仪表无显示、仪表指示灯及照明灯不亮。现在，请对客户轿车的仪表系统进行检修。

知识准备

汽车组合仪表是驾驶员与汽车进行信息交流的重要接口和界面，它将各仪表组合安装在一起，通过数字、文字或图形的形式，显示汽车运行和发动机运转的参数信息、警告信息和提示信息，以便驾驶员随时了解汽车各系统的工作情况，保证汽车安全而可靠地行驶。

按工作原理不同，组合仪表可大致分为三代：第一代是机械式仪表，第二代是电磁式仪表，第三代是电子式仪表（或称数字仪表）。

机械式或电磁式组合仪表，是通过指针和刻度来实现模拟显示，只能给驾驶员提供汽车运行中少量的数据信息，仅对车速、发动机转速、燃油量、水温等信息进行显示。这些仪表结构简单，精度不高，可靠性差，显示的信息量少，视觉特性不好，难以满足人们对舒适性和方便性等方面越来越高的要求。

多功能、高精度、高灵敏度、读数直观的电子数字显示及图像显示的仪表，因其丰富的信息显示，以及良好的可拓展性、安全性而受到青睐。这种数字式汽车组合仪表，是采用计算机控制数字显示的电子仪表，是一种数字化、网络化、智能化和虚拟化的仪表，其功能更加强大，显示内容更加丰富，线束连接更加简单。

一、汽车组合仪表的组成与显示方式

近年来，汽车组合仪表的发展很快，从模拟仪表到电子仪表，从单纯的 LED（发光二极管）显示到 LCD（液晶显示器）显示，从指针式显示到纯数字显示。其中，汽车电子仪表由于其舒适性、直观性而得到广泛应用。汽车电子仪表如图 4.2-1 所示。

1. 汽车组合仪表的组成

汽车整个组合仪表由以下几个部分组成。

（1）仪表。在汽车电子仪表中，仪表是由计算机控制的独立显示器或指示器构成的，包括发动机转速表、车速表、燃油表、水温表、里程表、机油压力表、电压表，还有显示油耗、时间等信息的仪表。

（2）指示灯。组合仪表上的指示灯，一部分为汽车某些系统或功能故障的警告信息，提示驾驶员及时检修，如机油压力过低指示灯、SRS 警告灯、ABS 故障指示灯等。另一部分表示汽车的某些系统或功能是否在工作，如远光指示灯、车门未关指示灯、四轮驱动指示灯等，常见的指示灯符号如图 4.2-2 所示。

（3）驾驶员信息中心。驾驶员信息中心又称为多功能显示屏、行车电脑显示屏等。现在，很多汽车的组合仪表中设置有驾驶员信息中心，如图 4.2-3 所示。通过显示屏把行车电脑的一部分数据用屏显的方式体现出来。一般可以显示行车信息及多媒体信息，例如，显示轮胎气压、车门开闭状态、油箱剩余油量、油耗、行驶总里程、当前时间、车辆故障/或维护提醒、前视/后视等超声波探头位置提示、自动变速器挡位信息等，甚至一些操作提示。当车辆出现某些情况或问题时，还会显示一些警告信息，如"发动机舱盖未关严""冷却液液面过低"等。有的车型还可以通过此显示屏对车辆进行一些设置。

汽车车身电控系统检修

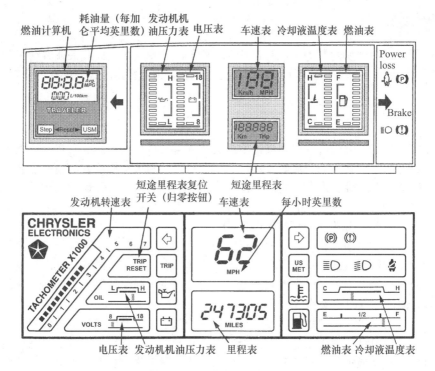

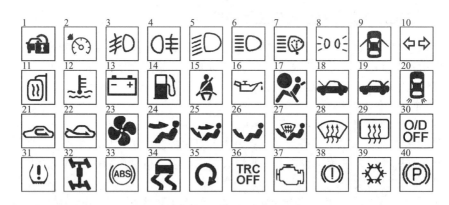

图 4.2-2　常见的指示灯

1—发动机防盗系统指示灯；2—巡航指示灯；3—前雾灯指示灯；4—后雾灯指示灯；5—近光指示灯；
6—远光指示灯；7—前照灯雨刮/洗涤器指示灯；8—驻车灯指示灯；9—车门未关指示灯；
10—转向信号和危险报警指示灯；11—加热式后视镜；12—冷却液温度警告灯；13—充电指示灯；
14—燃油液位过低指示灯；15—座椅安全带指示灯；16—机油压力过低指示灯；17—SRS 警告灯；
18—发动机罩开启指示灯；19—行李厢盖开启指示灯；20—制动灯和尾灯故障指示灯；21—空气内循环位置；
22—外部空气循环位置；23—鼓风机风扇；24—吹脸位置；25—吹脸吹脚位置；26—吹脚位置；27—吹脚除霜位置；
28—前窗玻璃除霜；29—后窗除霜；30—超速挡切断指示灯；31—胎压监视器；32—四轮驱动指示灯；
33—ABS 故障指示灯；34—电子稳定控制系统指示灯；35—车辆遥控启动；36—牵引力控制系统切断指示灯；
37—发动机故障指示灯；38—制动系统警告灯；39—空调；40—驻车制动指示灯

  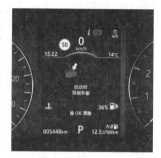

图 4.2-3　驾驶员信息中心

（4）声音报警器。在行车时，驾驶员光靠视觉容易遗漏一些情况，因此，有些汽车上安装了用声音传递信息的电子装置，如蜂鸣器和声音合成器等。这种声音报警器的作用是提醒驾驶员有关汽车的一些状态，例如，请系好安全带（忘记系安全带时），请检查车门（车门半开时），请检查驻车制动器（忘记停车制动，离开时），请加燃油（燃油不够时）等。

2. 汽车电子仪表的显示方式

汽车组合仪表的功能就是获取需要的数据并采用合适的方式显示出来。以前的组合仪表一般限制在 3~4 个量的显示和 4~5 个警告功能，现在的电子式组合仪表则达到约 15 个量显示和约 40 个警告监测功能。

电子仪表亮度的调整通常有两种方式：一种是由电子仪表中的光电池进行自动调整；另一种是像普通仪表照明一样，用灯光开关电路中的变阻器进行调整。

不同的信息有不同的获取方式和显示方式，目前，电子仪表信息获取方式主要有以下三种：

（1）通过数据总线传输。

（2）其他电控单元与仪表电控单元点对点连接传输的信息，如有些汽车的发动机故障指示灯信息，就是发动机电控单元与仪表电控单元直接相连传输的。

（3）直接与组合仪表相连的传感器和开关信号，如有些汽车的燃油表传感器和制动液液面开关信号等。

在电子仪表中，仪表电控单元获取了需要显示的信号后，经过处理变成数字信号，再驱动电子显示器件或步进电动机，通过图形、文字、柱形图、光条图或表针等形式显示出温度、油压、燃油、发动机转速、车速、里程等信息，如图 4.2-4 所示。

图 4.2-4　本田轿车仪表板外形图

具体来说，汽车电子仪表的显示方式有以下几种：

（1）指针指示方式。传统组合仪表一般采用机械式指针指示仪表刻度，这种方式结构简单，工作性能稳定可靠；但是抗振性能差，指针抖动易造成读数不准，也不利于汽车组合仪表的全电子化。现在，汽车电子式仪表多采用点阵模拟指针或步进电动机驱动指针来代替传统机械指针，一方面能保留传统的指针指示仪表刻度的方式，另一方面又能克服机械指针容易抖动的不足。点阵模拟指针的指示方式是将所要显示的信号转化为点阵发光带来模拟指针；步进电动机驱动指针的指示方式是将所要显示的信号转化为驱动步进电动机的数字信号，由步进电动机的转动来带动指针的偏转。从实际结果来看，点阵模拟指针指示方式比较理想，但技术要求高，成本也高。步进电动机驱动指针指示方式精度高，统一机芯结构成本低。

（2）数字显示方式。将需要显示的模拟信号转换成数字信号，再以数码、字形码或开关信号等形式传输给显示装置，从而显示出相应的数码、字母或图形（如柱形图、光条图等）。数字显示方式容易实现，而且精度高、响应速度快，但作为车速显示时变化太快，容易造成驾驶员的视觉疲劳。

（3）声光、图形显示方式。对一些指示灯和报警灯，如机油压力过低指示灯、远光指示灯、雾灯指示灯等，在仪表板上可用声光、图形显示方式。

电子显示器件在汽车组合仪表中是重要的元器件之一。目前，在汽车上常用的电子显示器件大致可分成两大类，即主动显示型和被动显示型。主动显示型的显示器件本身辐射光线，有真空荧光管 VFD、阴极射线管 CRT、发光二极管 LED、等离子显示器件 PDP 和电致发光显示器件 ELD 等；被动显示型的显示器件相当于一个光阀，它的显示靠另一个光源来调制，有液晶显示器 LCD 和电致变色显示器件 ECD 等。

二、汽车电子仪表电控系统的组成

现代汽车电子仪表均采用电子控制系统。电控系统由三部分组成：一是传感器部分，主要包括机油压力开关、燃油传感器等；二是控制单元部分（仪表 ECU），主要包括输入输出电路、微控制器、存储器、显示驱动电路等；三是执行器部分，主要包括转速表、车速表、燃油表、水温表、里程表等。汽车电子仪表电控系统的组成如图 4.2-5 所示。

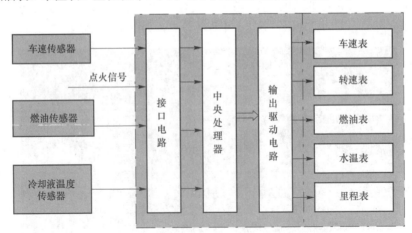

图 4.2-5　汽车电子仪表的电控系统原理图

汽车电子仪表均有自诊断功能。每次打开点火开关，电子仪表便开始自检，也有的电子仪表采用诊断仪或通过按钮进行自检。自检时，整个仪表和各显示器的字符段都发亮，用来监测各系统的指示灯或报警灯，一般都点亮几秒钟。自检结束后，如果系统处于正常工作状态，报警灯将会熄灭。如果系统存在故障，报警灯将一直点亮，提醒驾驶员系统出现异常。

三、常见汽车电子仪表的工作原理

随着汽车组合仪表的电子化，电子式车速里程表、发动机转速表、燃油表及水温表等均应运而生。下面介绍几种电子化后的主要仪表。

1. 车速表

车速表信号来自汽车车轮转速传感器或变速器输出轴转速传感器，传感器先将信号送至 ABS ECU、变速器 ECU 或者发动机 ECU，再通过数据总线将信号送至仪表 ECU。车速表一般采用指针式和数字显示方式来提醒驾驶员汽车的行驶速度（km/h）。

典型指针式车速表工作原理和结构图如图 4.2-6 所示，仪表 ECU 接收到 ABS ECU 送来的车速信号后计算车速，然后通过步进电动机驱动电路来控制指针（步进电动机的转子）的旋转角度和方向从而显示车速。

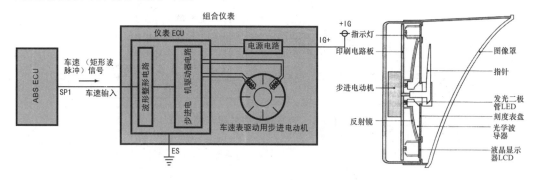

图 4.2-6 指针式车速表工作原理和结构图
（a）原理图；（b）结构图

2. 汽车里程表

汽车里程表的信号也来自汽车车轮转速传感器或变速器输出轴转速传感器，一般采用数字显示方式来提醒驾驶员汽车行驶的里程。

典型里程表工作原理图如图 4.2-7 所示。仪表 ECU 根据 ABS ECU 送来的车速信号计算出行驶距离数据，然后通过 LCD（液晶显示器）驱动器，亮起相应的 LCD 字段来显示行驶距离。仪表 ECU 内采用非易失存储器 IC 来保存行驶距离数据，这样，即使断电也能保存数据。

里程表的显示模式有里程表、短途里程表 A、短途里程表 B 三种，如图 4.2-8 所示。各模式的切换是通过打开组合仪表左上部的里程表切换和复位开关进行的，如图 4.2-9 所示。每次按下复位开关，会按照里程表→短途里程表 A→短途里程表 B→里程表的顺序进行显示。在短途里程表 A 或 B 的显示中，如果按下复位开关 0.8 s 以上，当前短途里程表的显示会清除为 0，并从复位开关关闭的时间开始重新测量。

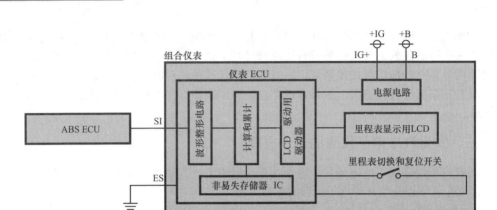

图 4.2-7　数字显示式里程表工作原理

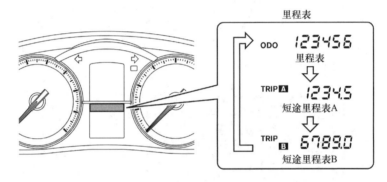

图 4.2-8　汽车里程表的显示模式

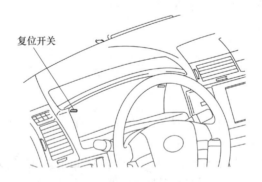

图 4.2-9　里程表切换和复位开关

3. 发动机转速表

发动机转速表的信号来自发动机点火线圈或曲轴位置传感器，发动机转速表一般采用指针式和数字显示方式来提醒驾驶员发动机的转速。

典型汽车指针式转速表工作原理如图 4.2-10 所示，发动机控制 ECU 将发动机转速信号送至组合仪表，仪表 ECU 根据这些信号脉冲计算发动机转速，然后，通过步进电动机驱动电路来控制指针（步进电动机的转子）的旋转角度和方向从而显示发动机转速。

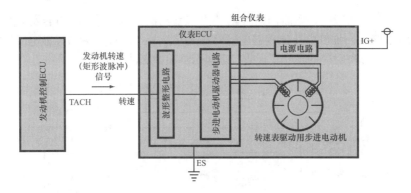

图 4.2-10 转速表工作原理

4. 水温表（冷却液温度表）

水温表信号来自发动机水温传感器，传感器将信号送至发动机 ECU，再通过数据总线将信号送至仪表 ECU。水温表一般采用指针式、柱形图或其他图形方式来提醒驾驶员发动机冷却液的温度。

典型汽车水温表的原理如图 4.2-11 所示。仪表 ECU 对水温信号处理后，用 LCD 上的 7 段显示器的点亮和熄灭来表示发动机水温。

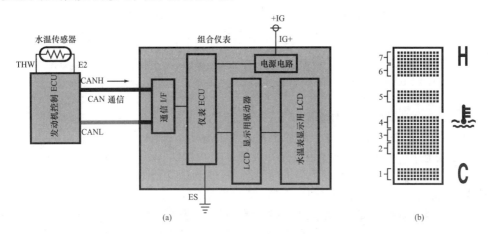

图 4.2-11 水温表工作原理

（a）原理图；（b）7 段显示

5. 燃油表

燃油表信号来自燃油传感器，一般采用指针式、柱形图或其他图形方式来提醒驾驶员油箱内可用的剩余燃油量。

典型燃油表电路如图 4.2-12 所示，电路主要由燃油传感器 R_X、集成电路 LM324（两块），LED 数字显示器等组成。

工作原理：传感器采用浮子式、可变电阻式传感器，当油箱无油时，其传感器 R_X 电阻值约为 100 Ω，满油时约为 5 Ω。电阻 R_{15} 和二极管 VD_8 组成稳压电路，其稳定电压作为电路的标准电压，并通过 $R_8 \sim R_{13}$ 加到由集成电路 IC_1 和 IC_2 所组成的电压比较器反向输入端。

为了消除燃油晃动的影响，燃油传感器 R_X 由 A 点输出的电压信号，经电容器 C_{47} 和电阻 R_{16} 组成的延时电路后，加到电压比较器的同向输入端，与反向输入端的标准电压进行比较、放大，然后控制各自对应的发光二极管，以显示油箱内燃油量的多少。

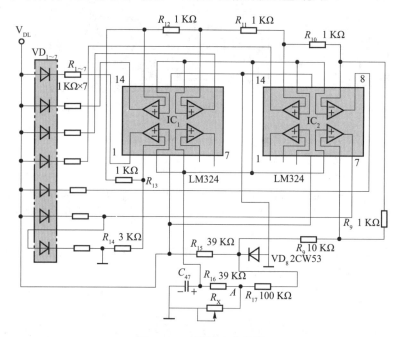

图 4.2-12　燃油表电路图

R_X—燃油传感器；V_{DL}—电源正极；$VD_1 \sim VD_7$—发光二极管，顺序为自下而上

燃油表 LED 显示器的工作情况如下：

（1）当油箱内燃油加满时，传感器 R_X 的阻值最小，则 A 点电位最低，各电压比较器输出为低电平。此时，6 只绿色发光二极管 $VD_2 \sim VD_7$ 全部点亮，而红色发光二极管 VD_1（燃油不足报警灯，电路图中最下面的那一个）因其正极电位变低而熄灭，此时表示油箱为满油状态。

（2）随着油箱燃油量的逐渐减少，显示器中的绿色发光二极管按 VD_7、VD_6、……VD_2 顺序依次熄灭。燃油量越少，绿色发光二极管点亮的个数越少。

（3）当油箱无油时，R_X 的阻值最大，则 A 点电位最高，图中右边集成块 IC_2 第 5 脚电位高于第 6 脚的标准电位，于是第 7 脚输出高电位，此时，6 只绿色发光二极管全部熄灭，红色发光二极管 VD_1 自动点亮，表示燃油量不足，提醒驾驶员必须加油。

四、中控台显示屏

中控台显示屏又称为中控台多功能显示屏、中控台液晶显示屏等，它是指在主副驾驶员之间中央控制台上的显示屏，如图 4.2-13 所示。中控台显示屏显示的内容可以是视频的内容，如 DVD、音响、电视、倒车影像、GPS 导航的内容，也可以是行车电脑所显示的瞬时油耗、安全带提示、车速等内容。

中控台显示屏通过软件控制可以对车辆进行一些设置。

图 4.2-13　中控台显示屏

五、丰田锐志轿车组合仪表

1. 组合仪表的组成

丰田锐志轿车组合仪表中采用了发光二极管 LED，如图 4.2-14 所示。各仪表的外围设置了电镀圈，使仪表富有高级感。在仪表中央配置了能够集中显示燃油、水温、巡航信息、挡位指示灯和里程表的大型 LCD 面板，并可通过变阻器调节仪表的亮度。刻度盘、指示灯等所有照明都采用了 LED，这样可节电和延长寿命。

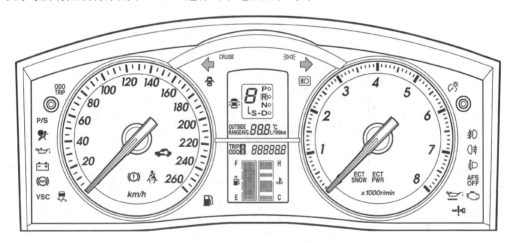

图 4.2-14　锐志轿车组合仪表

2. 组合仪表的电路原理图

丰田锐志轿车组合仪表的电路原理如图 4.2-15 所示。

六、别克君威轿车电子仪表

别克君威轿车电子仪表是作为一个多功能控制模块来工作的。仪表控制模块通过串行数据线路与采集信号的控制模块相连接，并提供汽车运行的相关信息，如车速、发动机转速、冷却液温度、行驶里程、燃油信息等，如图 4.2-16 所示。这些信息是通过指针式仪表或数字的形式显示出来的。这种类型的电子仪表在出现故障后不能进行分解维修，只能作为总成进行更换，并且更换后需要对其进行编程以保证仪表系统的正常工作。

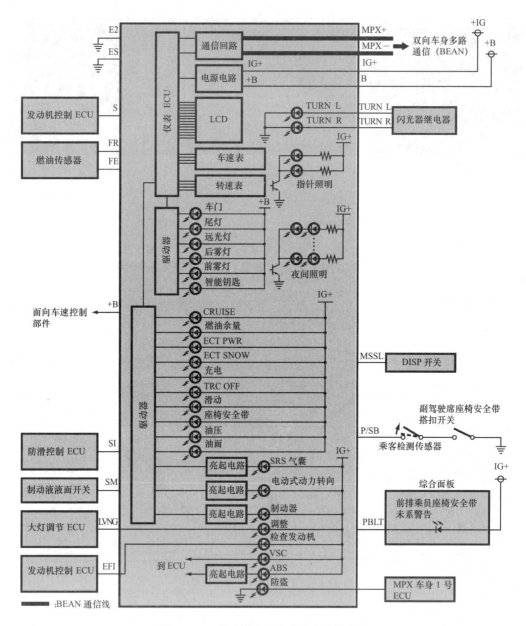

图 4.2-15 锐志轿车组合仪表电路原理图

1. 仪表

别克君威轿车仪表电路如图 4.2-17 所示。

(1) 发动机冷却液温度表。发动机控制模块通过高速 GMLAN 总线将发动机水温传感器的数据转换成发动机冷却液温度信号发送给车身控制模块 BCM，BCM 通过低速 GMLAN 总线将信息发送给组合仪表，以显示发动机冷却液温度。信息传递路线如图 4.2-18 所示。

如果冷却液温度传感器电路或网络出现故障，则水温表显示为 40 ℃或更低温度。

图 4.2-16 别克君威轿车电子仪表和中控显示屏

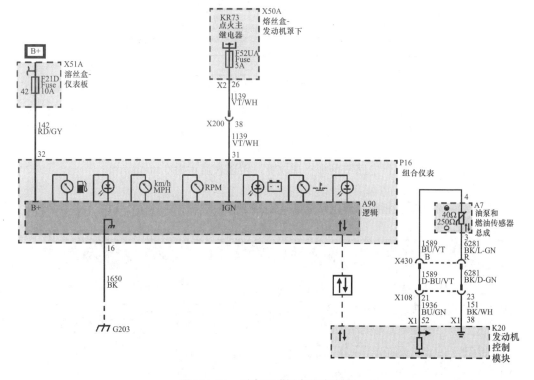

图 4.2-17 别克君威轿车仪表电路

(2) 燃油表。发动机控制模块将来自燃油传感器的数据转换为燃油液位信号,再通过高速 GMLAN 总线将信号发送给 BCM,BCM 通过低速 GMLAN 总线将信号发送给组合仪表,以显示燃油液位。信息传递路线如图 4.2-18 所示。

如果燃油液位降至低于 11%,则组合仪表点亮燃油液位过低指示灯。当燃油传感器电路或网络出现故障时,燃油表显示为无燃油。

(3) 车速表。自动变速器控制模块将输出轴转速信号直接发送给发动机控制模块,发动机控制模块由此计算出车速,然后通过高速 GMLAN 总线将车速信号发送至 BCM,BCM 通过低速 GMLAN 总线将车速信号发送给组合仪表,以显示车速,如图 4.2-18 所示。

若网络出现故障,车速表显示为 0 km/h。

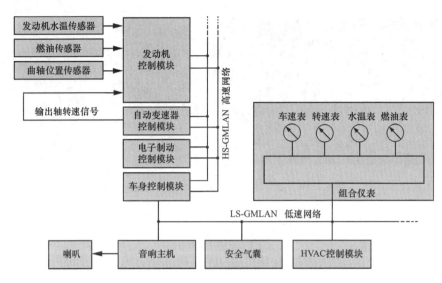

图 4.2-18 别克君威轿车电子仪表信息获取路线

（4）转速表。发动机控制模块将来自发动机曲轴位置传感器的数据转换为发动机转速信号，然后通过高速 GMLAN 总线将信号发送给 BCM，BCM 通过低速 GMLAN 总线将信号发送给组合仪表，以显示发动机转速，如图 4.2-18 所示。

如果曲轴位置传感器电路或网络出现故障，转速表显示为 0 r/min。

2. 指示灯

别克君威轿车仪表板指示灯电路如图 4.2-19 所示。

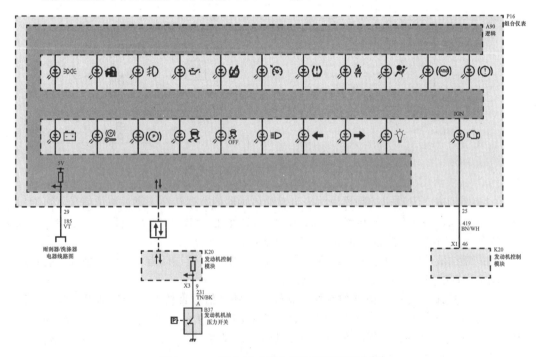

图 4.2-19 别克君威轿车仪表板指示灯电路

别克君威轿车指示灯通常采用三种不同的颜色来区分报警的等级：

绿色——指示系统正常或处于启用状态；

黄色——指示系统关闭或故障；

红色——指示系统故障，车辆不能继续行驶，请检修。

3. 驾驶员信息中心

驾驶员信息中心（DIC）位于电子仪表的中下方。根据车型的不同，驾驶员信息中心的配置会有所不同。别克君威轿车驾驶员信息中心电路如图 4.2-20 所示。

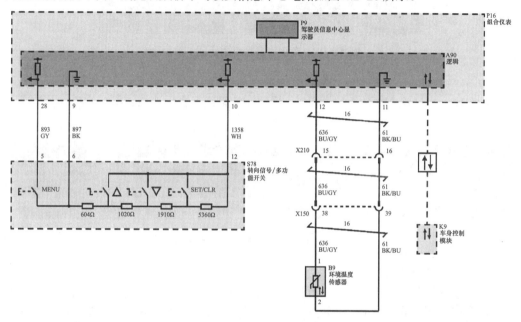

图 4.2-20　别克君威轿车仪表板驾驶员信息中心电路

在转向盘左侧转向信号控制杆上有一个驾驶员信息中心选择开关，如图 4.2-21 所示。当按下驾驶员信息中心选择开关 MENU（菜单）按钮时，可在不同菜单之间进行切换，或从子菜单返回上一级菜单。可供选择的菜单为"车辆信息菜单"和"里程燃油信息菜单"。

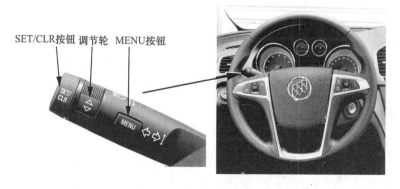

图 4.2-21　别克君威轿车驾驶员信息中心选择开关

转动调节轮,可标记菜单选项或设定数值,按下"SET/CLR"按钮选择一项功能或确认一条信息。

例如,按下"MENU"按钮选择"车辆信息菜单",转动调节轮,可选择以下子菜单之一:单位、轮胎气压、剩余机油寿命、超速报警等,如图 4.2-22 所示。

图 4.2-22　车辆信息菜单及子菜单显示

按下"MENU"按钮选择"里程燃油信息菜单",转动调节轮,可选择以下子菜单之一:车速、小计里程 1、小计里程 2、燃油续航里程、平均油耗、瞬时油耗、平均速度等,如图 4.2-23 所示。

图 4.2-23　里程燃油信息菜单及子菜单显示

4. 声音报警系统

别克君威轿车声音报警系统由音响主机通过扬声器发出声音警告。音响主机通过串行数据电路接收声音警告请求,如果有多个声音警告请求,则首先发出优先级最高的声音警告。对于没有配备音响的车辆,则由蜂鸣器来接收声音警告请求和发出声音警告。

声音警告声包括单脉冲锣声、多脉冲锣声、单脉冲蜂鸣声、多脉冲蜂鸣声、咔嗒声、噼啪声。

例如,当未系安全带时,安全气囊模块向音响主机发送一条串行数据信息,指示发出多脉冲锣声;当汽车熄火而前照灯未关时,车身控制模块向蜂鸣器发送一条串行数据信息,指示发出多脉冲锣声。

任务实施

汽车电子仪表在故障后一般不能进行分解维修,只能作为总成进行更换。下面以别克君威轿车为例讲述汽车电子仪表系统的检修。

一、基本检查

1. 目视外观检查

(1)检查是否有影响仪表板或声音报警系统工作的售后加装设备。
(2)检查系统部件是否存在明显损坏。
(3)检查燃油液位是否正确。

2. 故障码检查

用故障诊断仪读取仪表系统和网络系统的故障码，根据故障码的提示检修故障。

二、常见故障诊断

1. 燃油表指示不准确或不工作故障检修

当出现 DTC P0462 或 P0463，或者没有故障码而燃油表指示不准确或不工作时，可按下述方法进行检测。

（1）检查组合仪表与发动机控制模块之间的通信系统是否有故障码，若有则排除。

（2）断开油泵和燃油传感器总成 A7 的线束连接器，测量传感器端子 4 和端子 3 之间的电阻，油满时为 40Ω，无油时为 250Ω。若不符合要求，更换油泵和燃油传感器总成 A7。

（3）关闭点火开关，断开发动机控制模块 K20 的 X1 连接器，如图 4.2-17 所示。

（4）检查传感器和发动机控制模块之间的线路是否短路、断路，若不正常，则修理或更换线束或连接器。

（5）若上述检查正常，更换发动机控制模块 K20 后再试，若仍有故障，则更换组合仪表 P16。

2. 驾驶员信息中心选择开关电路故障检修

驾驶员信息中心选择开关是一个多路瞬时接触开关，与一系列阶梯电阻相连接。组合仪表通过电阻器上的电压降，来确定哪个开关被按下。

当出现 DTC B3567，表示驾驶员信息中心选择开关电路故障，检修方法如下：

（1）关闭点火开关，断开转向信号/多功能开关 S78 的线束连接器，如图 4.2-20 所示。

（2）按表 4.2-1 所示条件，用万用表测量相应开关端子之间的电阻，若电阻值不在规定范围内，更换转向信号/多功能开关 S78（驾驶员信息中心选择开关）。

表 4.2-1 转向信号/多功能开关 S78 的检查

万用表连接	开关条件	测量值
端子12-端子6	按下△（向上）开关	550～650Ω
	按下▽（向下）开关	1.5～1.7kΩ
	按下 SET/CLR 开关	3.3～3.7kΩ
	没有按下任何开关	8.5～9.1kΩ
端子5-端子6	按下 MENU 开关	小于 1Ω

（3）断开组合仪表 P16 连接器，检查转向信号/多功能开关 S78 和组合仪表 P16 之间的线路是否短路、断路，若不正常，则修理或更换线束或连接器。

（4）若上述检查正常，则更换组合仪表 P16。

【案例分析】

一、奥迪 A6 轿车仪表板上的机油油面高度/温度故障指示灯偶尔点亮

故障现象：一辆 2003 年的奥迪 A6 1.8T 轿车，仪表板上的机油油面高度/温度故障指

示灯偶尔点亮。

故障诊断与排除：首先检查仪表板上机油温度表的显示状态，发现不管在什么时候油温总是在最低点，而用红外线非接触式温度计测量油底壳的温度，已经达到了74 ℃，此时，机油温度应该已经在80 ℃以上。因此，仪表的机油油面高度/温度指示系统应该有故障。

该系统由仪表板、装在油底壳上的机油油面高度/温度传感器及连接导线三部分组成。油面高度/温度信息由传感器通过导线以脉冲宽度调制信号的形式传递到仪表板，仪表ECU对信号进行分析计算后将油温信息显示在仪表上，而油面高度信息则用于低油位警告灯开启的依据。另外，油温、油面高度的信息还用于仪表对燃油消耗量及行驶里程的计算，以及保养间隔里程及时间的确定。机油油面高度/温度传感器上共有3根导线，分别为正极线、搭铁线和信号线。

这个故障的原因可能有：①机油油面高度/温度传感器故障；②线路故障；③仪表板故障；④供电或搭铁故障。下面进行逐项检查。

首先，拔下传感器连接器，打开点火开关并测量线束侧的3个端子，其中1号脚是正极供电端，打开点火开关应该有蓄电池电压，2号脚是搭铁端，3号脚是仪表板信号线，打开点火开关时发送大约11 V的触发信号。经测量，3根导线都没有问题，这样就排除了线路、供电及搭铁出现故障的可能性。

关闭点火开关，将连接器插回传感器，将示波器接入信号线端和搭铁端。在正常情况下，打开点火开关后示波器上应该产生一个波形。启动发动机，直到发动机的温度升到正常工作温度，使用红外温度计测量油底壳温度已经升到70 ℃，但此时示波器上显示的波形依然和冷车时一样，这说明故障原因在机油油面高度/温度传感器。

更换机油油面高度/温度传感器后，故障排除。

二、广州本田雅阁轿车发现仪表板里程表不指示

故障现象：一辆排量2.3 L的广州本田雅阁轿车，自动变速器，发现仪表板里程表不指示。

故障诊断与排除：首先路试，里程表指针与液晶计数系统的确不工作，但发动机运转正常，变速器换挡也正常。找到车速信号端子（蓝白线），用模拟信号发生器（博安8901表）驱动，指针显示里程并且计数器运转，初步判断仪表总成无故障。故障应该发生在车速传感器或信号线路上。查阅资料，在装有自动变速器的广州本田雅阁车中根本没有装车速传感器，采取的是检测自动变速器中间轴的转速，经发动机控制ECU计算出来的车速信号，再经9号端子输出给各系统。

顺着发动机控制ECU 9号端子检查线路，发现车速输出信号线分别进入仪表板、驾驶员侧多路传输装置、巡航系统、防抱死制动系统。试着依次断开上述装置中的车速信号线，发现当断开巡航系统中的蓝白线时仪表板车速指示显示正常，很明显故障点在巡航ECU上，因为巡航ECU损坏而直接影响车速信号的输出。此时，驾驶员才想起该车巡航系统早已不好用，也没有修理。断开至巡航ECU中的蓝白线，也就是发动机控制ECU输出的车速信号线，故障排除。

装复车辆和仪表板，路试一切正常。

项目四 汽车信息、通信与娱乐系统检修

任务小结

1. 按工作原理不同，组合仪表可大致分为三代：第一代是机械式仪表，第二代是电磁式仪表，第三代是电子式仪表（或称数字仪表）。
2. 汽车组合仪表包括仪表、指示灯、驾驶员信息中心和声音报警器四部分。
3. 驾驶员信息中心又称为多功能显示屏、行车电脑显示屏等。它可以在一个显示屏内显示汽车的多个运行状态，有的车型还可以通过此显示屏对车辆进行一些设置。
4. 在行车时，驾驶员光靠视觉容易遗漏一些情况，因此有些汽车上安装了用声音传递信息的电子装置，如蜂鸣器和声音合成器等。
5. 电子仪表亮度的调整通常有两种方式：一种是由电子仪表中的光电池进行自动调整；另一种是像普通仪表照明一样，用灯光开关电路中的变阻器进行调整。
6. 电子仪表信息获取方式主要有三种：① 通过数据总线传输；② 其他控制单元与仪表点对点连接传输的信息；③ 直接与仪表相连的传感器和开关信号。
7. 汽车电子仪表中的显示方式有：指针指示方式、数字显示方式及声光和图形显示方式。
8. 汽车电子仪表电控系统由三部分组成：一是传感器部分，主要包括机油压力开关、燃油传感器等；二是显示控制单元部分（仪表 ECU）；三是执行器部分，主要包括转速表、车速表、燃油表、水温表、里程表等。
9. 车速表信号来自汽车车轮转速传感器或变速器输出轴转速传感器，车速表一般采用指针式和数字显示方式来提醒驾驶员汽车的行驶速度（km/h）。
10. 汽车里程表的信号来自汽车车轮转速传感器或变速器输出轴转速传感器，一般采用数字显示方式来提醒驾驶员汽车行驶的里程。
11. 发动机转速表的信号来自发动机点火线圈或曲轴位置传感器，发动机转速表一般采用指针式和数字显示方式来提醒驾驶员发动机的转速。
12. 水温表信号来自发动机水温传感器，一般采用指针式、柱形图或其他图形方式来提醒驾驶员发动机冷却液的温度。
13. 燃油表信号来自燃油传感器，一般采用指针式、柱形图或其他图形方式来提醒驾驶员油箱内可用的剩余燃油量。
14. 中控台显示屏又称为中控台多功能显示屏、中控台液晶显示屏等，它是指在主副驾驶员之间的中央控制台上的显示屏。中控台显示屏显示的内容可以是视频的内容；如DVD、音响、电视、倒车影像、GPS 导航的内容，也可以是行车电脑所显示的瞬时油耗、安全带提示、车速等内容。中控台显示屏通过软件控制可以对车辆进行一些设置。
15. 别克君威轿车指示灯通常采用绿色、黄色、红色三种不同的颜色来区分报警的等级。
16. 别克君威轿车在转向盘左侧转向信号控制杆上有一个驾驶员信息中心选择开关，通过开关控制可以设定或查看不同的信息。

课后练习

1. 简述汽车组合仪表的组成。
2. 简述驾驶员信息中心的作用。
3. 汽车电子仪表的显示方式有哪几种？

4. 简述汽车电子车速表的工作原理。
5. 简述汽车电子转速表的工作原理。
6. 简述汽车电子水温表的工作原理。
7. 简述汽车电子燃油表的工作原理。
8. 简述别克君威轿车车速表、转速表、水温表和燃油表的信息获取途径。
9. 若驾驶员信息中心选择开关出现故障,应如何检修?

学习任务三　汽车音响系统检修

- 能正确讲述汽车音响系统的组成和工作原理;
- 会进行汽车音响系统的解码操作;
- 能正确识读和分析汽车音响系统的电路图;
- 会使用万用表和故障诊断仪对汽车音响系统进行检测;
- 会分析诊断和排除汽车音响系统常见故障。

- 汽车音响系统的组成和工作原理;
- 识读和分析汽车音响系统的电路图;
- 分析诊断和排除汽车音响系统常见故障。

任务描述

一位客户反映他所驾驶的奥迪 A6 轿车音响系统中,收音正常,但 CD 播放有问题,工作 30 s 左右停 10 s 左右,且始终这样。现在,请对客户轿车的音响系统进行检修。

知识准备

随着社会的不断发展,人们对生活质量的要求越来越高。汽车音响系统作为现代汽车的一个重要组成部分,越来越受到人们的重视。汽车音响系统里播放的优美音乐,可使驾驶员感到轻松,也可以通过音响系统听到驾驶所需要的交通信息和新闻,或者通过液晶显示屏观看视频。因此,现代汽车都非常重视汽车音响系统,并将汽车音响系统作为评价汽车舒适性的依据之一。

一、汽车音响系统的组成及工作原理

汽车音响系统是指安装在汽车内，具有播放或回放声音（有些还可以播放视频）功能的设备。汽车音响系统主要由天线、音响主机、功率放大器和扬声器(喇叭)等组成，如图4.3-1所示。由音响主机（信号源）送来的各种信号，经功率放大器进行加工处理并放大，取得足够的功率去推动扬声器工作，发出与原声源相同且响亮得多的声音。

典型汽车音响系统主要部件的位置如图4.3-2所示。

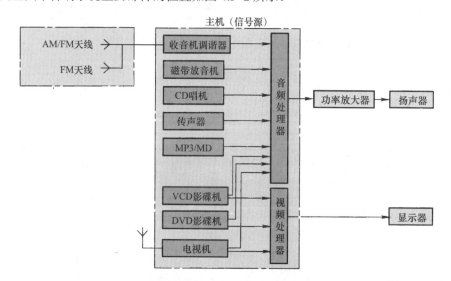

图 4.3-1　汽车音响的基本组成

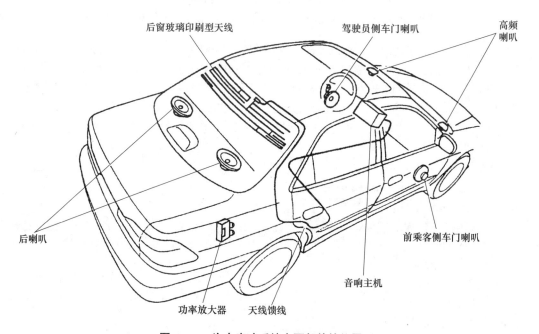

图 4.3-2　汽车音响系统主要部件的位置图

1. 天线

汽车天线,又称车载天线,用于接收无线电波信号,是无线电信号通往音响系统收音机的"大门",是产生良好声音的重要元件。

天线可分为伸缩天线、拉杆天线、玻璃印刷型天线和鲨鱼鳍天线等四种。

(1)伸缩天线。有些早期的汽车安装了电动伸缩天线,电动天线由开关、电动机、继电器、减速机构和天线等组成。天线的升降是通过改变电动机的旋转方向实现的。有些汽车的电动天线用独立的天线开关进行控制,多数汽车则是由收音机开关联动控制。在收音机打开的同时接通电动天线控制电路,电动机转动使天线升起;在关闭收音机时,天线又同时下降。电动天线基本电路如图4.3-3所示。

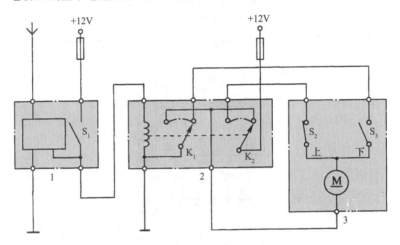

图4.3-3 电动天线基本电路

1—收音机;2—天线继电器;3—天线电动机;S_1—收音机开关;S_2—天线上升触点;S_3—天线下降触点

收音机开关 S_1 接通时,天线继电器2线圈通电,继电器常开触点闭合,于是,12V电源经熔丝→K_2 常开触点→S_2→电动机→K_1 常开触点→接地,电动机通电,天线上升。当天线上升到最高点时,自动断开天线上升触点 S_2,闭合天线下降触点 S_3,于是,电动机停止转动。

收音机开关 S_1 断开时,天线继电器2线圈断电,继电器常闭触点闭合,于是,12V电源经熔丝→K_2 常闭触点→电动机→S_3→K_1 常闭触点→接地,电动机通电反转,天线下降。当天线下降到最低点时,自动断开天线下降触点 S_3,闭合天线上升触点 S_2,于是,电动机停止转动。

(2)拉杆天线。拉杆天线,一般安装在前后翼子板上或车顶后中部位置,如图4.3-4所示。这种天线不能伸缩,现在汽

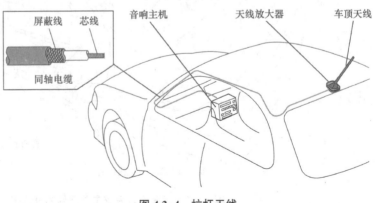

图4.3-4 拉杆天线

车上用得比较多,但风噪比较大。由天线接收到的无线电波变成电流极微弱的电气信号,经天线放大器(天线模块)放大后通过同轴电缆的芯线(又称天线馈线)送到音响主机。同轴电缆外缠网状导电线,即屏蔽线,此屏蔽线接地,能够隔断噪声以防止噪声进入系统。

拉杆天线可接收调幅 AM、调频 FM 收音机、移动电话和导航系统信号。

(3)玻璃印刷型天线。玻璃印刷型天线是将导电漆涂在后挡风玻璃上成为天线。天线使用时无需上下移动,不用折叠、不会生锈,使用寿命较长,如图 4.3-5 所示。由天线接收到的无线电波变成电流极微弱的电气信号,经天线放大器放大后通过同轴电缆的芯线送到音响主机。扼流线圈用于将后窗除雾器通电时电源所含的干扰电流接地来阻止噪声进入收音机。

为了防止信号衰减,以保持良好的接收条件,有的玻璃印刷型天线采取了主天线和副天线组合,如图 4.3-6 所示。当玻璃主天线的灵敏度变弱时,系统就会对主天线与副天线的灵敏度进行比较,并使用灵敏度较好的一根。

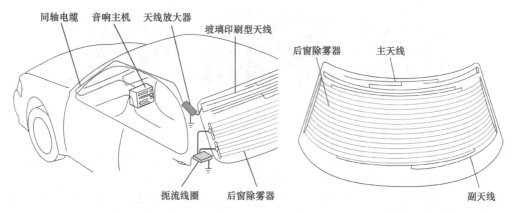

图 4.3-5　后窗玻璃印刷型天线　　　　　　图 4.3-6　分集式天线

玻璃印刷型天线主要用于接收调幅 AM、调频 FM 收音机信号。

(4)鲨鱼鳍天线。鲨鱼鳍天线,是宝马公司为了增强汽车通信信号而研制开发的。鲨鱼鳍天线外观大方,与整个车体融为一体,如图 4.3-7 所示。

图 4.3-7　鲨鱼鳍天线

鲨鱼鳍天线可接收收音机信号,但主要用于接收车载电话和导航系统信号。

车顶上的长天线在遇到低矮的地库甚至树木时,经常会挂到,轻则弯曲,重则直接拉断。鲨鱼鳍天线则避免了这个问题,行驶时不仅可以降低风阻,还可以吸收静电。

2. 主机

音响主机如图4.3-8所示,是汽车视听系统的信号源,是汽车音响系统最主要的设备,决定了音响系统的档次。

汽车音响主机的种类多种多样,常见的可按信号源进行分类。主机信号源主要有收音机、磁带(现已很少用)、CD、MD、MP3、VCD、DVD等,这些信号源为音响系统提供音频或视频信号。

图 4.3-8 汽车音响主机

主机可以搭配不同的信号源,常用有以下几种:单碟CD+收音、多碟CD+收音、多碟CD+单碟CD+收音、MD+多碟CD+收音、MP3+收音、DVD+收音等。无论哪种搭配,收音都是主机最基本的功能。目前,主机最常见的配置为收音机+CD唱机。

主机和主机的操作控制面板一般做成一体,但也有分开制造的,如图4.3-9所示。主机控制面板只作为驾驶员操作请求信号的一个输入装置,它将驾驶员的相关控制指令,通过数据总线传输给主机。

图 4.3-9 雪佛兰科鲁兹轿车音响主机和主机控制面板
(a) 音响主机;(b) 主机控制面板

(1) 收音机。在无线电广播信号传播过程中,人们听到的声音信号是低频信号,能量很小,无法进行远距离传送,因此,必须将声音信号调制成高频电波才能进行远距离传递。

一般把被传送的低频信号称为调制信号,把运载低频信号的高频信号称为载波。调制就是使载波信号某项参数(如幅度、频率或相位)随调制信号的变化而变化,从而将调制信号"装载"到载波的过程,即把低频信号"装载"到高频信号上,再由发射天线发送。一般多采用调幅(AM,将载波信号的波幅按声音信号转换)和调频(FM,将载波的频率按声音信号的频率转换)两种调制方式,如图4.3-10所示。

收音机,又称调谐器,其收音过程是要获得调制信号,因此,必须通过解调(将高频载波滤去),才能将低频的调制信号从经过调幅或调频的高频信号中分离出来。调幅波的解调过程称为检波,调频波的解调过程称为鉴频。

汽车收音机电路的基本原理如图 4.3-11 所示,电路由收音电路、解码电路、音调音量平衡控制电路和音频功率放大器组成。

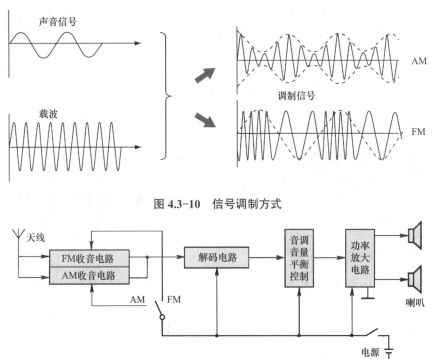

图 4.3-10　信号调制方式

图 4.3-11　汽车收音机电路的基本原理图

收音机可分为两大类:一种是模拟式;另一种是数字式。模拟式是传统的收音机,一般用于手动调谐选台;数字式的收音机是较高级的无线电接收装置,由内部电路发出选台、存储、控制及显示信号,内部一次可存储几十个电台,并可实现遥控。

(2)CD 唱机。CD 唱机又称激光唱机,用于播放 CD 光盘。CD 光盘是将音乐信号或者图像信号进行记录的介质,所记录的信号可利用激光的光拾音作用进行非接触式读出。信号读出时,对信号记录部分的凹凸处不断照射聚焦的激光,利用光电接收器检测反射光的强弱并转换成数字电信号,如图 4.3-12 所示。在数字信号处理电路中进行数模

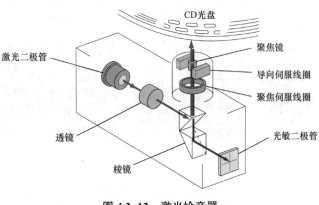

图 4.3-12　激光拾音器

转换并放大，从而恢复原来的音乐信号或图像信号。

（3）辅助音频输入。汽车音响系统一般还设置有辅助音频输入插孔，例如，USB及AUX接口，如图4.3-13所示，用户可以通过这些接口播放自带的娱乐设备或移动存储设备中的音乐或视频。

3. 功率放大器

功率放大器又称音频放大器，简称功放，其主要作用是放大主机输出的声源信号，以便有足够的功率推动扬声器发声。功率放大器是音响系统的"心脏"，其功率的大小、质量的好坏对音乐的播放起着至关重要的作用。

目前，大多数功率放大器包含在汽车音响的主机中，这样，主机输出的音频信号可以直接驱动扬声器发声。在高档汽车音响系统中，为了追求音质的完美，将功率放大器从音响主机中独立出来，如图4.3-14所示。将功率放大器的功率提升到 35～100 W，用大功率去推动扬声器，即可以获得更完美、更有层次的播放声音。

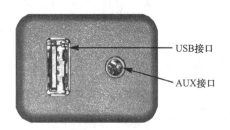
图 4.3-13 辅助音频输入接口

图 4.3-14 独立的功率放大器

4. 扬声器

扬声器俗称"喇叭"，其作用是将经功率放大器放大的音频信号还原成声音。扬声器的好坏，直接影响音质的好坏。

一般普通汽车的扬声器有两个，位于仪表台的左右侧或左右前车门内。中高档汽车采用了较多的扬声器，分别位于汽车内的四周，并带有重低音效果。有些汽车音响发烧友，将汽车音响中的低音扬声器安装在行李厢中，充分利用行李厢四周毡垫等充当吸音物，以达到更好的音质效果。

扬声器一般安装在车门、仪表台、后挡风玻璃下部、行李厢内，如图4.3-15所示。扬声器的数量和车辆配置有关，一般车辆档次越高，扬声器数量越多。扬声器根据播放频率范围可以分为高音扬声器、中音扬声器和超低音扬声器三种。

(a)

(b)

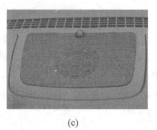
(c)

(d)

图 4.3-15 扬声器

(a) 扬声器；(b) 车门扬声器；(c) 仪表台扬声器；(d) 后挡风玻璃下部扬声器

5. 显示器

车载显示器是视听系统必不可少的组成之一。目前，轿车 VCD 或 DVD 影碟机使用的显示器一般为液晶显示器，而大型客车一般使用电视机。有些音响主机有自己单独的显示屏，并和主机控制面板集成一体，大部分轿车把中控台显示屏作为音响的显示屏。

二、汽车音响的防盗和解码

某些中高档汽车的音响有防盗功能。一般新车交付使用时，应车主要求，音响的防盗功能可以使用也可以不使用。一旦音响防盗功能启用，当音响系统电源被切断（如音响被强行盗拆、维修时蓄电池断电或电压过低等）后，音响系统即被锁止，即使重新接通电源，也不会工作。只有输入厂家设定或车主设定的密码，音响系统才能恢复正常的工作。

1. 汽车音响防盗

汽车音响的防盗功能一般是通过锁止音响系统的使用来实现的。

（1）汽车音响防盗功能的判断。如果在汽车音响控制面板或后车门三角窗等处发现如下标志：ANTI-THEFT、CODE、SECURITY，则说明该车音响具有防盗功能。

（2）汽车音响锁住时的显示。汽车音响主机被锁时，音响主机不能工作，并在显示屏上会有所反应，如 SE、HELP、SAFE、CODE、COD、LOCK、INOP，红色防盗灯连续闪烁等。若音响面板上的液晶显示屏显示"CODE"或"……"等符号，表示音响已锁止，需要解码，即输入正确的密码进行解码后，才能恢复正常使用。

2. 音响防盗密码的形式

汽车音响防盗密码主要采用以下两种形式：

（1）固定密码，如欧宝、奔驰、宝马等车系；

（2）可变密码，如雷克萨斯 LS400、丰田大霸王等车系。

固定密码和可变密码均是通过防盗集成块来控制的，也有的防盗系统集成于音响的 CPU。防盗集成块具有读、写、字擦除、片擦除及数据时钟功能，它与主机共同控制音响防盗功能。

3. 音响防盗系统的解码方法

（1）汽车音响密码的获取方法。汽车音响密码的获取方法较多，主要有在原车上查找和用读码器读取两种方法。

（2）汽车音响防盗系统的解码方法。

①硬解码法，更换防盗集成块管脚某些线路，适合于固定密码的解码；

②软解码法，即输入通用码来解除防盗。此方法不需要更改线路，主要适合于可变密码的解码；

③断电法，某些机型只需切断防盗集成电路的电源电路即可；

④综合法，同时使用硬解码法和软解码法。

4. 汽车音响系统的解码操作

现代高档汽车断电或更换蓄电池后，都需要重新输入音响密码才能正常使用音响，但如果丢失了密码，就需要重新解开密码。

几种常见中高档车型的音响解码方法如下：

（1）帕萨特 B5 轿车音响解码。上海大众生产的帕萨特 B5 轿车的音响分为两种：一种为 γ 型；另一种为 β 型，但其音响防盗原理是一样的，解码的程序也是一样的。

①便捷型音响密码系统。在此之前，每次卸下音响主机或拆除蓄电池接线后，均需人工取消防盗密码。使用这种便捷型音响密码系统后，首次将编码数字输入音响主机，它同时储存在车辆仪表板控制系统。车辆供电中断后，汽车音响会自动将它的密码数字和存储在车辆中的密码加以比较，如密码相符，则在短短几秒后音响便可工作，不再需要人工取消电子锁定。

②取消电子锁定。若采用的音响不是便捷型音响，当音响断电后，防盗密码系统将音响电子锁定，开机后则显示"SAFE"字样，解码程序如下：开机显示屏显示"SAFE"字样，3 s后显示屏显示"1000"；使用存台键将贴在"音响资料卡"上的密码输入，按1键输入第一位，按2键输入第二位，依次类推。其后按搜索键或按手动调谐键，按住2 s以上松开。如果输入的密码正确，则其后很快便会自动显示频率，这时音响便可工作。

（2）奥迪 A6 轿车 AUDI GAMMA 牌音响解码。

①打开收音机，显示屏上显示"SAFE"表示收音机已被锁住。

②同时按住"U"键和"M"键，待显示屏上显示"1000"后松开。此后不能再同时按住这两键，否则"1000"将作为密码被输入。

③4个调谐预置键（1、2、3、4）兼作解码键，用1键输入千位码，由于技术上的原因千位码只能是1或0，用2键输入百位码，是几就按几下，依次类推。显示屏上显示输入的密码。

④同时按下"U"键和"M"键，待显示屏上显示"SAFE"后松开，稍后，显示屏自动显示一个电台频率。此时，锁住的收音机已被打开，能正常工作了。

如果输入密码是错误的，"SAFE"不会消失，这时可重新输入密码，如果两次输入的密码都是错误的，"SAFE"需 1 h 后才能消失，这期间应一直打开收音机。

（3）上海别克轿车音响解码。

①接通点火开关，显示屏显示"LOC（锁止）"。

②按住"MN"（分钟）键，直到显示屏显示"000"。

③再按"MN"键使后2位数和密码相符。

④按"HR"键使前1位或前2位数字和密码相符。

⑤确认这个数字和记下来密码相符之后按住"AM～FM"键，直到显示屏显示"SEC"（安全），表明音响系统可以工作并上了保险。

注意：按以上步骤输入密码，在任何2个步骤之间停顿不要超过15 s。如果输入8次错误密码，显示屏会显示"INOP（不工作）"，再试之前应使点火开关接通等上1 h，再试时，在INOP显示之前，只有3次输入正确密码的机会。

三、雪佛兰科鲁兹轿车音响系统

2014款上汽通用雪佛兰科鲁兹轿车的音响系统由天线（后窗玻璃印刷型天线）、音响主机（音响控制模块）、音响控制面板、扬声器、中控台显示屏和辅助音频输入部分等组成，音响控制面板在汽车上的安装位置如图4.3-16所示，系统电路如图4.3-17～图4.3-19所示。

音响控制面板和中控台显示屏是独立的部件。音响主机通过唤醒电路（端子X1/13）控制中控台显示屏的电源状态。音响控制面板接收驾驶员的输入指令，通过LIN数据总线与中控台显示屏进行通信，中控台显示屏通过CGI数据电路与音响主机进行通信。

项目四 汽车信息、通信与娱乐系统检修

图 4.3-16 科鲁兹轿车音响显示器和控制面板

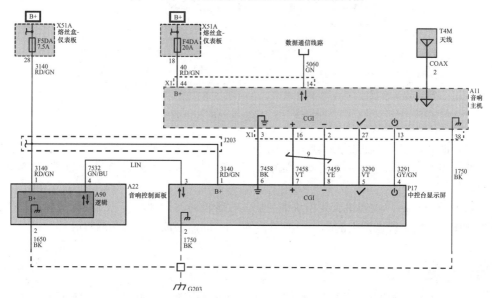

图 4.3-17 音响主机、控制面板和显示屏电路

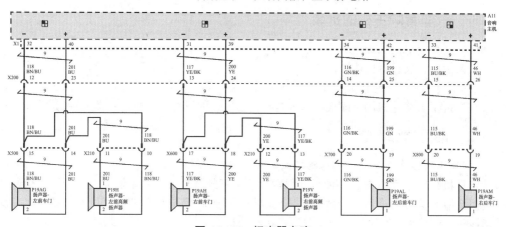

图 4.3-18 扬声器电路

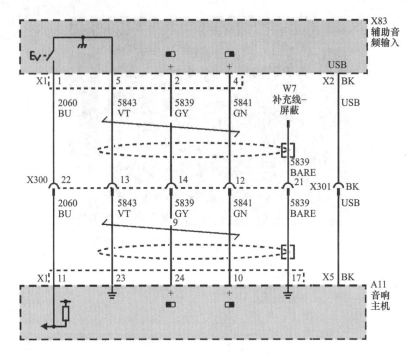

图 4.3-19　辅助音频输入电路

注：CGI 数据电路总线主要用于音响主机、中控台显示屏、HVAC 控制装置之间高速传送显示图形，其电气特性与高速 GMLAN 总线非常相似，但采用的信息策略和信息结构不同。

打开收音机后，收音机天线模块即启用。收音机通过同轴电缆芯线向天线模块提供蓄电池电压。同轴电缆芯线上的模块检测到 12 V 信号时，会放大调幅和调频信号。

任务实施

下面以雪佛兰科鲁兹轿车音响系统为例，介绍音响主机的拆装及常见故障检修流程。

一、汽车音响主机的拆装

（1）断开蓄电池负极电缆。
（2）拆下仪表板附件边框。
（3）拆下控制面板固定螺栓，断开电气连接器，取下音响控制面板，如图 4.3-20 所示。
（4）拆下音响主机固定螺栓，断开电气连接器，取下音响主机，如图 4.3-21 所示。

二、常见故障诊断

1. 收音机接收效果变差或不能接收故障检修

收音机接收不良取决于多种影响因素，其中有些因素可能和车辆无关。例如，交通高峰或拥堵地区信号通道可能导致收音机接收效果变差；私自加装的电气设备，甚至在车窗玻璃粘贴有色贴膜，都可能会降低收音机接收效果。

项目四 汽车信息、通信与娱乐系统检修

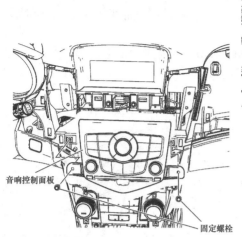

图 4.3-20　拆下音响控制面板

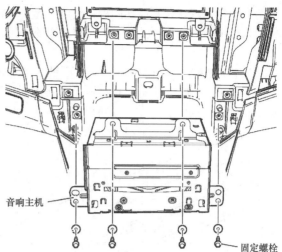

图 4.3-21　拆下音响主机

收音机接收不良故障对车辆本身而言，主要是天线接收性能方面的问题。当天线接收性能不良时，会导致收音机出现音质变差、无法收听电台等现象。而天线的接收性能取决于多种影响因素，如天线搭铁不良、松动、屏蔽线故障等。

（1）天线的检修。在检查车顶安装式天线时，其主要的检查项目有外观是否破损、弯曲、变形、底座及天线是否松动等。而对于后窗玻璃印刷型天线，应检查天线及后车窗除雾格栅是否有破损，这些缺口会造成微电弧效应，进而形成影响天线接收性能的电磁干扰。

①后窗玻璃印刷型天线的检测。

a. 如图 4.3-22 所示，将铝箔缠绕在万用表探针的尖端上。

b. 如图 4.3-23 所示，将万用表的一个探针接触玻璃天线端子，并沿着天线导线移动测试器的另一个探针。如果探针移动至某处时，万用表显示不导通，则说明天线导线在该处有断裂现象。

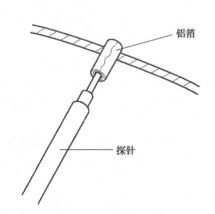

图 4.3-22　在检测仪探针上卷上铝箔

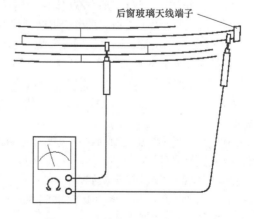

图 4.3-23　检查天线导线的导通情况

②后窗玻璃印刷型天线的修理。如果天线导线断裂部分长度小于 25 mm，则可采用下

· 281 ·

述方法进行修理，否则应连同后窗玻璃一起整体更换。

a. 用优质钢丝绒轻轻擦拭破损部分周围区域，然后用酒精将该擦拭部分清理干净。

b. 如图 4.3-24 所示，将胶带小心粘贴在玻璃天线导线破损部分的上、下位置。

c. 如图 4.3-25 所示，用小刷子，在天线导线破损部位涂上第一层银色导电漆（特别提醒：须充分调匀），然后等候约 30 min 待其晾干。

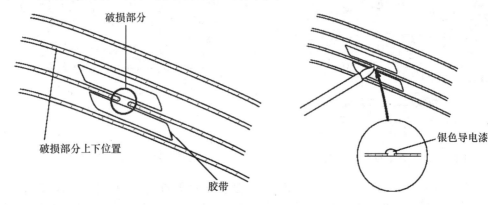

图 4.3-24　将胶带纸贴在天线导线断裂处　　图 4.3-25　在天线导线断裂处涂上银导电漆

d. 待第一层导电漆晾干后，再用上述同样的方法涂上第二层银色导电漆。

e. 等候约 30 min 后，检查修复处天线导线的导通情况。

f. 如果天线导线经修理已恢复正常，则待银色导电漆层干燥 3 h 后再撕下其上方、下方的胶带。

（2）同轴电缆（天线馈线）测试。由于天线线路大多使用同轴电缆，不同于其他电路，一般需要做如下检查：

①关闭点火开关，从音响主机和天线放大器处断开同轴电缆；

②测试同轴电缆芯线端对端电阻，应小于 1 Ω。

③测试同轴电缆屏蔽层端对端电阻，应小于 1 Ω。

④测试同轴电缆芯线和同轴电缆屏蔽层之间的电阻，应为无穷大。

若上述测试不正常，则更换同轴电缆。

2. 扬声器无声音或声音失真故障检修

扬声器要正常产生声音，需要直流偏压和交流电压信号。直流偏压约是蓄电池电压的一半，播放的音频由一个变化的交流电压产生，该交流电压以同一电路上的直流偏压为中心。

扬声器安装不当或装饰件松动可能会导致此故障，应检查相应的扬声器和周围的内饰是否安装正确且牢固。

扬声器电路故障检修步骤如下：

（1）关闭点火开关，断开扬声器的线束连接器。打开点火开关，打开收音机，关闭静音。

（2）测量线束侧电路端子 1 和端子 2（图 4.3-18）与搭铁之间的电压是否为 5～7 V。若电压不符合要求，检查扬声器至音响主机之间的线路是否短路、断路，若电路正常，则更换音响主机。

（3）换上质量好的扬声器，再试一次看是否有故障。若仍有故障，则更换音响主机。

3. 音响主机控制面板不能正常工作故障检修

打开点火开关，打开收音机，操作音响控制面板，若只是某些控制装置工作正常，则更换音响控制面板；若所有控制装置都不工作，则按下述步骤进行检查（电路图如图4.3-17所示）。

（1）关闭点火开关，断开音响控制面板A22的线束连接器。

（2）测量线束侧端子2和搭铁之间的电阻，应小于1Ω。若不符合要求，检查搭铁线路是否正常。

（3）打开点火开关，检查线束侧端子1和搭铁之间的电压，应为蓄电池电压。若不符合要求，则检查熔丝和电源电路是否正常。

（4）检查串行数据电路端子4和搭铁之间的电压，应为2～11.5 V。若不符合要求，检查串行数据电路是否短路、断路，若电路正常，则更换中控台显示屏。

（5）若以上测试正常，则更换音响控制面板。

【案例分析】

一、日产阳光轿车音响不工作

故障现象：日产阳光轿车音响不工作。

故障诊断与排除：根据上述故障现象，经分析认为，故障出在电源电路或音响开关。询问驾驶员得知，该车平时只做一般的保养，也未出现过任何故障。于是，先检查熔丝，车载音响一般有两根电源线，一根接蓄电池的常电，为音响内微处理器及存储器供电记忆有关数据，另一根接ACC（附件）电源，检查均正常。拆下音响主机，拔下连接器，用测试灯测试线束侧电源，两根电源均正常。拆开音响外罩，电路板上有很多铜锈，有进水的痕迹，顺着电源电路检查，发现电源进音响主机插座后就没有出来，故障在连接器下面与电路板的连接处。

用电烙铁小心拆下连接器，发现连接器下面的电路板已锈断，焊接好装机，并用海绵粘到风道壁上，防止水珠形成。试机，音响工作正常。

维修小结：由于音响后面是空调的风道，开空调时，风道壁上凝满水珠，导致音响进水，从而造成上述故障。

二、桑塔纳3000轿车转向时扬声器不响

故障现象：桑塔纳3000轿车转向时，打开CD唱机时扬声器不响。

故障诊断与排除：试车，将转向盘回正，CD唱机正常；转向盘向左或向右转动约30°时，CD唱机不响；如果继续转动转向盘，CD唱机又响；将转向盘转至CD唱机不响的位置，观察CD唱机面板，CD唱机工作正常。从而说明CD唱机扬声器不响，是由于扬声器电路造成的。

将转向盘下方的装饰板取下，发现仪表台总线束正好悬在转向柱上，并且转向柱是花键形的，将其线束往上抬起，再打转向盘，一切正常。

经仔细检查发现，总线束内有两条线绝缘皮已被磨破，正好是扬声器的电路。将磨破的线包扎好，并将总线束吊起，故障排除。

任务小结

1. 汽车音响系统主要由天线、音响主机、功率放大器和扬声器（喇叭）等组成，由音响主机（信号源）送来的各种信号，经功率放大器进行加工处理并放大，取得足够的功率去推动扬声器工作，发出与原声源相同且响亮得多的声音。

2. 天线可分为伸缩天线、拉杆天线、玻璃印刷型天线和鲨鱼鳍天线等四种。

3. 由天线收到的无线电波变成电流极微弱的电气信号，经天线放大器（天线模块）放大后通过同轴电缆的芯线（又称天线馈线）送到音响主机。

4. 音响主机是汽车视听系统的信号源，是汽车音响系统最主要的设备。主机的种类多种多样，按信号源分类有收音机、磁带（现已很少用）、CD、MD、MP3、VCD、DVD等，这些信号源为音响系统提供音频或视频信号。

5. 收音机，又称调谐器，其收音过程是要获得调制信号，因此，必须通过解调，才能将低频的调制信号从经过调幅或调频的高频信号中分离出来。

6. CD光盘所记录的信号可利用激光的光拾音作用进行非接触式读出。信号读出时，对信号记录部分的凹凸处不断照射聚焦的激光，利用光电接收器检测反射光的强弱并转换成数字电信号，在数字信号处理电路中进行数模转换并放大，从而恢复原来的音乐信号。

7. 功率放大器又称音频放大器，简称功放，其主要作用是放大主机输出的声源信号，以便有足够的功率推动扬声器发声。目前，大多数功率放大器包含在汽车音响的主机中，在高档汽车音响系统中，采取独立的功率放大器。

8. 一般新车交付使用时，应车主要求，音响的防盗功能可以使用也可以不使用。一旦音响防盗功能启用，当音响系统电源被切断（如音响被强行盗拆、维修时蓄电池断电或电压过低等）后，音响系统即被锁止，即使重新接通电源，也不会工作。只有输入厂家设定或由车主设定的密码，音响系统才能恢复正常的工作。

9. 收音机接收不良故障对车辆本身而言，主要是天线接收性能方面的问题。而天线的接收性能取决于多种影响因素，如天线搭铁不良、松动、屏蔽线故障等。

课后练习

1. 汽车音响系统主要包括哪几个部分？它们各有何作用？
2. 汽车天线有哪几种类型？它们各有何特点？
3. 主机信号源有哪些？
4. 汽车音响系统的解码方法有哪些？
5. 如何对天线进行检修？

学习任务四 车载免提电话系统检修

- 能正确讲述车载免提电话系统的功能和分类;
- 能正确描述车载免提电话系统的工作原理;
- 能正确识读和分析车载免提电话系统的电路图;
- 会使用万用表和故障诊断仪对车载免提系统进行检测;
- 会分析诊断和排除车载免提电话系统的常见故障。

- 车载免提电话系统的工作原理;
- 识读和分析车载免提电话系统的电路图;
- 诊断和排除车载免提电话系统的常见故障。

任务描述

一位客户反映他所驾驶的上海大众帕萨特 V6 轿车,配有西门子车载电话系统,该车载电话系统一直无法正常工作。现在,请对客户轿车的车载电话进行检修。

知识准备

随着手机的普及及汽车工业的发展,车内通信和车内办公已经逐渐成为一种趋势,于是,出现了汽车驾驶员边开车边接听手持电话的现象,这样就带来了极大的安全隐患。《中华人民共和国道路交通安全法实施条例》第六十二条规定,驾驶机动车不得有拨打接听手持电话、观看电视等妨碍安全驾驶的行为。因此,开车和通话的矛盾促使人们寻找多种手段来实现车载免提通话功能,即驾驶员在开车时不需要手持手机而直接进行通话,从而降低安全隐患。

一、车载免提电话系统概述

1. 车载免提电话系统的功能

车载免提电话系统的功能就是自动辨识移动电话,车主可以不接触手机,甚至是双手保持在转向盘上也可以控制手机。车主用语音指令控制接听或拨打电话,并可以通过车上的音响系统进行通话。

2. 车载免提电话系统的类型

车载免提电话系统一般可分为连线式车载免提电话系统和蓝牙车载免提电话系统两大类型。

(1) 连线式车载免提电话系统。它是将用户手机或车载手机（需用户购置 SIM 卡）通过数据线和电话托架与系统相连，从而实现车载免提电话功能，如图 4.4-1 所示，这种方式的缺点是只能匹配某几种手机，操作麻烦。按使用习惯，用户手机或车载手机常放在仪表台或中央扶手座内。

由于装备连线式车载免提电话系统的汽车数量相对较少，同时，手机的使用率又远远大于车载电话。所以，这种系统不经济，存在很大的浪费。

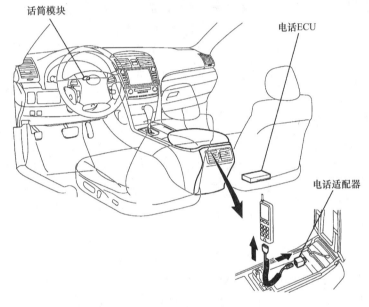

图 4.4-1 连线式车载免提电话系统

(2) 蓝牙车载免提电话系统。蓝牙车载免提电话是通过具有蓝牙功能的用户手机和车内设备连接来实现通话功能，如图 4.4-2 所示。这种解决方案简单易行、通话质量相对较好。目前，用户手机的蓝牙功能几乎已成标准配置。因此，蓝牙车载免提电话将成为车载电话的主流。

蓝牙车载免提电话系统是专为行车安全和舒适性而设计的，其功能主要如下：

① 自动辨识移动电话，不需要电缆或电话托架便可与手机联机；

② 使用者不需要触碰手机（双手保持在转向盘上）便可控制手机，用语音指令控制接听或拨打电话。

③ 使用者可以通过车上的音响或蓝牙无线耳机进行通话。

④ 若选择通过车上的音响进行通话，当有来电或拨打电话时，车上音响会自动将正在播放的视频或音频静音，通过音响的扬声器/麦克风来进行话音传输。

⑤ 若选择蓝牙无线耳机进行通话，只要耳机处于开机状态，当有来电时按下接听按钮就可以实现通话。

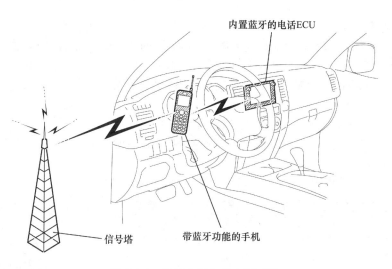

图 4.4-2 蓝牙车载免提电话系统

⑥蓝牙车载免提电话系统可以保证良好的通话效果，支持任何厂家生产的内置蓝牙模块和蓝牙免提 Profile（符合 SIG v1.2 规范）的手机。

蓝牙车载免提电话系统一般集成在汽车娱乐系统或多媒体系统中，用户可以直接操作转向盘上的控制开关来接听电话。

有了蓝牙车载免提电话系统后，车主开车接听电话时不需要分散注意力。接听来电时，用户只需轻轻按一个键或通过语音控制就可以接听电话，提高了驾驶的安全性和便捷性。

二、连线式车载免提电话系统

连线式车载免提电话系统是将用户手机或车载手机通过数据线和电话托架与系统相连，从而实现车载免提电话功能。奥迪 A6 轿车连线式车载免提电话系统的组成如图 4.4-3 所示，系统主要由用户手机、电话专用支架、车载电话控制模块、话筒（麦克风）、扬声器、天线和音响主机等组成。

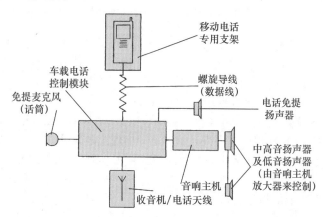

图 4.4-3 奥迪 A6 轿车连线式车载免提电话系统的组成

1. 系统特点

(1) 通过置于汽车内部的免提麦克风和音响主机的扬声器实现车内免提通话；

(2) 无论音响主机是否打开或播放音乐，来电话时自动静音并切换至电话模式；

(3) 利用车内既有的集成外接天线接口，将电磁辐射导向车外，消除了电磁辐射对人体的危害；

(4) 通过接通耳机或将适配器从支架上取下，可实现私人通话模式；

(5) 手机自动充电、自动开机、自动设置手机的通话模式。

2. 电路图

奥迪 A6 轿车连线式车载电话系统电路图，如图 4.4-4 所示。

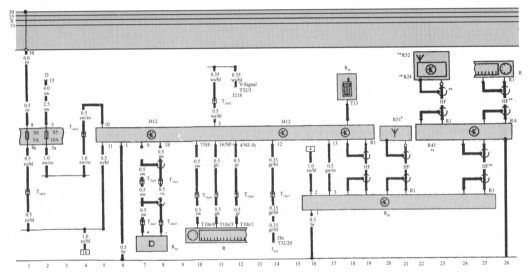

图 4.4-4　奥迪 A6 轿车车载电话系统电路图

D—点火开关；J218—仪表板内组合处理器；J412—车载电话控制模块；R—收音机；R1—天线接头；R24—天线放大器；R38—电话麦克风；R45—天线放大器（电话/收音机）；R51—收音机/电话/停车加热天线；R52—收音机/电话天线；R54—移动电话；R86—移动电话放大器；S5—熔丝支架上熔丝；S8—熔丝支架上熔丝；*—带鞭形天线的车；**—带隔声玻璃的车

3. 系统的安装、设定

汽车在出厂时，已经安装了连线式车载电话准备系统。安装时将适配器装入预留在中央扶手座内的支架上，将螺旋导线插入中央扶手座下方的插座即可。

适配器安装完毕后，需立即对系统进行初始化：

(1) 打开点火开关，音响被静音，音响显示屏上出现"PHONE"或类似字样；

(2) 将手机放置在适配器中，手机显示屏上即出现充电标识；

(3) 初始化结束时，不能将手机插入适配器中；不能在点火后，才将适配器连接器插入中央扶手座下方的插座。如果系统初始化失败，将不能正常工作。这时，可以使用另一种型号的适配器按上述步骤进行初始化，然后换上原来的适配器再做一次初始化即可。

三、蓝牙车载免提电话系统

蓝牙车载免提电话系统是通过具有蓝牙功能的用户手机和车内设备连接来实现通话功能的。2013款上汽通用别克君越轿车蓝牙车载免提电话系统电路如图4.4-5所示，系统主要由麦克风（话筒）、转向盘车载电话控制开关、远程通信接口控制模块、蓝牙天线、音响主机等组成。

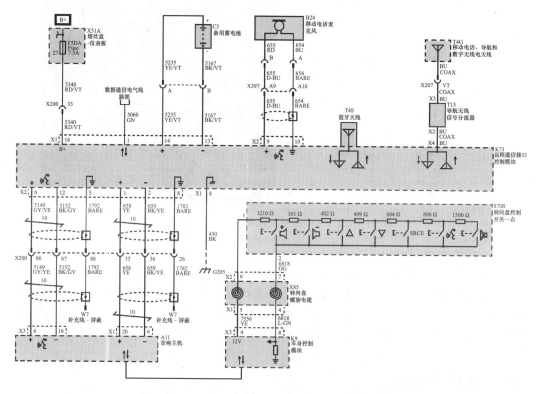

图 4.4-5　别克君越轿车蓝牙车载免提电话系统电路

1. 蓝牙技术和蓝牙天线

蓝牙是一种支持设备短距离通信的无线电技术，是数据和语音无线传输的开放式标准。它将各种通信设备、计算机及其终端设备、各种数字系统用无线方式连接起来。蓝牙能使各种无线电子产品之间实现相互通信，包括手机、计算机、车辆等。蓝牙采用 2.45 GHz 的频率进行通信传输，其传输速率为 1 Mbps。由于信号功率只有 1 mW，所以，蓝牙设备的有效距离限定在约 10 m 范围内。

车载蓝牙设备可以和用户手机的蓝牙设备进行匹配，这样，不需要通过数据线和电话托架便可与手机相连。车主可以不接触手机，甚至是双手保持在转向盘上，就可以控制手机，用语音指令接听或拨打电话。通常情况下车辆最多可以与 5 个蓝牙设备配对，但同时只能与一个设备连接。一旦蓝牙车载电话与车辆完成配对，当点火开关处于 ON 位置且手机蓝牙功能打开时，它会自动与车辆进行连接。用户除可以利用蓝牙拨打电话外，也可以用来播放音乐。

蓝牙天线 T4S 是一小段固定天线，直接连接至车辆通信接口模块上，如图 4.4-6 所示，它用于发送和接收来自蓝牙电话的信号。驾驶员通过转向盘控制开关启用蓝牙电话，同时，可以通过扬声器接听电话，使用转向盘或音响主机控制装置调节音量。

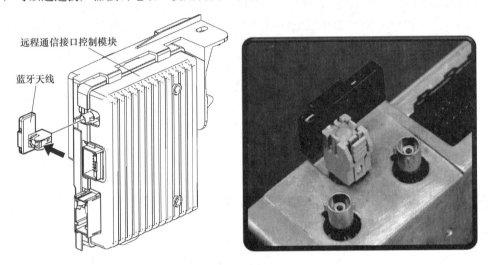

图 4.4-6　蓝牙天线 T4S 安装位置

2. 天线 T4G

T4G 天线为车载电话、导航系统和数字式收音机组合天线，安装在车顶后部中央，即鲨鱼鳍天线。整个天线组件包括天线、天线分流器和天线线路。天线 T4G 将车载电话天线和导航电线合二为一，如图 4.4-7 所示。因此，需要安装导航信号分流器，将 GPS 信号分配至远程通信接口控制模块和导航音响主机总成，如图 4.4-8 所示。

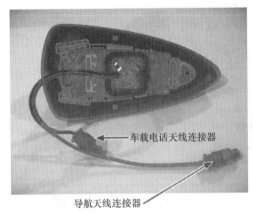

图 4.4-7　车载电话组合天线

图 4.4-8　天线信号分流器

远程通信接口控制模块向车载电话天线提供 5 V 电压，并为内部天线放大器供电。

3. 远程通信接口控制模块

远程通信接口控制模块（图 4.4-9）是一种移动电话设备，允许用户通过国家移动通信网络进行数据及语音信号通信。该模块由一个专用的、带熔丝的电路提供电源。通过连接至模块的车辆线束提供搭铁。远程通信接口控制模块同时位于高速网络和低速网络上。

远程通信接口控制模块配有两个系统：一个用于处理全球定位系统数据，另一个用于处理车载电话信息。通过与通信设施基站连接，将车载电话系统连接至国家移动通信运营商的通信系统上。远程通信接口控制模块通过车载电话天线发送并接收所有车载通信信息。

图 4.4-9　远程通信接口控制模块

4. 麦克风

麦克风通常位于驾驶员侧车顶饰板上，如图 4.4-10 所示。麦克风把驾驶员的语音输入给车载电话控制模块，然后以蓝牙方式传递给移动电话。麦克风还可用于语音导航等。

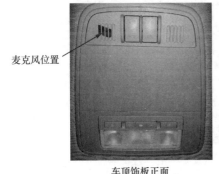
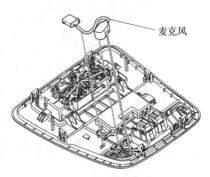

图 4.4-10　麦克风

车载电话控制模块通过线路向音响主机发送电话呼叫信号，音响主机使音频输入源静音并将电话呼叫信号传送至扬声器。

5. 转向盘车载电话控制开关

在转向盘的右边（有些车辆在转向盘辐条的左边）有一个车载电话控制开关，如图 4.4-11 所示，在行驶中可以方便地进行音响和车载电话操作。

控制开关各按键的作用如下：

（1）静音及挂机按键：按下，表示关闭语音识别系统、结束或拒绝通话、启用或关闭静音功能。

（2）语音及接听按键：按下，启用语音识别系统，或接听电话。按住不放，可切换到"私人电话"通话模式，或显示呼叫列表界面。

（3）SRC（音源）。按下，将循环切换音源。

向上旋转：下一预置电台或下一曲目/章节或电话簿上的下一项或切换到下一通话。

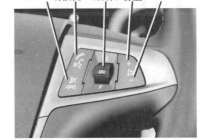

图 4.4-11　转向盘车载电话控制开关

向下旋转：上一预置电台或上一曲目/章节或电话簿上的上一项或切换到上一通话。

所有的按键操作都是通过串联不同的电阻以不同的电压反馈到 BCM 内部，再由 BCM 用低速 GMLAN 以数据通信的方式传递给音响主机。

任务实施

以别克君越轿车为例讲述蓝牙车载免提电话系统的使用和故障诊断。

一、蓝牙车载免提电话系统的使用

别克君越轿车中控台操作面板如图 4.4-12 所示。

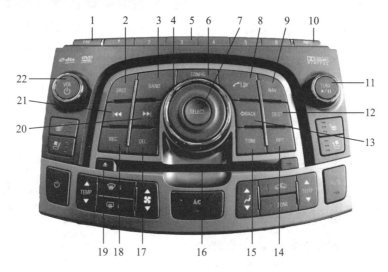

图 4.4-12　别克君越轿车中控台操作面板

1—FAV（收藏）键；2—SRCE（HDD、DISC、USB、AUX）音源切换键；3—BAND（收音机波段）键；4—菜单旋钮：转动旋钮在菜单项目之间滚动，高亮显示某项功能。此旋钮也可用作调谐，旋转此旋钮可调至更高或更低电台频率、下一或前一曲目或章节；5—1～6 数字键。当显示屏中选项框右上角标有数字时，可以按面板上的 1～6 数字键来选择显示屏中相应的选项；6—CONFIG（设置）键；7—SELECT（选择）按键：按下此按钮确认选择；8—接听及静音键；9—NAV（导航）键；10—INFO（信息）键；11—（播放/暂停）键/TUNE（调谐）键；12—DEST（目的地）键；13—BACK（返回）键；14—RPT（重复）键；15—TONE（音调）键；16—CD/DVD 装载槽；17—DEL（删除）键；18—REC（录制）键；19—（CD/DVD 弹出）键；20—（向下搜索/快进）键；21—（向上搜索/快退）键；22—VOL（音量旋钮/电源按钮）

1. 激活蓝牙模块

按下 CONFIG 按键进入系统配置菜单（图 4.4-13），然后选择"电话"选项，进入电话设置界面（图 4.4-14）。选择"蓝牙"选项，在新的窗口中出现蓝牙功能界面（图 4.4-15）。

（1）设备列表。可以查看蓝牙手机的连接状态，在这里还可以连接和删除蓝牙电话。

（2）添加新的电话。在蓝牙手机第一次和音响系统匹配时，用该功能进行匹配，之后汽车蓝牙就会记住该手机，可以自动匹配。

图 4.4-13 配置菜单

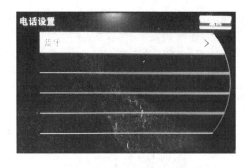
图 4.4-14 电话设置菜单

2. 连接蓝牙电话

按如下方式连接蓝牙电话。

（1）在"蓝牙"选项界面选择"添加新的电话"。系统提示"配对准备就绪，密码：××××"，如图 4.4-16 所示，所显示的密码为随机码。

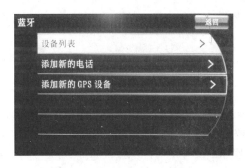
图 4.4-15 蓝牙设置菜单

图 4.4-16 正在配对显示

（2）打开手机蓝牙功能，在手机里搜索蓝牙设备。

（3）手机找到车上的蓝牙设备后，输入随机蓝牙密码进行连接。

（4）汽车中控显示屏显示配对成功。

在第一次蓝牙电话连接成功后，汽车会发送信号给手机，允许汽车蓝牙访问手机蓝牙。如果汽车有语音功能，也可通过语音操作。此时在"设备列表"中能看到手机名称。

从第二次开始就可以不用以上操作，汽车会自动连接蓝牙手机。

3. 拨打电话

若想操作蓝牙电话系统，按下按键进入电话菜单。

在电话菜单中，有"输入号码""电话本"和"通话记录"三个选项可供选择。

4. 输入号码

若想拨打电话号码，请选择"输入号码"选项，进入拨号界面。

可以用菜单旋钮输入想要拨打的电话号码，然后选择屏幕右下角的（呼叫）开始拨号。通过选择，可切换到电话簿菜单。

5. 电话簿

选择电话菜单屏幕上的"电话本"选项，可进入电话簿。

汽车蓝牙会复制手机上的电话簿。可以直接按电话簿进行拨号（获取电话簿需要一段时间,大概 3 min 以内,由电话簿的多少决定)。

6. 呼叫列表

选择电话菜单屏幕上的"通话记录"选项,可进入呼叫列表界面。

在呼叫列表界面,有"呼入电话""呼出电话"和"未接电话"三个选项,可用来查询呼入电话、呼出电话、未接电话的信息。也可以根据呼叫列表进行拨号。

7. 断开蓝牙电话

当电话离开汽车一定距离后会自动断开连接。

二、常见故障诊断

1. 车载电话交谈时对方听不见你的声音

故障诊断程序如下:

(1)关闭点火开关,断开移动电话麦克风 B24 的线束连接器,如图 4.4-5 所示。

(2)测量线束侧端子 A 和搭铁之间的电阻,应小于 1 Ω。若不符合要求,则检查搭铁线路是否正常。

(3)打开点火开关,测量线束侧端子 B 和搭铁之间的电压,应为 9.5~10.5 V。若不符合要求,则检查线路是否有短路、断路之处。

(4)若上述检查正常,则检查或更换移动电话麦克风 B24。

(5)若仍不能解决问题,则更换远程通信接口控制模块 K73。

2. 车载电话交谈时不能听见对方的声音

打开点火开关,打开音响主机,当收音机调谐至一个已知良好的电台时,如果可以从所有扬声器声道清楚地听到声音,说明音响系统工作正常。故障可能在远程通信接口控制模块 K73 与音响主机 A11 之间的线路,检查步骤如下:

(1)关闭点火开关,断开远程通信接口控制模块 K73 连接器 X2 和音响主机 A11 连接器 X1。

(2)检查 K73 X2/1 与 A11 X1/20 之间、K73 X2/2 与 A11 X1/6 之间线路是否短路、断路。

(3)若线路检查正常,则更换远程通信接口控制模块 K73。

(4)若仍不能解决问题,则更换音响主机 A11。

（案例分析）

一、奥迪 A6 轿车车载电话来电时收音机自动静音后,扬声器无声音输出

故障现象:一辆奥迪 A6 轿车,车载电话来电时收音机自动静音后,扬声器无声音输出,但可以实现"私人通话"。

故障诊断与排除:根据故障现象,考虑可能的故障原因。首先按要求对系统进行初始化。更换新的电话适配器,打开点火开关,收音机显示"PHONE"字样,安装手机,手机显示"配置文件已生效",初始化成功完成。

但是经测试,故障依旧存在。说明故障不是初始化问题,同时,因更换了适配器和手机,所以,排除是适配器或手机的故障。

拆下收音机和中央扶手座,以及中央扶手座下方的装饰件,拆下车载电话控制单元。检

查车载电话控制单元与收音机的线束连接情况(图4.4-4),车载电话控制单元上的7号、16号、4号端子,分别对应收音机上10孔红色连接器4号、3号、1号端子。用万用表进行通断测试,结果显示正常。在进行线间短路及对地短路测试时,发现车载电话控制单元上7#端子对应收音机4#端子、车载电话控制单元16#端子对应收音机3#端子两根线发生了短接。

拆下前排座椅和地板,检查线束。发现此车线束已经被修理过(询问车主,该车为事故车),在原来修理的地方,线束发生了短路。修复线束,换上原车的电话适配器和手机,故障排除。

维修小结:车载电话控制模块上的7号、16号、4号端子分别是NF/-信号、NF/+信号、NF/ST信号。信号作用:NF/ST线为车载电话控制模块向收音机提供收音机静音信号,NF/-、NF/+线为车载电话控制单元向收音机提供声音信号。当NF/-、NF/+短路后,收音机只收到了车载电话控制单元传来的静音信号,但无声音信号的传入,最终导致电话静音后无声音输出。

二、上海大众帕萨特V6轿车,车载电话系统无法正常工作

故障现象:一辆2003年产上海大众帕萨特V6轿车,配备有西门子车载免提电话系统,车载电话中配有西门子手机。该车车载电话系统无法正常工作。

故障诊断与排除:帕萨特V6轿车的车载电话系统由西门子手机、手机适配器、车载电话控制单元和收音机等组成。当手机插入手机适配器中时,手机就与车载电话控制单元和车辆的音响系统组成车载免提电话系统,可以免提接打电话。

将该车的西门子手机从车载电话的镶入式适配器中取出时,手机可正常打出和接听电话。然后,按照适配的初始化操作程序对其进行初始化操作,收音机无任何反应,手机安装在适配器中无法和车载系统连为一体,同时不能充电。该车手机原有的锂电池已经在车载系统充电时被充胀变形,之后新换了一块电池。

找来和该车可以互换的2005款1.8L新车的手机适配器及配套的西门子M55手机装上,再进行一次初始化操作,故障依旧存在;同样,将该车的手机和适配器安装在2005款1.8T轿车上,初始化后可以正常使用。

经过上面的检查,说明手机没有问题。无法正常地完成初始化和充电的故障原因:车载电话控制单元没有工作或损坏,收音机内部电路有故障,车载电话控制单元和收音机之间电路有问题,手机适配器线路有故障问题。

根据电路图,首先,检查车载控制单元的熔丝S10(位于仪表台左侧的熔丝插座),熔丝正常。然后,分别拆下收音机和车载电话控制单元J412连接器,分别测量车载电话控制单元的供电和接地线,发现连接正常,再测量控制单元到收音机的信号和音频线也连接正常,线路也正常。由于收音机可以正常工作,加之该车原配的手机在车载适配器中曾充坏了原配的电池,从而确定车载电话控制单元损坏。更换一只新的车载电话控制单元J412,并初始化后试车,车载电话工作正常。

任务小结

1. 车载电话系统的功能就是自动辨识移动电话,车主可以不接触手机,甚至是双手保持在转向盘上也可以控制手机。车主用语音指令控制接听或拨打电话,并可以通过车上的

音响进行通话。

2. 车载免提电话系统一般可分为连线式车载电话系统和蓝牙车载免提电话系统两大类。

3. 连线式车载免提电话系统是将用户手机或车载手机（需用户购置 SIM 卡）通过数据线和电话托架与系统相连，从而实现车载免提电话功能，这种方式的缺点是只能匹配某几种手机，操作麻烦。

4. 蓝牙车载免提电话是通过具有蓝牙功能的用户手机和车内设备连接来实现通话功能，这种解决方案简单易行、通话质量相对较好。目前，用户手机的蓝牙功能几乎已成标准配置，因此，蓝牙车载免提电话将成为车载电话的主流。

5. 奥迪 A6 连线式车载免提电话系统主要由用户手机、电话专用支架、车载电话控制模块、话筒（麦克风）、扬声器、天线和音响主机等组成。

6. 别克君越轿车蓝牙车载免提电话系统主要由麦克风（话筒）、转向盘车载电话控制开关、远程通信接口控制模块、蓝牙天线、音响主机等组成。

7. 蓝牙天线是一小段固定天线，直接连接至车辆通信接口模块上，它用于发送和接收来自蓝牙电话的信号。驾驶员通过转向盘控制开关启用蓝牙电话，同时，可以通过扬声器接听电话，使用转向盘或音响主机控制装置调节音量。

8. 麦克风把驾驶员的语音输入给车载电话控制模块，然后以蓝牙方式传递给移动电话。麦克风还可用于语音导航等。

任务小结

1. 简述车载电话系统的功能和分类。
2. 简述蓝牙车载免提电话系统的功能。
3. 简述蓝牙天线的作用。
4. 如何连接蓝牙手机电话？
5. 车载电话交谈时不能听见对方声音，应如何进行诊断？

学习任务五　汽车车载导航系统检修

- 能正确讲述汽车车载导航系统的功能、组成和各部分功用；
- 能正确描述汽车车载导航系统的导航方式和工作原理；
- 能正确识读和分析汽车车载导航系统电路图；
- 会使用万用表和故障诊断仪对汽车车载导航系统进行检测；
- 会分析诊断和排除汽车车载导航系统的常见故障。

项目四 汽车信息、通信与娱乐系统检修

- 汽车车载导航系统的工作原理；
- 识读和分析汽车车载导航系统电路图；
- 诊断和排除汽车车载导航系统的常见故障。

任务描述

一位客户反映他所驾驶的丰田威驰轿车，启动汽车行车时，按下导航接收器电源按钮，发现导航系统不能工作。现在，请对客户轿车的导航系统进行检修。

知识准备

随着经济水平的提高，人们自行驾驶汽车出行的机会越来越多，但因为对道路不熟悉，时常会走弯路、走错路，而汽车车载导航系统的出现就能很大程度上避免这种情况发生，驾驶员只要将目的地输入系统，导航系统就会根据电子地图自动计算出最合适的路线，并在汽车行驶过程中的必要时刻（例如，转弯前）提醒驾驶员按照计算的路线行驶，如图 4.5-1 所示。在整个行驶过程中，驾驶员根本不用考虑该走哪条路线，就能轻松快捷地到达目的地。

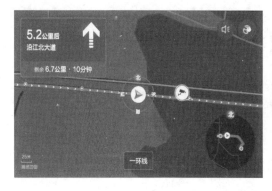

图 4.5-1 车载导航系统

一、汽车车载导航系统的功用

汽车车载导航系统是在全球定位系统 GPS（Global Positioning System）的基础上发展起来的一种驾驶辅助技术。它是一种接收定位卫星信号，经过微处理器计算出汽车所在的精确经度和纬度，以及汽车的速度和方向，并在显示器上显示出来的装置。它能方便且准确地告诉驾驶员去往目的地的最短或者最快路径，是驾驶员的好帮手。

汽车车载导航系统主要有以下功能。

· 297 ·

1. 对目的地进行最佳路线检索

驾驶员直接输入目的地名称或经纬度进行检索，或者系统上任意选择两点后，车载导航系统会自动根据汽车当前的位置，快速计算出一条到达目的地的最佳路线，并计算出行驶路线的距离和估计用时等。

2. 瞬时自动再检索功能

如果遇到道路交通堵塞、路段临时施工或走错了路等意外情况，没有按照系统推荐的最佳路线行驶时，只要汽车位置偏离最佳线路轨迹 200 m 以上，汽车车载导航系统会根据汽车所处的新位置，重新计算出一条路线使汽车回到原来的行驶路线，或者重新设计一条从新位置到目的地的最佳路线。

3. 电子地图

汽车车载导航系统配备了电子地图（存储在 DVD 或内置的存储器中），一般覆盖全国各个大、中城市，可以供驾驶员随时查看目的城市的道路、交通情况等。

4. 定位功能

汽车车载导航系统通过接收卫星信号，准确的定位汽车所在的位置，并在电子地图上相应的位置标记出来。

5. 实时语音提示功能

在导航过程中，为了使驾驶员提前掌握路面的变化情况，车载导航系统会在适当的时间进行语音提示。比如，一般道路在 300～700 m，高速公路在 2 000 m、1 000 m、500 m 之前（按汽车当前行驶速度），导航会向驾驶员说明前方路面的情况，并播报高速公路进出口、十字交叉路口的名称、转弯路口距离、禁止左拐、禁止掉头、单行线等语音提示，以防驾驶员走错路或违反交通法规。

6. 放大路口周围建筑物和交通标志功能

在汽车行驶到交叉十字路口前 300 m 处或高速公路进出口前 300 m 处时，车载导航系统会自动放大显示路口附近的全画面地图，标出汽车的位置、路口名称、到路口距离、转弯或变更高速出入口后的道路名称和方向。

7. 测速功能

通过汽车车载导航系统对卫星信号的接收计算，可以测算出汽车行驶的具体速度。

8. 导航系统和娱乐系统部件共用

在许多汽车上，车载导航系统和娱乐系统部件集成为一体，导航系统中的 GPS 接收机、控制单元、显示器、声音设备、存储器等可同时支持导航和娱乐功能。

二、汽车车载导航系统的组成与工作原理

1. 汽车车载导航系统的组成

汽车车载导航系统主要由 GPS 天线、车速传感器、陀螺仪传感器、导航 ECU、导航显示屏及音响系统等组成，如图 4.5-2 所示。

（1）GPS 天线。用于接收 GPS 卫星信号，并传输给导航 ECU。

（2）车速传感器。用于检测车轮转速信号，导航 ECU 根据转速信号计算汽车行驶距离。

（3）陀螺仪传感器。一般位于导航 ECU 的内部，用于检测汽车角速度，以计算方向。

（4）导航 ECU。根据 GPS 卫星信号、车速传感器信号、陀螺仪传感器信号、地图数据计算确定汽车位置和导航路线。

（5）导航显示屏。根据导航 ECU 的计算和处理的结果，显示汽车的位置、导航地图和路线。

（6）音响系统。车载导航系统借助汽车音响系统，发出导航的语音提示。

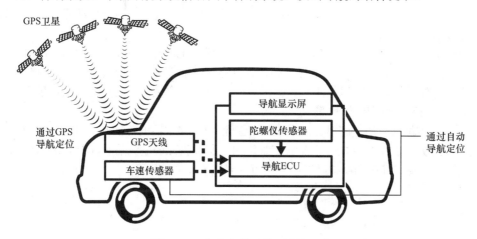

图 4.5-2　汽车车载导航系统的组成

2. 车载导航系统的工作原理

汽车车载导航系统必须正确跟踪当前车辆位置并将其显示在地图上，有两种方法可以跟踪当前车辆位置：GPS 导航和自动导航，两种导航方法可以结合使用。GPS 导航采用 GPS 卫星测量汽车的绝对位置；自动导航采用方向传感器（如地磁传感器、陀螺仪传感器等）和车轮转速传感器，测量汽车的相对位置，如图 4.5-3 所示。最终导航系统是根据 GPS 测定的汽车绝对位置和自动导航系统中测定的汽车相对位置来计算汽车当前的实际位置。

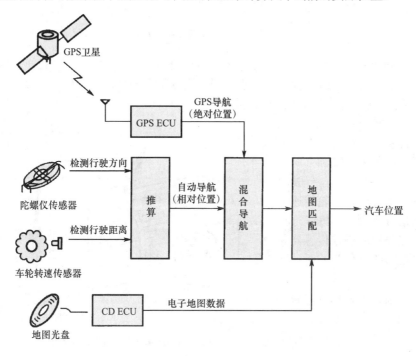

图 4.5-3　汽车车载导航系统的工作原理

（1）GPS 导航。GPS 导航是利用 GPS 卫星的无线电波来检测汽车的绝对位置坐标，创建行驶路线。

全球定位系统 GPS 主要是由空间部分（导航卫星）、地面站（监控部分）、用户设备（GPS 接收器）组成。

空间部分由 24 颗卫星组成，它们均匀分布在距离地面 20 200 km 高度的 6 个轨道上，它们每 12 h 绕行地球一周，GPS 卫星的位置分布情况如图 4.5-4 所示。通过这种布置，可以保证在地球上的任何时间、任何地点，每一台 GPS 接收机至少能同时收到 4 颗卫星的信号，以满足精密导航和定位的需要。

确定物体位置可通过测量无线电波从卫星至 GPS 接收器的传播时间来进行计算。GPS 接收器根据从 4 个或更多 GPS 卫星（三维定向）所接收无线电波的时间差，来计算汽车的三维位置（经度、纬度和海拔高度），从而得到汽车的绝对位置坐标。

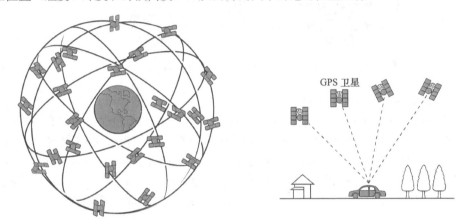

图 4.5-4　GPS 系统卫星组成图

（2）自动导航。当汽车行驶在地下隧道、高层楼群、高架桥下、高山群间、密集森林时，GPS 卫星信号被建筑物或者山坡反射，则可能会发生接收干扰，从而导致定位不准确，此时，汽车进行自动导航，如图 4.5-5 所示。

在汽车自动导航中，当前汽车的实际位置可以通过从上一计算位置开始的行驶距离和方向而得到，如图 4.5-6 所示。行驶距离的计算是通过汽车车轮转速传感器输入信号得到的；汽车行驶方向的改变是由陀螺仪传感器和过去的方向（GPS 信息）所计算得到的。

车载导航系统根据方向偏差信号和行驶距离信号来计算汽车的运动轨迹，从而得到汽车的实际位置。

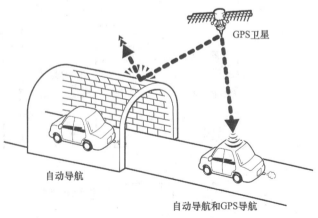

图 4.5-5　汽车自动导航

一旦又接收到 GPS 信号,会自动对前面所计算出的位置进行修正。

(3) 地图匹配。由 GPS 导航和自动导航所计算得到的汽车当前的行驶路线,与电子地图数据中可能的路线进行比较,从而将车辆位置设定在最为合理的道路上。经过地图匹配后,系统将在显示器上显示路线修正情况。

如图 4.5-7 所示,在汽车右转弯后,系统对道路 L1、L2 和 L3 进行比较,以评估行驶路线。在 A 点,汽车的位置与道路 L1 的形状明显不同,因此,显示屏切换到道路 L2 上。

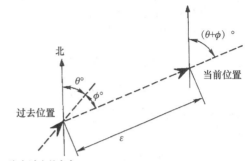

$\theta°$:汽车过去的方向
$\phi°$:汽车当前方向的变化
ε:从前一位置行驶过的距离

图 4.5-6 当前汽车位置的确定

3. 汽车车载导航系统的工作过程

车载导航系统都自带电子地图,定位和导航功能全部由车载设备完成。它的工作过程主要有以下几个步骤。

(1) 用户输入目的地。在出发前,用户通过系统提供的输入方法将目的地输入导航设备。

(2) 行驶路线的计算。汽车车载导航系统中至关重要的一部分是存储在光盘或内置存储器(如硬盘)中的电子地图。电子地图中存储了一定范围内的地理、道路和交通管制信息,以及相关的经纬度信息。

汽车车载导航系统根据计算的当前汽车经纬度,与电子地图中数据进行对比,就可以随时确定汽车当前所在的地点。

汽车车载导航系统将汽车当前位置默认为出发点,在用户输入目的地之后,导航系统根据电子地图上存储的地图信息,自动计算出一条最合适的推荐路线。在有的系统中,用户还可以指定途中希望经过的途

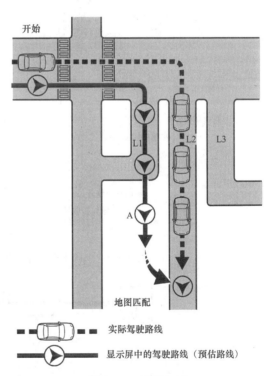

图 4.5-7 地图匹配

径点,或者指定一定的路线选择规则(如不允许经过高速公路、按照行驶路线最短的原则等)。推荐的路线将以特殊的方式显示在屏幕上的地图中,同时,屏幕上也会时刻显示出汽车的当前位置,以提供参考。

如果在行驶过程中汽车偏离了推荐的路线,系统会自动删除原有路线并以汽车当前点为出发点重新计算路线,并将修正后的路线作为新的推荐路线。

(3) 行驶中的导航。在汽车行驶过程中,驾驶员必须全神贯注于驾驶,而不能经常去查看显示屏幕。因此,汽车车载导航系统利用语音输出,在必要的时刻向驾驶员提供提示信息。比如,汽车按照系统推荐路线行驶到应该转弯的路口前,语音输出设备会提示驾驶

员:"300 m后请向左转"。这样,驾驶员可以不必关注屏幕的显示,也能按照推荐路线正确快捷地到达目的地。

三、一汽丰田卡罗拉轿车车载导航系统

一汽丰田卡罗拉轿车车载导航系统布置如图4.5-8所示,系统主要由GPS天线、导航接收器、转向盘衬垫开关、话筒、扬声器等组成。系统控制框图如图4.5-9所示,系统电路图如图4.5-10所示。

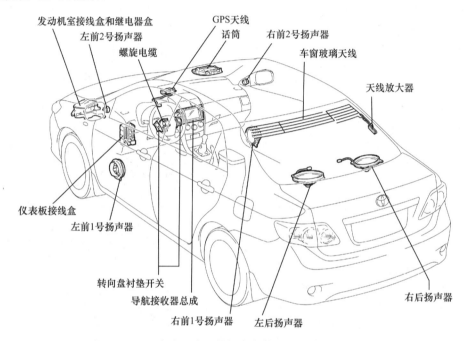

图4.5-8 一汽丰田卡罗拉轿车车载导航系统零部件布置

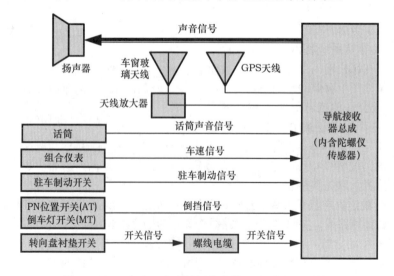

图4.5-9 一汽丰田卡罗拉轿车车载导航系统控制框图

项目四 汽车信息、通信与娱乐系统检修

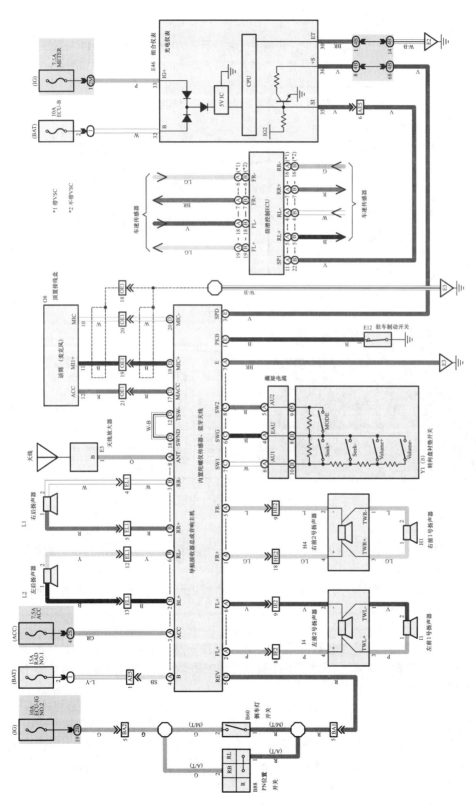

图 4.5-10 一汽丰田卡罗拉轿车车载导航系统电路图

1. 导航接收器总成

导航接收器总成集成了导航 ECU、音响主机和显示屏的功能，如图 4.5-11 所示，并内置了陀螺仪传感器和蓝牙天线，与 CD 光驱做成一体，其在汽车上的位置和显示屏如图 4.5-12 所示。

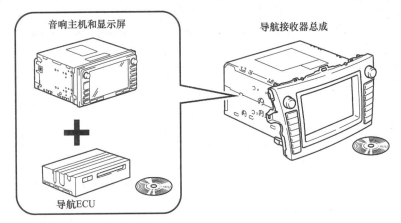

图 4.5-11　导航接收器总成

图 4.5-12　导航接收器显示屏（中控显示屏）

2. GPS 天线

GPS 天线从 GPS 卫星接收无线电波并将其放大，然后将 GPS 信号传输到导航接收器总成。

3. 转向盘衬垫开关

一汽丰田卡罗拉轿车转向盘左右侧带有转向盘衬垫开关，可进行导航、车载电话、音响的操作，如图 4.5-13 所示。

各按键的功能如下：

（1）MODE 开关：接通电源，选择音源。每按一次开关，音源按如下顺序改变。AM → FM1 → FM2 → FM3 → CD 模式→蓝牙车载电话模式→ AUX → iPod 或 USB 存储器模式→ AM。

（2）SEEK- 开关、SEEK+ 开关：收音机模式时，用于上下搜寻无线电台；CD 模式时，用于上下选择曲目、文件（MP3 和 WMA）和光盘；蓝牙车载电话模式时，用于上下搜寻电话簿，或曲目和曲目集；iPod 模式时，用于上下选择歌曲；USB 存储器模式时，用于上下选择文件和文件夹。

（3）VOL- 开关、VOL+ 开关：按下"+"增大音量，按下"-"减小音量；按住"+"或"-"不放，可连续增大或减小音量。

项目四 汽车信息、通信与娱乐系统检修

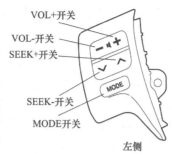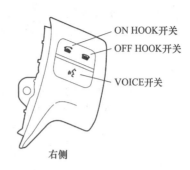

图 4.5-13 转向盘衬垫开关

（4）ONHOOK 开关：接通开关，按下可打开免提系统或开始通话。

（5）OFF HOOK 开关：挂断开关，按下可关闭免提系统、结束通话或拒接电话。

（6）VOICE 开关：按下打开语音指令系统，按住不放关闭语音指令系统。

4. 蓝牙车载免提电话功能

当用户手机的蓝牙系统与汽车导航接收器总成内置的蓝牙系统配对连接，并且用户手机处于汽车蓝牙工作的信号范围之内，此时，电话的来电提醒信息通过用户手机、内置蓝牙天线，传输给导航接收器总成，经音响主机处理后，传输给扬声器输出。驾驶员通过转向盘衬垫开关接通来电，来电语音信息通过相同的方式经扬声器输出。同时，话筒采集汽车内的语音信息，经导航接收器总成，采用相反的方式传输给移动电话。

【任务实施】

一、丰田卡罗拉轿车车载导航系统的故障诊断

1. 用导航显示屏对导航系统进行检查

可以用车载导航显示屏对导航系统进行检查，检查步骤如下：

（1）按下显示器上的"MENU"按钮，系统即进入诊断菜单，如图 4.5-14 所示。从"Diagnosis MENU"屏幕中选择"Navigation Check"，进入导航检查菜单，如图 4.5-15 所示。在导航检查菜单下有"GPS Information（GPS 信息）""Vehicle Sensors（车辆传感器）""Parts Information（部件信息）""Mic & Voice Recognition Check（话筒和语音识别检查）"等子菜单。

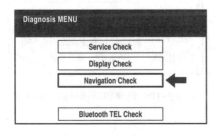

图 4.5-14 诊断菜单

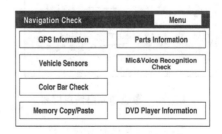

图 4.5-15 导航检查菜单

（2）GPS 信息检查。从"Navigation Check"屏幕中选择"GPS Information"，屏幕显示 GPS 信息，可检查 GPS 的状况，如图 4.5-16 所示。各标记含义如下：

①卫星信息。在屏幕上最多可显示 12 个卫星的信息，信息内容有目标 GPS 卫星编号、仰角、方向和信号电平。

②接收状况。"T"表示系统正在接收 GPS 信号，但并未使用该信号进行定位；"P"表示系统正在使用 GPS 信号进行定位；"-"表示系统无法接收 GPS 信号。

③测量信息。"2D"表示目前正在使用二维定位法；"3D"表示目前正在使用三维定位法；"NG"表示无法使用定位数据；"Error"表示出现接收错误；"-"表示任何其他状态。

④日期信息。以格林尼治标准时间（GMT）显示从 GPS 信号获得的日期和时间信息。

⑤位置信息。用于显示当前位置的经度和纬度信息。

（3）车辆传感器检查。从"Navigation Check"屏幕上选择"Vehicle Sensors"，屏幕显示所有信号和传感器信息，如图 4.5-17 所示。

图 4.5-17 中标号 3 为陀螺仪传感器信息，陀螺仪传感器的标准电压为 0.1～4.5 V，在汽车沿直线行驶或处于静止状态时，电压约为 2.5 V。

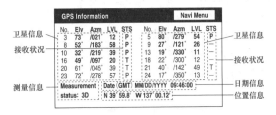

图 4.5-16 GPS 信息屏幕

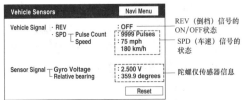

图 4.5-17 传感器信息屏幕

（4）部件信息检查。从"Navigation Check"屏幕中选择"Parts Information"，屏幕显示导航和光盘信息，如图 4.5-18 所示。

（5）话筒和语音识别检查。从"Navigation Check"屏幕上选择"Mic & Voice Recognition Check"，屏幕显示相应信息，如图 4.5-19 所示。当语音输入至话筒时，根据输入语音，检查话筒输入电平的改变。按下录音开关，执行语音录制。录音指示灯在录制过程中会持续亮，可检查所录制的语音能否正常播放。

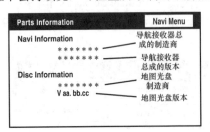

图 4.5-18 导航和光盘信息屏幕

图 4.5-19 话筒和语音识别信息屏幕

2. 用导航显示屏进行故障自诊断

车载导航系统出现故障时，可通过导航显示屏进行故障自诊断。步骤如下：

（1）启动故障自诊断模式，有两种方法。

①按住导航控制面板右侧的"INFO"开关（图4.5-12），同时按以下顺序操作灯控开关：断开→接通→断开→接通→断开→接通→断开。诊断模式启动，并自动进行检查，检查结果在"System Check Mode"屏幕上显示，如图4.5-20所示。

②启动发动机，按下导航控制面板的"DISPLAY"开关。在显示质量调节屏幕中，按如下顺序触摸屏幕边角：左上→左下→左上→左下→左上→左下。诊断模式启动，并自动进行检查，然后显示检查结果。

（2）在"System Check Mode"屏幕上显示的检查结果中，字母代号含义如下：

① OK（正常）。没有故障代码DTC（包括音频视频局域网AVC-LAN的通信DTC）。

② EXCH（更换）。设备显示更换型的DTC，需更换设备。

③ CHEK（检查）。设备显示检查型的DTC。

④ NCON（无连接）。设备不能连接，此时需检查设备的供电线束和设备的AVC-LAN。

⑤ Old（旧）。设备显示老旧型的DTC。

⑥ NRES（无响应）。设备能连接，但是不给出任何DTC信息。此时需检查设备的供电线束和设备的AVC-LAN。

（3）如果检查结果是"EXCH""CHEK"或"Old"，触摸显示的检查结果，可以进入"Unit Check Mode"（单元检查模式）屏幕，可详细查看其检查情况，如图4.5-21所示。

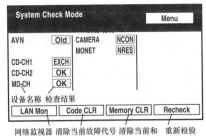

图4.5-20 检查结果显示屏幕

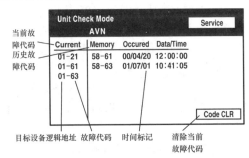

图4.5-21 检查详细信息屏幕

（4）故障代码清除。在故障维修好后，在"System Check Mode"或"Unit Check Mode"屏幕中按下"Code CLR"3 s，即可清除故障代码。清除后，可按下"Recheck"重新再检查一次。

（5）按住导航控制面板"DISP"开关3 s，或将点火开关置于OFF位置，即可退出自诊断模式。

3. 故障代码表

一汽丰田卡罗拉轿车导航系统故障代码见表4.5-1。

表4.5-1 导航系统故障代码表

DTC代码	说明	故障部位
58-10、80-10	陀螺仪故障	①陀螺仪传感器；②导航接收器总成
58-11、80-11	GPS接收器故障	导航接收器总成
58-40、80-40	GPS天线故障	①线束；②GPS天线；③导航接收器总成

续表

DTC 代码	说明	故障部位
58-41、80-41	GPS 天线电源故障	①线束；②GPS 天线；③导航接收器总成
58-42、80-42	地图光盘读取故障	①地图光盘；②导航接收器总成
58-43、80-43	SPD 信号故障	①转速信号电路；②导航接收器总成
58-44、80-44	播放机故障	导航接收器总成
58-45、80-45	高温	导航接收器总成

4. 常见故障诊断

（1）故障代码 58-43 或 80-43，SPD 信号故障。当出现故障代码 58-43 或 80-43 时，表示检测到 GPS 速度和 SPD 脉冲之间存在差异，故障诊断步骤如下：

①按图 4.5-17 所示，检查车辆传感器信息。

②车辆行驶时，将 SPD 指示值和仪表板车速表上的读数进行比较，若这些读数基本相同，则更换导航接收器总成。

③若这些读数不相同，则表示导航接收器总成与组合仪表之间的车速信号电路可能有问题，应对照电路图做进一步检查。

（2）车辆位置标记偏差过大。故障诊断步骤如下：

①在导航状态下，检查 GPS 标记是否出现，如图 4.5-22 所示。

②如果 GPS 标记没有显示，则检查：

a. 检查车厢内是否有可能干扰仪表板无线电接收的物体，若有，则移走。

b. 检查车辆是否处于 GPS 信号接收能力差的位置，如隧道内、建筑物内、天桥下、森林中或树荫下、高层建筑物之间等地方，若有，则将车移到别处，再检查 GPS 标记是否出现。

c. 按图 4.5-16 所示检查 GPS 信息，若"T"或"P"代码出现不足 3 次，则更换导航接收器总成。

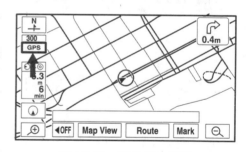

图 4.5-22　检查 GPS 标记

③如果 GPS 标记有显示，按故障（1）所述方法检查 SPD 信号。若有异常，则进一步检查导航接收器总成与组合仪表之间的车速信号电路。

④操作倒挡换挡杆。当换到倒挡时，应显示"ON"，其他挡位则显示"OFF"，如图 4.5-17 所示。若不符合要求，则检查倒车灯开关（手动挡）或 PN 位置开关（自动挡）与导航接收器之间的倒挡信号电路。

注意：导航接收器总成接收来自倒车灯开关或 PN 位置开关的倒挡信号以及 GPS 天线的信息，然后调整车辆的显示位置。

⑤更换正常的 GPS 天线，然后再试一次。若仍不能解决问题，则更换导航接收器总成。

（3）无法使用转向盘衬垫开关来操作系统。转向盘衬垫开关将驾驶员的操作发送到导航接收器总成，其电路如图 4.5-23 所示。如果该电路断路，则无法通过转向盘衬垫开关操作导航系统；如果该电路短路，相当于一直按住开关，此时导航接收器总成也无法运行。

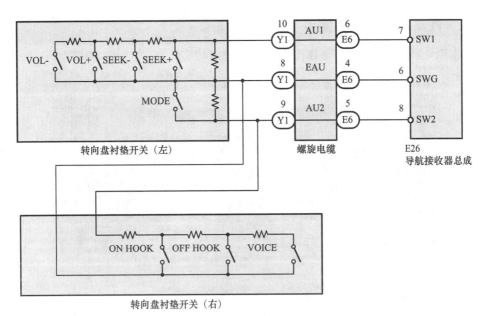

图 4.5-23　转向盘衬垫开关电路

故障诊断步骤如下：

①断开螺旋电缆连接器 Y1，用万用表按表 4.5-2 所示条件测量线路电阻，若电阻值不满足要求，则更换转向盘衬垫开关。

表 4.5-2　电阻测量值

万用表连接	开关条件	测量值
Y1-10（AU1）与 Y1-8（EAU）	没有按下开关	约 100 kΩ
	按下 SEEK+ 开关	0～2.5 Ω
	按下 SEEK- 开关	约 0.3 kΩ
	按下 VOL+ 开关	约 1 kΩ
	按下 VOL- 开关	约 3.1 kΩ
Y1-9（AU2）与 Y1-8（EAU）	没有按下开关	约 100 kΩ
	按下 MODE 开关	0～2.5 Ω
	按下 ON HOOK 开关	约 0.3 kΩ
	按下 OFF HOOK 开关	约 1 kΩ
	按下 VOICE 开关	约 3.1 kΩ

②断开螺旋电缆连接器 E6，在转向盘往左转 2.5 圈、中间位置、往右转 2.5 圈时，分别测量端子 Y1-8 与 E6-4、Y1-10 与 E6-6、Y1-9 与 E6-5 之间的电阻，应小于 1 Ω。若不符合要求，则更换螺线电缆。

③断开导航接收器总成连接器 E26，用万用表测量螺旋电缆与导航接收器 E26 之间的线路是否短路、断路。若有短路、断路，则维修线路；若线路正常，则更换导航接收器总成。

二、汽车导航系统的使用

上海别克君威轿车导航系统操作面板如图 4.5-24 所示。

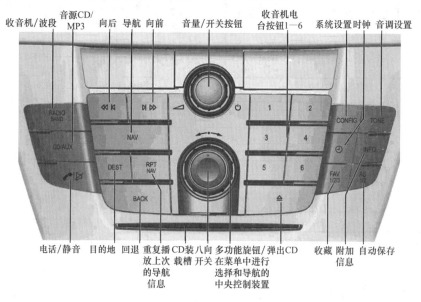

图 4.5-24　汽车导航系统操作面板

1. 启用导航系统

按下 NAV（导航）按钮，打开导航菜单，如图 4.5-25 所示。选择开始导航，按下 NAV 按钮，显示屏上会显示当前位置的地图，如图 4.5-26 所示。

图 4.5-25　汽车导航菜单　　　　　　　图 4.5-26　当前位置地图

2. 输入目的地

按下 DEST（目的地）按钮；在"输入目的地"菜单中有一些选项可用，如图4.5-27 所示。

3. 启用路线导航

完成所需目的地的输入或选择后，选择"开始导航"启用路线导航，如图 4.5-28 所示。

4. 路线导航启用时的功能

按下 NAV（导航）按钮可打开导航菜单。在路线导航启用的情况下，还有一些菜单可用，如图 4.5-29 所示。

（1）停止导航。选择"停止导航"后，启用的路线导航会停止，路线导航未启用时的菜单选项会显示出来。

（2）导航选项。在显示的子菜单中，会有带有更深层次子菜单的选项，如图4.5-30所示。

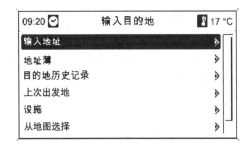

图4.5-27　输入目的地菜单

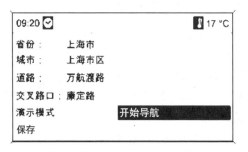

图4.5-28　开始导航

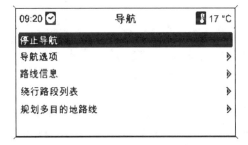

图4.5-29　导航菜单

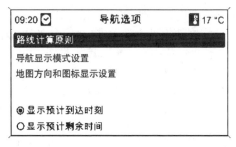

图4.5-30　导航选项菜单

①路线计算原则。路线规划可按以下标准进行限定：快速优先、距离优先、经济优先、避免高速道路、避免收费道路、避免隧道、避免轮渡，选择所需的路线标准。

②导航显示模式设置。可选择"全地图显示模式""分屏显示模式""图标显示模式"。使用"自动切换导航提示信息"选项，可以选择导航系统中的路线导航信息是否要在其他工作模式（如收音机）下的弹出窗口中显示。在设定时间或按下"BACK"键后，该信息会隐藏。

③地图方向和图标显示设置。可选择"地图方向设置"和"设施显示设置"。

④到达时间/行车时间。选择导航选项"显示预计到达时刻"或"显示预计剩余时间"后，相应时间会显示在路线导航屏幕的最上面一行。

（3）路线信息。以下信息可以在"路线信息"菜单上读取：路线清单、当前位置信息、目的地信息、路线预览。

（4）绕行路段列表。在路线上的街道名称列表中，可以通过加标记而将街道或者区域从路线导航中排除。这些区域会显示为划掉排除。输入的路线屏蔽会保持有效，直至执行一次新的路线计算。当按下"BACK"键离开该页面并接受后，路线会重新进行计算，并将排除的区域考虑在内。

（5）规划多目的地路线。规划多目的地路线使输入一系列目的地以便逐个地点相继行车变为可能。此功能适合于有规律的重复性路线，以便于不需要再次输入个别目的地。路线是用名称保存的。最多可储存带9个中间目的地的10个路线。现有路线可通过修改目的地的顺序或通过增加/删除目的地来进行更改。

> 案例分析

一、威驰轿车汽车极大地偏离 GPS 指示的位置

故障现象：一辆威驰轿车，汽车极大地偏离 GPS 指示的位置。

故障诊断与排除：首先启动汽车，打开导航接收器电源开关，并使导航系统显示出地图，然后将汽车行驶到视野良好的空旷场地上，并检查是否显示"GPS"标记。经检查发现，该车的导航系统只能显示地图，不能显示"GPS"标记。随后根据驾驶员手册的操作步骤，修正了汽车的正确位置。

由于该车装备的导航系统具备自诊断功能，决定先对导航系统进行自诊断。按照规定操作，将汽车停车，并拉紧驻车制动器，打开点火开关到 ON 位置（ACC 位置也可），然后在导航控制面板上按住 INFO 开关，操纵示宽灯开关，顺序为 OFF–TAIL–OFF–TAIL–OFF–TAIL–OFF–TAIL–OFF，系统进入故障诊断界面。经观察发现，系统中存在车速信号不良故障代码，检查并记录故障代码。

将故障代码清除后进行路试，结果故障再次发生。根据车速信号不良的故障代码的提示，首先应检查车速输入信号是否正常，同时与 GPS 自诊断系统的车速信号对比，以确认车速是否相吻合。如果存在较大的误差，需要利用示波器检查车速的波形，同时应进一步检查车速传感器和相关的线路是否正常。

经检查确认车速信号没有问题，然后检查汽车上是否有可能干扰无线电接收的物体。经检查发现，此车装有雷达探测器，且在窗户和前风挡玻璃上贴有防爆膜。在用专用的连接线将 GPS 卫星接收天线引导到车外后，对该车进行路试，结果地图上显示的位置与汽车的实际位置相吻合，但导航系统仍无声音引导。

由于导航系统的声音是靠扬声器发出的，根据维修手册，经使用收音机试验，扬声器能够正常地发声，利用万用表测量扬声器的电阻为 4 Ω，因此，可以确定扬声器无故障。再检查了相关的线路，但依然没有发现任何异常之处。至此，判定故障应在导航系统本身。更换导航系统控制单元后，故障排除。

二、显示屏上"GPS"图标颜色呈灰色或不显示

故障现象：显示屏上的全球定位系统图标"GPS"颜色呈灰色或不显示。

故障诊断与排除：这说明导航系统没有卫星信号。导航系统接收到信号时，全球定位系统的图标应呈激活状态的绿色。出现此类故障时，可参考下面的步骤进行检查。

（1）检查前风挡玻璃是否贴有太阳膜，如果有，应改变车载 GPS 天线的位置进行试验。太阳膜对汽车 GPS 天线和遥控器信号均有一定的屏蔽作用，特别是金属太阳膜。可以使用延长线将 GPS 天线移到没有贴太阳膜的玻璃处或接出车外，这样操作后如果可以接受到信号，说明是太阳膜的原因；如果没有信号出现，说明 GPS 天线或导航控制单元性能不良。有些 GPS 天线与收音机的天线制成一体，安装在后风挡玻璃上或车顶。

（2）检查车体周围有无屏蔽物遮挡，应将汽车移到户外空旷处继续检查。汽车在高层建筑、隧道及地下停车场时，导航信号可能被屏蔽。

（3）检查导航控制单元是否进水，如果在仪表板上放置水杯可能会导致导航控制单元和导航接收器进水。

项目四　汽车信息、通信与娱乐系统检修

任务小结

1. 汽车车载导航系统是在全球定位系统 GPS（Global Positioning System）的基础上发展起来的一种驾驶辅助技术。它接收定位卫星信号，经过微处理器计算出汽车所在的精确经度和纬度及汽车的速度和方向，并在显示器上显示出来。

2. 汽车车载导航系统主要由 GPS 天线、车速传感器、陀螺仪传感器、导航 ECU、导航显示屏及音响系统等组成。

3. 有两种方法可以跟踪当前车辆位置：GPS 导航和自动导航，两种导航方法可以结合使用。GPS 导航采用 GPS 卫星测量汽车的绝对位置；自动导航采用方向传感器（如地磁传感器、陀螺仪传感器等）和车轮转速传感器，测量汽车的相对位置。最终，导航系统计算汽车当前的实际位置。

4. GPS 导航是利用 GPS 卫星的无线电波来检测汽车的绝对位置坐标，创建行驶路线。

5. 当汽车行驶在地下隧道、高层楼群、高架桥下、高山群间、密集森林时，GPS 卫星信号被建筑物或者山坡反射，则可能会发生接收干扰，从而导致定位不准确，此时，汽车进行自动导航。

6. 在汽车自动导航中，当前汽车的实际位置可以通过从上一计算位置开始的行驶距离和方向而得到。行驶距离的计算是通过汽车速度传感器输入信号得到的；汽车行驶方向的改变是由陀螺仪传感器和过去的方向（GPS 信息）所计算得到的。车载导航系统根据方向偏差信号和行驶距离信号来计算汽车的运动轨迹，从而得到汽车的实际位置。

7. 由 GPS 导航和自动导航所计算得到的汽车当前的行驶路线，与电子地图数据中可能的路线进行比较，从而将车辆位置设定在最为合理的道路上。经过地图匹配后，系统将在显示器上显示路线修正情况。

8. 一汽丰田卡罗拉轿车导航接收器总成集成了导航 ECU、音响主机和显示屏的功能。

9. 在一汽丰田卡罗拉轿车中，用导航显示屏可以对导航系统、车载电话等进行检查，并可用导航显示屏进行故障自诊断。

课后练习

1. 简述汽车车载导航系统的功能。
2. 简述汽车车载导航系统的组成及作用。
3. 汽车车载导航系统有哪几种导航方式？
4. 对照一汽丰田卡罗拉轿车导航系统电路图，简述导航系统工作原理。
5. 如何用导航显示屏对导航系统进行检查？
6. 如何用导航显示屏对导航系统进行故障自诊断？

参 考 文 献

[1] 闵思鹏，吴纪生. 汽车车身电控系统检修 [M]. 北京：北京邮电大学出版社，2012.
[2] 何宇漾. 汽车车身电控技术 [M]. 2版. 北京：中国劳动社会保障出版社，2014.
[3] 人力资源和社会保障部教材办公室. 汽车电控车身 [M]. 2版. 北京：中国劳动社会保障出版社，2014.
[4] 王丽梅，修玲玲. 汽车车身电控技术 [M]. 2版. 北京：人民邮电出版社，2016.
[5] 吉利，马明芳. 舒适与安全系统诊断维修 [M]. 北京：机械工业出版社，2016.
[6] 刘春晖. 汽车车身电控系统原理与检修 [M]. 2版. 北京：机械工业出版社，2015.
[7] 陈天训. 汽车车身控制与舒适性系统检修 [M]. 北京：机械工业出版社，2013.
[8] 上汽通用汽车有限公司. 汽车电子与电气系统及检修 [M]. 北京：高等教育出版社，2016.